本书为国家社会科学基金一般项目"朝鲜族跨界民族关系与地缘政治研究"（批准号：11BMZ009）的结题成果(证书号：20151315)。

地缘 跨界 认同
中国朝鲜族发展历程研究

孟庆义 刘会清 著

Geopolitical and Cross-border identity
— A study on the development of the Korean ethnic group in China

中国社会科学出版社

图书在版编目（CIP）数据

地缘　跨界　认同：中国朝鲜族发展历程研究/孟庆义，刘会清著．—北京：中国社会科学出版社，2023.10
ISBN 978-7-5203-3587-4

Ⅰ．①地… Ⅱ．①孟… ②刘… Ⅲ．①朝鲜族-民族历史-研究-中国 Ⅳ．①K281.9

中国国家版本馆 CIP 数据核字（2023）第 185752 号

出 版 人	赵剑英
责任编辑	宋燕鹏
特约编辑	席建海
责任校对	王佳玉
责任印制	李寡寡

出　　版	中国社会科学出版社
社　　址	北京鼓楼西大街甲 158 号
邮　　编	100720
网　　址	http://www.csspw.cn
发 行 部	010-84083685
门 市 部	010-84029450
经　　销	新华书店及其他书店
印　　刷	北京明恒达印务有限公司
装　　订	廊坊市广阳区广增装订厂
版　　次	2023 年 10 月第 1 版
印　　次	2023 年 10 月第 1 次印刷
开　　本	710×1000　1/16
印　　张	26
字　　数	332 千字
定　　价	145.00 元

凡购买中国社会科学出版社图书，如有质量问题请与本社营销中心联系调换
电话：010-84083683
版权所有　侵权必究

目　录

绪　言 ·· 1

第一章　跨界民族与跨界民族关系 ··· 11

　第一节　跨界民族概念辨析 ··· 11

　第二节　跨界民族关系概述 ··· 26

　第三节　跨界民族关系与地缘政治的辩证关系 ································· 90

第二章　中国朝鲜族跨界民族关系史 ··· 104

　第一节　中国朝鲜族跨界民族形成的历史过程 ······························· 106

　第二节　中国延边朝鲜族跨界民族共同体的建构 ··························· 155

第三章　中国朝鲜族跨界民族关系的特征及贡献 ····························· 222

　第一节　自然地理特征：中国朝鲜族与东北边疆开发 ······················ 222

　第二节　历史记忆特征：中国朝鲜族与中国革命 ··························· 233

第三节　现实选择特征：中国朝鲜族与社会主义建设 …………… 274

第四节　鲜明的时代特色：中国朝鲜族与改革开放 ……………… 295

第四章　中国跨界民族朝鲜族与东北亚地缘环境 ……………… 310

第一节　东北亚地缘环境概述 ……………………………………… 311

第二节　中国朝鲜族人口的地理分布 ……………………………… 320

第三节　面向未来的中国朝鲜族 …………………………………… 326

第四节　建设和谐民族关系路径的探索与思考 …………………… 382

结　语 ……………………………………………………………………… 410

后　记 ……………………………………………………………………… 413

绪　　言

一　选题的目的及意义

中国是一个统一的多民族国家，是各民族共同致力的结果，在其漫长的历史发展长河中，民族间的离合聚散、中原与边疆地区的互动、华夏边缘的形成与变迁、共同的历史记忆与族群认同[①]构成了中国历史发展的壮阔图景，也构成了一个国家疆域的变迁史。多民族国家历史的发展过程使中国成为世界上拥有最多邻国和最长边界线的国家之一，也使中国成为拥有众多跨界民族的国家，这些跨界民族主要分布在中国的东北方向、西北方向、西南方向和东南方向[②]，而跨界民族这一特殊的民族现象，"是人类采取了民族国家形式时出现的特殊人类群体"[③]，既具有历史上形成的文化意义上的民族共同基本特

[①] 参见王明珂《华夏边缘：历史记忆与族群认同》（增订本），浙江人民出版社2013年版。

[②] 参见葛公尚主编《当代国际政治与跨界民族研究》，民族出版社2006年版，第293—294页。

[③] 刘永刚：《跨界民族成员国家公民身份的建构及其挑战》，《北方民族大学学报》（哲学社会科学版）2013年第1期。

征，又因政治意义上分属于不同的国家而具有自身特性。虽然跨界民族的形成原因、形成过程及形成方式是多元化的，但由于其处于现代民族国家间的交界地带，跨界民族对于民族国家边界的形成及稳定与边疆治理具有重大意义。"近年来，跨界民族以其民族过程的多样性、特殊性，民族问题的复杂性、国际性以及对国家安全、地缘政治影响的普遍性，日益引起学术界和国际社会的广泛关注，成为民族学、人类学和国际关系学必须重视和认真研究的重大课题。"[1]

中国朝鲜族是中国五十六个民族中的一员，其形成原因、形成过程及形成方式有其特殊的历史性与地缘性，是受一定历史条件和地理环境等多种因素影响的。"中国朝鲜族是由相邻的朝鲜半岛陆续迁入、定居中国东北地区的居民逐渐形成的我国跨界民族之一。"[2] 从19世纪中期开始，在特殊的历史背景下，朝鲜移民的增加加速了朝鲜族在中国境内作为跨界民族的民族形成过程，其形成的规律和路径既有跨界民族现象的普遍性，又有其特殊性和复杂性，对朝鲜族的跨界民族关系进行研究，具有重要的历史意义和现实意义。

冷战结束以来，国际关系在两个宏观方面经历着深刻的变化：一方面，新的国际事件层出不穷，造成整个国际体系和世界政治处于历史性的深刻转型过程中；另一方面，后冷战时期更为错综复杂的国际社会现实，迫使人们调整或改变对国际关系的传统认识及思维方式，甚至提出对现存国际政治理论及研究方法的深刻反省和重建，由此推动国际关系研究在本体论、认识论、价值论及方法论等方面出现新的转型。地缘政治理论也在新的历史环境下获得了新的发展和活动空间，随着各国的战略目标从生存战略转变到发展战略，地缘政治涵盖

---

[1] 刘稚：《中国—东南亚跨界民族发展研究》（前言），民族出版社2007年版，第2页。
[2] 金炳镐主编：《跨界民族与民族问题》，中央民族大学出版社2010年版，第156页。

的领域不仅在拓展，而且在一些原本属于地缘政治的领域也获得了新的主题。

正因为中国朝鲜族形成过程中特殊的地缘性与历史性，在东北亚的历史发展与国际关系的现实实践中，朝鲜族跨界问题是与东北亚地缘政治紧密联系在一起的。基于地理环境的诸多要素，作为历史发展与地理环境相互作用的产物，朝鲜族跨界问题在不同的历史时期和不同的时代背景下反映出了具有历史性和时代性的特征。朝鲜族跨界民族关系与地缘政治关系由于历史发展和地缘环境的变化，使得二者之间的联系在政治、经济、文化等方面具有动态的、发展的特点。从地缘政治的视角而言，目前东北亚地区仍然存在一定程度的"安全隐患"，需慎重处理其特殊的地缘政治和地缘经济文化关系。随着朝核危机、朝鲜半岛南北局势紧张等一系列问题的凸显，跨界民族问题对东北亚地缘政治产生越来越深入的影响，朝鲜族跨界问题既具有跨界民族问题的普遍性和一般性，又兼有其自身的特殊性与复杂性。其普遍性与一般性可概括为：民族问题与国家问题、国内问题与国际问题、经济问题与政治问题、现实问题与历史问题等，相互交织在一起。而其特殊性与复杂性则具体体现在：朝鲜族跨界民族关系在东北亚国际关系问题中的时代性与现实性；基于东北亚地缘因素的朝鲜族跨界民族关系问题的特殊性；中国朝鲜族与他国（韩国、朝鲜）同源民族之间的历史与现实关系造成朝鲜族跨界民族关系的复杂性。

朝鲜族跨界民族关系与地缘政治二者的关系问题以及朝鲜族对中国社会发展的影响在学界鲜有研究。从理论层面而言，我国是一个多跨界民族国家，研究此问题，特别是朝鲜族跨界问题，不仅关系到我国周边的稳定和繁荣，也关系到同朝韩发展友好关系的大局，有利于把握当前地区国际关系发展的新动向。从实际意义层面而言，充分发挥哲学社会科学认识世界、传承文明、创新理论、资政育人、服务社会的重要作用，为推动国家图们江区域合作开发规划建设服务，为政府提供政策咨询和决策参考；同时也将弥补跨界民族（朝鲜族）与地缘政治研究方面的不足，进而推动该研究领域的进一步发展。本书主要侧重从全方位、宏观的、科学的角度对朝鲜族跨界民族关系史的发展历程及对中国社会发展和其对东北亚地缘政治乃至世界的影响进行逻辑分析和理论论证，将朝鲜族跨界民族关系的地缘政治形态作为本书的主要分析方法，置于历史发展的各个阶段，从而进行内部的剖析和动态的观察，就其中的变化发展轨迹，揭示出地缘政治关系运行发展过程中朝鲜族跨界民族问题研究所具有的时代意义和现实意义，为研究者提供一本专门论述跨界民族（朝鲜族）与地缘政治方面的著作，以期在理论上和体系上都有新的突破。

二 研究思路和研究方法

"跨界民族现象的相对普遍性和冷战后跨界民族问题的凸显性，决定了跨界民族与跨界民族问题的研究应坚持既要加强基础理论研究，又要重视应用理论研究，并且把两者很好结合起来，更多地研究现实问题的方针。"[①] 本书在有选择地借鉴前人研究成果的基础上，从地缘政治学的角度出发，结合民族理论与民族政策的相关理论学说，从中国的少数民族政策和世界多极化的历史与现实出发，把朝鲜族跨界民族关系与地缘政治问题作为一个完整的研究客体来考察。分析梳理出朝鲜族跨界民族过程的由来、发展和方式，并进一步分析在地缘政治环境的影响下，不同历史时期朝鲜族跨界民族关系对中国民族关

---

① 金炳镐主编：《跨界民族与民族问题》，中央民族大学出版社2010年版，第9页。

系乃至东北亚国家关系所产生的重要影响,以及朝鲜族对中国社会发展和其对东北亚地缘政治及世界的影响。同时,面对朝、韩两国提出的"泛民族主义"的口号,从历史根源上寻找解决问题的出路,那就是回顾历史,表明态度,从理论和史实两个方面予以回击,从而为我国的发展营造一个和平与安宁的周边环境。

从跨界民族关系与地缘政治视角对中国朝鲜族的历史以及现实问题进行系统研究,不但需要多学科知识体系的支撑,而且还要有充分的调查研究和一手的调查资料,这是一个涉及民族学、历史学、政治学、国际关系学等多学科的跨学科研究课题,具有时代性、现实性、复杂性和综合性的特点。在运用各有关学科的知识对朝鲜族跨界民族关系与地缘政治进行整体系统研究的基础上,坚持辩证唯物主义和历史唯物主义的观点,坚持理论研究一定要联系实际问题,在研究中注意宏观与微观并重,理论研究与应用性研究并重,借鉴吸收国内外同行的研究成果,在此基础上重新建构出自己的研究框架,从内因到外因,从主观到客观,"立体"解读朝鲜族跨界问题的历史、现在、未来和不同历史时期中国朝鲜族对中国社会的贡献。

三 学术史研究综述

跨界民族是一个普遍存在的世界性现象。国内外对跨界民族和跨界民族问题的研究是在不同的立场、视角、国家话语和研究话语下分别进行的。中国跨界民族研究最初始自解决民族地区的民族关系,因此跨界民族概念的提出是民族与国家关系研究本土化和长期政策性研究积累相结合的产物,"跨界民族"一词具有"中国制造"的原生性质。朱伦先生否定"跨界民族"之说,也是从"民族"和"国家"

术语中西方语境和语义的指向歧义而言的①，这从侧面也说明了"跨界民族"概念的原生性。由于有"跨界""跨境""跨国"等多重概念因素的存在，使接触和交往的复杂性和多样性大为增加，为研究对象的确定和概念的界定带来了学术困境。据此来考察有关"跨×"概念，如今基于不同的政治背景、文化背景和学术背景差异，也同样存在着西方学术界和中国学术界的各自表述。②

国外学术领域是否存在"跨界民族"概念尚待考证，外国语言中也有"跨界"的概念，较多地使用 Transnational 一词，有"超越国界"（即"跨界"）的意思，这是一个比较模糊、宽泛的概念，可以泛指所有跨越国界（国境）两侧的人际关系及其文化活动。"它既可以指发生于洲际（跨洋）或国际的、空间相隔较远、流动性大、时间更为晚近、清晰的移民文化，也可以指在某一条陆地边界两侧之间发生的、空间距离较近、流动性弱、时间上更为久远、模糊的世居族群文化。而中国学者所指的'跨界族群'，主要是指后一类世居族群文化，乃是一个更为具体、狭义的概念。"③

现代意义上的民族、国家、边界、认同和地缘政治等概念皆是舶来品，在学术翻译中，概念体系的对应或新构历来存在着困扰。诚如国学大师王国维面对"西学东渐"不胫而走的大量新概念时所说的那样，"故我国学术而欲进步系虽在闭关独立之时代，犹不得不造新名。

---

① 朱伦先生曾发表过一系列文章讨论这个问题，如《论"民族—国家"与"多民族国家"》，《世界民族》1997 年第 3 期；《"跨界民族"辨析与"现代泛民族主义"问题》，《世界民族》1999 年第 1 期；《人们共同体的多样性及其认识论——兼答额·乌力更先生》，《世界民族》2000 年第 1 期；《走出西方民族主义古典理论的误区》，《世界民族》2000 年第 2 期。

② 参见杨民康《跨界族群与跨界音乐文化——中国语境下跨界族群音乐研究的意义和范畴》，《音乐研究》2011 年第 6 期。

③ 参见杨民康《跨界族群与跨界音乐文化——中国语境下跨界族群音乐研究的意义和范畴》，《音乐研究》2011 年第 6 期。

况西洋之学术骎骎而入中国,则言语之不足用,固自然之势也"①。长期以来各学科对民族、国家、认同等概念的研究、阐释和论争即是如此。这些概念的引入和发展与中国人类学民族学研究相伴相生,"从19世纪末20世纪初西方社会科学首次传入中国到20世纪30年代后期,只在短短时间内,西方人类学/民族学作为一种理论、方法论和文本构成的独特话语实践,就已经成功地移植到了中国的土壤中"②。随着学科建设的不断深入和完善,国内人类学/民族学研究逐渐立足于国情实际的科学研究,而非对西方话语的削足适履的套用,从而产生了具有本土特色的民族学研究及民族学学术传统。在民族研究的变迁过程中,以横向的流动传播和纵向的传承变异为变量,有关跨界民族的流变与交流的比较研究更为突出,国家话语的框架在学术讨论中扮演着重要的角色,由此看中国跨界民族研究,根据国内学术界的解释和表述,"跨界民族"一词较为贴切的英文表述应为 Cross – border Ethnicity,与之相关的概念,还有跨境民族、跨国民族等③。由于中西方不同的民族历史经验使双方形成了不同的民族认知,历史经验与理念的差别表明人类社会的民族过程和民族互动并非遵循一个模式。国外的相关研究囿于学术资源的短缺和地域的限制,我们无法作出适当的学术评判,但一般而言,国外的研究应该大多归类于比较研究、移民研究和地缘政治研究等领域,没有形成并确定为专门的跨界民族研究。

---

① 王国维:《论新学语之输入》,《王国维论学集》,中国社会科学出版社1997年版,第387页。
② 张兆和:《从"他者描写"到"自我表述"——民国时期石启贵关于湘西苗族身份的探索与实践》,李菲译,《广西民族大学学报》(哲学社会科学版)2008年第5期。
③ 参见葛公尚《试析跨界民族的相关理论问题》,《民族研究》1999年第6期。

民族与国家的关系探讨①、民族与民族主义的范式研究②、民族认同与国家认同的互动关系③、国家边界与民族关系的互动作用④、地缘政治的空间关系与国家关系以及民族田野调查⑤等构成了跨界民族研究的重要组成部分。我们可以从相关研究的发展来窥见国外对于相关问题的研究。民族与国家的关系问题、民族与民族主义问题一直是学术界持续关注的重大课题,研究成果也是汗牛充栋,学术发展更是经历了历时性与共时性的建构与解构。香港科技大学人文学部教授

---

① 民族与国家问题可参阅 John Breuilly, *Nations and the State*, Manchester: Manchester University Press, 1985;[英]安东尼·吉登斯《民族—国家与暴力》,胡宗泽、赵力涛译,生活·读书·新知三联书店 1998 年版;[英]休·希顿—沃森《民族与国家——对民族起源与民族主义政治的探讨》,吴洪英、黄群译,中央民族大学出版社 2009 年版;[美]菲利克斯·格罗斯《公民与国家——民族、部族和族属身份》,王建娥、魏强译,新华出版社 2003 年版;[美]杜赞奇《从民族国家拯救历史:民族主义话语与中国现代史研究》,王宪明、高继美等合译,社会科学文献出版社 2003 年版。

② 民族与民族主义问题可参阅 Guido Zernatto, "Nation: The History of a Word", *Review of Politics*, 6 (1944), pp. 351 – 366; Umut Ozkirimli, *Theories of Nationalism: A Critical Introduction*, Palgrave Macmillan, 2010;[法]厄内斯特·勒南《民族是什么?》,袁剑译,《民族社会学研究通讯》第 113 期;[美]本尼迪克特·安德森《想象的共同体》,吴叡人译,上海人民出版社 2003 年版;[英]埃里克·霍布斯鲍姆《民族与民族主义》,李金梅译,上海人民出版社 2000 年版;[法]吉尔·德拉诺瓦《民族与民族主义:理论基础与历史经验》,郑文彬、洪晖译,生活·读书·新知三联书店 2005 年版;[英]安东尼·D. 史密斯《全球化时代的民族与民族主义》,龚维斌、良警宇译,中央编译出版社 2002 年版;[英]安东尼·D. 史密斯《民族主义:理论,意识形态,历史》,叶江译,上海人民出版社 2006 年版;[美]里亚·格林菲尔德《民族主义:走向现代的五条道路》,王春华、祖国霞等译,上海三联书店 2010 年版。

③ 认同问题研究可参阅 Philip Gleason, "Identifying Identity: A Semantic History", *The Journal of American History*, Vol. 69, No. 4 (march 1983), pp. 910 – 931; Jean L. Cohen, "Strategy or Identity: New Theoretical Paradigms and Contemporary Social Movements", *Social Research*, Vol. 52, No. 4 (Winter 1985), pp. 663 – 716; Roger Gould, *Insurgent Identities: Class, Community and Protest in Paris from 1848 to the Commune*, Chicago: University of Chicago Press, 1995。

④ 参阅边界论的代表作 Fredrick Barth, ed., *Ethnic Groups and Boundaries: The Social Organization of Culture Difference*, Boston: Little, Brown and Company, 1969。

⑤ 国外民族田野调查的成果如石茂明《跨国苗族研究——民族与国家的边界》(民族出版社 2004 年版)。书中列举了国外苗族研究成果。如 Karl G. Izikowitz, "Neighbours in Laos", *Ethnic Groups and Boundaries: The Social Organization of Culture Difference*, ed., Fredrick Barth, pp. 135 – 148。

张兆和指出，冷战结束以来国际政治经济面貌急剧变化，关于民族与国家、国家边界与民族身份意识的讨论，在西方学术界方兴未艾。"一方面，苏联与南斯拉夫的解体使国家边界重新规划；另一方面，欧盟和全球化趋势的发展，使民族国家的体制和国家边界的观念动摇。西方社会在国家体制变动和全球化跨国流动的情况下，传统上依附在国家体制的种种社会身份意识逐渐失却功能或被怀疑，并遭到各种种族、宗教、性别、阶级、职业、年龄等身份的挑战，形成众多身份政治的'新社会运动'（new social movements）。有关'边界'理论（border theory）的关注课题，逐渐由地缘政治空间的国境边界转移到象征比喻性的社会身份界限。近年来一些西方学者开始倡导综合二者的研究取向，强调围绕国境边界的国家民族身份意识与以象征比喻性边界为基础的群体身份意识之间的互动，并同时关注地缘政治经济物质效果与文化象征意义之间的关系。"① 另外，边境贸易研究也是西方学者关注的焦点问题之一。②

跨界民族研究在国内外学术界呈现出来的不同面貌，是国内外研究者不同的研究视角、研究方法和研究资源以及学术传统导致的结果。有的学者在评论国内外跨界民族研究时说："从理论上讲，国内民族学界的跨界族群讨论已有很长的历史。但是，从比较的角度看，由于其对境外的资料掌握较少，无论是有关境外的研究或比较研究中涉及境外的资料部分，都比境内同类研究显得薄弱，从而较缺少说服力。而西方学者的相关研究则往往侧重于境外部分，而对境内部分又

---

① 张兆和：《中越边界跨境交往与广西京族跨国身份认同》，《历史人类学学刊》第2卷第1期（2004年4月）。相关研究成果可参考张兆和文中的脚注102、103、104、105、106、110。

② 相关研究成果可参考张兆和《中越边界跨境交往与广西京族跨国身份认同》中的脚注67、77、84。

同样显现出薄弱和贫乏的特点。这同两者之间存在的经济环境和政治、社会环境的差别有关。如今，随着政治、经济、社会以及学术研究等环境条件的逐渐好转……伴随着各条边界双方学术交流和共同研究项目的逐渐增多，此方面的研究已经比以往有了更多、更好的条件。"[①] 这是我们今天强调跨界民族研究必要性和可行性的一个重要原因。

---

① 杨民康：《跨界族群与跨界音乐文化——中国语境下跨界族群音乐研究的意义和范畴》，《音乐研究》2011年第6期。

第一章

跨界民族与跨界民族关系

第一节 跨界民族概念辨析

概念的界定在某种意义上意味着一种普遍性和深层次的观察和思考。"概念及其定义,是对相关要素、特征的概括和理论阐释的支点。……因为社会科学的讨论往往以概念为核心,而概念又是经过作者自己清晰界定和应用的。概念是公诸众人的意义参照,也是资料、数据的综合描述,是对现实世界的分类。同时,由概念引起的矛盾也比比皆是。"[①]

在跨界民族研究的论题中,实际上我们首先涉及的是"民族"概念问题,然后才是"民族"的跨界问题,最后才是"跨界"的"民

[①] [英]休·希顿—沃森:《民族与国家——对民族起源与民族主义政治的探讨》,吴洪英、黄群译,中央民族大学出版社2009年版,"总序"第4页。

族"问题。学术界历来对"民族"概念的界定有着很大的争议，① 由于民族形成的不同路径和中西方语境下民族范畴或属性的不同指向，导致"民族"概念的歧义。纵观现代民族理论研究，尽管对于民族概念的释读莫衷一是、百家争鸣，但也在很多方面形成了一定的共识和见解，其中的一个共识，即民族是一个历史的概念，具有一定的时代性和关联性。我们对"民族"的定义可从其政治属性和文化属性两个方面入手，从而便于对"跨界民族"进行恰当的界定。

国家疆域与民族分布地域的交错重叠，使相当一部分民族的传统聚居地被国家政治疆界所分隔（分割），成为跨国界而居的民族。民族流动性的不断加大等因素则进一步加剧了同一民族跨国界而居的现象，对这类特殊民族群体的观察和研究，产生了围绕着跨界民族研究领域相关概念的学术争论。

对于跨界民族这一概念的具体名称及内涵，国内学术界同样有不同的表述和争论。针对这个问题，香港科技大学人文学部教授张兆和在其文《中越边界跨境交往与广西京族跨国身份认同》中指出，"针对沿着国家边界跨境而居的族群所产生的概念问题，有学者提出'跨境''跨界'和'跨国'等用词的争论。这些争论主要是围绕着距离国境线远近、是否毗邻而居以及在历史上因迁徙与划界所导致的不同分布形态而言，基本上是相对于国境边界的空间分布定义与概念指涉

---

① 关于"民族"概念的界定及争论，国内学术界有大量的研究论文，例如：纳日碧力戈《民族与民族概念辨正》，《民族研究》1990年第5期；纳日碧力戈《民族与民族概念再辨正》，《民族研究》1995年第3期；朱伦《论"民族—国家"与"多民族国家"》，《世界民族》1997年第3期；朱伦《"跨界民族"辨析与"现代泛民族主义"问题》，《世界民族》1999年第1期；翟胜德《"民族"译谈》，《世界民族》1999年第2期；朱伦《人们共同体的多样性及其认识论——兼答额·乌力更先生》，《世界民族》2000年第1期；朱伦《走出西方民族主义古典理论的误区》，《世界民族》2000年第2期；崔明德、曹鲁超《近十年来传统民族观及民族思想研究述评》，《齐鲁学刊》2005年第5期；黄仲盈《中国特色民族定义的历史演化》，《广西民族研究》2006年第4期。

范围问题。另外，有学者提出'民族'和'人民'的用词争论，主要是能否以国家公民的身份将这些边境族群在概念上和民族独立与分离主义区分开来，纯粹是关于国家体制的政治考虑"①。学者李学保在其文《国内学术界关于跨界民族问题研究中的分歧与思考》中也指出，在中国跨界民族问题研究中，"一些理论问题急需梳理和给予有说服力的解释"②，而跨界民族概念上的分歧是理论问题研究中的一个突出问题，"对于民族传统聚住地被国家政治疆界分割而形成的特殊族体，由于观察问题的视角不同，目前国内学界除了使用'跨界民族'以外，还有'跨境民族'和'跨国民族'两个意义接近的概念予以指称，后来还出现了'跨界人民''历史民族''无国家民族'等概念，给这一民族群体带来了更大的理解难度，也使对'跨界民族问题'的看法出现分歧"③。由此可见，国内学术界围绕着跨界民族概念出现的分歧导致不同的称谓，视角与立场的不同，在不同的群体观察与理解中，中心所指是相异的。核心概念的内涵界定和用词论争对于学术研究是正常的现象，虽有不便，但学术争鸣本身对于跨界民族研究及相关问题的研究具有重要的推动作用。因此对于这些概念的内涵与异同，需要作出逐一分析和介绍。

无论是"跨界民族""跨境民族""跨国民族"，还是"跨界人民"与其他种种，有两点是学术界基本认同的，其一是这些概念的共同点在于研究对象分布在不同的国家，这是理论的现实基础。其二是这些概念都带有明显的"跨"字。从字面上看，说明了这一民族群体

---

① 张兆和：《中越边界跨境交往与广西京族跨国身份认同》，《历史人类学学刊》第 2 卷第 1 期（2004 年 4 月）。
② 李学保：《国内学术界关于跨界民族问题研究中的分歧与思考》，《中南民族大学学报》（人文社会科学版）2011 年第 5 期。
③ 李学保：《国内学术界关于跨界民族问题研究中的分歧与思考》，《中南民族大学学报》（人文社会科学版）2011 年第 5 期。

的群体性质，即民族或族群以及彼此之间的空间相隔关系。"跨"字一方面反映了这一民族群体及其传统聚居地被国家疆界或疆域分隔（分割）而跨居的客观事实的存在，这是不争且无法回避的事实；另一方面也体现出了这一类民族群体相对于其他民族群体而言，其概念界定上的普遍性与特殊性。用"跨"字来限定和定义这类民族群体，是人们用跨居这一基本特征来修饰"民族"这个人们共同体概念而形成的特定范畴。从相关概念的界定与指向也可以看出，这些跨居的民族"大都指在族源、社会、经济、文化和地理上密切相连的文化族群（cross-border Ethnicity），而非'政治人类学范畴'的人们共同体（nation），这是三种不同称谓的最大公约数"①。

"跨界民族""跨境民族""跨国民族"概念的分歧主要在于对所谓"界""境"和"国"等用字的不同理解上。学者们通过不同的用词来界定这种特殊的民族现象，所反映的是语境、视角和立场的不同，任何一种都有其合理性，并无本质区别。

一　跨界民族

20世纪80年代初，跨界民族概念及相关理论在学术界得以初步探讨。中央民族大学教授陈永龄等提出"跨界民族"理论，学者金春子、王建民在《中国跨界民族》一书中也较早提出和使用了"跨界民族"的称谓，这是第一本较为系统研究和论述中国跨界民族的著作。书中认为，"跨界民族是指由于长期的历史发展而形成的，分别在两个或多个现代国家中居住的同一民族。所谓'界'是指国界……近年

---

① 李学保：《国内学术界关于跨界民族问题研究中的分歧与思考》，《中南民族大学学报》（人文社会科学版）2011年第5期。

来，有人也经常在各种场合使用'跨境民族'一词，境即指国境线，跨境即跨界。不过，在使用中似乎'界'较'境'更确切些，因为境是指区域，讲'跨'区域，不如'跨'一条边界线更清楚"①。

学者葛公尚在其文《试析跨界民族的相关理论问题》中说："到了近现代，地球上近3000个族体基本上已稳定地定位在约200个国家和地区之中，这种数字悬殊的结合，产生了两种结果，一是世界上绝大多数国家为多民族结构，二是相当一部分民族被国家政治疆界所分隔，成为特殊的族体，即跨界民族。这是不争的客观存在，是无法也不应回避的事实。"② 其主编的《当代国际政治与跨界民族研究》对跨界民族作了科学的界定与分类，从历史与现实的角度对"跨界民族"概念做出了充分地解析。历史的来看，跨界民族是"人类社会文明进程中，人们共同体的民族过程与人类社会的国家过程普遍发生的一种叠合现象"③。该书认为，"跨界民族具备两个必不可少的特征，一是原生形态民族本身为政治边界所分隔，二是该民族的传统聚居地为政治疆界所分割。换言之，原生形态的民族在相邻的国家间跨国界而居，地理分布是连成一片的，是具有不同国籍的同一个民族"④。

学者刘稚在《中国—东南亚跨界民族发展研究》一书中提出了构成跨界民族的三个基本要素，分别是"（1）是历史上形成的某一原生形态民族，其成员具有一定的民族认同和文化认同；（2）同一民族的人们居住在两个或两个以上的相邻国家，具有不同的国籍；（3）民族传统聚居地被国界分隔但相互毗邻，相互之间保持着密切的联系。因

---

① 金春子、王建民：《中国跨界民族》，民族出版社1994年版，第1—2页；金春子：《中国的跨界民族》，《民族团结》1995年第5期。
② 葛公尚：《试析跨界民族的相关理论问题》，《民族研究》1999年第6期。
③ 葛公尚：《当代国际政治与跨界民族研究》，民族出版社2006年版，第11页。
④ 葛公尚：《当代国际政治与跨界民族研究》，第12页。

此，跨界民族就是指历史上形成的而现在分布在两个或两个以上国家并在相关国家交界地区毗邻而居的同一民族"①。

学者丁延松在其文《"跨界民族"概念辨析》中对"界"进行了较为详细的剖析。他认为，"跨界民族作为一个特殊的人们共同体，既具有历史上形成的共同的民族基本特征，又因分属不同国家而具有自身特性。跨界民族的这种'非通体同质'性就源于其中的'界'。'界'在跨界民族中执行着分割与连接的双重作用，它将跨界民族分割在政治制度、社会文化不同的国家，却又维系着不同分支间的民族感情和生活交往。跨界民族研究的实质是民族过程研究或民族问题研究。民族过程研究具有自身的一般规律，它将涉及民族共同体发生、发展和消亡的理论和一般过程；民族问题的研究主要是民族关系和国际关系的研究。而'界'是跨界民族研究的核心，因为它是跨界民族不同于其他人们共同体的基本属性。在民族过程方面，'界'主导着跨界民族不同分支在政治、经济、文化上的异向发展，左右着不同分支间的分化与融合；在民族问题方面，'界'赋予跨界民族各分支不同国籍，影响着各分支间的民族认同和国家认同，进而决定了国际关系的民族关系的冲突与稳定"②。学者石茂明从边缘与核心的互动关系角度考察跨界民族概念，强调边界疆土的边缘意义，"跨界民族，其字面意思即包含边缘人群的内容，既有民族的边缘，也有疆土的边缘的含义。民族指向文化，疆土指向政治"③。学者周建新、覃美娟在其文《边界、跨国民族与爱尔兰现象》中也强调，边界不仅是现代主权

---

① 刘稚：《中国—东南亚跨界民族发展研究》，民族出版社2007年版，第11页。
② 丁延松：《"跨界民族"概念辨析》，《西北第二民族学院学报》（哲学社会科学版）2005年第4期。
③ 石茂明：《边缘的力量考验单一民族国家想象——跨界民族的视角与苗族的个案》，"从核心与边缘看东亚细亚"国际学术研讨会（韩国）论文提要，2007年12月。（http：//www.3miao.net/3/viewspace-28869.html）

国家的地理和政治界线,它在跨界民族文化空间、社会空间等方面也都具有特殊意义,需要我们给予足够的关注和研究。通过对世界各地民族和边界现象的研究,对曾经僵化的政治边界问题的认识会有新的感受和新的认识。①

中国社会科学院曹兴研究员在其文《跨界民族问题及其对地缘政治的影响》中则认为"跨界民族"应分为狭义和广义两种:"狭义的跨界民族是一切因政治疆界与民族分布不相吻合而跨国界而居住的民族;广义的跨界民族既包括被国家分隔、消极被动跨界而居的民族,也包括积极主动移民跨界而居的民族。前者是国家分隔的产物,后者是移民的产物。"② 2004 年他在其文《论跨界民族问题与跨境民族问题的区别》中又指出:"跨界民族是那些原来民族和其传统聚居地都被分割在不同国家内而在地域上相连并拥有民族聚居地的民族,跨界民族是被动(被不同国家政治力量)分割的结果。"③

综合上述几位较有代表性的学者对于跨界民族概念的界定,我们可以看出,"跨界民族"的称谓和概念界定是基于国家边界的政治和现实意义,在一定程度上反映了主权国家和主体民族的意志,突出了边界的法律内涵,体现出国家话语在关于边界以及跨界民族的学术讨论中占据着主导地位。"边界是一种物理界限,它在民族认同的生产和再生产空间中是最突出的象征"④,"国家边界的普遍化,是全球范围内形成各种社会特殊性的主要因素"⑤,因此这一类民族群体的特殊

---

① 参见周建新、覃美娟《边界、跨国民族与爱尔兰现象》,《思想战线》2009 年第 5 期。
② 曹兴:《跨界民族问题及其对地缘政治的影响》,《民族研究》1999 年第 6 期。
③ 曹兴:《论跨界民族问题与跨境民族问题的区别》,《中南民族大学学报》(哲学社会科学版) 2004 年第 2 期。
④ [西班牙] 胡安·诺格:《民族主义与领土》,徐鹤林、朱伦译,中央民族大学出版社 2009 年版,第 33 页。
⑤ [西班牙] 胡安·诺格:《民族主义与领土》,徐鹤林、朱伦译,第 32 页。

性，即跨界民族的利益原则和价值取向不仅关乎该民族的未来走向，而且更加关系所属国家的根本利益和长久利益。然而，跨界民族概念的不足也在于，这个定义对于那些跨国而居、地域上并不相连的民族群体缺乏说服力，有的学者对此提出了质疑，学者纳日碧力戈在《现代背景下的族群建构》一书中指出了跨界民族作为文化共同体的地位的不确定性。①

1999年著名学者朱伦在其论文《"跨界民族"辨析与"现代泛民族主义"问题》中提出，"在我国民族研究界及政治生活和社会舆论中，'跨界民族'似乎已成为一个约定俗成的术语，没有人对它产生疑问。但只要深入研究一下我们就会发现，'跨界民族'说是不能成立的。在理论上，'跨界民族'说有概念不清的错误；在现实生活中，它经不起民族现实状况的检验。尤其值得注意的是，它易于被现代泛民族主义者所利用，不利于现代主权国家的巩固和地区安全。在现代泛民族主义者试图重建'历史民族'的政治统一与独立建国的活动中，'跨界民族'说是其重要的理论基础。因此，否定'跨界民族'说，代之以正确的概念——'跨界人民'，不仅具有学术理论意义，而且具有现实政治意义"。其立论的基础在于，"民族"术语中西方语境和语义的指向歧义，导致学术界在使用相关术语时出现的意见分歧，继而引起在相关理论问题上的理解偏差。朱伦先生以其深厚的跨语言能力和敏锐的观察力，辨析民族概念的问题，其理解的民族定义是"一种具有政治统一性与地域统一性的人们共同体。……不可能、也不允许是'跨界的'"。因此他强调"汉语'跨界民族'这一概念的不确定性，以及可能由此而产生的歧义与危害"，甚至认为把"跨

---

① 参见纳日碧力戈《现代背景下的族群建构》，云南教育出版社2000年版，第38—39页。

界民族"视为同一民族会成为"现代泛民族主义赖以产生的土壤",而主张代之以使用"跨界人民"这一概念。①

朱伦先生的文章再次引起了学术界关于跨界民族概念的论争。学者杨勉在其文《"跨界民族"改"跨界人民"仍会造成新的歧义——与朱伦先生商榷》中指出,朱先生在解释"民族"的基本特征时,忽视或回避了一族多国的现象。"长期以来,我国在'民族'一词的英汉互译上有不确切之处,造成一些概念混淆,探讨和解决这个问题是必须的,朱先生为梳理这些概念所进行的工作是有重要意义的。但是,中文的每一个词汇在外语中不一定都有对应的词汇或必然与外语中的某个词有着内涵和外延上的绝对一致性。……朱先生主张'跨界人民'的概念不单单是翻译上的原因,而且还有政治上的原因。……不承认'跨界民族'的共性特别是忽视其民族心理方面的认同性,就如同否认'少数民族'的存在一样,是会适得其反的。……只有在现实的基础上,才能真正给民族分离主义以针对性的回击。况且,一个名词的改变,或人为赋予某个名词含义具有某种政治甚至法律意义上的约束力,并不解决实质问题。"②香港科技大学人文学部教授张兆和在其文《中越边界跨境交往与广西京族跨国身份认同》中反驳说,朱伦先生指出"民族"一词有政治统一性与地域一体性的基本特征,认为"跨界民族"的概念有现代泛民族主义之嫌,提倡以"跨界人民"一词代之,"主要是能否以国家公民的身份将这些边境族群在概念上和民族独立与分离主义区分开来,纯粹是关于国家体制的政治考

---

① 朱伦:《"跨界民族"辨析与"现代泛民族主义"问题》,《世界民族》1999年第1期。
② 杨勉:《"跨界民族"改"跨界人民"仍会造成新的歧义——与朱伦先生商榷》,《世界民族》2000年第4期。

虑"①。曹兴也指出,"这在某种意义上讲是能够自圆其说的,即本着民族是一种政治实体的理念,当然不会有'跨界民族',而只能有'跨界人民',这是合情合理的事情。不过,由此轻易把'跨界民族'否定掉,必然引起同行的怀疑……为了消除'一国一族'的理论混乱和实践危害,可以把民族、跨界民族和跨境民族理解为文化实体的范畴而不要理解为政治实体的范畴"②。

二 跨境民族

跨境民族概念的提出和使用较跨界民族概念略早,在国内学术界也得到了相当的认同和较为广泛的使用。1984年学者范宏贵在其文《中越两国跨境民族》中使用了"跨境民族"概念。③ 关于跨境民族概念的界定,学者姜永兴在其文《我国南方的跨境民族研究》中是这样解释的,"同一民族分别居住在国境线两侧系称跨境民族"④。黄惠焜在为《云南跨境民族研究》的序言中说:"'跨境'一词,则是后起的行政和版图概念,这显然是一个可变的概念。"⑤

学者胡起望在其文《跨境民族探讨》中的解释也较有代表性,他在文中认为,"跨境民族就是分别在两个或两个以上的国家里长期居住,但又保留了原来共同的某些民族特色,彼此有着同一民族的认同感的民族"。文中继而分析,"跨境民族与跨界民族是两个稍有不同的

---

① 张兆和:《中越边界跨境交往与广西京族跨国身份认同》,《历史人类学学刊》第2卷第1期(2004年4月)。
② 曹兴:《论跨界民族问题与跨境民族问题的区别》,《中南民族大学学报》(人文社会科学版)2004年第2期。
③ 参见范宏贵《中越两国跨境民族》,《西南民族历史研究集刊》1984年总第5期。
④ 姜永兴:《我国南方的跨境民族研究》,《广东民族学院学报》(社会科学版)1988年第1期。
⑤ 黄惠焜:《跨境民族研究论——〈云南跨境民族研究〉序》,《云南民族学院学报》(哲学社会科学版)1997年第1期。

概念"。他提出跨界民族的地理分布基本上是连成一片的，跨界民族是跨境民族的一部分；而跨境民族则在地理分布上可能并不是连成一片的，有的跨国居住，有的甚至跨海洋而居。因此跨境民族概念应是一个外延更大、更宽的概念，某种意义上涵盖了跨界民族概念。文章进一步以同一民族不同分支的紧密性和差异性大小为衡量尺度，将跨境民族的含义分为狭义的和广义的两种，提出"共同民族起源"和"相互认同的民族意识"是构成跨境民族的基本条件。[①]

学者刘稚、申旭在《论云南跨境民族研究》一文中认为，从学术价值和现实意义考虑，研究和界定跨境民族应着眼于如下几个方面：(1) 探讨跨境民族的族源和迁徙问题；(2) 研究跨境民族具有的"共性"和"个性"；(3) 根据理论联系实际。两位学者认为，"跨境民族是一种历史的、特殊的民族现象，其存在形式、心理态势和发展趋势等，都有着不同于非跨境民族的特点。值得人们深入研究"[②]。

中国社会科学院曹兴研究员在其另一篇文章《论跨界民族问题与跨境民族问题的区别》中则认为，"跨界民族和跨境民族的根本区别不是'跨界而居'，而是'主动跨境还是被动跨界'的区别。跨界民族是被动（被不同国家政治力量）分割的结果，跨境民族是主动临时性'移民'或长期移民的产物"。曹兴认为国内学术界对于跨界民族和跨境民族的理解有些模糊，虽然仅一字之差，但不能一概而论。分析各种情况，跨境民族都是"主动移民的结果"[③]。

通过几位学者对跨境民族概念的界定与分析，我们发现跨境民族

---

① 参见胡起望《跨境民族探讨》，《中南民族学院学报》（哲学社会科学版）1994年第4期。
② 刘稚、申旭：《论云南跨境民族研究》，《云南社会科学》1989年第1期。
③ 曹兴：《论跨界民族问题与跨境民族问题的区别》，《中南民族大学学报》（人文社会科学版）2004年第2期。

概念与跨界民族概念之间并没有太大的差异,不同的语境下可能会有学术歧义,例如周建新教授提出,"在现实生活中,有些情况很难用'跨境'一词指称。如我们指称往来于粤、港、澳三地的犯罪活动时,使用粤、港、澳三地'跨境'犯罪;指称往来于中越老的犯罪活动时,只能使用'跨国犯罪'一词,因此,使用'跨境',既不准确,也容易产生歧义"①。不过我们还是认为,就具体研究对象而言,两者的交集还是大于歧义的。"界"和"境"分别是指"国界"和"国境",二者虽有区别,但均指向国家领土。在探讨这类民族群体的族源、迁徙、形成、发展以及其他历史问题的研究等方面,跨境民族概念与跨界民族互为通用,主要分歧只在于地理空间分布和指涉范围这两个构成核心概念的基本要素。

三 跨国民族

跨国民族概念的提出和使用在时间上较晚。明确"跨国民族"概念与范畴的是兰州大学的马曼丽教授。在解释提出"跨国民族"概念的理由时,她说:"目前国内学术界所讲的'跨界民族'和'跨境民族'这两种术语,不管研究者本人怎样理解,给予多么'宽泛'的说明,给人的感觉总是较为强调民族跨居相邻两国边界或边境。这种跨居现象虽然领土争端是最常见的,但是,在全球化时代,跨界民族往往因流动频繁已跨据两个以上不相邻的国度,甚至发展到远隔重洋或遥跨数国这样的现象在世界上更极为寻常。这样,提出一种涵盖面更为宽泛的术语作为一个研究领域是有益的,故我们提出了'跨国民族'这样一个概念。"因此,跨国民族"是对跨居两国或两国以上

---

① 周建新:《中越中老跨国民族及其族群关系研究》,民族出版社2002年版,第2页。

(不论是相邻的两侧，还是远离边境的)、基本保持原民族认同的、相同渊源的人们群体的指称"①。

作为一个概念范畴，马曼丽教授指出，"跨国民族：除了在地缘特征上表现为跨国而居的形式外，还有更复杂的人文、政治内涵"②。在特定的历史含义和人文背景之下，跨国民族的内涵应包含不可分割的三个层次的内容：(1) 共同的历史，包括共同的政治经历、有共同的族源等"源头"；(2) 共同的文化特征及心理素质；(3) 共同的族属认同和民族感情。跨国民族现象自身的特殊性不仅表现为一种历史的现象，更是一种具有政治特征的现实存在。③ 马曼丽、张树青在《跨国民族理论问题综论》一书中详细剖析了跨国民族概念及其历史、文化、政治和社会等多重属性。

学者罗树杰也认为，"在实际生活中，有些民族是跨越不同国界而居，且居地是相连的；有些民族分布于不同国家而居地是不相连的；有些民族分居于不同国家，既有居地相连的部分，又有不相连的部分。于是，单用'跨界民族'或'跨境民族'就难以对这些情况进行准确的概括。我认为，不管'跨界民族'，还是'跨境民族'都比较模糊，不够准确，而采用'跨国民族'则非常准确、直接明了"④。主张用"跨国民族"，与国际上通用的"跨国公司""跨国集团""跨国组织"等相吻合，便于接受。学者周建新在《中越中老跨国民族及其族群关系研究》一书强调了使用"跨国民族"的意义，认为跨国民族"不仅涵盖了'境'和'界'的内容，又直接表达了国家的概念，而且从政治民族的高度把同一文化民族进行了划分，这才

---

① 马曼丽、张树青：《跨国民族理论问题综论》，民族出版社2009年版，第16页。
② 马曼丽、张树青：《跨国民族理论问题综论》，第20页。
③ 马曼丽、张树青：《跨国民族理论问题综论》，第20—29页。
④ 罗树杰：《还是使用"跨国民族"好》，《广西民族学院学报》1997年第3期。

是问题的关键"。因此,"在本书中只使用'跨国民族'一词最根本的理由是,'国'体现着民族的政治认同和归属"①。有的学者也认为应当使用"跨国民族"更为妥当,原因是它比"跨境民族"或"跨界民族"更有概括力。因为这些民族群体"并不一定都在毗邻地区。……用跨境与跨界民族指称,有时则不能反映这类民族的全貌"②。

通过几位学者对跨国民族概念的界定与分析,我们发现跨国民族概念实际上依然是跨界民族概念和跨境民族概念的外延,较之这两个概念,跨国民族的内涵和研究对象则进一步放大和放宽了,取"跨国民族"这一涵盖面较宽的概念是为了适应全球化形势的需要③。许多学者试图用一种术语或称谓概括所有的可能性,用一种普遍性的概念解释学科领域中一种现象的所有表现形式及其内容,积极的一面是可以推动学科的规范化和学术性,但是很容易陷入人为概念的怪圈,造成不必要的混淆,不利于学科的正常发展。综合以上三个被广泛争议的称谓或术语,之所以出现这种争论,原因就在于立场和角度的不同,导致概念内涵的差异性。

围绕跨界民族研究领域相关概念的争论仍然在继续,尚未形成一定的理论体系。跨界民族研究领域相关概念的争论已从"跨界民族""跨境民族""跨国民族"的术语之争发展到这些术语及概念能否成立?抑或进一步扩大?这一类术语的提出和使用是否成为现代泛民族主义思潮等一系列原则性问题滋生的土壤?"跨界民族""跨境民族""跨国民族"等概念在地理分布和指称对象上既有差别又有重叠,各

---

① 周建新:《中越中老跨国民族及其族群关系研究》,民族出版社2002年版,第2—3页。
② 何平:《中国西南与东南亚跨境民族的形成及其族群认同》,《广西民族研究》2009年第3期;马曼丽主编:《中亚研究:中亚与中国同源跨国民族卷》,民族出版社1995年版,第5—6页。
③ 参见马曼丽、张树青《跨国民族理论问题综论》,民族出版社2009年版,第10页。

自研究的侧重点及视角不同，定义及内涵仍是交叉含混的。①"从学界对跨界民族概念内涵上的不同理解来看，人们在跨界民族概念上的分歧，不仅在于同源跨国民族分支是否沿跨国界毗邻而居，更多的是关注那些移民他国但与母国拥有共同血缘、语言、宗教和文化等'民族基质'和'族属情感'的'移民跨国族体'，以及他们在多大程度上对移民母国和居住国所形成政治和文化影响。换言之，是这一研究领域和视角是否应当扩大的问题。"②曹兴认为，"问题的关键是看问题的角度不同"③，由于民族概念的歧义性，导致了学者对跨界民族概念的纷争。民族的内涵至少包括两大范畴：民族作为政治实体的范畴；民族作为文化实体的范畴。"作为政治实体的民族是应然范畴或应有范畴，作为文化实体的民族则是实然范畴或实有范畴，科学实证精神所采取的是'实然范畴'的研究而不是'应然范畴'的研究，把民族这两大范畴运用于跨境民族和跨界民族中，遇到的问题就更加严重。"④金炳镐先生主张把跨界民族从狭义和广义两个方面来理解，狭义的跨界民族就是同一民族跨国界线分居在不同的国家，广义的跨界民族可称为"跨境民族"或"跨国民族"。⑤这里我们不妨引用马曼丽教授针对相关争论表示的几点倾向性意见：第一，这些学者的看法都各有一定的依据和道理，这些表述都只有理解不同、指称重点不同

---

① 参见王清华、彭朝荣《"跨国界民族"概念与内涵的界定》，《云南社会科学》2008年第4期。
② 李学保：《国内学术界关于跨界民族问题研究中的分歧与思考》，《中南民族大学学报》（人文社会科学版）2011年第5期。
③ 曹兴：《论跨界民族问题与跨境民族问题的区别》，《中南民族大学学报》（人文社会科学版）2004年第2期。
④ 曹兴：《论跨界民族问题与跨境民族问题的区别》，《中南民族大学学报》（人文社会科学版）2004年第2期。
⑤ 参见金炳镐、张兴堂、王芸芳《加强跨界民族研究 丰富马克思主义民族理论体系》，《黑龙江民族丛刊》2008年第1期。

之别，并无绝对正确和错误之分。第二，社会科学的科学性和自然科学是有区别的，因为社会是复杂的综合现象载体，因此对其界定的理解不宜绝对化，更宜留有宽泛变迁的余地。第三，国内学术界使用的跨界民族、跨境民族和跨国民族中的"民族"，是按中文习惯用法对各种族体的泛称，注意中西方语境和语义的不同。①

为了本题研究的严肃性和规范化及文本的前后一致，本书将采用跨界民族概念。理由如下：（1）自20世纪90年代中期以来，越来越多的学者更经常地使用"跨界民族"一词；（2）从学术研究的角度来看，"界"较"境""国"更确切些，边界线的政治含义和现实意义更为突出，跨界民族概念也只有在现代主权国家的意义上更具指向性；（3）用"跨界"来修饰某个民族，事实上已经指明了这个人们共同体历史上在族源、社会、经济、文化、地理上的密切关系；（4）以跨界民族概念界定本书的主要研究对象——朝鲜族，定义清晰，立意明确；（5）跨界民族研究与地缘政治和国际政治存在着不可轻视的联系。本书涉及地缘政治研究，使用跨界民族概念更能凸显地缘性的重要意义，也便于从这个视角开展研究。

第二节 跨界民族关系概述

跨界民族研究"长远地看，是与17世纪以来西方资本主义国家向全世界输出其'国族''国家'概念和制度以及其中包含的'边

---

① 参见马曼丽、张树青《跨国民族理论问题综论》，民族出版社2009年版，第3—4页。

界'概念有关的,这是重要的历史背景;近期地看,第二次世界大战以后世界范围内掀起的原殖民地、半殖民地人民追求民族独立与解放的运动,以及新建立、新独立的国家与国家之间的边界划分与确认是'跨国族群'问题凸显的近期原因"[1]。在这样的社会历史宏观背景下,跨界民族问题的出现会对民族国家的历史进程产生一定的冲击力和离心力,跨界民族研究也就随之成为历史学、政治学、民族学、社会学、国际关系学等学科的重要课题。

一 跨界民族研究史

任何一门科学都是在实践和反思的过程中逐渐发展起来的,跨界民族研究也不例外。跨界民族概念及相关研究出现的前提是现代国家疆域的确定,没有现代民族国家疆界,跨界民族研究也就无从谈起。近代以来,东亚地区传统的以文化和经济吸引力为基础的朝贡体系逐渐被以主权国家为核心理念的西方条约体系所取代,这种条约体系强调的民族国家概念和具有法律效力的边界概念也逐渐为各国所接受。中国边政学的兴起与发展,是中国传统的边疆研究近代转型的产物[2],与当时国人对国家疆土危机和民族危机的觉醒意识息息相关,一些学者开始从事边疆问题和边疆民族研究,其中包括对中国历史上的疆域变迁、边疆制度、边疆政策、边疆民族问题等进行诠释性研究。这个时期以"边政"概念为核心,以边疆民族为主要研究对象,汇集了国内民族学、政治学等领域的著名学者,作出了大量的基础性研究工

---

[1] 石茂明:《跨国苗族研究——民族与国家的边界》,民族出版社2004年版,第34页。
[2] 参见汪洪亮《中国边疆研究的近代转型:20世纪30—40年代边政学的兴起》,《四川师范大学学报》(社会科学版)2010年第5期。

作,相应地发表了一批研究成果,这些成果在性质上基本属于"边政学"的范畴。① 一般而言,现代意义上的跨界民族研究可以追溯到20世纪30年代至40年代边政学研究。

虽然这些学者没有提出一个具体的跨界民族概念,但若干民族跨国界而居的现象也确实引起了学者们的注意。如1935—1936年中央研究院历史语言研究所研究员凌纯声等人参加中英会勘滇缅南段界务时,曾对该段当时未定界之内的各民族进行了学术调查,在其《中国边疆民族》《中国边疆文化》②等文中,已涉及了跨国界而居的民族在周边国家的情形等。而这些被调查的民族,基本上就是我们今天所说的跨界民族。在这段时期,这些学者关注的焦点集中在边政、边疆、边防和国际关系等方面,基本上是相关族群的基本情况介绍,很少把"族群的跨界性"作为一个主题来展开研究。所谓"族群的跨界性",是指该族群在有关国家之间跨界分布的状况、跨界成因、源流关系、跨界双边或多边之间的差异性和互动性等。严格来说,没有涉及对"跨界性"进行比较分析研究,很难视为"跨界族群研究"的成果,只能从广义来说,这些研究具有相关性和基础性。③ 虽然这一时期的研究主要是发现和描述边疆各民族,但其中的研究对象很多即属于跨界民族,因此对边疆各民族生活、风俗等表象的描述和大量的边疆各民族资料的积累,可谓弥足珍贵,影响深远。

---

① 相关论文与著作,可参阅石茂明《跨国苗族研究——民族与国家的边界》,民族出版社2004年版,第22页;马曼丽、张树青《跨国民族理论问题综论》,民族出版社2009年版,第10—11页;何聘鹏《边疆治理视野中的跨界民族问题研究——以西南边疆跨界民族为研究对象》,硕士学位论文,云南大学,2009年,第4—5页。
② 参见凌纯声《中国边疆民族与环太平洋文化》,(台湾)联经出版事业公司1979年版。关于凌纯声等人的学术调查活动,可参读王明珂的随笔集《父亲 那场永不止息的战争》(浙江人民出版社2012年版),其中作者曾寻访凌纯声、芮逸夫两先生的足迹。
③ 参见石茂明《跨国苗族研究——民族与国家的边界》,民族出版社2004年版,第22—23页。

20世纪40—50年代，许多亚洲国家纷纷走向独立，各国开始了构建现代民族国家的历史进程，过去国家疆界的传统习惯线需要被明确化、固定化的国家边界取代。国家边界是现代主权国家形成的重要特征之一，也成为在国家形态上区分传统国家与现代民族国家的重要指标，国家的领土及其边界以法律或条约的形式得以确立。新中国成立以后，一方面为了更好地开展民族工作和边疆政权建设，中国政府组织和领导了大规模的少数民族社会历史调查，深入边疆少数民族地区进行民族识别和科学调查，积累了大量的有关少数民族的资料，以此为基础出现了一大批研究成果，其成果主要收集在后来陆续出版的"民族问题五种丛书"[①]中，其中一些涉及了边疆民族的跨居问题。另一方面，中国政府依据和平友好、互谅互让的精神，与周边协商谈判签订了边界条约，将边界以法律化的形式固定下来，解决了与大部分邻国的边界问题。但是新的问题产生了，国界的明确划定客观上也人为地割裂了边疆民族地区历史传统社会与民族界限的完整性，不仅形成了新的跨界民族，引发了有关民族国家认同和民族分割情感的复杂认知，而且历史上的民族恩怨和现实中相邻国家的边界领土管辖权纠纷，诱发了诸如边境民族土司归属问题，双重国籍管理，跨界民族山林、草场纠纷以及边界争端等跨界民族问题。无论是因边界划分而产生涉及国家间关系的跨界民族问题，还是以新疆、西藏等民族分裂或边民外逃为主要表现的跨界民族问题，都是在特殊的历史背景下发生的，里面既有国际国内政治的因素，又有地缘政治、民族宗教的因

---

① 民族问题五种丛书即《中国少数民族》《中国少数民族简史丛书》《中国少数民族语言简志丛书》《中国少数民族自治地方概况丛书》和《中国少数民族社会历史调查资料丛刊》，由国家民族事务委员会1958年开始主持规划编辑，2005年进行修订，2009年7月再版。

素。① 20世纪40—70年代，即新中国成立到改革开放前夕，在当时的国际和国内政治气候的影响下，这个时期的学术研究与民族实践的流变和国家建设的转变紧密联系，少数民族研究依然带有浓厚的"边政学"色彩，并且烙上了深深的意识形态的印记，其中一些研究也会涉及跨界而居的民族，比较分散和零星。简言之，事实的描述和知识的积累是这个时期的基本特征，而理论探讨和深入研究鲜有，条件也不成熟。但是也要积极地看到，这个时期的理论研究和政策实践为以后的学术研究其实积淀了丰厚的土壤。1956年12月16日，周恩来总理邀请当时缅甸总理吴巴瑞等贵宾，在我国云南省芒市举行了边境人民联欢大会，周恩来总理发言说："在我国边境上居住着同样的兄弟民族，今天在座就有不少这样的兄弟民族的代表。你们之间有着相同的血统、语言和风俗，共同喝一条江里的水。你们之间的悠久淳厚的传统关系，对发展中缅两国的友谊具有特殊重大的意义。我们应该十分珍重这种可贵的友谊，进一步发展两国边境人民的友好合作关系。"② 1957年，中央民族学院研究部还刊行了石钟健等编著的《有关中缅国境线上少数民族的专著及论文索引》，这算是对研究同一民族跨国界而居的一个较早的总结性成果。③ 边政学或边疆学是最初涉及跨界民族研究的学科，为以后的跨界民族研究奠定了重要的理论和史料基础，它对跨界民族的概况、历史发展、文化渊源的研究向独立的跨界民族研究的延伸和扩展打下了良好基础。之后的许多民族学学者逐渐跳出边政学的范畴，陆续发表了一系列与跨界民族联系较为紧

---

① 参见李学保《新中国成立以来我国跨界民族问题的形成与历史演变》，《西南民族大学学报》（人文社会科学版）2012年第2期。
② 《中国总理周恩来在中缅两国边境人民联欢大会上的讲话（1956年12月16日）》，《殷殷胞波情——1956年中缅边民大联欢》，中央文献出版社2003年版。
③ 参见马曼丽、张树青《跨国民族理论问题综论》，民族出版社2009年版，第11页。

密的论文，使跨界民族逐渐与一般的国内民族比较显现出其特殊性，为下一阶段研究的深入做好了铺垫。

20世纪80年代以后，伴随着冷战结束前后国际形势的急剧变化和新一轮的民族主义浪潮，跨界民族问题凸显，世界民族研究被推向了民族学研究的前沿阵地。在这样的历史语境下，国内的世界民族研究者开始关注跨界民族这一特殊的民族现象，由于跨界民族这一研究对象涉及不同的国家，需要对不同国家民族的实际情况有所了解，这与世界民族研究的思路相切合。学者们对跨界民族现象的研究持续增长，从零散研究逐渐发展到系统性的专门研究，跨界民族作为重要的研究对象开始进入诸多研究领域的研究论题之中①，从而开辟了民族研究的一个新领域，拓展了人类学民族学的研究视野。更值得注意的是，20世纪80年代中期以来，跨界民族研究已经明显地呈现出独立化、系统化、专门化的趋向。学者们把跨界民族确定为专门的研究方向或课题，提出了明确的概念，进行了一定程度的理论探索。围绕着同源而跨国界分布的民族，出现了三个内涵接近、略有差异性的较有代表性的概念性术语：跨界民族、跨境民族、跨国民族，并在此基础上对族群的认同、民族自决、民族和族群概念的界定等理论加以完善。②

中央民族大学的几位学者较早地提出和使用"跨界民族"理论，并以此为研究方向培养学科后备力量，出现了一批学术成果，从此跨界民族研究正式出现。除了金春子、王建民的《中国跨界民族》专著

---

① 参见王云芳《改革开放30年中国学界跨界民族研究评析》，《民族论坛》2009年第1期。

② 涉及跨界民族概念及争论的论文与著作，可参阅马曼丽、张树青《跨国民族理论问题综论》，民族出版社2009年版，第14—16页；周建新、黄超《中国跨国民族研究综述》，《广西民族大学学报》（哲学社会科学版）2007年第5期。

之外，还有不少文章和著作也都不同程度地论及了"跨界民族"问题。如宁骚在《民族与国家——民族关系与民族政策的国际比较》一书中指出，"由于近代以来各国政治势力的消长和国家疆界的变更，由于西方列强对一些国家和地区强行政治分割，也造成了许多民族跨国境而居，分布于数个国家里。……一般说来，民族的流动性要大于国家的流动性，凡是在民族的活动范围超出国家疆域的地方，就有可能形成脱离国家的民族的末梢"[①]。再如王逸舟在《当代国际政治析论》一书中提出，如何看待当代条件下民族与国家的重合性（或不重合性）？他认为族际界线与国家边界的不重合是对主权观念的束缚和制约。[②] 这些著作在讨论"跨界民族"问题时，对这一概念本身未作深论。跨界民族研究进入了起步和发展阶段，主要标志是核心理论概念的出现及术语称谓之争，以及针对性很强的研究对象和理论探讨的出现。关于跨界民族、跨境民族、跨国民族概念的辨析与争论，上文已做阐述，不再叙述。

20世纪90年代以来，许多民族学者把目光转向了全面开放的中国边疆地区。随着边疆地区的开放，出现了边民互市、边境贸易、文化交流和探亲访友等日渐广泛的跨界民族交流联系，然而与此同时，在发展与周边国家关系的过程中不可避免地出现了诸如跨境犯罪、带有民族主义色彩的非传统安全问题等问题。新形势、新情况和新问题的出现，在客观上也促使政府和学术界加强了对跨界民族及其相关问题的研究。在这样的氛围下，跨界民族研究融入了新的视角、新的课题和新的方法，学者们不仅探讨跨界民族的族源、历史、文化、语言

---

① 宁骚：《民族与国家——民族关系与民族政策的国际比较》，北京大学出版社1995年版，第256—257页。

② 参见王逸舟《当代国际政治析论》，上海人民出版社1995年版，第95页。

等问题，也研究发展中出现的社会问题，由原来的事实性描述研究进入了全面系统的理论探讨阶段，涌现出很多结合理论与现实的田野调查个案研究和综合研究成果，① 我们将在下文综述中有具体介绍。

近十几年来，跨界民族研究不仅涉及理论层面，而且联系现实问题，展开了围绕跨界民族概念的热烈讨论和相关学术活动。讨论跨界民族的较具规模的学术活动，始于1986年10月14日由云南省社会科学院民族学研究所、东南亚研究所和云南大学西南边疆民族历史研究所举办的一次座谈会，与会人员交流了各自的研究发展方向和国内外相关研究动态。② 1996年5月，国家社会科学基金资助的"九五"重点课题"当代国际政治与跨界民族研究"立项，课题组采取了以课题组成员为主和调动学会的集体力量的办法，由中国世界民族学会牵头，于1998年、1999年和2002年分别在云南省西双版纳傣族自治州景洪市、吉林省延边朝鲜族自治州延吉市和云南省文山苗族瑶族自治州普者黑召开了三届"中国跨界民族问题研讨会"，成为推动跨界民族研究的重要学术活动。"首届中国跨界民族问题研讨会"的重点主要集中在跨界民族研究在我国民族工作中的现实作用与深远影响；跨界民族研究与边疆现实问题探讨；跨界民族研究与21世纪展望。会议重点讨论了跨界民族的科学内涵，跨界民族研究的对象、范围、特点及其现实意义与深远影响，探讨了跨界民族问题与当代国际政治发展趋势、跨界民族问题与边疆现实问题的互动关系，评估了我国跨界民族问题的现状及其成果。③ "第二届中国跨界民族问题研讨会"围

---

① 参见周建新、黄超《中国跨国民族研究综述》，《广西民族大学学报》（哲学社会科学版）2007年第5期。
② 参见瞿明安《一次关于跨境民族研究的座谈会》，《东南亚》1987年第1期；石茂明《跨国苗族研究——民族与国家的边界》，民族出版社2004年版，第25页。
③ 参见刘达成《"首届中国跨界民族问题研讨会"纪要》，《世界民族》1999年第1期。

绕会议中心议题——东亚民族关系及相关跨界民族问题，集中探讨了东北亚两个最大的跨界民族——朝鲜族和蒙古族的历史成就、心态特征、民族凝聚要素、祖国意识、现实要求、对国际政治的影响等问题，展开了多视角的分析和研讨，对跨界民族与跨界民族问题、现行政治疆界不变的理论、国家主权高于一切与综合国力较量的理论、跨界民族的民族过程与泛民族主义思潮的悖论等进行了探讨，强调东北亚跨界民族关系的发展趋势一直是学术界关注的焦点，积极为处理跨界民族问题建言献策。①"第三届中国跨界民族问题研讨会"的中心议题是"西部大开发与跨界民族"，前两届会议分别集中讨论东南亚和东北亚地区的相关跨界民族问题，此次则面对整个西部与周边国家的跨界民族问题。研究重点也发生了转移，不仅是在世界民族视野下考察中国周边地缘政治与跨界民族，而且逐渐开始从中国国内政治发展的视角，如西部大开发的视角考察跨界民族；同时研究领域也拓展到宗教研究、国际政治研究、国家安全研究、外交政策研究等诸多领域。②"当代国际政治与跨界民族研究"项目有 3 项成果，论文集《中国跨界民族问题研究》（43 万字，由中国世界民族学会与云南省民族理论学会于 1999 年 7 月编印）和著作《面向 21 世纪的中国跨界民族研究》（27 万字，由中国世界民族学会与吉林省民族学会于 2001 年 8 月编印）为中期研究成果，是西双版纳与延边会议的成果汇集，集中了对我国东南方向和东北方向上跨界民族研究的成果。专著《当代国际政治与跨界民族研究》则是综合性的研究成果。③

---

① 参见刘泓《第二届中国跨界民族问题研讨会于吉林延吉召开》，《世界民族》1999 年第 3 期；龙木《第二届跨界民族学术讨论会述要》，《民族研究》1999 年第 6 期。
② 参见吴家多《第三届中国跨界民族问题研讨会综述》，《世界民族》2002 年第 6 期。
③ 参见葛公尚主编《当代国际政治与跨界民族研究》，民族出版社 2006 年版，第 381—382 页。

进入 21 世纪以后，随着跨界民族热点问题和跨界民族现象的增多，跨界民族研究也日益呈现出视角多元化、理论科学系统化、研究方法多样化的趋势，相应的学术活动也日渐活跃。

2005 年前后，民族出版社出版了"跨界民族问题研究丛书"，这套共有 11 本书的系列丛书从民族学、社会学、政治学的不同角度，介绍了跨界民族研究的一系列代表性成果，它们是马曼丽等著的《中国西北跨国民族文化变异研究》（2003 年），王希隆、汪金国的《哈萨克跨国民族社会文化比较研究》（2004 年），赵晓刚的《乌孜别克族社会经济文化研究》（2004 年），范宏贵的《华南与东南亚相关民族》（2008 年），石茂明的《跨国苗族研究——民族与国家的边界》（2004 年），周建新的《中越中老跨国民族及其族群关系研究》（2006 年），韦红的《东南亚五国民族问题研究》（2003 年），马曼丽、张树青的《跨国民族理论问题综论》（2005 年），葛公尚主编的《当代国际政治与跨界民族研究》（2006 年），熊坤新主编的《21 世纪世界民族问题热点预警性研究》（2006 年）和郝文明主编的《中国周边国家民族状况与政策》（2000 年）。

2008 年 9 月 1 日和 2 日，云南大学民族研究院暨西南边疆少数民族研究中心和日本国立民族学博物馆联合举办了"中国边境民族的迁徙、交流和文化动态国际研讨会"。会议以"迁徙、交流、文化动态"这三个关键词为研究宗旨，在自然地域空间、文化与族群的空间以及国家的空间这三个空间下思考历史所形成的变迁的问题，从经济、习俗、宗教和历史的视野角度，深入探讨了跨境民族文化及其变迁，客观上反映了我国边疆民族的迁徙、交流和文化动态。会后精选了 21 篇国内外学者实证调研论文，合编了《中国边境民族的迁徙流动与文化态势》,这是新世纪跨境民族研究的又一力作。①

2011年,中央民族大学王建民教授在一次学术论坛上作了主题为"跨界民族的概念辨析与研究角度选择"的发言,进一步从跨界民族概念辨析、跨界民族研究的不同视角和跨界民族研究的人类学理解三个方面,论述了跨界民族研究中国际政治、历史、文化人类学等三种视角的特点与侧重点。他认为,跨界民族是指由于长期的历史发展而形成的,分别跨两个或多个现代国家边界居住的民族;多学科参与跨界民族研究,研究中秉持不同学科立场,有各自学科独特的视角,文化人类学视角将更多精力放在族群认同和文化建构之上;关注和强调民族(nation)与民族之间的差异,其中暗含的意义就是国家与国家、文化与文化的边界是重合的。与边界意义相似的"边疆"(frontier)则凸显自然与文化之间的界限。进一步凸显跨界研究的重要性更需要落在文化沟通与理解之上,使得文化之间能够有更好的理解,清理将民族之间的区分本质化、认定民族矛盾必然化的倾向,化解由于国家政治导致的不和谐因素。②

跨界民族研究的发展经历了民族资料积累、民族政策实践、民族理论研讨和研究学术性不断提升等阶段,"这是一个漫长的资料积累和理论创新的过程"③。跨界民族研究不仅探讨历史、社会、政治、经济、文化、国际关系等维度,而且在多学科工具和方法的影响下,从

---

① 参见朱敏《多维空间视野里的跨境民族——中国西南边境民族的迁徙、交流和文化动态国际研讨会综述》,《广西民族大学学报》(哲学社会科学版)2008年第6期;谷家荣《滇边跨境民族研究六十年的回顾与前瞻》,《学术探索》2010年第4期;塚田诚之、何明《中国边境民族的迁徙流动与文化态势》,云南人民出版社2009年版。

② 参见李跃平《第四届中国民族研究"西南论坛":"西南研究与21世纪中国民族学人类学发展学术研讨会"纪要》,《民族学刊》2012年第1期。

③ 周建新、黄超:《中国跨国民族研究综述》,《广西民族大学学报》(哲学社会科学版)2007年第5期。

历时线索出发，分析跨界民族所含的丰富意义。跨界民族地区为跨界民族理论的发展提供了广阔的田野考察点，文献资料的使用、田野调查的运用、实证性的分析等研究方法体系为理论体系的构建奠定了基础。黄惠焜先生早已指出："跨境民族研究的基本方法是比较研究……它擅长描述但不局限于描述，理论仍然是它的灵魂；它运用文献但不局限于文献，田野仍然是它的生命之源；它将以一个至数个民族为阶段性研究对象，但它不停留于单向或静态研究，也许双向互动和持续是它信守的研究信条。……跨境民族的研究更富于综合性，因而可以更加自由地运用相关学科的理论和方法。"① 针对跨界民族研究的持续主题，即现代化，黄惠焜先生进一步提出，"应当以中近期研究主题为基础，突破小区域思维，强化大区域视角；突破边境线或边境带的研究，进入国际区域文化、国际区域经济或国际区域政治的研究"②。学者黄兴球分析目前中国跨境民族研究的境况时，提出"要注意两个问题。一是对跨境民族进行研究，必须注意区分有跨境关系的跨境民族与没有跨境关系的跨境民族。……二是要克服研究者只从中国一方研究跨境民族的缺陷，要到对方国去开展调查研究，要与对方国的学者互相交流研究的成果，才能避免某些结论的偏颇"③。

综合审视近十几年来的跨界民族研究现状之后，马曼丽教授认为，相关研究"已经形成了一定的规模和气候——研究队伍空前壮大，作为专门的研究方向日益凸显，研究的视角明显趋向多元，呈现出从'边政'向'国际政治（或者说国家间政治）'和'人类发展与

---

① 黄惠焜：《跨境民族研究论——〈云南跨境民族研究〉序》，《云南民族学院学报》（哲学社会科学版）1997年第1期。
② 黄惠焜：《跨境民族研究论——〈云南跨境民族研究〉序》，《云南民族学院学报》（哲学社会科学版）1997年第1期。
③ 黄兴球：《中老跨境民族的区分及其跨境特征论》，《广西民族学院学报》（哲学社会科学版）2006年第3期。

民族过程'延伸、扩展的趋向,研究的基调中切入了开放、交流、和平、发展这样的时代主题;也包括逆潮流而动的'三个主义'中的跨国族群等新问题。这是一个方面。而从另一个方面讲,这段时间的研究尽管呈现出了这样一种新的局面和积极的势头,但是也还不能说它已经进入了成熟阶段。总体来说,在目前的研究中,对我国边疆民族的研究仍然是绝对的重点,而对境外民族的研究特别是有关理论研究还比较薄弱;具体的介绍、描述还是绝对地多于理论的分析和讨论;现有的理论上的探索还仅仅是开始"[①]。

二 跨界民族专题研究

随着学科发展的需要和研究视角的拓展,跨界民族研究成果逐渐积累,这个研究领域也日益受到越来越多的关注。跨界民族作为一种特殊的民族现象,由于其特殊的国际族群关系和跨国文化联系,政治上具有国际性和敏感性。由于其特殊的天然地缘区位,对外交流方面具有特殊性和跨界性,因此历史学、人类学/民族学、边疆学、政治学、国际关系学、心理学、社会学等不同学科,对跨界民族研究均有所介入和影响,不同的专业领域,彼此在研究理论和研究方法上虽然表现出明显的不同,但是研究对象的一致性,又使得彼此的研究表现出越来越多的学科交叉特点,彼此有可能整合为一个特殊的研究群体,这从一个角度也反映出跨界民族现象与问题的产生、发展和社会关注度不断提升的历程。

中国的边疆史地研究有着悠久而深厚的研究传统,中国最初与跨界民族现象有关的问题之一即近代的边疆危机。边疆危机的产生,吸

---

① 马曼丽、张树青:《跨国民族理论问题综论》,民族出版社2009年版,第17页。

引了边疆史地学者投入研究，促生了"边政学"的产生，使其成为早期跨界民族研究的学者群体。西方民族学和人类学传入中国后，在边疆问题日益突出的历史背景下，跨界民族问题作为民族问题的一个特殊领域，开始受到民族学学者和人类学学者的重视，他们也较早地投入该领域的研究。所以我们完全可以有理由说，中国的边疆史地、民族学和人类学学者是最早从事跨界民族问题研究的学科群。政治学和国际关系学研究跨界民族，从学科的角度解释和分析日益呈现政治化、国际化的跨界民族现象及问题，可见跨界民族研究对社会科学学科的吸引程度，也体现出跨界民族研究的政治特征。跨界民族问题是一个民族问题，但在某种意义上讲它又不只是一个民族问题，跨界民族有着一定居住地域的生存空间，这种地域和空间在一定的条件下，即表现为现代国际关系问题中的领土问题，而领土问题往往与政治相关联。跨界民族研究逐渐成为国际关系学和政治学所关心的课题。心理学的引入，是认同概念从哲学范畴向社会科学各学科普遍运用的概念过渡过程中出现的，心理学较多从科学角度对跨界民族的各种认同进行分析，民族认同和国家认同在不同的历史条件下会有怎样的表现和反映。社会学在进入跨界民族研究后，以自己特有的观察视角和研究方法，并与其他学科结合，给跨界民族研究带来了新的成果。运用社会学方法和理念，通过个案实证研究跨界民族的生活形态、社会结构、社会互动等方面。另外，其他诸如经济学、宗教学、语言文学、教育学等不同学科的运用，也对跨界民族研究领域的拓展与深入发挥了积极的作用。

跨界民族的基本特征就是"一个民族、多国分布"。由于这样的特征，跨界民族研究在理论和实践两个方面均具有重要意义。理论研究对于我们深入探讨族群理论、民族与国家的理论关系等是一个极具学术价值的研究方向，而实践或实证研究对于有关国际关系实践、国家的和平与发展、边疆地区的稳定与安宁、族际关系的和平共处、跨界的边境贸易和经济文化交流、防治犯罪等问题，具有重要的现实意义。① 周建新教授也指出，研究国家主导作用下的跨界民族和跨界民族问题，主要可以归纳出六大方面的意义，即国家安全方面、社会稳定方面、经济发展方面、国防建设方面、文化交流和国家关系方面、学术理论方面等意义。② 以民族学为主的多学科理论和方法的使用，有助于跨界民族研究在本体论、认识论、价值论及方法论等方面实现该领域的学术价值和实用价值。近年来，中国社会科学院边疆史地研究中心主持的"东北边疆历史与现状系列研究工程"（简称"东北工程"）、"新疆历史与现状综合研究"（简称"新疆项目"）和"北部边疆历史与现状综合研究"（简称"北疆项目"）等中国边疆系列研究项目，就是整合多学科研究学者，跨学科、跨地域、跨部门共同开展的关于边疆和边疆民族的研究，其中跨界民族是一个主要的研究对象。

学者石茂明在《跨国苗族研究——民族与国家的边界》一书中对跨界民族研究领域进行了概括：按专题来看，中国对于跨国族群的研究可以分为以下十一个方面：（1）跨国/跨界族群基本情况的了解；（2）关于跨国/跨界族群相关概念及其基本理论的探讨；（3）跨国/跨界族群之社会文化比较研究；（4）跨国/跨界族群的渊源与历史的研究；（5）跨界语言的研究；（6）跨界族群文学的研究；（7）边贸与跨境贸易的研究、宏观经济战略与跨界族群关系研究；（8）跨境

---

① 参见石茂明《跨国苗族研究——民族与国家的边界》，民族出版社2004年版，第9页。
② 参见周建新《中越中老跨国民族及其族群关系研究》，民族出版社2002年版，第6页。

犯罪的研究；（9）跨国/跨界族群所跨居国家的族群政策研究；（10）跨国/跨界族群与国家安全、地缘政治的关系之研究；（11）通过跨国/跨界族群来研究跨国主义、族群认同、族群主义、国族主义与民族分裂主义、国家与少数族群的关系等。①

我们已对跨界民族概念及相关争论、跨界民族研究史、跨界民族的基本情况研究做了简述，另外对跨界民族在跨居国家之间的渊源、迁徙、形成、发展以及其他历史问题的研究，即跨界民族的历史个案研究和田野调查研究，国内学术界的相关研究成果也是比较显著的，西南和东南跨界民族研究，例如范宏贵的《壮、泰、老、傣族的渊源研究》、申旭和刘稚的《中国西南与东南亚的跨境民族》、邓雪琴等的《西双版纳跨界民族的历史变迁与发展构想》、方铁的《云南跨境民族的分布、来源及其特点》、周建新的《中越中老跨国民族及其族群关系研究》和石茂明的《跨国苗族研究——民族与国家的边界》等；西北跨界民族研究，例如马曼丽的《中亚研究——中亚与中国同源跨国民族卷》，王希隆、汪金国的《哈萨克跨国民族社会文化比较研究》，赵晓刚的《乌孜别克族社会经济文化研究》和冯瑞（热依曼）、艾买提的《中国西北疆界变迁及周边跨国民族特征》等；东北跨界民族研究，例如金元石的《中国朝鲜族迁入史述论》和《关于中国朝鲜族的含义》、车哲九的《中国朝鲜族的形成及其变化》、孙春日和沈英淑的《论我国朝鲜族加入中华民族大家庭的历史过程》、孙春日的《中国朝鲜族移民史》（我国第一部全面、系统研究中国朝鲜族迁入史的专著）、沈志华的《东北朝鲜族居民跨境流动：新中国政府的对策及其结果（1950—1962）》和唐戈的《中俄东段边界跨界民族形成的主要

---

① 参见石茂明《跨国苗族研究——民族与国家的边界》，民族出版社2004年版，第26页。

历史阶段》等。① 除此之外，以下我们将按照专题分类对跨界民族研究现状及代表成果做一个学术性回顾和梳理。

(一) 跨界民族研究的理论基础——民族与国家

民族与国家的关系是理解跨界民族的钥匙。民族与国家是两个不同的社会历史范畴。② 民族与国家概念在中西方有着不同的历史语境和语义。民族是人类社会最普遍的社会现象，其形成过程中受到自然条件、社会进程和国家进程的多重影响。民族的文化特征和社会属性，在历史的长河中不断演进发展。国家是人类社会发展到一定历史阶段的产物，经历了城邦、帝国、民族君主国到现代民族国家的发展过程。在这一过程中，民族与国家有共生关系，民族与国家交互影响，改变着民族的命运和面貌，演绎着国家的兴衰和嬗替。"在现代国际政治体系下，世界上所有的民族，都被整合组织到国家的政权框

---

① 相关研究成果可参阅范宏贵《壮、泰、老、傣族的渊源研究》，《广西民族学院学报》（哲学社会科学版）2002年第3期；刘稚《中国西南与东南亚的跨境民族》，云南民族出版社1988年版；邓雪琴、蒲韦业、杨华《西双版纳跨界民族的历史变迁与发展构想》，《西南民族学院学报》（哲学社会科学版）1995年第6期；方铁《云南跨境民族的分布、来源及其特点》，《广西民族大学学报》（哲学社会科学版）2007年第5期；周建新《中越中老跨国民族及其族群关系研究》，民族出版社2002年版；石茂明《跨国苗族研究——民族与国家的边界》，民族出版社2004年版；马曼丽主编《中亚研究——中亚与中国同源跨国民族卷》，民族出版社1995年版；王希隆、汪金国《哈萨克跨国民族社会文化比较研究》，民族出版社2009年版；赵晓刚《乌孜别克族社会经济文化研究》，民族出版社2004年版；冯瑞（热依曼）、艾买提《中国西北疆界变迁及周边跨国民族特征》，《广西民族大学学报》（哲学社会科学版）2007年第5期；金元石《中国朝鲜族迁入史述论》，《延边大学学报》（社会科学版）1996年第3期；金元石《关于中国朝鲜族的含义》，《中国边疆史地研究》2003年第4期；车哲九《中国朝鲜族的形成及其变化》，《延边大学学报》（社会科学版）1998年第3期；孙春日、沈英淑《论我国朝鲜族加入中华民族大家庭的历史过程》，《东疆学刊》2006年第4期；孙春日《中国朝鲜族移民史》，中华书局2009年版；沈志华《东北朝鲜族居民跨境流动：新中国政府的对策及其结果（1950—1962）》，《史学月刊》2011年第11期；唐戈：《中俄东段边界跨界民族形成的主要历史阶段》，《东北史地》2004年第11期。

② 参见宁骚《民族与国家——民族关系与民族政策的国际比较》，北京大学出版社1995年版，第251页。

架下和领土疆域之中。地域与政治的结合，构成了国家主权，也构成了现代民族与国家及其领土之间不可分割的政治联系。"① 我们所有人"不可避免地要涉及民族领域，无论是边界的划定和权力的分配"②，我们所有人"生活在一块被精确划定、被严格规定和彼此承认的领土上"③。因此，区分这两个概念对跨界民族研究至关重要。

学者石茂明是这样阐释民族与国家的关系："在'民族'所扮演的重要角色中，它经常与'国家'纠葛绞缠，或者因果演进，或者共生互渗，或者抗争对峙，犹如葛藤一般，其关系之错综复杂、微妙难解，是人类社会数百年来遇到的重大课题。笔者关注跨界'民族'多年，深以为从'跨界民族'角度切入'民族'与国家之关系，对于该葛藤的梳理与诠释具有重要意义。所谓'跨界民族'，又称作'跨境民族''跨国民族'等，即分布在不同国家的一个族群。……对内分析它在中国这个多民族国家中的角色、与其他民族的关系、在中国现代国族建构中的作用；对外分析跨国分布的它对于有关国家之间的关系的意义和影响、在不同的国家其族性变迁的差异等等。在此基础上，我们来透视'国家'和'民族'这两个概念及其间关系时，可能就会发现它们有了很大的不同，很可能会引发一个认识上的飞跃。"④ 石茂明在一次国际学术研讨会上发言指出，"跨界民族作为学术研究的一个对象，它的第一层面就直指国家与民族的关系……跨界

---

① 王建娥、陈建樾等：《族际政治与现代民族国家》，社会科学文献出版社2004年版，第8页。
② [加拿大] 威尔·金利卡：《多元文化的公民身份——一种自由主义的少数群体权利理论》，马莉、张昌耀译，中央民族大学出版社2009年版，第275页。
③ [西班牙] 胡安·诺格：《民族主义与领土》，徐鹤林、朱伦译，中央民族大学出版社2009年版，第32页。
④ 石茂明：《跨国苗族研究——民族与国家的边界·引言》，民族出版社2004年版，第2—3页。

民族分析的实质还是要追溯到'边缘—中心'这一对核心概念"。跨界民族既有民族的边缘，也有疆土边缘的含义。在新形势下，"民族与国家的关系，变得更加灵活、多维，价值取向与权力实现方面有许多新的商榷与交换。……跨界民族、民族主义与邻国政治将对其进一步展开挑战"①。

马曼丽教授认为，"世界上现存的多数国家，不是单一民族的国家……因为历史上的国家一般都不是按某民族或某文化群体划界的，而是以山川地域划界。这样划定国界的方式或国界变动就往往把同一民族划分到不同国度，成为跨界而居的跨国民族"。一种观点认为，民族主要着眼于文化心理层面，而国家则是一个政治单位和法律概念，民族的历史比国家更久远，范围更加宽泛，内涵更加人文化，民族可以和国家发生联系，也可能毫无关系；可能有国家而无民族，也可能一国内存在多个民族，还有可能一个民族分布在多个国家。从文化的角度出发，人们在具体化认定民族时的依据也还不是很一致，有的强调社会群体的主观归属感，有的强调群体划分的客观标准，有的则采取折中立场。马曼丽教授强调："客观地讲，民族除了它在历史、文化、心理等方面的特征之外，无疑还有政治属性。"②

学者刘稚在《中国—东南亚跨界民族发展研究》一书中认为，"民族与国家关系密切……在人类历史长河中，国家的疆界因国力的兴衰或扩张或收缩，民族的分布地域因民族迁徙流动、分化融合而常常发生改变，二者处在一个动态的变化过程中，从而形成民族与国家

---

① 石茂明：《边缘的力量考验单一民族国家想象——跨界民族的视角与苗族的个案》，"从核心与边缘看东亚细亚"国际学术研讨会（韩国）论文提要，2007年12月。（http://www.3miao.net/3/viewspace-28869.html）

② 马曼丽、张树青：《跨国民族理论问题综论》，民族出版社2009年版，第4、23—29页。

的交错重叠。纵观人类文明发展史，民族与国家完全重合、互为表里的统一仅仅是西欧资本主义现代民族国家的发展模式，并不具有普遍意义，用西方的单一民族国家概念是难以解释世界范围内民族与国家的关系的，更无法解释什么是跨界民族"①。

学者沈桂萍在其文《关于民族问题的多维透视》中指出，民族与国家是一对非常复杂的关系。在民族过程中，既有单一民族国家，也有多民族国家。在民族发展历程中国家曾是民族追求的最高形式，在民族自决原则和民族主义运动的推动下，在世界范围形成了以民族国家为主要形式的国家格局，国家疆界成为国际合作与交流的基本边界。然而这些国家疆界绝大部分与民族地理单元不相吻合。围绕民族与国家的关系往往呈现出两种非常对立的倾向，即主体民族以自我价值体系为准绳进行多民族国家一体化建构与非主体民族的价值选择发生尖锐的冲突。②

此外，宁骚的《民族与国家——民族关系与民族政策的国际比较》和王逸舟的《当代国际政治析论》等都对民族与国家的关系和不重合现象作出了分析。其中，王逸舟提出，民族与国家的关系问题，重要但也复杂，分歧在多个层次展开：首先，国家是民族的内生变量还是外在因素？其次，怎样看待当代条件下民族与国家的重合性（或不重合性）；最后，表现为对民族主义功能的不同评价。③

（二）跨界民族与跨界民族问题

跨界民族与跨界民族问题是需要严格区分的两个专业术语。跨界

---

① 刘稚：《中国—东南亚跨界民族发展研究》，民族出版社2007年版，第5—6页。
② 参见沈桂萍《关于民族问题的多维透视》，《中央社会主义学院学报》2002年第5期。
③ 参见王逸舟《当代国际政治析论》，上海人民出版社1995年版，第94—98页。

民族是一种客观存在的特殊的民族现象，而存在本身并不意味着问题的产生。问题的产生是需要一定条件的，是各种因素共同作用的产物。无论是从理论的角度，还是从现实的角度，跨界民族只是产生跨界民族问题的一个条件，跨界民族问题的产生还需要考虑其他政治的、经济的、社会的等诸多方面复杂的原因。跨界民族问题是一个综合性的民族问题，是"少数民族问题的一种特殊形式"①，是"时代性很强的民族问题之一"②，具有民族性、国际性、群众性、复杂性和地缘性。关于跨界民族与跨界民族问题，学术界也进行了大量的研讨。

学者曹兴的《跨界民族问题及其对地缘政治的影响》一文是国内研究跨界民族问题的一个理论起点和总结，文章以较为全面和系统的观点提出跨界民族问题，并具有敏锐的政治性，后来的一些文章基本上受启发于此文。③ 曹兴在文章中指出，从逻辑上看，跨界民族与跨界民族问题是两个不能混为一谈的事物，否则不利于问题的澄清和研究。从现实来看，混淆跨界民族与跨界民族问题，认为跨界民族的存在即意味着跨界民族问题的产生，会人为地制造国际麻烦和是非问题。应该确定科学的分析方法，强调确定区分跨界民族与跨界民族问题的不同标准。确定跨界民族的标准是现存的国家分隔力，而确定跨界民族问题的标准，需要运用形式逻辑的和辩证的两种方法。用形式逻辑的方法并不能由跨界民族直接推论出跨界民族问题。跨界民族问题是指当跨界民族的利益和国家利益产生某种冲突时而出现的问题。

---

① 宁骚：《民族与国家——民族关系与民族政策的国际比较》，北京大学出版社1995年版，第361页。
② 周建新：《中越中老跨国民族及其族群关系研究》，民族出版社2002年版，第263页。
③ 参见吴楚克《从地缘安全角度理解中国的民族与跨界民族》，《广西民族研究》2009年第3期。

曹兴认为，跨界民族问题更多地出现在狭义的跨界民族类型中，由此分析，跨界民族只是形成跨界民族问题的一个条件，或者说跨界民族的存在为跨界民族问题的产生提供了可能性，形成民族问题还需要其他的条件。运用辩证的研究方法和矛盾的分析方法，得出这样一个结论：跨界民族是现存国家分隔力的产物，但跨界民族问题不单纯是现存国家分隔力的产物，而是现存国家政治分隔力和民族向心力这两种相反社会力量交互作用的产物，是分属于不同国家的同一民族及其聚居地被国家政治所分隔的外在动力与民族传统文化的感召力及民族自身利益的驱使等内在动力交互作用的结果。这两种特殊的社会矛盾力量相互作用的结果就产生了跨界民族问题。在解释跨界民族问题的形成原因时，曹兴认为以下原因是不可忽视的。其一，跨界民族问题是有关国家政治、经济、文化等方面的差别导致的；其二，跨界民族的自我意识达到相当程度才会产生跨界民族问题；其三，国家民族政策在经济和政治地位上的不平等是造成跨界民族问题的重要因素；其四，产生跨界民族问题的根本原因是民族利益的问题。①

学者吴楚克在其文《从地缘安全角度理解中国的民族与跨界民族》是这样分析跨界民族与跨界民族问题的：跨界民族与跨界民族问题是一个范畴与概念的问题。跨界民族具备了范畴的主要特征，它是从具象中得出并提升为一般性的认识（知性概念）；它是民族与跨界的组合（综合概念）；它拥有确切的存在对象（实体概括）；围绕它可以进行相关领域的理论研究（知识扩展源）。因此理论上讲，跨界民族这个范畴可以在其经验范围内构造自己的理论体系。跨界民族问题是存在于跨界民族范畴内的，不能简单地认为是两个概念或者是两

---

① 参见曹兴《跨界民族问题及其对地缘政治的影响》，《民族研究》1999年第6期。

个问题。① 吴楚克的文章对跨界民族、跨界民族问题等以往的认识进行了学理批判,力图在确立新的范畴内构建跨界民族研究的理论体系。

学者周建新在其著作《中越中老跨国民族及其族群关系研究》中是这样认识跨界民族问题的。"按照一般人的看法,既然是'问题',当然是指不好的一面,即指对立、摩擦、冲突等。……显然,这是一种人们已经习惯了的定势思维,认为'问题'就是不可调和的矛盾。而事实上,'跨国民族问题'同'民族问题'一样,具有诸如'政治问题''经济问题''社会问题'一类概念的宽泛性,由于其外延很广而难以确切而深刻地揭示其内涵。如果,我们只把问题限制在狭小的'冲突'概念下,那么中越中老之间边民的跨国民族婚姻、跨国民族边境贸易及其他一般的民事、刑事纠纷等等都不属于问题了。因此,在这里,我把它理解成同跨国民族直接相关的总括性问题,其中心含义就是基于国家差别(不同的国家认同)而产生的民族内部族群间的关系问题。这些问题宽泛而无所不包,涉及跨国民族以国家为界限的所有互动关系。"②

学者李学保在《国内学术界关于跨界民族问题研究中的分歧与思考》《新中国成立以来我国跨界民族问题的形成与历史演变》等文中表明,存在跨界民族不一定就必然存在跨界民族问题。他认为,由于对跨界民族概念的内涵和范围存在争议,以及对跨界民族问题产生的根源和表现的不同认知,国内学术界对跨界民族问题的认识有模糊不清之处。有关跨界民族问题的含义,国内学术界有各种不同的解读,

---

① 参见吴楚克《从地缘安全角度理解中国的民族与跨界民族》,《广西民族研究》2009年第3期。

② 周建新:《中越中老跨国民族及其族群关系研究》,民族出版社2002年版,第4—5、273页。

大致包括以下几个方面：首先，关于跨界民族问题产生的根源。"认同分离说"，即跨界民族问题是现存国家政治分隔力和民族向心力这两种相反社会力量交互作用的产物（曹兴《论跨界民族问题与跨境民族问题的区别》）；"利益冲突说"，即跨界民族问题是当跨界民族的利益和国家利益产生某种冲突时而出现的问题（曹兴《跨界民族问题及其对地缘政治的影响》）；"情感超越说"，即跨界民族问题是跨界民族自我意识的上升，是民族感情、同族观念超越其爱国感情、国家观念而形成的问题（安俭《跨国民族问题与边疆稳定战略研究》）；"跨国族体说"，即跨界民族问题是由跨国的聚居民族集团、境外的民族宗教集团和移民集团从事分裂颠覆国家活动而引发的安全问题（马曼丽等《论跨国族体问题的发展及其对中国边疆安全的威胁与对策》）；"政策失误说"，即统一的多民族国家内部政策失误和经济发展失衡加剧国内民族矛盾所带来的跨界民族问题（周建新《和平跨居论》）；"外部诱导说"，即跨界民族与国界另一侧同族相比，在发展水平和民族政策等方面的强烈反差，导致跨界民族对自身地位和待遇的巨大心理落差及其带来的摩擦和隔阂，以及国家间关系恶化、泛民族主义影响而产生的（王一鸣等《加强跨界民族工作 促进云南民族和谐——跨界民族研究的理论与现实》）。由此可以看出，以上不同解读或是从理论的高度或是从现实的角度，对跨界民族问题的产生根源进行了分析和解读，而其中的一个前提条件就是跨界民族的客观存在。其次，关于跨界民族问题的主要表现和主要影响，无论是从历史和现实的角度，还是从国内和国外的角度，国内学术界也存在着不同的看法。李学保认为，从学术界对跨界民族问题的分析来看，由于研究视角不同，往往强调单一因素的作用，或归类简单，缺乏深入细致的分析，忽视了跨界民族问题的复杂性、多样性、差异性和敏感性。

总的看来，跨界民族问题是不同因素相互交织、交错影响、共同促成的，跨界民族认同与国家认同的失衡是其产生的心理认知基础，泛民族主义和外部势力的影响是跨界民族问题激化的外部条件，跨界民族谋求分离、独立的政治欲望，或因跨界民族的政治联合运动而滋长的跨界民族主义刺激外部政治势力的渗透和介入，导致边界战争、跨界民族区域大规模骚乱或政治性群体性事件是其最突出的表现。文章还特别强调要注意非传统安全下的跨界民族问题。文章将新中国成立以来的跨界民族问题粗略地分为三个历史阶段，即新中国成立至改革开放时期边疆政权建设过程中的跨界民族问题（1949—1978年）；改革开放至冷战结束时期非传统安全视角下的跨界民族问题（1978—1991年）；冷战结束至今民族分离主义思潮影响下的跨界民族问题（1991年至今）。[①]

雷勇的论文《跨界民族问题研究：理论与现实》，从历史与现实的角度，对跨界民族问题在国际关系中的表现形态在理论上进行了探讨，并考察了其在当前发展变化的新动向。他认为，跨界民族问题是跨界民族在现实社会生活和政治活动中围绕利益要求、权利规定和政治表达的时候由于与外界发生了矛盾和冲突的国际社会现象，它是国际政治权力结构和利益资源分配状态的直接或间接的体现，是由于民族要求而导致的社会政治属性和由于民族认同而导致的文化心理属性所造成的国际关系中的一个十分突出的矛盾。为此，可以这样来理解跨界民族问题，其一，跨界民族问题的产生和发展常常是和国际权力

---

① 李学保发表了多篇关于我国跨界民族问题研究的论文，诸如《建国以来党和政府解决跨界民族问题的政策实践与经验启示》，《社会主义研究》2011 年第 2 期；《国内学术界关于跨界民族问题研究中的分歧与思考》，《中南民族大学学报》（人文社会科学版）2011 年第 5 期；《新中国成立以来我国跨界民族问题的形成与历史演变》，《西南民族大学学报》（人文社会科学版）2012 年第 2 期。

政治和地缘政治联系在一起的；其二，历史与现实一再表明，跨界民族问题的发生地往往存在浓烈的民族主义，尤其是那些推行过不当民族政策的多民族国家；其三，跨界民族问题一开始就有着国际背景或外部势力的介入；其四，跨界民族问题具有很强的破坏性和冲击性，同时也具有促进作用，需要具体问题具体对待。因此，对待跨界民族问题始终需要一种国际眼光，这无论对于理论研究还是实际工作都是一样重要的。文章还认为，跨界民族问题至少包括这样几种关系，两种意识活动即国家意识与民族意识的对立统一；两个量度即凝聚度与分离度的大小；两个基础即物质基础与精神基础的相互支持；两个方面即社会生活与经济地位的不平衡发展。①

雷勇的另一篇文章《跨界民族问题的发生学分析》从历史渊源、权力结构、发展差距、社会融入、精英意识和国际关系几个角度，对跨界民族问题进行了发生学分析。作为人文科学研究的新方法与新视角，作者运用发生学原理，强调跨界民族问题是一个不断建构的结果，不仅要认识到跨界民族问题研究的学术意义，而且要认识到其现实意义。跨界民族问题的发生和发展是多种因素交互作用的共同结果。考察跨界民族问题的历史渊源，可以看出，历史发展过程中产生的民族与国家不重合的现象，以及跨界民族的复杂地位与身份的形成，是跨界民族问题产生的历史原因。在权力设置与权利安排的过程中，民族国家始终面临权力结构构造的首要任务，面临处理一系列涉及国内跨界民族的问题，即如何界定跨界民族的身份地位，如何看待跨界民族与邻国同一族群之间的关系，如何在国家权力结构中体现跨界民族的存在及其具有的分量等这些比较敏感的问题。对跨界民族来

---

① 参见雷勇《跨界民族问题研究：理论与现实》，《贵州民族研究》2005年第5期。

说，发展的差异性如果长期得不到有效解决，甚至越拉越大，最终会引发跨界民族问题。跨界民族还始终面临一个如何与主体民族发展社会关系的问题，民族之间的关系究竟处于一种怎样的状态，族际关系性质如何，国家与族群如何发生关系，这些都是需要考察的重要内容，这其中的核心内容是跨界民族在现有的国家政治框架下如何比较顺利地融入所在的社会，包括融入的态度、方式、规模、程度等内容。文章还认为，跨界民族并不是一个简单的、整齐划一的社会群体，而是由多个有着很大差异性亚群体组成的复合体。这个复合体可以有精英阶层、中间阶层和草根阶层等不同阶层组成，不同阶层有着不同的地位、不同的诉求和不同的话语权，其行为能力有着极大的差异性。当跨界民族围绕权力诉求、利益分配和身份界定等事务与主体民族交涉和博弈的时候，跨界民族中的精英分子发挥了重要作用，精英意识则体现在族群认同、民族主义、族群动员和社会行动等方面。跨界民族的特殊性，还在于其与错综复杂的国际关系交织在一起，跨界民族的行为也具有较为复杂的国际背景。文章最后指出，国家必须从历史与现实、发展与权利、族群与社会、观念与利益、国内与国际等方面充分认识到跨界民族问题的复杂性、特殊性和变动性。①

学者刘稚在《中国—东南亚跨界民族发展研究》一书中鲜明地指出，跨界民族问题的实质是民族与国家的角力，它有社会历史的原因，也有国际国内政治的现实影响，它有既成历史事实的无奈，也涉及社会公正和基本人权的尊重与满足的必然要求。跨界民族问题产生的根源虽大致相同，但程度、范围和表现形式是大相径庭的，跨界民族问题的出现乃至恶化会在一定程度上冲击国家间关系、国家安全、

---

① 参见雷勇《跨界民族问题的发生学分析》，《内蒙古社会科学》（汉文版）2012年第5期。

社会稳定，甚至影响地区和平，成为国际形势中的重大不稳定因素，从而为人们提供了认识跨界民族问题重要性、普遍性、国际性、复杂性、长期性的重要实证。① 其他学者也指出，跨界民族是意义重大的研究领域，跨界意味着同一个民族居住和生活在不同的国家，从而形成了民族、文化与国家之间的交叉和矛盾。跨界民族在文化上、地域上和社会结构上与不同国家的族群都有着不同联系，他们凭借社会网络和文化纽带进行跨界的流动和信息的交换，由此在民族国家进程中形成与民族国家关系的张力，有时甚至是疏离。当今社会发生的社会动荡往往与民族问题尤其是跨界民族问题息息相关。②

中央民族大学金炳镐教授在《加强跨界民族研究　丰富马克思主义民族理论体系》一文中明确提出："跨界民族问题是民族理论学科需要加强研究的重要问题。我们应深入调查研究跨界民族及其与周边国家相关民族之间的关系，深入研究世界各国跨界民族问题，揭示跨界民族和跨界民族问题的发展规律，探索其解决途径，丰富和发展马克思主义民族理论体系。"③

(三) 跨界民族（问题）的类型研究

跨界民族是现代民族国家的衍生物，对其进行分类实际是寻找跨界民族研究支撑点和依据的问题，了解和把握跨界民族的类型及其性质是面对跨界民族问题的基本根据之一。跨界民族可以分成不同的类型，有其特殊的形成原因和民族过程。有的学者根据其产生的历史渊

---

① 参见刘稚《中国—东南亚跨界民族发展研究》，民族出版社2007年版，第29—39页。
② 参见朱敏《多维空间视野里的跨境民族——中国西南边境民族的迁徙、交流和文化动态国际研讨会综述》，《广西民族大学学报》（哲学社会科学版）2008年第6期。
③ 金炳镐、张兴堂、王芸芳：《加强跨界民族研究　丰富马克思主义民族理论体系》，《黑龙江民族丛刊》2008年第1期。

源、发展的过程、共有的风俗习惯、共同的生产方式、共同的文化生活和共同的心理认同等标准；有的学者以群体形成原因、人口分布和数量、聚居或散居、国家政治认同、语言等不同角度，对跨界民族的类型有着不同的划分，不同的角度切入就会有不同的分类结果，也揭示出跨界民族研究受到多重影响的客观事实，这也是导致出现跨界民族、跨境民族和跨国民族等不同称谓的重要原因。

胡起望在其文《跨境民族探讨》中，专门就跨界民族类型划分进行了研究。他从跨界民族的总体分布情况入手，把跨界民族划分为四个类型：A型跨境民族①，就是邻国界而居的跨境民族。他们居住的地区连成一片，在经济、文化甚至婚姻嫁娶方面都有着密切的联系，民族意识较强；B型跨境民族是前述跨境民族中的一部分居民，由于各种原因，又从第二国迁往第三国、第四国，他们分居几国，地区并不相连，有的甚至远隔重洋，民族意识、民族的传统文化和特色仍然得以保存；C型跨境民族是同一民族分居在若干国家，有的在居住国人口中占据较大比重，有的居住地也就是原来的祖居地，但是共同的族源、历史、语言、文化和习俗，使他们互相认同，以各种形式，在一定程度上保持联系。这一类型的跨境民族形成的时间较久，有一定的历史渊源；D型跨境民族是同一民族分居几国，有的在别的国家有了较多的特点，尽管他们与原来的民族出于同一族源，在语言、文化上有一定的共通点，但是他们有了自己的民族名称（主要是他称，自称一般相同），由于各国划分民族的标准和理解不一，被看作不同的民族，但是追根溯源，因彼此共通点的发现而倍感亲切，正像家族中

---

① 原文中使用的是"跨境民族"一词，因此，笔者在引用原文时，仍沿用"跨境民族"一词，而没有使用"跨界民族"一词，本书引用其他作者原文时亦如此处理。

的远房兄弟一样彼此都有一家人的感觉。① 文章对于跨界民族的类型划分，主要是从民族在国界两侧的分布区域来考虑的，是最基本的带有直观性的划分。

黄惠焜先生对跨境民族做了三个层次的划分，第一种属于"回归型"，这一类跨境民族与境外同族同源共祖，跨境双方都有回归和认同心理；第二种属于"迁徙型"，这一类跨境民族在境外原无同源共祖的同胞，跨境双方因种种原因单向或双向迁徙，然后在境内境外定居；第三种属于"流徙型"，这一类跨境民族人数不多，时进时出，处于初期定居阶段，甚者尚未融入当地社会。② 长期从事西南民族史研究的方铁先生把中国的跨境民族大致分为两种类型：跨境民族（狭义）与亲缘民族。跨境民族是指居住在中国和邻国的同一民族，最早居住在同一地区，以后由于迁徙和国界变动等原因分别居住在两个或两个以上的国家，但目前主要分布区域仍然相连或相邻，语言和文化基本相同。亲缘民族则指在中国及其邻国的一些具有共同族源关系，但目前对其是否为同一民族尚有异议的民族群体。这些民族有共同的族源关系，以后因迁徙或国界变动等原因，其中主要的部分逐渐向不同的方向发展，并产生了明显的差异，目前其整体是否为同一民族，其成员以及相关研究者持有不同看法。③ 以上两位学者对跨界民族的类型划分，主要是从跨界民族的流变性来考虑的，是理论研究与田野调查相结合的产物。

葛公尚主编的《当代国际政治与跨界民族研究》一书认为，民族

---

① 参见胡起望《跨境民族探讨》，《中南民族学院学报》（哲学社会科学版）1994年第4期。
② 参见黄惠焜《跨境民族研究论——〈云南跨境民族研究〉序》，《云南民族学院学报》（哲学社会科学版）1997年第1期。
③ 参见方铁《云南跨境民族的分布、来源及其特点》，《广西民族大学学报》（哲学社会科学版）2007年第5期。

本身被分隔和传统聚居地被分隔这两大共同特征，并不排除跨界民族因某些次要特征的差别而呈现出丰富多彩的面貌，跨界民族是可以分成不同类型的。从边界的地理性质来看，跨界民族基本上可以分为陆界跨界民族和海界跨界民族两大类。绝大多数跨界民族属于陆界跨界民族，海界跨界民族概念中充当海界的只能是较易跨越的内海或海峡，而不可能是宽广的海洋。从被分隔的程度来看，跨界民族可以分为两国跨界民族和两国以上跨界民族。从政治地位来看，跨界民族可以分为三类，第一类是至少在一国为主体民族，在其他国家为非主体民族的跨界民族；第二类是在各国都是主体民族，这种例子较少，也多属于跨两国的跨界民族；第三类为数较多，即在所有国家均系少数民族地位。书中认为，某些次要特征的差别对于跨界民族的发展，特别是对于跨界民族问题的产生和发展具有深刻的影响，是我们研究的主要方向之一。①

学者刘稚的专著《中国—东南亚跨界民族发展研究》和论文《跨界民族的类型属性及其发展趋势》对跨界民族的类型和性质进行了探讨，认为世界各国的跨界民族有两种类型，一种是政治人类学范畴的人们共同体，另一种是文化人类学范畴的人们共同体，跨界民族的属性取决于该民族与国家结合的形式，不同类型的跨界民族有不同的发展趋势。按照跨界民族在相关国家的地位和地理分布情况可分为三种类型，第一种类型是在相关各国均为主体民族的跨界民族（双边主体跨界民族）；第二种类型是在相关各国主体与非主体并存的跨界民族（单边主体跨界民族）；第三种类型是在相关各国均为少数民族的跨界民族（非主体跨界民族）。跨界民族的民族过程有着不同于非跨界民

---

① 参见葛公尚主编《当代国际政治与跨界民族研究》，民族出版社2006年版，第14—15页。

族的特殊性,主要表现在整体的共同性和部分的差异性,民族过程的多样性,民族认同与国家观念的分离性。根据跨界的国家数量,跨界民族又可以分为"双边跨界民族"和"多边跨界民族",边界确定形成的跨界民族也会有"双边跨界"和"多边跨界"之分,而多边跨界民族之间互相影响的变数也比双边跨界民族时间更多、更复杂。①

学者周建新在其论文《跨国民族类型与和平跨居模式②讨论》和专著《中越中老跨国民族及其族群关系研究》中,从跨国(界)民族历史形成原因、现实存在形式、聚居和散居情况、国家政治认同情况、语言文字涵化情况等方面,对跨国(界)进行了类型划分。文章认为,由于跨国(界)是一个复杂的客观存在,要想简单地从某一个切入点穷尽跨国(界)民族的类型划分,显然是不可能的。除了从地理分布和文化联系的角度进行类型划分外,其实还可以从许多方面进行类型划分,例如从跨国(界)民族的形成原因划分;从跨国(界)民族人口分布和数量两方面综合划分;从聚居和散居角度划分;从国家政治认同角度划分;从语言文字使用情况划分等。③ 以上划分显然主要是为了理论分析的需要而进行的不同划分,不可能涵盖所有跨国(界)民族的情况。

马曼丽等的《中国西北跨国民族文化变异研究》一书把跨国(界)民族问题称为世界新生态特征的民族问题,书中以不同制度国

---

① 参见刘稚《中国—东南亚跨界民族发展研究》,民族出版社2007年版,第12—16页;刘稚《跨界民族的类型、属性及其发展趋势》,《云南社会科学》2004年第5期。

② "和平跨居"模式的讨论,可参阅马曼丽、张树青《跨国民族理论问题综论》,民族出版社2009年版,第180—198页;周建新《中越中老跨国民族及其族群关系研究》,民族出版社2002年版,第298—300页;周建新《跨国民族类型与和平跨居模式讨论》,《广西民族学院学报》(哲学社会科学版)2002年第4期。

③ 参见周建新《跨国民族类型与和平跨居模式讨论》,《广西民族学院学报》(哲学社会科学版)2002年第4期;周建新《中越中老跨国民族及其族群关系研究》,民族出版社2002年版,第16—17、278—282页。

家中的三种类型的跨国（界）民族问题，来说明当代跨国（界）民族所具有的政治文化变异的特征。一类是处于独立运动中的国家反对殖民主义时期遗留的不合理疆域划分而要求合并跨国同族的领土、建立民族国家的争战；另一类是原社会主义多民族国家中的跨国民族地缘冲突和离心倾向的动乱；第三类是欧美实行西方政治体制的现代国家中也出现了以跨国民族分立主义为特征的动乱。① 宁骚在《民族与国家——民族关系与民族政策的国际比较》一书中把跨界民族问题划分为三种类型：第一种是以边界争端的形式表现出来，如普什图尼斯坦问题和摩洛人问题；第二种是甲国对居住在乙国的同族人的命运表示特殊关注并对乙国的民族政策表示异议，进而酿成两国关系的不睦，如罗马尼亚的特兰西瓦尼亚问题和南斯拉夫的科索沃问题；第三种是跨界而居的民族相互应合，建立统一的政治组织，甚至要求统一成一个独立的国家，如库尔德问题。② 以上两位学者的分类是基于国际政治的生态变化，以现实国际政治斗争的不同表现形式来解释不同类型的跨界民族问题，有其一定的合理性和现实性。

（四）跨界民族与认同问题

认同问题是跨界民族研究的理论核心问题之一。20世纪中期以来，认同问题一直备受学术界的关注。民族学和政治学等领域对于认同的研究主要集中于族群认同、民族国家认同和超国家认同（如欧洲认同）问题，张力和矛盾是认同问题的重要表现，现代国内政治和国

---

① 参见马曼丽、安俭、艾买提《中国西北跨国民族文化变异研究》，民族出版社2003年版，第27—29页。

② 参见宁骚《民族与国家——民族关系与民族政策的国际比较》，北京大学出版社1995年版，第361—365页。

际政治生活随处可见鲜活的例证。① 认同（Identity）是"人们意义与经验的来源"②，这一概念及建构有多重意义，难以界定，无法用许多通常的尺度来衡量它。学者们有着各种各样的表述，但在一个中心主题上，他们却有着不同程度的默契。这个中心主题是，认同"是一个人或一个群体的自我认识，它是自我意识的产物：我或我们有什么特别的素质而使得我不同于你，或我们不同于他们"。"要有别人，人们才能给自己界定身份。"③ 认同"有一个从自在到自觉的过程"④，是一个复杂而多层面的心理积累过程，家庭需要认同，个体需要认同，民族群体需要认同，社会需要认同，国体政体同样需要认同，这反映了认同的多层面性。认同又是一个微妙复杂的过程，同一个体在不同的环境、不同的政治地位、不同的生活需求下针对不同的题设，甚至相同的问题，会作出不同乃至截然相反的回答。周建新教授认为，"认同是个体在与他人互动过程中在体质（或血缘、族源）、宗教文化等方面承认自我、认可他人的一种心理意识和感情指向，这种心理意识和感情指向的形成与个体所处的特定时空和文化背景密切相关的。认同是可以改变的。认同是后天习得的"⑤。一般而言，"认同问题是分析有关认同意识、认同心理、认同行为等问题的理论概念，而认同作为一般性概念，成为现代哲学、心理学、民族学、政治学等研究领域的知性范畴。认同问题存在于几乎所有理论研究领域，本质上讲，

---

① 参见钱雪梅《从认同的基本特性看族群认同与国家认同的关系》，《民族研究》2006年第6期。
② ［美］曼纽尔·卡斯特：《认同的力量》，夏铸九、黄丽玲等译，社会科学文献出版社2003年版，第2页。
③ ［美］塞缪尔·亨廷顿：《我们是谁？——美国国家特性面临的挑战》，程克雄译，新华出版社2005年版，第20、23页。
④ 费孝通等：《中华民族多元一体格局》，中央民族学院出版社1989年版，第7页。
⑤ 周建新：《中越中老跨国民族及其族群关系研究》，民族出版社2002年版，第275、284页。

认同是观念的趋同性、一致性，这与理论研究所要达到的普遍性目的几乎是一致的，所以，认同范畴所包含的普遍性，正如客观研究对象共同具有的一个因素一样，是理论研究和实践对象面临的共同问题，只不过在不同领域提出这个问题的方式不一样罢了"①。

民国时期和新中国成立以来中国少数族群在与汉族的互动过程中，其族群边界的变迁离不开现代民族国家体制的形成与发展。民族身份认同研究在学术界业已呈现出不同的文本表述，即"他者描写"和"自我表述"，这两种研究视角试图在地方、国家和跨国的政治脉络或政治话语中界定民族的身份认同。历史实践和文本研究均表明，两种研究视角对于我们理解现代中国国族建构和民族主义及其他相关问题如跨界民族问题都会产生重要影响。② 跨界民族的认同问题是跨界民族研究的一个核心问题，其引导出的对民族和国家的忠诚问题，使跨界民族的认同意识具备了某种政治倾向的内涵。跨界民族与主体民族的关系，决定了他们在民族认同和国家认同上的倾向性，而历史上跨界民族"向内"还是"向外"也会产生重要的影响作用。③ 民族认同与国家认同的研究一直以来都是学术界关注的重点内容之一，其发展和变化与许多因素有关，研究跨界民族的民族认同、国家认同和

---

① 吴楚克、王倩:《认同问题与跨界民族的认同》,《云南师范大学学报》（哲学社会科学版）2011年第3期。

② 相关研究可参阅王明珂《华夏边缘：历史记忆与族群认同》,社会科学文献出版社2006年版;张兆和《从"他者描写"到"自我表述"——民国时期石启贵关于湘西苗族身份的探索与实践》,李菲译,《广西民族大学学报》（哲学社会科学版）2008年第5期;张兆和《黔西苗族身份的汉文书写与近代中国的族群认同——杨汉先的个案研究》,《西南民族大学学报》（人文社会科学版）2010年第3期;张兆和《中越边界跨境交往与广西京族跨国身份认同》,《历史人类学刊》第2卷第1期（2004年4月）。

③ 参见吴艳《吴楚克：跨界民族问题的本质就是国家与民族的关系问题》,《中国民族报》2011年10月14日第8版。

民族意识等问题，有着重大学术理论价值。① 学者们对此进行了不断的论证与辨析。

作为 2009 年度国家社会科学基金项目"中国跨境民族的民族认同与国家认同实证研究"的阶段性成果，学者袁娥《民族认同与国家认同研究述评》一文对国内外民族认同和国家认同的相关研究成果进行了系统梳理。指出通过引入身份认同理论，把群体或个体的意识和行为同文化和社会结构因素联系起来，从综合性、历时性的动态视角来研究民族问题及跨界民族问题，由此总结出民族认同与国家认同变迁的规律或机理。文中认为，作为某个民族的成员和某个国家的公民，是人们在群体里担任的角色集中较为重要的两种身份，由此引发的民族认同与国家认同也成为学术界热议的重要内容之一。民族与国家之间是一个相互作用的历史过程，民族认同与国家认同的关系和社会秩序紧密相关，作为自变量的认同是秩序存在和维持这个因变量的核心决定因素。认同不仅是心理层面的，也是行为层面的。从民族认同概念的讨论，衍生出对民族认同的发展阶段、层次、要素、对文化适应和社会稳定的影响等问题的系统研究，文中列举出了国内外许多学者对于民族认同概念的界定及对相关问题的深入探讨。文中特别提到关于民族认同，存在着原生论和工具论两种相对立的理论。原生论强调认同中那种相对稳定、依靠传承而延续的维持认同的因素，而工具论则强调认同的场景性、不稳定性和成员的理性选择。原生性因素与工具性因素的相互博弈，导致人们在不同时期认同意识的侧重点的差异性。"原生论"与"工具论"的二元假设，推动了相关理论的发展，例如王明珂对所谓"中心"和"边缘"的研究，从历史记忆与

---

① 参见王希恩《民族认同发生论》，《内蒙古社会科学》1995 年第 5 期；王云芳、谢胜君《民族认同和国家认同关系的静动态模式分析》，《民族论坛》2013 年第 2 期。

族群边缘形成来解读"中国人"认同的本质。① 文章认为,"国家认同"概念首次被引入政治学是在行为科学革命时期,而且是与处理政治发展、整合以及国际关系等议题有关,国家认同与社会秩序的生成密切相连。学者们从不同的研究取向来界定国家认同概念。20世纪90年代以来,国际社会政治形势的变化,引发了很多学者从国际政治和国家安全角度对跨界民族的关注。跨界民族问题的核心是国家认同问题,学术界对国家认同研究的多向思考,推动了国家认同研究的进步。在对民族认同、国家认同研讨的基础上,学术界也进一步深化了对两者关系的研究。首先对民族、国家两个概念进行了界定,并对民族认同与国家认同的异同进行了比较研究,其次在理论分析上提出了民族认同与国家认同关系的三种模式:矛盾冲突关系、调适共生关系和权力运用关系。② 这篇文章较为全面地总结了学术界在民族认同与国家认同的研究领域进行的努力和探索,具有较高的学术性,对于跨界民族的认同问题研究具有较好的理论指导意义和学术参考价值。

学者吴楚克等的论文《认同问题与跨界民族的认同》指出,认同问题的研究引人注目,特别是将跨界民族认同与民族地区稳定联系起来,具有突出的政治意义。文章以跨界民族认同为讨论核心,强调中国跨界民族在国家认同问题上的特殊性,意在反思当前认同问题研究存在的一些误区,厘清民族认同和国家认同的关系和研究的思路。文章列举出认同问题的三个"伪命题":针对"共同的民族文化是认同的基础"的观点,文章认为这是本末倒置,认同不是起源于心理,更不是来自情感,而是产生于特定环境带来人群安全的需要。针对"民族认同和国家认同是一对长期并存的矛盾"的观点,文章认为这是把

---

① 参见王明珂《华夏边缘:历史记忆与族群认同》,社会科学文献出版社2006年版。
② 参见袁娥《民族认同与国家认同研究述评》,《民族研究》2011年第5期。

复杂问题简单化的产物,"在国内强调的民族归属是违背了国家公民管理的平等要求,问题出在制度的管理上只强调了民族归属而忽略了国家公民身份,由此导致管理制度从意识形态上寻求每个人必须首先确定对国家的认同。显然,把民族认同和国家认同看成是一对矛盾是制度执行过程中出现的问题,而这个问题更加突出地表现在跨界民族的认同问题上"。民族认同与国家认同应是对立统一的关系,有其内在的逻辑性和特殊性。针对"认同是一种心理活动"的观点,文章认为这是误读,而这种误读来自研究者把民族与国家当作个体体验对象作为理论研究的起点,事实上民族认同和国家认同从根本上讲是一种实践行为。跨界民族在民族认同与国家认同问题上具有特殊性,不能简单地把跨界民族的民族认同与国家认同问题等同于其他民族存在的认同问题。重新解构跨界民族的认同问题,主要是分析这个问题的角度不是从肯定和否定出发,而通常我们习惯于把认同问题理解为"是"或"不是",即使是折中也会找出潜在的倾向性。因此,现实中存在的问题远不是简单的"是"与"不是"。具体情况具体分析,是研究每个跨界民族认同问题的唯一原则。在国家认同和民族认同问题上,需要注意几个逻辑顺序:一是国家认同高于民族认同;二是民族认同不是民族文化认同;三是国家认同是历史的长期的整体动态发展过程。①

学者雷勇的《论跨界民族认同的多重性》一文对认同进行理论界定,为探讨跨界民族认同提供基本的理论分析路径。其一认同的发生首先是基于自我和他者的比较;其二认同涉及的内容有形象、身份、符号、记忆、文化、传说和历史,并且表现为一种社会心理的认同感

---

① 参见吴楚克、王倩《认同问题与跨界民族的认同》,《云南师范大学》(哲学社会科学版) 2011 年第 3 期。

和归属感；其三认同是一种具有稳定性和传承性的心理意识；其四认同并非是单一形态，通常是以复合形态出现在各种问题领域中的，且复合形态下的各种因素交互作用、互相影响。文章认为，跨界民族由于自身的特殊性，在认同方面具有多重性，以跨界民族认同的内容为标准，大致可划分为民族认同、政治认同、文化认同和社会认同，而这些认同问题又具有多层次性、敏感性、特殊性和模糊性。在国际关系中，政治认同和社会认同的作用最为敏感，要处理好跨界民族问题，必须重视跨界民族的多重认同问题。[①] 于海涛的《试论跨界民族国家认同的特点》也分析了跨界民族国家认同的复杂性、模糊性和不稳定性，指出跨界民族国家认同应该成为各学科共同迫切研究的现实问题，需要社会科学研究者从民族学、人类学、心理学、教育学、社会学等多学科视角共同探讨。[②]

雷勇的另两篇论文《论跨界民族的历史记忆》和《论跨界民族的文化认同及其现代建构》认为，跨界民族从形成之时起，本身就兼具政治性与民族性、社会性与文化性等多重特征。从其社会属性来看，跨界民族的历史记忆是其民族集体认同的记忆形式，表现为族群群体对祖先的历史追忆以及其社会建构行为，本身具有集体性、变动性、差异性和继承性的特点，而跨界民族的文化属性是政治认同、民族认同和社会认同的基本元素，因此，跨界民族在进行认同时就呈现出形态各异的取向。这些复合认同的取向与性质又将影响跨界民族关系的建立与发展。跨界民族的文化认同是其成员对族群文化的反思性，是社会现代性的产物。跨界民族在文化认同区分、凝聚和动员等主要功

---

① 参见雷勇《论跨界民族认同的多重性》，《黑龙江民族丛刊》2008 年第 4 期。
② 参见于海涛《试论跨界民族国家认同的特点》，《兵团教育学院学报》2012 年第 4 期。

用的基础上对族际关系和国际关系产生影响，研究发现，跨界民族的保守性历史记忆对族际关系甚至国家间关系有一定的负面影响。①

针对如何实现跨界民族的民族认同到国家认同的基本策略问题，刘永刚的论文《跨界民族成员国家公民身份的建构及其挑战》提出了自己的看法。他认为，跨界民族是现代民族国家的产物，"对于民族国家边界的形成与边疆治理具有重要意义。各民族国家均通过多种途径实现跨界民族对国家的认同以化解可能的跨界民族问题。跨界民族成员国家公民身份的建构既是民族国家的基本特征，也是实现民族认同到国家认同的基本方略"。在跨界民族成员国家公民身份建构的过程中，国家主权、领土观念下的政治—法律建构途径、民族认同到国家认同下的文化—心理建构途径、群体权利到个体权益诉求下的公民文化建构途径被普遍采用。在全球化背景下跨界民族成员的公民身份面临族性张扬、参与困境与权益维护等挑战。② 这篇文章对于跨界民族的某些"困境问题"展开了理性的思考，深刻地反映出在静态的传统主导性的民族国家话语与构成强烈冲击的动态的全球化趋势之间，跨界民族面临如何化解民族认同与国家认同之间的冲突与紧张。

周建新教授在其专著《中越中老跨国民族及其族群关系研究》中针对国内民族或族群认同研究现状，认为存在两个弊端：其一，"他述"政治认同超出"自述"自我认同；其二，强调历史的传统的"静态"认同而忽略认同的"动态"变迁。"他述"认同用第三者的笔调强化对国家的政治认同。这是一种总体认同。在跨界民族研究中也有类似情况。"我们要重视内因，但不能忽视外因和指导作用。"同

---

① 参见雷勇《论跨界民族的历史记忆》，《黑龙江民族丛刊》2009年第2期；雷勇《论跨界民族的文化认同及其现代建构》，《世界民族》2011年第2期。

② 参见刘永刚《跨界民族成员国家公民身份的建构及其挑战》，《北方民族大学学报》（哲学社会科学版）2013年第1期。

时，周建新指出，"由于多层次临界面的存在"，跨界民族"会与所面对的不同族群层面使用不同的族群'话语'进行对话。这些不同层面话语的使用，反映出不同认同层次的存在，同时也反映着认同语境的变化"。这些都是跨界民族问题最突出的特点，也是一个值得研究的重要课题。①

从个案研究的角度研究跨界民族的认同问题，既有助于推动对认同问题的整体理论体系建设，又可以区分跨界民族认同问题的普遍性与特殊性，我们以典型的跨界民族——朝鲜族为例。李晶的博士学位论文《朝鲜族的认同意识研究》、朴婷姬的《试论跨国民族的多重认同——以对中国朝鲜族认同研究为中心》、王纪芒的《中国朝鲜族的民族认同与国家认同——以中国某边疆地区的朝鲜族为例》、刘会清和姜莉的《中国朝鲜族与解放战争的胜利——从中国朝鲜族的民族认同谈起》和李梅花的《中国朝鲜族国家认同研究综述》等文通过分析研究朝鲜族作为跨界民族的形成过程、中国民族国家的建构与民族之间的历史关系变迁，认为朝鲜族作为跨界民族，有着一般民族共同体的民族认同感与国家认同感的同时，又有其历史与现实的特殊性。朝鲜族的民族认同与国家认同经历了一个动态变化的发展过程，在区域国际关系和族际关系的影响之下，不断适时调适。李晶认为从宏观角度讲，朝鲜族的认同意识具有三重性，即朝鲜族对中国的国家认同；对作为中国少数民族之一身份的认同；对朝鲜半岛上朝鲜民族的认同，可以分别表述为国家认同、族群认同和跨界民族认同。朝鲜族的三重认同意识经历了较长时间的发展阶段，三个认同层次相互交叉，协调统一，在不同情境之下人们的认同意识会在不同层次上被强化或

---

① 参见周建新《中越中老跨国民族及其族群关系研究》，民族出版社 2002 年版，第 274—275、284 页。

弱化，变得鲜明或淡薄。这不仅是朝鲜族认同层次的特征，也是所有群体认同层次的特征。① 朴婷姬也认为，认同是动态而且多层次的。朝鲜族认同的形成和发展经历了一个漫长而又复杂的历史过程，朝鲜族认同的三个层面，即对中国的国家认同、对世界朝鲜民族的跨国民族认同、对中国少数民族一员的中国朝鲜族的族群认同以及三个层面之间的关系，表明跨界民族认同的多重性和复杂性。② 王纪芒通过实证调查研究认为，作为一个跨界民族，朝鲜族有自己独特的语言、风俗习惯等，与其他民族有清晰的边界，族群认同意识非常明确。客观上，朝鲜族具有多重国家选择的条件，中国朝鲜族国家观的形成基本是基于对中华人民共和国的历史记忆而建构的。全球化背景下社会认同纽带趋于多元化，中国朝鲜族也发展着多元化的社会认同。③ 刘会清从中国朝鲜族的民族认同的角度，分析了中国朝鲜族与解放战争的胜利之间的历史联系。其文认为，朝鲜族对自身少数民族身份的认同及对中华民族的认同，建立在与其他兄弟民族的利益共同体基础之上。这种利益共同体的建立是长期并肩作战、彼此的感情血浓于水而凝结形成的。④ 李梅花认为，中国朝鲜族的国家认同随着时代的变迁，在内外多方面因素互相交织、共同作用下有所变化并呈现出复杂性，它不仅涉及朝鲜族政治、经济、文化和社会生活的各个方面，而且还需要将这些问题与中国的国情、中国与朝鲜半岛的关系等联系在一起，指出中国共产党的民族政策在朝鲜族国家认同形成过程中发挥了

---

① 参见李晶《朝鲜族的认同意识研究》，博士学位论文，中央民族大学，2007年。
② 参见朴婷姬《试论跨国民族的多重认同——以对中国朝鲜族认同研究为中心》，《东疆学刊》2008年第3期。
③ 参见王纪芒《中国朝鲜族的民族认同与国家认同——以中国某边疆地区的朝鲜族为例》，《黑龙江民族丛刊》2008年第4期。
④ 参见刘会清、姜莉《中国朝鲜族与解放战争的胜利——从中国朝鲜族的民族认同谈起》，《理论学刊》2013年第2期。

至关重要的作用，朝鲜族的国家认同并不是被动的、强制的，而是通过比较作出的自主理性的选择。①

香港科技大学人文学部教授张兆和的《中越边界跨境交往与广西京族跨国身份认同》一文应该引起我们的注意，文中体现出来的研究方法和研究思路有别于国内的其他学者，观察视角和观点见解新颖独特，很有启示作用。张兆和以个案研究的方式，实地考察了广西京族在传统的节日宗教活动中表现出来的跨国文化联系和身份认同及其变化，并将观察所得放置于近代历史变迁和当代的区域经济发展脉络中讨论分析，探讨跨国身份认同与其他各种社会身份在社会关系和阶序的重构中互为作用的动态过程。他认为，"中国民族学界对'跨境民族'的讨论，常将'国家政治认同'和'民族文化认同'作先验的简单化对立二分。……""跨国境边界的'民族文化认同'和国境边界内的'国家政治认同'并非独立和对立的，而是互相渗透、影响和模塑的"。"……本文尝试指出，跨国民族文化认同本身已经是近现代国家政治经济发展脉络下的产物，负载着国家边界与政治体制的经验意识。对这种经验意识的理解，需要摆脱局限着'跨境民族'讨论的国家话语论述框架，将国家的体制和理念放在地方生活脉络中的社会关系和社会互动中探讨。"②

关于跨界民族的民族认同与国家认同的研究成果还有韩娜的《中越边境社会变迁与跨境民族国家认同——基于边民跨境交易的分析》、李树燕的《国家建构与跨境民族国家认同——基于云南跨境民族的实证研究》、王丽娜和朱金春的《西南跨界民族的边界意识与身份认

---

① 参见李梅花《中国朝鲜族国家认同研究综述》，《大连民族学院学报》2012 年第 2 期。
② 张兆和：《中越边界跨境交往与广西京族跨国身份认同》，《历史人类学学刊》第 2 卷第 1 期（2004 年 4 月）。

同——基于相关研究的分析》，以及谷禾、谭庆莉的《近代中国西南国界线变迁与跨界民族身份认同的形成》等①，这些论文结合近年来国内外学术界关于民族与国家、国家边界与民族身份意识的讨论，围绕国家、民族、边界等核心观念的历史变迁，通过实证研究解读作为现代政治形态衍生物的跨界民族在不同历史时期的跨界互动行为，从国家政治框架与地方生活脉络中探讨国家边界的意义与跨界民族的民族认同意识与国家认同意识，强调跨界民族社会生活中国家边界意识和国家观念的变化以及跨界性的社会互动对跨界民族身份认同产生的影响。

（五）跨界民族（问题）与国际关系（国际政治）

跨界民族研究是国际关系学的一个重要领域，它"不仅是当代民族问题中的热点之一，也是发展跨世纪周边睦邻友好的一个重要领域"②。由于跨界民族具有的文化民族认同与政治民族认同的矛盾性、文化同质性要求与异质性发展的矛盾、国内地缘的边缘性和国际地缘的前沿性等特点，使得跨界民族问题在现代国际政治生活中从一开始就具有国际性的特点。③ 而国际关系学的理论与方法也为跨界民族研究提供了研究视角与研究工具。跨界民族研究日益受到学术界的重视，其中一个最重要的原因是跨界民族研究与国际关系学之间的某种

---

① 参见韩娜《中越边境社会变迁与跨境民族国家认同——基于边民跨境交易的分析》，《人民论坛》2013年第20期；李树燕《国家建构与跨境民族国家认同——基于云南跨境民族的实证研究》，《理论月刊》2011年第6期；王丽娜、朱金春《西南跨界民族的边界意识与身份认同——基于相关研究的分析》，《四川文理学院学报》2013年第4期；谷禾、谭庆莉《近代中国西南国界线变迁与跨界民族身份认同的形成》，《贵州民族研究》2009年第1期。

② 孙淦、刘达成：《重视跨境民族研究》，《人民日报》2001年11月2日第7版。

③ 参见周建新《中越中老跨国民族及其族群关系研究》，民族出版社2002年版，第274—275页。

历史联系与学科互动。

跨界民族研究与国际关系学的结合是与中国外交发展密切相关的。中国有2万多千米的陆地边界，与15个国家接壤，与大多数国家存在跨界民族。从地缘政治、国家安全、对外关系、经济发展等诸多方面，这些国家大多是战略要冲和重要资源国家，于中国国家利益有着重要的意义，历史事实表明："建国以来的不同历史时期存在着内容不同的跨界民族问题。……在涉及周边邻国的跨界民族问题的处理过程中，催生了内容丰富、视角新颖的关于解决跨界民族问题的政策与实践，提出了许多化解跨界民族矛盾与冲突、维护边疆安全与稳定的创新主张。"① 中国坚持"大国是关键、周边是首要、发展中国家是基础、多边是舞台"的外交原则，周边外交在中国外交全局中始终占据着重要地位。中国周边的多样性十分突出，各国社会制度不同，发展水平各异，各种文化、民族和宗教聚集在中国周围，中国周边也是世界各主要大国利益交汇之地，周边环境的复杂性，是中国开展周边外交时必须考虑的因素。在此背景下，国际关系领域产生了一些有关跨界民族的研究。

跨界民族是一种兼有国际关系与族际关系内涵的特殊人们共同体和族群关系②，"是民族发展过程和现代国际政治的产物"③。一国的跨界民族与境外同源民族之间共同的历史渊源、共同的文化特征和紧密的地缘关系，决定了跨界民族和跨界民族问题的特殊性。"不论引起问题的原因是什么，问题一旦发生，便几乎无一例外地牵涉到不止

---

① 李学保：《新中国成立以来中国共产党关于解决跨界民族问题的基本经验》，《学理论》2011年第12期。
② 参见马曼丽、艾买提《关于边疆跨国民族地缘冲突的动因与和平跨居条件的思索》，《中国边疆史地研究》2003年第6期。
③ 葛公尚主编：《当代国际政治与跨界民族研究》，民族出版社2006年版，第1页。

一个国家，出现问题的一方，总是希望别国的同胞给予支持；而干涉的一方，则由于具体情况不同，有时由政府出面进行公开支持，有时则由民间暗中帮助，有时则双管齐下，从这种意义上言，跨界民族问题本身就具有国际性。"① 民族与国家的不重合性是产生跨界民族和跨界民族问题的现实基础，在相邻国家间跨国界而居的这一特殊民族共同体，由于其特殊的形成和发展过程，由于其自身具有的跨界性、地缘性和国际性等特点，往往与领土主权、国家与地区安全、地缘政治和地缘经济等问题息息相关，必然对相关国家间的政治关系、地区关系乃至国际关系产生重要影响。20世纪90年代以来甚嚣尘上的地区民族问题很大程度上是与跨界民族相关的，例如巴斯克分离运动、科索沃战争、非洲种族屠杀、西亚库尔德人问题、斯里兰卡民族冲突、朝鲜半岛问题等地区和国际热点问题。学者们的诸多研究成果把跨界民族问题与国际关系研究紧密地联系在一起，以不同的维度、视角和方法，研究跨界民族和跨界民族问题与国际关系理论和实践之间的互动关系和相互影响，研究课题不断扩大，主要集中在跨界民族与外交关系、跨界民族与国家安全、跨界民族与地缘政治关系（另辟章节论述）等方面。

葛公尚主编的《当代国际政治与跨界民族研究》是国家社会科学基金重点课题"当代国际政治与跨界民族研究"的最终成果，是该领域研究的重要著作，书中集合了我国世界民族研究学界10多位学者数年辛勤耕耘的学术成果。著作探析了当前世界各地近20个跨界民族热点问题，从而揭示了跨界民族与地缘政治、国际政治的内在联系，就处理跨界民族问题提出若干理性思考。著作还对我国与陆界15

---

① 葛公尚：《试析跨界民族的相关理论问题》，《民族研究》1999年第6期。

个周边国家间现有的31个跨界民族现状与问题作了论述，提出了解决问题的对策建议。著作对跨界民族作了科学的界定与分类，分析了跨界民族的特殊性与民族过程，利用国内外的相关研究资料，论述了在国际跨界民族问题普遍高涨的大背景下我国与周边国家间现有的跨界民族问题，反映了我国在跨界民族研究领域的最新成果和研究水平。书中认为，跨界民族和跨界民族问题是当代国际政治中一种相当敏感的因素。与跨界民族的各种特殊性相关，跨界民族和跨界民族问题与国际政治存在着不可忽视的联系，"跨界民族的自治要求或独立要求都触及领土主权这一国家重要的物质基础，跨界民族问题往往与领土纠纷相伴……跨界民族与国境线密不可分，它引发的问题关系到一个国家的国防建设和国家安全问题，关系到一个国家的周边环境是否安静和平"[①]。现代国际关系中的"现行政治疆界不变""国家主权高于一切"等理念和准则，是影响和制约跨界民族的民族过程的重要国际因素，历史实践为解决跨界民族问题提供了重要启示：第一，驱逐主义政策行不通；第二，独立建国不符合现代主权国家领土完整的国际准则；第三，政策不当会使跨界民族问题升级；第四，不同类型的跨界民族问题所含有的危险性是不同的；第五，对于跨界民族问题，与其亡羊补牢，不如防微杜渐，具体问题具体分析；第六，在处理跨界民族问题过程中，力避外界势力的不正当干预是十分重要的。[②]

张兴堂在《跨界民族与我国周边外交》一书中对跨界民族与国际关系提出了五个观点：第一，跨界民族问题处理得好坏影响到国家间的政治关系；第二，跨界民族问题是国家间政治关系的"晴雨表"；

---

① 葛公尚主编：《当代国际政治与跨界民族研究》，民族出版社2006年版，第2—3页。

② 参见葛公尚主编《当代国际政治与跨界民族研究》，民族出版社2006年版，第4、41—44页。

第三，跨界民族问题关系到一个国家的主权；第四，跨界民族问题关系到一个国家的国防安全；第五，跨界民族问题关系到相关国家间的外交关系。① 著作继承和发展了《当代国际政治与跨界民族研究》的基本观点。

刘艺在《跨境民族问题与国际关系——以斯里兰卡泰米尔跨境民族问题与印度和斯里兰卡关系为例》一书中提出跨境民族问题对国际关系的影响，体现在两个层面：当跨境民族问题只是一个客观存在的议题时，跨境民族问题对国际关系的影响是积极的，可以成为促进国际关系和睦的纽带；但是当跨境民族问题成为需要解决的矛盾和冲突时，跨境民族问题对国际关系的影响将是消极的，会成为国际关系产生摩擦和恶化的导火线。至于国际关系对跨境民族问题的影响，同样也体现在两个层面：良好的国际关系对跨境民族问题的影响是积极的；恶化的国际关系会使跨境民族问题更加错综复杂和难以解决。国际因素在跨境民族问题的产生、发展和演变过程中发挥了重要的作用。②

《中国民族报》于2010年1月29日推出了系列报道《跨界民族对国际政治关系的影响》，在编者按中指出："解决并处理好民族关系，不仅关系到一个国家的稳定和繁荣，也关系到国与国之间的关系，关系到整个国际社会的安宁。全世界有3000多个民族，分布在200多个国家和地区，民族问题的发生不可避免。由于多民族国家民族成分复杂，历史积怨繁多，因此这些国家和地区不可避免地存在着跨界民族问题。能否处理好跨界民族问题，对国与国之间、国家与地

---

① 参见张兴堂《跨界民族与我国周边外交》，中央民族大学出版社2009年版，第31—36页。
② 参见刘艺《跨境民族问题与国际关系——以斯里兰卡泰米尔跨境民族问题与印度和斯里兰卡关系为例》，湖南人民出版社2012年版，第200—214、224页。

区之间、国家与国际社会之间都将产生重大影响。从本期开始，我们推出系列报道《跨界民族对国际政治关系的影响》，通过理论及案例分析，解读作为一个复杂而敏感的国际政治问题，跨界民族问题对相关国家的政治关系所产生的重大影响。"① 系列报道包括：吴金光的《跨界民族问题对临近国家外交关系的影响——以罗马尼亚与乌克兰为例》《跨界民族问题对地区关系的影响——以埃塞俄比亚与厄立特里亚争端为例》《跨界民族问题成为引发重大国际冲突的根源——以阿富汗为例》，三篇文章通过案例分析，强调了国际关系领域中跨界民族问题的重要性和敏感性，它既是一个国家的内政问题，也是一个国家的外交问题。②

此外，《中国民族报》还刊载了其他一些关于跨界民族问题的报道文章，如谭德峰的《跨界民族问题冲击"民族国家"现有秩序》、马富英的《跨界民族与中国地缘安全》、吴艳的《吴楚克：跨界民族问题的本质就是国家与民族的关系问题》。谭德峰认为，"跨界民族问题是人类社会的国家化过程与民族过程相交织所产生的历史现象。……跨界民族问题与领土纠纷是交织在一起的，这与第二次世界大战后形成的国际关系的一些原则密切相关。……人类从对两次世界大战的沉痛反思出发，为了社会的稳定、国家的繁荣、民族的振兴，承认了多民族国家的基本形态，并对国家现有边界不变达成了理性的共识。这为跨界民族问题的解决规定了前提，决定了跨界民族过程的基本走向。……'欧洲国家现有边界不可改变'的理念也以1975年欧

---

① 《中国民族报》2010年1月29日第8版。
② 参见吴金光《跨界民族问题对临近国家外交关系的影响——以罗马尼亚与乌克兰为例》，《中国民族报》2010年1月29日第8版；吴金光《跨界民族问题对地区关系的影响——以埃塞俄比亚与厄立特里亚争端为例》，《中国民族报》2010年2月5日第8版；吴金光《跨界民族问题成为引发重大国际冲突的根源——以阿富汗为例》，《中国民族报》2010年2月12日第8版。

洲安全委员会的'赫尔辛基最后议定书'的形式固定下来。……第三次世界民族主义浪潮是造成当代国际政治中的主要不稳定因素之一，而泛民族主义则对拥有跨界民族问题的国家构成现实的威胁。泛民族主义不受国家概念的限制，主张在同一民族基础上建立一个大一统的民族国家，这是对'现有边界不可改变'的国际关系准则的挑战"①。马富英认为，传统边政学产生的社会政治基础已经发生了根本性变化，与之相应范畴的内涵和外延已不适合当前的发展需要，这需要抛弃传统边政学理论的局限，利用边疆政治学的理论观点分析跨界民族和中国地缘安全是一个新的研究角度。② 吴楚克为《中国民族报》的记者介绍了跨界民族问题以及跨界民族与中国地缘安全的关系、现状和解决方法，他认为，理论问题的研究深化了对跨界民族与中国地缘安全关系的认识，同时也使我们认识到跨界民族问题的突出性和复杂性。跨界民族分布在不同的国家，从而造成他们在民族认同和国家认同的不一致：一方面，跨界民族作为一个民族整体具有的共同的民族意识和民族认同；另一方面，又因生活在不同的国家，命运与所在国相连而具有不同的国家观念和归属感。应该强调国家认同，突出国民意识，实现"民族国家"到"国家民族"的历史性转移。③

其他相关研究成果还有葛公尚的《非洲跨界民族之管见》、李红杰的《欧洲跨界民族的典范——记石勒苏益格地区的丹麦人与德意志人》、蔡玮的《社会安全理论视角下的跨界民族问题——以库尔德人为例》、高原的《斯堪的纳维亚半岛的跨界民族——萨米人》、闫文虎

---

① 谭德峰：《跨界民族问题冲击"民族国家"现有秩序》，《中国民族报》2008年9月26日第5版。
② 参见马富英《跨界民族与中国地缘安全》，《中国民族报》2010年4月16日第8版。
③ 参见吴艳《吴楚克：跨界民族问题的本质就是国家与民族的关系问题》，《中国民族报》2011年10月14日第8版。

的《论跨界民族问题对我国安全的影响》《跨界民族问题与中国和平环境》、安俭的《从科索沃危机论世界跨国民族问题》、云秀清和李德英的《中国民族问题国际性特点透析》、龚炜的《浅议跨界民族在中国与东盟外交中的影响》、谭德峰的《跨界民族问题是俄格军事冲突的诱因》和张学琼的《欧洲库尔德移民与国际关系》等,① 这些论文从跨界民族和跨界民族问题的特殊性,特别是国际性的特点,以不同的理论视角和观察维度,通过个案研究,一定程度地分析了跨界民族与他国同源民族、跨界民族的民族过程与国家过程、跨界民族的政治进程与途径选择、跨界民族与国际关系之间的互动关系。

（六）跨界民族（问题）与非传统安全研究

非传统安全是冷战结束以后逐渐在国际关系理论与实践中被广泛使用的一个概念。与传统安全只强调国家这一单一价值主体不同,非传统安全更多地涉及非国家行为体,将人的安全、国家安全、区域安全和全球安全结合起来,并力求在各个目标之间保持适当的平衡。一般认为,非传统安全主要是指传统安全问题之外的涉及经济、社会和环境等非传统领域的低政治安全问题,主要是由军事、政治和外交以外的其他因素所引发的,直接影响甚至威胁本国和别国乃至地区与全

---

① 参见葛公尚《非洲跨界民族之管见》,《西亚非洲》（双月刊）1985年第5期;李红杰《欧洲跨界民族的典范——记石勒苏益格地区的丹麦人与德意志人》,《世界民族》2002年第6期;蔡玮《社会安全理论视角下的跨界民族问题——以库尔德人为例》,《世界民族》2009年第4期;高原《斯堪的纳维亚半岛的跨界民族——萨米人》,《世界民族》1997年第2期;闫文虎《论跨界民族问题对我国安全的影响》,《理论导刊》2001年第11期;闫文虎《跨界民族问题与中国和平环境》,《现代国际关系》2005年第5期;安俭《从科索沃危机论世界跨国民族问题》,《中央民族大学学报》（哲学社会科学版）2000年第2期;云秀清、李德英《中国民族问题国际性特点透析》,《阴山学刊》2002年第6期;龚炜《浅议跨界民族在中国与东盟外交中的影响》,《知识经济》2007年第11期;谭德峰《跨界民族问题是俄格军事冲突的诱因》,《才智》2008年第24期;张学琼《欧洲库尔德移民与国际关系》,《云南行政学院学报》2009年第1期。

球生存、稳定、发展和安全的跨国性问题及其状态，以及与此相应的一种新安全观和新的安全研究领域。非传统安全问题主要包括：经济安全、金融安全、生态环境安全、信息安全、资源安全、恐怖主义、宗教扩张、武器扩散、疾病蔓延、跨国犯罪、走私贩毒、非法移民、海盗、洗钱等。这些问题已经跨过了国界，超越了领土主权安全的范畴。与传统安全相比，非传统安全具有很多新的特征：问题的多元性、问题的突发性和扩散性、问题的跨国性、治理的综合性与长期性，以上特征决定了非传统安全研究的多层次性。非传统安全为国际关系提供了新的议题，也促使人们对安全有了新的认识和思维视角。

出于传统安全因素的考虑，国内学术界的跨界民族研究，主要集中在对跨界民族的类型和发展趋势、跨界民族与跨界民族问题的联系和区别以及跨界民族问题与地缘政治的关系等方面的探讨，而对非传统安全的研究也是主要集中在对非传统安全的概念、理论和定位上。至于跨界民族问题与非传统安全的关系，相关研究仍需加强。近年来，在经济全球化和区域经济一体化的历史背景下，各国、各民族的交流和交往日益频繁，特别是跨界民族与他国同源民族之间的跨界联系呈现出常态化、民间化和组织化的特点。跨界民族由于其特殊的民族联系、社会文化联系和地缘联系，出现了沿边境地区的较为复杂的跨界民族问题。跨界民族问题中的诸如人口经常性流动、非法移民、族裔冲突、经济与社会不公、跨国犯罪和恐怖主义等问题已经成为非传统安全问题，是国家与社会不稳定的重要因素。以非传统安全的视角研究分析跨界民族和跨界民族问题，能加深人们对于相关问题的认识和理解，从而理性选择解决跨界民族问题的途径，把解决跨界民族问题提升到非传统安全的高度来认识。国内学术界的相关研究主要集中在边贸、跨境贸易与跨界民族的关系、跨国犯罪、"三个主义"（民族分裂主义、宗教极端主义、恐怖主义）问题与跨界民族的关系等领域。

学者何跃的《非传统安全视角下的云南跨界民族问题》一文从云南跨界民族问题与非传统安全关系入手，分析由云南跨界民族所产生的非传统安全问题。文章认为，冷战结束以来，云南边境地区的安全因素发生了重大变化，安全威胁由防御邻国向我国侵犯等传统安全要素逐渐转向防止各种跨国犯罪和贩毒走私为特征的非传统安全，跨界民族问题成为引发云南边疆地区非传统安全的重要因素之一，给边疆安全带来前所未有的挑战。文章认为，形成云南与东南亚国家跨界民族问题的原因主要有三点：其一是地处不同国家的政治、经济、文化等方面的差别导致的跨界民族问题；其二是国家民族政策导致经济和政治地位上的不平等；其三是经济全球化的冲击，打破了跨界民族古老的生存方式和生产方式，使他们对各跨居国家的社会转型不能调适而走上极端。文章分别从恐怖主义渗透下的跨界民族问题、经济发展滞后下的跨界民族问题、深陷毒品困扰下的跨界民族问题和安全环境弱化下的跨界民族问题等四个方面，深入分析了各种非传统安全下的跨界民族问题，给云南的安全环境带来压力和挑战。[①]

边境贸易是国际贸易的一种较为特殊的贸易形式，主要是指两国毗连地区进行的贸易。跨界民族多是生活在边境地区且跨国界而居，与邻国有着江路相通、村寨相连的地缘优势，语言、文化和风俗习惯相同或相近的同一民族的亲缘关系，有丰富的自然资源优势，由此形成的边境贸易源远流长。随着中国全方位的开放，边境贸易迅速发展，不仅成为边疆民族地区经济发展的重要组成部分，而且也成为民

---

① 参见何跃《非传统安全视角下的云南跨界民族问题》，《云南民族大学学报》（哲学社会科学版）2006年第5期。

族地区对外开放的一个特有渠道。因此，研究跨界民族与对外开放、边境贸易也是跨界民族研究的一个重要组成部分。刘稚的《论跨境民族与云南的对外开放》、刘达成的《略论大西南对外开放与跨境民族研究》和李绍明、杨健吾的《中国与东南亚跨界民族的改革开放问题》分析了新形势下对外开放与跨界民族之间密不可分的联系，由于中国与周边国家在政治关系上的求稳性、经济关系上的互补性、人文关系上的类同性和边贸关系上的优越性，文章认为这会成为引起人们重视的一个主要课题，在对外开放和开展边境贸易中，重视周边国家跨界民族的调查研究，这是时代和历史所赋予我们的特殊使命。① 邓雪琴、张琴的《关于云南边境贸易发展现状、问题及对策》和侯峰的《云南跨境民族与边贸》针对边境贸易得天独厚的区位、地缘、族缘、悠久历史等优势，提出应正确处理跨境民族与周边国家的关系，从实际出发，利用跨境民族独有的人缘、地缘关系，扶持沿边少数民族积极参与边贸活动，促进地方经济的发展。②

方芸的《云南跨界民族与可持续发展——云南跨界民族研究三题》一文指出，"跨界民族是云南民族文化多样性的又一表现形式。跨界民族的可持续发展直接关系到祖国西南边疆地区的稳定和发展，跨界民族的特殊性——原生形态的同一民族跨境而居及其成因——是影响云南跨界民族发展的重要因素"。文章分析了跨界民族及云南跨界民族的特点、云南跨界民族实现可持续发展的客观环境及条件、云南跨界民族实现可持续发展的潜力，提出云南跨界民族的可持续发展

---

① 参见刘稚《论跨境民族与云南的对外开放》，《民族研究》1992 年第 5 期；刘达成《略论大西南对外开放与跨境民族研究》，《民族研究》1994 年第 5 期；李绍明、杨健吾《中国与东南亚跨界民族的改革开放问题》，《天府新论》2000 年第 4 期。

② 参见邓雪琴、张琴《关于云南边境贸易发展现状、问题及对策》，《西南民族学院学报》（哲学社会科学版）1995 年第 4 期；侯峰《云南跨境民族与边贸》，《思茅师专学报》（综合版）1996 年第 1 期。

应考虑三个主要方面的问题：其一，云南跨界民族的可持续发展与祖国西南边疆的稳定与安宁互为条件；其二，跨界民族人口的现代化问题；其三，跨界民族地区建设开放型经济体系的问题。文章强调，"跨界民族人口的跨界迁移和流动对跨界民族经济的发展、社会的变迁有所影响。因此，有必要跟踪调查、研究跨界民族人口跨界迁移和流动情况，包括跨界民族的流向，迁移流动的规模和原因，跨界迁移流动对境内跨界民族社会、经济的影响程度等，为制定跨界民族社会经济发展的具体政策和措施提供参考"①。

跨界民族具有身份认同、意识多元化的特点，社会经济的变迁、全球化和现代化的冲击和影响可能诱发诸如宗教安全、毒品问题、卫生安全、社会安全和人员跨国流动等非传统安全问题。跨界民族地区与周边国家毗邻地区的边境接合部山水相连、语言相通、通道众多，跨界民族之间的人口流动、通婚、互市、边贸等跨界行为，在一定程度上也体现出跨界民族问题的复杂性、关联性和时代性。周建新的《中越中老跨国民族及其族群关系研究》（该书六章探讨了跨国婚姻及其引发的一系列问题）、张金平的《云南跨界民族的宗教安全问题探析》、迟盼盼的《跨境民族宗教渗透问题浅探——以云南跨境民族为例》、洪贵美的《桥头堡建设对云南跨界民族人口非法跨境流动的治理功能》和赵和的《浅析跨境民族传统文化互动性在禁毒中的作用》

---

① 方芸：《云南跨界民族与可持续发展——云南跨界民族研究三题》，《云南社会科学》2001 年第 5 期。

等文是从非传统安全视角对跨界民族问题进行的政策性、功能性的研究。① 跨界民族的存在与流动，是一个自然和社会的历史发展过程。应当承认，跨界民族为国家间人口流动和跨界性质的边界活动提供了难得的便利，因为一般不存在语言障碍，还有所谓"同族感情"这个精神力量的作用。从国内环境与国际环境的发展来看，非传统安全的相互渗透性、关联性和多元性，会使跨界民族地区的发展环境更加复杂和脆弱，进而会影响国家环境、区域环境和国际环境的稳定与发展。

冷战结束以来，国际体系和世界格局处于历史性的深刻转型过程中，在政治多极化、经济全球化和区域经济一体化的历史背景下，民族主义的发展成为时代最鲜明的特征之一。民族分裂主义、宗教极端主义、恐怖主义"三个主义"互相交织，推波助澜，使跨界民族问题成为导致世界局部冲突的重要因素。跨界民族研究从边疆民族问题、边缘交叉学科转变为国际政治热点和多学科参与研究的前沿问题，成为影响世界和平与稳定的重要因素。许多跨界民族问题与国际热点问题密切相关，从传统安全研究到非传统安全研究，跨界民族问题成为不可回避的现实问题。

李学保的《当代跨国民族主义及其地缘政治的影响》一文把跨国民族主义视为后冷战时代世界范围内民族主义勃兴的重要表现，不同类型的跨国民族主义思潮和运动，其性质、影响和作用也各不相同。就跨界民族主义而言，李学保认为，跨界民族主义"就是某些国家的

---

① 参见周建新《中越中老跨国民族及其族群关系研究》，民族出版社2002年版，第221—250页；张金平《云南跨界民族的宗教安全问题探析》，《云南民族大学学报》（哲学社会科学版）2010年第4期；迟盼盼《跨境民族宗教渗透问题浅探——以云南跨境民族为例》，《青年与社会》2012年第1期；洪贵美《桥头堡建设对云南跨界民族人口非法跨境流动的治理功能》，《现代经济信息》2013年第4期；赵和《浅析跨境民族传统文化互动性在禁毒中的作用》，《民族工作》1999年第9期。

主体民族试图以已经分化了的'历史民族'或'原生形态民族'为原型,打破以主权国家为基础的现代国际秩序和国家疆界,再造'跨国民族'的统一。……跨界民族主义所依托的民族认同与民族意识、历史传统和民族情感相联系,往往根深蒂固,加之主体民族国家的政策诱导和社会精英的奔走呼吁,越来越呈现较大的影响力和号召力"①。何跃的《地区主义与跨界民族主义——论中国西南边疆跨界民族主义》一文从地区主义的角度分析了跨界民族主义的兴起及其特征。何跃认为,"跨界民族主义是指跨越两个及以上国家的跨国界而居的同一民族,他们对跨界的现状及跨界交往有着强烈的地缘空间认同、生活环境认同、民族文化认同,并逐渐形成一种跨界民族主义思潮。……跨界民族问题中的民族意识更加突出;跨界民族问题的内容更加繁杂,当前的跨界民族问题中,常常有着民族分离、分裂和分化的倾向;跨界民族问题的表现形态更为多样化;跨界民族问题中'泛民族主义'色彩更加浓厚;跨界民族犯罪正走向族际势力对抗和族际跨国犯罪;地方武装和'民运'组织向跨界民族中渗透,国家安全价值体系发生新变化,地缘安全因跨界民族而出现新的威胁"②。马曼丽教授在其文《论当代跨国族体问题中凸显的非传统安全威胁》中指出:"当代的跨国民族问题和对国家领土主权的威胁不应仍仅仅着眼于跨界民族军事冲突问题,而是更需要关注后冷战时代国际国内复杂的人文环境下经济文化冲突及非传统安全手段引发威胁国家领土主权或者挑战现代国家合法性的跨国民族(含族群、移民族群)问题的新

---

① 李学保:《当代跨国民族主义及其地缘政治影响》,《江南大学学报》(人文社会科学版) 2012 年第 1 期。
② 何跃:《地区主义与跨界民族主义——论中国西南边疆跨界民族主义》,《云南民族大学学报》(哲学社会科学版) 2008 年第 1 期。

特点及其发展趋势。"①

(七) 跨界民族与语言文化比较研究及其他

"民族文化不是一潭死水，而是一条流动不息的河流。跨界民族在文化上既有相同的一面，也有相异的一面，各自的文化走向也不尽一致，在各自的发展和变迁的过程中互相影响、互相牵动、互相渗透。"② 跨界民族的语言文化研究及比较研究，是了解跨界民族在其跨界国家的基本情况的重要途径，其中涉及人口、分布、文化习俗、历史渊源、语言、文学等，有些学者在这一方面做了一些初步的、有意义的思考。1987年第2期的《民族文学研究》发表了两篇从跨界民族的角度探讨该民族文学问题的文章，这对于开阔思路、更全面地理解和分析跨界民族问题具有重要意义。③

赵捷在《跨境民族文学与跨境民族的历史、现实与未来——关于编写云南景颇族、哈尼族、佤族、傣族等跨境民族的文学史的几点看法》一文中指出，跨境民族（跨界民族）"在历史上曾经历过较大的民族迁徙和长久的分化过程。虽然各个民族迁徙的方向路线不同，其分化形式、时间也不尽相同，但有一点是共同的，即作为一个民族整体，他们之间始终存在着较为稳定的内聚集力量。在历史上，各个跨境民族是一个不可分割的共同体。他们的民族形成在前，而将其隔开的国家形成在后这一事实，从本民族的有关历史资料及其民间故事当

---

① 马曼丽：《论当代跨国族体问题中凸显的非传统安全威胁》，《云南师范大学学报》（哲学社会科学版）2009年第6期。关于"三个主义"问题可参阅马曼丽、张树青《跨国民族理论问题综论》，民族出版社2009年版，第40—51页。
② 黄光成：《跨界民族的文化异同与互动——以中国和缅甸的德昂族为例》，《世界民族》1999年第1期。
③ 参见石茂明《跨国苗族研究——民族与国家的边界》，民族出版社2004年版，第24页。

中都可得到证实。因此，在编写跨境民族的文学史时，我们就应当而且必须考虑境外同种民族的历史及其文学现象"。"……跨境民族与境外的同族人有着共同的民族意识和民族情感。这体现在他们之间的物质和精神诸方面的频繁交往之中。……另外，跨境而居的同一民族之间还有一种'同根'的默契。……因此，在编写跨境民族的文学史时，我们就不能不考虑境外同种民族的现实以及他们当中流传的民间文学和创作文学。"文章主张"编写跨境民族的文学史，也应采取'跨境'的方式，即不受国界之限，同时研究境内外同种民族的文学。……首先，要考虑跨境而居的同种民族各部分的同一性（共同的历史渊源、共同的民族情感和共同的心理素质），其次，要考虑跨境各部分之间的特殊性（生活在不同的国度，受不同的社会环境和自然环境的影响）"[①]。

塔吉克族学者西仁·库尔班在《如何认识作家、作品的跨国和跨族问题——关于编写塔吉克文学史的意见》提出："如何认识和处理作家和作品的跨国和跨族问题，这是编写我国少数民族文学史中带有普遍性的问题。如果这个问题不解决好，会在文学史的编写中引起许多纠葛，甚至会影响国与国之间的关系。……如何解决上面讲到的这些问题呢？我们的意见是从一般到特殊，从共性到个性。"[②] 以上两篇文章分别从中国西南和西北这两个最有代表性的中国跨界民族分布区域选取个案来探讨，其中关于跨界民族的观点在今天看来依然具有很高的理论意义和现实意义。

在跨界民族的语言研究方面，戴庆厦主编的论文集《跨境语言研

[①] 赵捷：《跨境民族文学与跨境民族的历史、现实与未来——关于编写云南景颇族、哈尼族、佤族、傣族等跨境民族的文学史的几点看法》，《民族文学研究》1987年第2期。

[②] 西仁·库尔班：《如何认识作家、作品的跨国和跨族问题——关于编写塔吉克文学史的意见》，李永胜译，《民族文学研究》1987年第2期。

究》是"该主题的一部开拓性著作"[①]。论文集收录了十四篇关于中国跨界民族与跨界民族语言的论文,分析研究跨界这一社会现实因素对跨界民族语言的存在、演变和发展产生的影响。其中,《论"跨境语言"》一文是这样定义跨境语言的:"跨境语言(Languages across borders)是指分布在不同国境中的同一语言(主要是相接壤的不同国家)。""同一语言跨国境而分布是世界上常见的一种语言现象。这是因为民族和国家不是一个等同概念,各有不同的特点,民族的界线和国家的界线也往往不是等同的。"[②] 崔宰宇的《朝鲜语的跨境变异》一文在考察朝鲜语的变异现象时,把朝鲜语的南北差异和内外差异作为跨境变异的独特现象来对待。文章认为,产生朝鲜语的变异,有众所周知的社会历史背景,与近百年来整个朝鲜民族所经历的多难的岁月有关。语言的变化和变异,确实与人们所处的地理条件和生活环境有着密不可分的联系。[③]

祁进玉的《跨界民族文化研究的新篇章》一文介绍了延边大学人文学院社会学系全信子教授的专著《同源异流的文化情结——中韩国际婚姻中朝鲜族女性婚姻移民现象探析》。有学者评价这部著作必在我国跨界民族研究领域增添更有学术价值、理论意义和现实意义的新成果。在书中,全信子经过多年的田野调查,勾勒出了改革开放以来朝鲜族国际婚姻的整体概貌,结合对跨界民族内涵的客观理解和认识,"充分反映出跨界民族族群认同的'场景性',在不同的情景下,其认同表现复杂多样。跨界民族传统文化上的一致性,随着政治上的两样性的不断发展,以及现代社会全球化对族际壁垒的强烈冲击,将

[①] 石茂明:《跨国苗族研究——民族与国家的边界》,民族出版社2004年版,第29页。
[②] 戴庆厦主编:《跨境语言研究》,中央民族学院出版社1993年版,第1—3页。
[③] 戴庆厦主编:《跨境语言研究》,第154—165页。

出现两种认同相矛盾的现象。……中国朝鲜族虽然与朝鲜半岛有着千丝万缕、不可分割的因缘关系，但是'同源异流'的文化情结，族群文化认同与国家认同的互动，因不同的情境会出现多重复杂的变化。可以说，该书的出版为我国跨界民族研究领域提供了一份难得的民族志田野调查报告"①。

跨界民族研究还拓展和延伸到了文化研究的其他领域。张公瑾的《云南与中南半岛跨境民族在社会转型时期的文化走向》、李官和李劲松的《教育视角下的跨界民族文化差异与边疆民族稳定》、赵塔里木的《关注跨界民族音乐文化》和王桂芹的《从"跨界"一词看我国跨界民族音乐研究》等文分别从不同的视角观察和研究跨界民族现象对一些诸如风俗习惯、宗教信仰、民族教育、音乐文化等研究领域产生的影响。张公瑾对跨境民族联系的传统文化内容进行分析，包括语言、风俗习惯和宗教信仰等及其变化，认为旅游业等国际经济互动合作的发展有利于跨境民族文化的相互沟通和互相丰富，使民族意识崛起，突出民族文化的重要性。②李官、李劲松认为，以跨界民族的发展过程为基础而提出的解决跨界民族问题的传统思路，忽略了对跨界民族的文化差异的尊重，没有重视对其进行"求同存异"文化观的培养，从而增加了国家统一与边疆稳定之间矛盾的可能性，文章提出充分发挥教育在正确处理文化差异与边疆民族稳定中的作用，通过教育的途径，特别是义务教育强化国家意识和国家认同，这样可以有效缓解或解决这个矛盾。③赵塔里木认为，"中国跨界民族与境外同源民族

---

① 祁进玉：《跨界民族文化研究的新篇章》，《中国民族报》2012年12月7日第6版。
② 参见张公瑾《云南与中南半岛跨境民族在社会转型时期的文化走向》，《中央民族大学学报》（哲学社会科学版）2000年第3期。
③ 参见李官、李劲松《教育视角下的跨界民族文化差异与边疆民族稳定》，《学术探索》2011年第3期。

在音乐文化上有着共同的历史渊源，又有着跨界后受不同文化影响的多样变化，其丰富的音乐文化资源为我们深化民族音乐研究保存着鲜活的资料和重要参照。……跨界民族是个特殊群体，他们传承的文化既存在着历时的延续，又有共时的变化。……跨界民族类型多角度的划分，揭示出跨界民族音乐文化传承和变化具有多重影响的背景。……从多角度获取研究对象的历时与共时的音乐文化信息，揭示跨界民族音乐现象与其特殊历史、社会、文化空间背景之间的共生关系"[1]。王桂芹认为，"跨界"一词是现代传媒时代的舶来品，而"跨界民族"概念的提出是建立在长期的同一性质的研究基础上积累的结果，具有中国原生的性质。国外对这类问题的研究大多归类于比较研究或者移民研究，没有形成并确定为专门的"跨界民族"研究。当"跨界"一词用以表述我国边疆地区的少数民族研究，生成"跨界民族"时，无形的界限已然变成了有形的疆界。[2] 跨界民族音乐研究是建立在民族学和人类学学科基础上对少数民族音乐领域进行深入和细化的拓展研究，是一个值得去努力的学术领域，业已出现了较多研究成果，某些见解值得思考，例如2011年第6期的《音乐研究》刊载了6篇有关跨界民族音乐文化的论文，其中有的学者认为，民族是一个不断流变的群体，而不是一个恒定不变的生物学概念。跨界民族的变化，正好说明其所具有的流变性。有的学者提出，"界"的概念的

---

[1] 赵塔里木：《关注跨界民族音乐文化》，《音乐研究》2011年第6期。
[2] 参见王桂芹《从"跨界"一词看我国跨界民族音乐研究》，《艺海》2013年第2期。

分析对于深入研究跨界民族及其音乐文化的重要性。① 这些成果在承继跨界民族研究的基础上，结合跨界族群音乐文化研究，加深了人们对于跨界民族及其文化的认识，从而丰富了跨界民族研究的学科领域，而跨界民族研究也为我们提供了又一审视音乐文化的空间和视角，二者互为促进，这些研究都是值得肯定的发展。跨界民族研究已经触及了此类民族群体生活的方方面面，包括政治生活（如民族政策与民族平等）、经济生活（如区域发展与民族经济）、文化生活（如民族教育与国民教育）和社会生活（如人口流动与涉外婚姻）等，这里就不一一列举了。

综上所述，通过对上述有关国内跨界民族的多学科领域研究的专题梳理，我们发现这些学科领域分别为跨界民族研究提供了不同的研究资源、研究方法和研究视角，从一些主要方面丰富和深化了人们对跨界民族的了解和认识。在不断继承学界前辈丰厚的研究成果和优良的治学传统基础上，国内跨界民族研究取得了良好的成绩，但也有一些问题需要注意和严肃对待。一是跨界民族概念的论争，导致具体研究对象的不一致；二是民族志记述明显优于理论探讨；三是国内跨界民族研究显然优于对境外同源民族的研究；四是基础性研究多于应用性研究；五是政策性研究多于理论性研究；六是跨界民族区域研究优于跨界民族整体研究；七是单一的学科研究优于跨学科研究；八是静态主观研究长于动态发展研究；九是研究易于混淆跨界民族的文化属

---

① 其他有关研究成果可参阅和云峰《知其难为而为之——有关当代"跨国族群"音乐文化研究之难点透析》，《音乐研究》2011年第6期；杨民康《跨界族群与跨界音乐文化——中国语境下跨界族群音乐研究的意义和范畴》，《音乐研究》2011年第6期；张伯瑜《跨界族群音乐文化研究的思考与实践》，《音乐研究》2011年第6期；田联韬《藏文化圈边缘区跨界民族音乐研究》，《人民音乐》2011年第12期。上述文章均收录于杨民康、包·达尔汗主编《中国与周边国家跨界族群音乐文化——2011中国少数民族音乐文化学术论坛论文集》，中央民族大学出版社2014年版。

性和政治属性,尺度较难掌握;十是研究中的主观因素影响学术研究的规范性和学术性。跨界民族研究从最初解决边疆民族发展需要的边疆(边政)学研究,发展演变成为多学科交叉的前沿性综合研究,这是一个不断继承和创新的学术发展道路,构建适合学科发展的研究体系(理论体系和方法体系)或研究范式是跨界民族研究发展的必然要求。当诸多学科日益关注跨界民族和跨界民族问题时,跨界民族研究本身也就具有了不断发展的学理基础和渐显清晰的学科前景。跨界民族实践的流变和国家建设的转变以及国际政治生态的变化影响着跨界民族研究的叙事范式,从早期重在清晰跨界民族模糊的面相,再到国家意志不断推动跨界民族研究的现实性需要;从称谓和概念的争鸣旋涡,再到学者实证研究的现实关怀,学术界不断从跨界民族的生境来哲思,发现了更多新鲜的研究理路(比如国家政治制度框架与地方社会生活的互动关系、国家边界与跨界民族身份认同的讨论)和更加深层的社会问题及其重要价值。诚如黄惠焜先生所言,如果作为民族问题研究,跨界民族通常被视为"边民"而只能反映国际民族问题的某些层面;如果作为经济问题研究,跨界民族通常被视为"边贸"而只是国贸的补充;如果作为政治问题研究,跨界民族又常常被纳入"边政"而处于国政的从属地位。对跨界民族的一般定位,并不影响跨界民族研究的一般价值和特殊价值。恰恰相反,跨界民族"为我们筑起了一道国际民族的桥梁、国际文化的桥梁、国际经济和国际政治的桥梁"①。

---

① 黄惠焜:《跨境民族研究论——〈云南跨境民族研究〉序》,《云南民族学院学报》(哲学社会科学版)1997年第1期。

第三节 跨界民族关系与地缘政治的辩证关系

费孝通先生曾言："民族格局似乎总是反映着地理的生态结构。"① 区域民族格局是区域内民族关系发展的历史和现实产物，而地理生态结构的变迁是民族关系发展和民族格局形成中的重要变量。以区域为视角，以地缘政治生态结构的变化为变量阐述跨界民族关系的发展，对认识和理解一定区域内的跨界民族关系具有重要的现实意义。

跨界民族关系是民族关系范畴的重要组成部分。民族关系是指在一定范围内不同民族在互动过程中产生的政治、经济、文化和社会生活等方面的关系。民族关系是一个极其复杂的问题，影响民族关系的要素是多元化的，但从根本上说是民族之间的利益关系。跨界民族关系是一种特殊的民族关系，一般有两类，一类是国家关系控制下的跨界民族关系，另一类是非国家关系控制下的跨界民族关系。前者应属于国家关系的范畴，是国家关系的一部分，而后者是一般的同一民族的族内关系。因此，跨界民族关系具有一般民族关系的特征，但又不同于一般的民族关系，也不是单纯国家关系的体现。可以说，跨界民族关系经常是国家关系的"晴雨表"。跨界民族关系主要呈现在三个层面：首先是跨界民族与国家关系；其次是国内跨界民族与其他民族

---

① 费孝通等：《中华民族多元一体格局》，中央民族学院出版社1989年版，第2页。

的关系；最后是国内跨界民族与邻国同源民族的关系。① 研究跨界民族关系需从这三个层面入手。

跨界民族关系与地缘政治存在着某种的天然联系，跨界民族概念与理论基于边界的政治意义，负载着国家边界与政治体制的经验意识，强调民族地理空间与国家关系、国际关系的互动作用，而地缘政治是把国家和民族作为地理的有机组成单位或是一个空间现象来加以认识的科学。跨界民族研究和地缘政治研究都把空间现象作为学科表述的一个重要构成，说明两者之间必然存在着一定关联性，两者都关注着国际政治的地缘性和国际性，从某种意义上说，跨界民族与跨界民族问题往往是构成地缘政治的重要内容，而地缘政治也往往是观察跨界民族与跨界民族问题的重要视角和学科方法。

一 地缘政治理论发展史

人永远是一种在特定的时空之中的存在，因而其活动便不可避免地受到各种各样的时间与空间条件的制约，政治活动，包括一国内部的政治活动与对外交往也不能例外。正因如此，对于地理环境给人的政治行为所施加的影响的考察，也就成为人类最早的思维活动的一个组成部分，并且构成诸多政治思想家和军事思想家著述当中一个必不可少的内容。孙子、亚里士多德、马基雅维里、博丹和孟德斯鸠等先哲都对地理与政治、地理与军事、空间与权力之间关系有着清晰的认识和理性的思考。

19世纪末20世纪初，科学技术的发展、人类活动空间的扩大和

---

① 参见周建新《中越中老跨国民族及其族群关系研究》，民族出版社2002年版，第5、282页；李琪《地缘安全视阈下的我国西部跨界民族关系》，《陕西师范大学学报》（哲学社会科学版）2012年第2期。

全球性国际社会的形成让世界以前所未有的面貌展现在世人的面前，"仅在半个世纪以前，政治家还只在几个棋格子里走棋子儿，而棋盘上的余部都空闲着。但是现在，世界业已成为一个星罗棋布的棋盘，政治家的每个行动，都要考虑一下棋盘上所有的棋格"①。建立在西方列强之间不稳定的平衡之上的国际秩序进入了一个动荡不定的时代。地缘政治学就诞生在"这样一个政治上和认识上非常动荡不定的时代"，强调"生存斗争的必要性与淘汰选择的合法性"。从地理角度解读国际关系和外交选择的地缘政治思想在西方学术界和政界引发了极大的争论，地缘政治学不可避免地受到那个时代的知识水平和政治气候的浸润，诞生之日就带有明显的以"生存竞争"和对抗为特征的时代烙印。② 地缘政治学的发展随着国际局势的急剧变化在西方各国形成了不同的流派和学说，对20世纪西方各国的外交政策均产生了重大的影响，成为各国对外政策的基本出发点。

地缘政治学的起源可以追溯到德国地理学家弗里德里希·拉采尔（Friedrich Ratzel）和瑞典政治学家鲁道夫·契伦（Rudolf Kjellén）。1897年深受以洪堡和李特尔空间观念为核心的地理学思想及达尔文进化论思想影响的拉采尔在《政治地理学》一书中提出了"国家有机体学说"，以后又提出了"生存空间论"。他将国家行为模式与自然界有机现象的行为模式进行比较，认为国家像有机体一样会经历兴盛和衰亡的过程，国家的兴盛需要广阔的空间，任何一个国家都想尽力扩充自己的领土边界，国家的边界应该是动态的，国家作为有机现象应该遵循其领土增长和发展的原则。拉采尔的政治地理学理论对后世产生

---

① ［英］杰弗里·帕克：《二十世纪的西方地理政治思想》，李亦鸣、徐小杰、张荣忠译，解放军出版社1992年版，第10页。

② ［英］杰弗里·帕克：《二十世纪的西方地理政治思想》，李亦鸣、徐小杰、张荣忠译，解放军出版社1992年版，第10页。

了久远的影响，它对契伦将地理学及地理学方法运用于政治方面的研究产生了意义深远的影响，使契伦以崭新的角度来审视国家与国家之间的关系。19 世纪末 20 世纪初，契伦第一次正式提出"地缘政治"（Geopolitik）这一术语，1917 年契伦在《作为生命形态的国家》一书中又从学科角度对"地缘政治"进一步发展和完善。他认为一个强国的主要条件是宽阔的内部凝聚力、外部交通的流畅。[①] 20 世纪以后，在契伦和拉采尔生物学视角的地缘政治思想在继承中发展的同时，从地理空间透视国际社会和对外战略的地缘政治思想也取得了新的发展，出现了美国阿尔弗雷德·塞耶·马汉（Alfred Thayer Mahan）的"海权论"和英国哈尔福德·麦金德（Halford Mackinder）的"陆权论"，海权、陆权及其二者的关系构成了地缘政治理论嬗变中各派理论予以关注的重要问题之一，影响极其深远。

第一次世界大战结束后，拉采尔—契伦思想发展的表现是以卡尔·豪斯浩弗尔（Karl Haushofer）为代表的德国地缘政治学派的出现，德国地缘政治学建立在地理环境决定论的基础之上，该学派既继承了拉采尔和契伦的"国家有机体"和"生存空间"的观点，又接受了麦金德陆海对立的观点，形成了法西斯化的地缘政治观，成为纳粹地缘政治学扩张理论的基点，其思想和战略原则的运用，在地缘政治学的发展史上留下了极为不光彩的一页。在德国地缘政治思想极端化发展的同时，法国地缘政治学家继承了法国地理学先驱保罗·维达尔·白朗士（Paul Vidal de la Blache）的早期思想，形成了"维达尔传统"（la tradition vidalienne）学派（即法国学派）。法国地缘政治学

---

① 参见［英］杰弗里·帕克《地缘政治学：过去、现在和未来》，刘从德译，新华出版社 2003 年版，第 14—27 页；［英］杰弗里·帕克《二十世纪的西方地理政治思想》，李亦鸣、徐小杰、张荣忠译，解放军出版社 1992 年版，第 53—58 页。

派继承了西方普世主义与和平主义的传统,赋予其特有的人文地理学特色,强调地缘政治研究中的人文主义精神,不把地缘政治学与国家、战争和冲突挂钩,对德国地缘政治的思想根源进行了批判,主张地区和解,倡导合作实现边界的透明性。① 这种思想传统是明显与带有对抗性质的德国地缘政治思想相抵触的。飞机的出现及其在第一次世界大战中的运用,使地缘政治思想发展出立体化的学说。1920年意大利军事理论家杜黑(Giulio Douhet)提出了"空权论",这个思想适应了世界逐渐由分散走向整体、由陆海之争走向立体化的现实发展。20世纪30年代,美国学术界也掀起了研究地缘政治的浪潮,最著名的地缘政治学说当属美国耶鲁大学教授尼古拉斯·斯皮克曼(N. J. Spykman)的"边缘地带论"。斯皮克曼继承和发扬了盎格鲁—撒克逊学理传统,在马汉和麦金德开创的地缘政治思维的基础上,肯定了以远东和欧洲为主体的"边缘地带"在世界政治权力斗争中的重要性,从而进一步完善了这一地缘政治思想传统,构成了一套对世界政治进行分析的西方主流地缘政治理论框架和战略思维,对美国今后的对外政策产生了深远的影响。

第二次世界大战结束以后,由于德国地缘政治学派的负面影响,美国国内的反战运动和苏联在战略核武器方面与美国并驾齐驱,很长一段时间内学术界都刻意回避使用与地缘政治相关的术语,地缘政治研究盛极而衰。20世纪60年代,由于多极化格局的出现与发展,第三世界的兴起和全球的非殖民化运动以及中苏关系的破裂等一系列国际政治、经济和军事环境的变化,为新形势下地缘政治学的复苏提供了必要条件。面对国际舞台上各种力量之间的抗衡,传统地缘政治理

---

① 参见[英]杰弗里·帕克《地缘政治学:过去、现在和未来》,刘从德译,新华出版社2003年版,第65—82页。

论已经无法做出科学的解释,因此通过学者们积极的探索和政治家们的不断实践,新的地缘政治理论模式逐渐浮出水面。美国著名政治地理学家索尔·科恩(Saul Cohen)在其《分裂世界中的地理学和政治学》一书中再次使用地缘政治学这一术语,发展一种新的地缘政治方法和观点,认为地区化的发展趋势对于世界的稳定是一种值得庆幸的趋势,他把区域主义和多元性引入地缘政治研究领域,从此以后,不同角度的地区化研究成为西方地缘政治学的一个热点问题。科恩的研究成果是对区域主义思想的一个重大贡献。[①] 但是地缘政治学术语的广泛运用,还要得益于以亨利·基辛格(Henry Kissinger)和兹比格纽·布热津斯基(Zbigniew Brzezinski)为代表的战略思想家的国际关系实践。基辛格和布热津斯基在其实践和著述中,使用地缘政治概念分析和研判国际形势,论述外交政策,使地缘政治学在沉寂几十年之后,又重新回到了国家制定政策和战略目标时的视野之中,基辛格的大外交战略及均势理论和布热津斯基所谓的地缘政治上的"激烈动荡的旋涡"及"大棋局论"都是现代地缘政治理论的具体应用。从此,西方地缘政治研究进入了一个新的历史时期。各种视角和层次的地缘政治思想不断涌现,形成了交相辉映的局面。

"20 世纪 70 年代,在地理学思想中发生了一场巨大的变化,这一变化的一个主要特征是给本学科的传统思维带来了富有活力和激进的转变。这种转变是基于这样一种日益增长的信念,即在地理学家们学会更老练地研究人类(地理)的同时,却丢掉了人的自身价值,人的渴望与需求。……这种地理学上新的激进的人文主义对地理政治思想的发展方向起了重要的作用,具有特殊意义的是重新评价马克思主

---

① [英]杰弗里·帕克:《二十世纪的西方地理政治思想》,李亦鸣、徐小杰、张荣忠译,解放军出版社 1992 年版,第 150—154 页。

义。并试图对马克思式的思考进行地理空间的透视。"① 两极格局的逐渐瓦解进一步动摇了地缘政治理论的现实基础,南北差距不断扩大与世界经济发展的不平衡成为地缘政治思想发生变化的重要缘由,被冷战所冻结的中心—外围学说重新开始受到重视,而把世界系统看作一个有机整体的世界系统分析理论则是对中心—外围学说最重要的理论突破,这种理论在乔治·莫德尔斯基(George Modelski)和伊曼纽尔·沃勒斯坦(Immanuel Wallerstein)的著作中表现得最为突出。沃勒斯坦的"世界体系论"是把整个世界看成一个由"中心"与"边缘"地区构成的有机整体,并对其进行地理学意义的分析,以马克思主义理论与方法阐释"中心"与"边缘"之间的互动关系。诚如美国学者彼得·泰勒(Peter Taylor)所言,沃勒斯坦的观点对于地理政治学思想的重新定位是相当重要的,他的理论方法是把南北对抗置于世界舞台的中央,从而取代以前的东西对抗。②

冷战结束后,意识形态因素逐渐淡化,经济全球化和区域一体化蓬勃发展。地缘政治思想也在新的历史环境下获得了新的发展和活动空间,随着各国的战略目标从生存战略转变到发展战略,地缘政治涵盖的领域不仅在拓展,而且在一些原本属于地缘政治的领域也获得了新的主题。在对传统国际关系的反思中,基于地区视角和合作目的的地缘政治思想纷纷出现,以新地区主义取代旧地区主义,淡化意识形态色彩,强调地缘位置的便利,充实地区主义的内涵和外延,更加凸显人与环境的和谐共存,更加强调国家关系中地缘利益的重叠和地缘政治经济的合作关系。另外,从文化价值观角度,考察国际格局的地

---

① [英]杰弗里·帕克:《二十世纪的西方地理政治思想》,李亦鸣、徐小杰、张荣忠译,解放军出版社1992年版,第165—166页。
② 参见[英]杰弗里·帕克《地缘政治学:过去、现在和未来》,刘从德译,新华出版社2003年版,第184页。

理分布，塞缪尔·亨廷顿（Samuel P. Huntington）的"文明冲突论"是其中的典型代表。塞缪尔·亨廷顿提出，未来世界的冲突将主要表现为以宗教为主要内容的不同文明之间的冲突，他用"文明的冲突"替代了"地缘政治"，但是他所表达的不同文明之间的断层线也要具体化为一种地理的表达，因此亨廷顿的文明冲突理论仍然是建立在地缘政治理论的基础之上。

地缘政治思想反映的是一个国家或地区的历史经验和战略关切。新的历史环境为地缘政治不断提供和补充着新的命题，在国际政治中地缘政治的因素始终在发挥着关键的作用，把握地缘政治的思维逻辑，考察地缘政治的历史现实，根据历史条件的变化来调整对地缘政治的审视视角，这是地缘政治理论不断发展与创新的必然选择。地缘政治理论的历史发展过程也一再表明，地理环境与政治权力的关系是国际关系发展的思维前提。

二 跨界民族关系与地缘政治研究

地缘政治研究是认识国际关系的一个重要视角。20 世纪初地缘政治理论的主要奠基者之一麦金德曾经提醒人们："政治的进程是驱动和导航两种力量的产物。这种驱动的动量源于过去，它根植于一个民族的特质和传统的历史之中。而今天则是通过经济的欲求和地理的机遇来引导政治的动向。政治家与外交家的成败很大程度上在于他们是否认识到了这些不可抗拒的力量。"[①] 国家领土环境的地缘因素始终是国际关系中十分重要的因素，而跨界民族问题，"可以说是地缘战略

---

① [英] 杰弗里·帕克：《二十世纪的西方地理政治思想·中译本序》，李亦鸣、徐小杰、张荣忠译，解放军出版社1992年版，第4页。

的最重要内容之一",跨国界而居使得跨界民族"在地缘上具有国内地缘边缘性和国际地缘前沿性的特点"①。识别国际关系,甚至民族关系中的地缘政治因素,考察其影响的力度和广度,有着非常重要的意义。

　　王逸舟在《当代国际政治析论》一书中曾转述美国一部教科书对地缘政治研究的观点,"欲研究一国或一特殊的地区之地缘政治时,必须注意下列五个问题：（一）在该国或该地区所涉及者系哪些民族？（二）在该国或该地区内所涉及者系哪些资源、位置与地区？（三）在该国或该地区内,有无紧张形势与压力的存在？（四）这些紧张的形势与压力,在该国或该地区产生了些什么问题？（五）其可能结果与解决如何？"②法国著名政治学家雷蒙·阿隆（Raymond Aron）认为,地缘政治研究的主要内容乃是"把外交—战略关系与对资源做出的地理—经济分析以及由于生活方式和环境（定居、游牧、农业和航行）而引起的对外交态度的解释,从地理角度加以系统化"③。英国著名政治地理学家杰弗里·帕克认为,地缘政治研究是"关于国家的地理空间现象的研究,旨在探寻对国家实力之地理基础的认识。对国家行为的观察检验是以领土、区位、资源、人口分布、经济活动及政治结构这样一些特征为背景的。各个国家被当作世界政治空间的一个组成部分,并由国际关系所致的地理格局构成的地缘政治学研究的主要内容。因此地缘政治学具有整体性,其目标是把形形色色的现象综

---

　　① 周建新：《中越中老跨国民族及其族群关系研究》,民族出版社 2002 年版,第 4、273 页。
　　② 王逸舟：《当代国际政治析论》,上海人民出版社 1995 年版,第 179 页。
　　③ Raymond Aron, *Peace and War: A Theory of International Relations*, Garden City, NY: Doubleday & Company, 1966, p. 191.

合起来，总体地加以表述和解释"①。上述对于地缘政治研究的解释虽然存在着很多差异，但这些说法之间也有一般的共同之处。学者们都认为地缘政治研究是一种系统化的理论研究，其视角和方法有其独特性；人与环境的关系是地缘政治研究的基本出发点；研究对象的地理特征是地缘政治研究的基础；国家与民族是地缘政治研究的基本单位；政治权力与地理环境的关系是地缘政治研究的本质。

诚如前文所言，跨界民族关系与地缘政治存在着"不可轻视的联系"，国内学术界对跨界民族与地缘政治之间的关系的论述散见于个别论文和著作，或作为著作专题之一有所论述，或从跨界民族个案研究其中的联系。葛公尚主编的《当代国际政治与跨界民族研究》和曹兴的论文《跨界民族问题及其对地缘政治的影响》是这样解释这种联系的，他们认为，跨界民族与地缘政治之间的联系主要原因在于："第一，跨界民族通过国家的分隔力来影响地缘政治；第二，跨界民族相互之间的联合力既产生了传统民族的向心力，同时又造成了对相关国家的离心力，从而影响到地缘政治；第三，跨界民族问题诱发了危及国家主权的问题，从而影响到一个国家地缘政治中的综合国力对比的格局；第四，邻国跨界民族的相互声援与实际支持，往往导致地缘政治的不稳定；第五，跨界民族通过泛民族主义思潮影响地缘政治是当代国际政治中一大特点。"② 从以上五点原因来看，正是由于跨界民族和跨界民族问题的种种特殊性，跨界民族关系与地缘政治之间存在某种联系。跨界民族关系如得不到妥善处理，会在一定程度上危及相关国家的领土完整和国家统一，削弱其在地缘政治中的国际地位，

---

① ［英］杰弗里·帕克：《二十世纪的西方地理政治思想》，李亦鸣、徐小杰、张荣忠译，解放军出版社1992年版，第199页。
② 葛公尚主编：《当代国际政治与跨界民族研究》，民族出版社2006年版，第3、37—39页。

改变地缘政治的力量对比。① 周建新教授也指出，由于跨界民族是"一个分居于不同国家且有着多种内部联系的同一文化民族，他们在文化上具有一致性。他们在国家地缘战略中，处于国与国的临界点或临界面上，是国与国之间的重要地缘民族，因此，显得十分重要"②。

刘稚在《中国—东南亚跨界民族发展研究》一书中认为，跨界民族问题会引发地缘政治、国际政治的动荡。"由于跨界民族是居于两个或两个以上主权国家中的同一民族群体，因而与地缘政治存在着十分密切的关系，引发的问题始终具有国际性。尤其是以泛民族主义、民族分离主义形式出现的跨界民族问题，都首先涉及相关国家的领土主权问题。"③ 因此，跨界民族问题往往会成为影响地缘政治和国际政治的敏感因素。不仅危及相关国家主权和统一，而且影响相关国家的关系。

张兴堂在《跨界民族与我国周边外交》一书中以波黑内战、阿布哈兹和南奥塞梯问题为案例，分析了跨界民族问题与地缘政治的关系。他认为，跨界民族问题与地缘政治是指由跨界民族跨国界而居的特殊性决定，两者之间存在着不可割舍的关系，即跨界民族问题往往构成地缘政治中的重要内容，其突出特点："一是跨界民族地区是一定的区域内相邻或相关国家间争夺的焦点；二是跨界民族地区的归属将改变国家力量的对比。"④

从地缘政治的角度观察和分析跨界民族关系是认识和了解跨界民族和跨界民族问题的一个重要视角，例如栾爱峰的博士论文《地缘政

---

① 参见曹兴《跨界民族问题及其对地缘政治的影响》，《民族研究》1999 年第 6 期。
② 周建新：《中越中老跨国民族及其族群关系研究》，民族出版社 2002 年版，第 6 页。
③ 刘稚：《中国—东南亚跨界民族发展研究》，民族出版社 2007 年版，第 32—34 页。
④ 张兴堂：《跨界民族与我国周边外交》，中央民族大学出版社 2009 年版，第 78—84 页。

治视角下我国西北跨界民族问题研究——以哈萨克族为例》、李琪的《地缘安全视阈下的我国西部跨界民族关系》、何跃的《地缘主义与跨界民族主义——以中国西南边疆为例》等文。

栾爱峰在分析地缘政治对跨界民族问题的作用和影响时认为,首先,地缘政治的变迁是跨界民族问题产生的重要原因。跨界民族的边界或国界与地缘政治中的地理环境具有重叠之处。跨界民族是现代国家观念和地缘政治的产物。地缘政治的变迁造成同一民族及民族传统聚居地被国家政治疆界分割的现状,其最终结果就是跨界民族的产生。这一现状为跨界民族问题的形成埋下了隐患,成为跨界民族问题产生的重要原因。其次,邻国的关系往往左右着跨界民族问题的发展方向。跨界民族问题的国际性,决定了跨界民族问题不仅是一国内的政治问题,也是一个棘手的国际问题。最后,有效的国家政策是解决跨界民族问题的关键所在。和谐的民族关系才不至于诱发地缘政治危机。[①]

地缘安全是国家安全的重要组成部分,地缘安全这一概念与地缘政治密切相关,它是基于地缘政治理论对一国国家安全进行评估和预测,表现在其所依据的地缘环境具有非自由选择性上,一是国家的地理位置是不能自由选择的,二是每个国家与其相邻国家也是互相不能自由选择的。李琪认为,跨界民族是以地缘纽带为基础的,从历史地理学角度审视,我国与邻国跨界民族的形成具有复杂的历史因缘,与疆域的沿革直接相关。除了国际关系的演变、地缘政治格局的变化,民族的迁徙,以及边疆地区社会矛盾的发展等情况的相互叠加为综合成因。跨界民族关系是我国民族关系范畴的重要组成部分,其作用不

---

① 参见栾爱峰《地缘政治视角下我国西北跨界民族问题研究——以哈萨克族为例》,博士学位论文,中央民族大学,2010年,第38—40页。

仅对国内政治的稳定，而且对国际地缘关系有着十分广泛的影响。随着苏联的解体，我国西北周边地缘政治版图发生了巨大变化，我国跨界民族群众的政治归属感和国民身份认同的心理认知过程面临多重挑战。李琪还指出，我国与邻国跨界民族的形成与中国历史上藩属关系的缔结有一定的联系。这种宗藩关系取决于地缘政治因素，是双边或多边维护国家利益安全的一种有效方法。地缘特征决定外交政策。"和"是我国地缘战略思想之要。把历史渊源、地缘关系、族群共源、文化共性等因素，作为加强双边或多边关系的有益条件，争取周边国家和民众对我国维护国家统一和地缘安全的理解与支持，改善地缘环境，保障我国与周边国家跨界民族长久的和平跨居。①

何跃在其论文中探讨了地缘主义与跨界民族主义的关系。地缘主义是相互依存于特定地理环境下的民族所产生的地理生存方式和资源索取方式的思想，是以地缘建构来共享生存资源和对特定地缘环境的认同。而跨界民族主义是跨界民族对生存环境的历史认同和地缘环境认同而形成的超越国家边界的跨界民族认同思想，是在泛民族主义背景下的一种民族主义另类，是以地缘环境和跨界生存环境为诉求的民族主义。在经济全球化的背景下，不同国家沿边境地区的地缘经济发展直接影响到该国跨界民族的向心力。为了获得最大化的民族利益，缩小民族间的经济差距，地缘认同成为跨界民族的政治诉求，地缘主义成为跨界民族主义的思想来源，边缘地带的地缘政治和地缘经济构成了边缘地带的地缘主义思潮，跨界民族以地缘民族文化和地缘民族宗教为认同，形成了以地缘政治和地缘经济为诉求的跨界民族主义。但是，这种跨界民族主义对中国的地缘安全会形成潜在威胁，破坏跨

---

① 参见李琪《地缘安全视阈下的我国西部跨界民族关系》，《陕西师范大学学报》（哲学社会科学版）2012年第2期。

界民族地区较为脆弱的安全环境，应该引起我们的关注。①

由于朝鲜半岛问题是东北亚国际关系中的一个重要焦点问题，国内学者撰写了很多从地缘政治的角度审视朝鲜半岛问题的论文或专著。国内学者在探讨朝鲜半岛问题与地缘政治的关系时，也会偶尔涉及朝鲜族跨界民族问题。但朝鲜族跨界民族关系与地缘政治之间的关系，国内学者鲜有专文论述。本书希望通过论证朝鲜族跨界民族关系史的发展历程及对中国社会发展和其对东北亚地缘政治乃至世界的影响，为研究者提供一部研究朝鲜族跨界民族关系与地缘政治方面的著作，以供学术界参考。

---

① 参见何跃《地缘主义与跨界民族主义——以中国西南边疆为例》，《学术探索》2008年第6期。

第二章

中国朝鲜族跨界民族关系史

朝鲜族是中国的少数民族之一，也是一个典型的跨界民族。朝鲜族具有光荣的革命传统，在中国革命史上写下了浓浓的一笔。1964年，朝鲜族人口1339569人，1982年发展到1765204人，1990年发展到1923361人，2000年达到1923842人。据2010年中国第六次人口普查统计，人口为1830929人，其人口总数在中国56个民族中居15位，占总人口的比例为0.1374%。[①] 朝鲜族10年减少10万人，主要原因是人口出生率下降以及大量人口流入韩国和日本。根据六次全国人口普查数据显示，朝鲜族人口总数在56个民族中一直处于前15名，具体情况如图2-1所示。

朝鲜族主要分布于吉林、黑龙江、辽宁的东北三省，其余人口则分布在内蒙古及关内的一些省市。自19世纪中叶开始，由于战争、政治、经济等各种原因大量朝鲜移民从朝鲜半岛越过鸭绿江、图们江边界，陆续迁移到中国东北地区定居。从开始移居中国东北，到逐渐定居中国东北，不同的自然、社会环境，以及与中国东北兄弟民族一

---

① 数据来源：国家统计局门户网站，http：//www.stats.gov.cn/tjsj/pcsj/6rp/indexch.htm。（访问日期：2012年6月16日）

第二章 中国朝鲜族跨界民族关系史

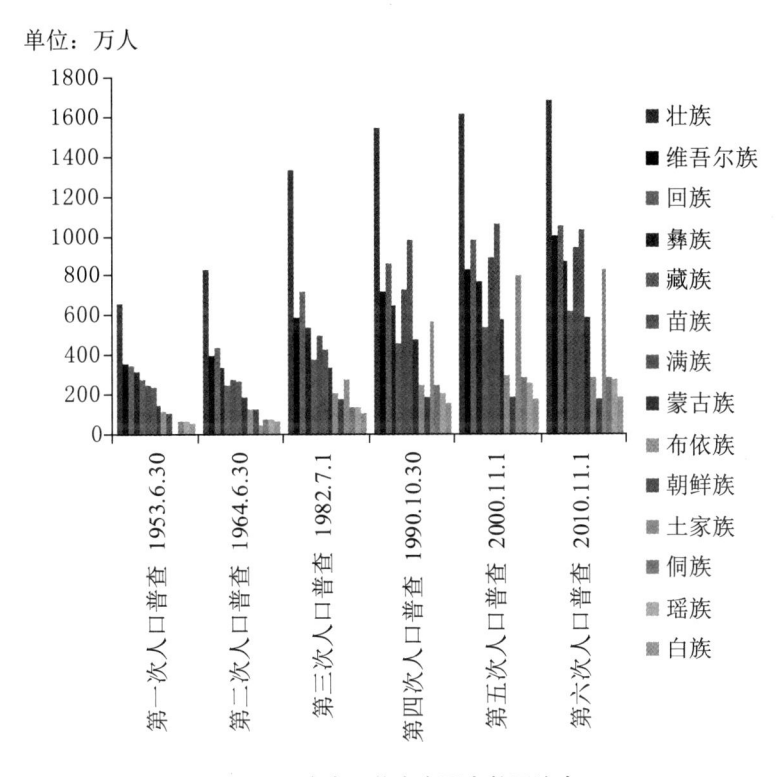

图 2-1 六次人口普查主要少数民族人口

数据来源：国家统计局，制图省略汉族人口，只计主要少数民族人口。

起开发边疆，抵御外敌入侵的共同生活经历和用鲜血凝结成的民族情感，中国朝鲜族逐渐转变为有别于朝鲜半岛的朝鲜民族，经过自主对中国少数民族身份的认同，进而取得中国国籍，从而形成中国朝鲜族民族共同体，并成为中华民族 56 个民族大家庭中的一员。诸多专家学者都对中国朝鲜族迁入、身份认同等问题进行了深入的探讨，并形成了一系列颇具创新特色的观点。有的从跨界民族的视角来研究中国朝鲜族的形成与发展；有的从移民史的视角出发来阐述中国朝鲜族的历史发展；当然也有从经济史、文化史以及区域史等视角来研究中国朝鲜族的早期发展史。

第一节　中国朝鲜族跨界民族形成的历史过程

中国朝鲜族是中国的 55 个少数民族之一，但其形成时间较晚。中国朝鲜族跨界民族形成的历史就是一部鲜活的朝鲜族迁入史，或者称移民史。朝鲜族跨界民族的形成是在朝鲜半岛移民移居到中国东北形成诸多移民聚集区后，其主体在中国共产党正确民族政策的感召下主动加入中国国籍，从而成为中华民族大家庭的一员。中国朝鲜族与朝鲜半岛的朝鲜（韩）民族之间的关系随着时间、地域等条件的变化而变化，中国朝鲜族已经发展成为一个新的民族。之所以再次提出这样一个看似常识性的老套问题，主要原因是随着国际泛民族主义思潮的兴起，在朝鲜半岛也出现了一股"泛朝鲜（韩）民族主义"。这些人忽略最基本的事实，故意歪曲历史，甚至提出中国朝鲜族是朝鲜民族的有机组成部分。表面看来这是一个学术争端问题，实际上如果对这种错误的思潮不加以批判，后果是十分严峻的。一方面会影响东北地区的民族团结；另一方面会造成东北边疆地区的局势动荡。

正如韩俊光指出："朝鲜族的迁入"是一个特定历史条件下的概念，而不是指历史上的中朝两国之间的一般往来。朝鲜族的迁入就是指现今居住在中国，作为中国少数民族的朝鲜族迁入，而不是一般朝鲜人的迁入，也就是说，不是研究朝鲜人（或其祖先）什么时候开始在中国居住或流入中国，而是研究作为中国少数民族的现今朝鲜族是什么时候迁入中国的,以及研究这个民族集团的历史过程。① 按照学术界通说,中国朝鲜族②是从朝鲜半岛移民到中国东北,最终定居在中国东北的跨界民族。从最初的小规模的拓垦移入,到后来大规模的被迫移入、强迫移入,朝鲜族移民到中国东北与日本推行的"大陆政策"相辅相成。1910年,《日韩合并条约》签订后,日本完全吞并朝鲜,日本在朝鲜实行残酷的宪兵统治,大肆掠夺土地,剥夺农民,大量的破产农民为谋生,被迫迁入中国东北。与此同时,许多朝鲜的反日爱国人士、义兵和反日群众也纷纷流入中国东北,导致朝鲜族移民大量增加。据日本官方统计,1920年东北有朝鲜族459400多人③,1925年,增至531937人④。到1930年,一跃而增加到630982人。⑤(可参见图2-2)尽管这一时期迁入的朝鲜族属于被迫迁入,但事实上形成了以延边、临江、通化、集安等为中心的朝鲜族聚集区,其中60%以上都居住在延边地区,这为朝鲜族的最终形成奠定了基础。一个民族的形成有诸多因素制约,但毕竟共同的民族聚集区的形成是一个重要因素。朝鲜族属于迁入民族,朝鲜族能够成为中国的少数民族之一,必须具备以下几个特点:在中国长期定居;自愿加入中国国籍,并取得公民权;与中国东北其他兄弟民族,并肩作战开发边疆、保卫边疆。不符合上述三个条件的不能算作是中国的朝鲜族,如"八

---

① 参见韩俊光编《中国朝鲜族迁入史论文集》,黑龙江朝鲜民族出版社1989年版,第4页。

② 本书所涉及的概念中国朝鲜族、我国朝鲜族以及朝鲜族的表述都是指中国的55个少数民族之一,没有其他方面的歧义,1954年以前,对民族的称呼都是称汉人、蒙古人、朝鲜人,1954年以后规范了民族名称,在民族名称后统一加上"族"。

③ 日本拓务大臣官房文书课:《满洲与朝鲜人》,1928年,第103页,数据来自延边朝鲜族自治州档案馆藏档案。

④ 黄龙国:《朝鲜族革命斗争史》(朝文),辽宁民族出版社1988年版,第77页。

⑤ 此处资料来自日本驻东北大使馆的统计资料。参见《朝鲜族简史》(修订本),民族出版社2009年版,第48页。

一五"解放后,朝鲜人向中国东北的迁入基本上结束了。

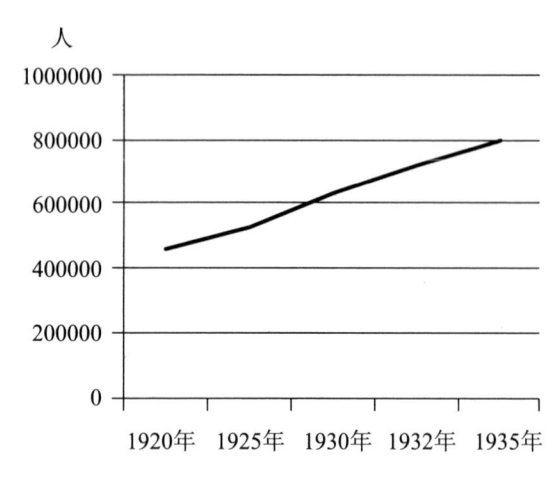

图 2-2　1920—1935 年朝鲜族人口数量变化

一　明末清初生活在中国东北的朝鲜战俘

我国朝鲜族的先民,是数百年间陆续从朝鲜半岛迁入中国的朝鲜人。随着时间的推移,朝鲜人逐渐在中国定居并形成单独的族群,并形成了共同的集体记忆。施瓦茨(Morrie Schwartz)关于"集体记忆"的研究分为两种视角,第一种观点认为,过去是为现在服务的,按照现在的需要,通过社会建构来形成的。第二种观点认为过去塑造了我们对现在的理解,而不是相反。每一个社会不管它的意识形态环境如何,都要保持一种关于过去的连续感。也就是说,要分析中国朝鲜族跨界民族的形成,及其最终成为中华民族的一部分,需要从源头上来进行学理分析。

(一)明清时期战争所掠战俘——早期生活在中国东北的朝鲜人

生活在朝鲜半岛的居民对我国东北地区的移民前后历时达一个半

世纪之久,虽然规模和次数很难做到具体、详细的统计,然而,各个时期的朝鲜移民迁入中国东北的发展脉络还是有据可循的。图们江两岸隶为中国版图,明代以前的中国历代皆在图们江流域两岸建有行政设置:唐朝,该地为中国东北少数民族地方政权渤海之领域;辽、金、元朝皆建有行政机构;自辽至明初,为中国少数民族女真族聚居区。1405年(明成祖永乐三年,朝鲜太宗五年),明朝仍然在图们江南岸设立建州左卫。而后,因建州左卫北受诸种兀狄哈的进逼,南遭朝鲜军马"往来搅扰",终于在1440年(明英宗正统五年,李朝世宗二十二年)六月,渡过图们江,迁往苏子河(浑河)一带。于是,图们江南岸明之疆域尽为朝鲜所属,图们江遂为明与朝鲜的界河。

建州女真兴起后,努尔哈赤父子聚民练兵。在攻打图们江流域期间,还讨伐和招抚散居在东海、长白山及瑚尔喀江诸地方的瓦尔喀、渥集、虎尔喀等几个女真小部落,并强迫他们迁至兴京一带。同时被征讨的还有居住在这一地区的朝鲜族村落。据载:1587年,建州女真袭击朝鲜鹿屯岛,朝鲜人"被杀十名,被虏一百六名,马十五匹"。这些朝鲜人被带到女真各户当包衣,使他们甚感"身出礼仪之邦,而作蛮夷之隶,其为痛惋,有不可言"①。

1595年,被派到建州女真的朝鲜南部主簿申忠一也看到充当包衣的三个朝鲜战俘,一是"小酋家有一小儿,自言甘坡人";二是女人福只,是"壬辰年在镜城时,与班奴朴其土里被掳,转卖米此"②。这些被女真士兵俘掠过来的朝鲜族,后来大多成为八旗军丁的奴隶,他们在女真各户充当包衣,终生难获自由,逐渐失去了原来的民族

---

① 《李朝实录:宣祖昭敬大王实录》(卷21),国家图书馆出版社2011年影印版,宣祖二十年九至十月。
② 潘喆等:《清入关前史料选辑》(第二集),中国人民大学出版社1989年版,第448页。

特征。

1619年，明朝与后金在萨尔浒展开了一场生死攸关的大战，明朝任命兵部左侍郎杨镐为辽东经略，调集四路大军，企图围攻赫图阿拉。努尔哈赤采取了降将李永芳的"凭你几路来，我只一路去"的作战方针，集中八旗精锐，率先歼灭萨尔浒山的明军主力杜松部，随后击败北路军马林部，接着，努尔哈赤回师南下，诱敌深入，在阿布达里围歼了刘铤的东路军，刘铤阵亡，姜弘立所部朝鲜兵投降。杨镐闻知三路军惨败，急令南路军李如柏撤回。此役之后，后金转守为攻，明朝节节败退，辽东形式急转直下。

此次战役中，朝鲜派出1.3万援军出战，以刑曹参判姜弘立为五道都元帅，协同南路军刘铤部作战。但朝鲜此次出兵积极性不高，战前后金请求朝鲜保持中立，朝鲜国王也害怕日益强大的后金，却也不敢拒绝明朝的要求。于是，朝鲜国王光海君临出兵之际对姜弘立下密令，要其"观势向背，使虏勿为移兵先击之"。姜弘立被捕后也承认："我朝鲜不愿意参加这次战争。倭子曾进犯我朝鲜，占领我土地、城郭。遇到这种忧患，尼勘（指明朝）兵曾援助我们朝鲜（壬辰倭乱）。为报答前情，而参加了战争。"战后，朝鲜政府致书努尔哈赤解释参战原因："明与我国，犹如父子，父之言，子敢违乎？盖大义所在，不可拒也。"① 朝鲜这次出兵虽然出于无奈，但是堪称一次灾难性的决定，犹豫不决的结果是朝鲜军队在战争中表现极为消极，刘铤战死后，姜弘立也放弃抵抗，朝鲜军队全部被俘，一部分被屠杀，一部分被发配到辽东一带女真贵族庄园当包衣，也有的伺机逃回了朝鲜。

后金兴起后，为防止背腹受敌，尽量不招惹朝鲜。但是明朝与朝

---

① 李澍田编著：《清实录东北史料全辑》（一），吉林文史出版社1990年版，第59页。

鲜有着紧密的宗藩关系，而且朝鲜一直资助江东毛文龙一部明军。为了解除后顾之忧，同时彻底切断朝鲜与明朝的联合，后金决定征讨朝鲜，迫使其在明与后金的征战中保持中立，甚至想进一步利用朝鲜的人力、物力来攻打明朝。

1627年（明天启七年，后金天聪元年，朝鲜仁祖五年）一月十四日，皇太极派阿敏等统率4万清兵攻打朝鲜。朝鲜防不胜防，少显世子南下至全州，仁祖以下全体朝臣避入江华岛，被迫请和。和约主要包括四方面内容：一是两国告天誓盟，永为兄弟之国；二是盟定翌日，后金立即退兵；三是两国各自封疆，即"两国已讲和好，今后各遵约誓，各守封疆，无争竞细故，无非礼征求"；四是朝鲜与后金讲和，但不背叛明廷等。史称江都会盟。

江都会盟后，后金分三路撤兵，在撤退的路上"掠牛马谷物及女人，系驱去"，他们路过的平安道"平山、瑞兴、凤山、牛峰、新溪、遂安、载宁、海州、文化等邑，无不酷，被凶锋荡然一空"。"黄海道郡邑村间，无不被其蹂躏，鸡犬不遗。"在平壤"留贼三万一千五百，各带妇女三四"。后金兵掳掠人口，不知其数。据事后统计，仅在"平壤被掳男妇两千一百九十三人，被杀一百五十八人，逃还三百四十人。掩骼男妇一千一百六十九人，江东被掳男妇二百二十五人，逃还六十七人，被夺牛马七百九十首，三登被掳男妇一千五百人，被杀二十八人，逃还一百十一人。顺安被掳男妇五百七十六人，被杀四十四人，逃还七十八人。宿州被掳男妇三百七十八人，战亡六十人，逃还三十三人。咸从入防正军被掳男妇一百二十一人，六邑被掳合四千九百八十六人，被杀二百九十人，逃还六百二十三人"①。

---

① 《李朝实录：仁祖大王实录》（卷16），国家图书馆出版社2011年影印版，仁祖五年五月辛巳。

然而，后金与朝鲜的恩怨并没有因和议而停止，反而愈演愈烈。朝鲜自1627年江都会盟始，至1636年（崇祯九年，仁祖十四年）十年间，"羞辱之事，侵侮之状，不能尽言"①。其间，后金为准备对明作战，向朝鲜一味索取，而且愈益变本加厉，朝鲜上下极为不满。朝鲜国王甚至拒绝接见后金使臣，并向朝鲜各地下宣战谕文，表达与后金决战之意。

1636年（明崇祯九年，清崇德元年，朝鲜仁祖十四年）十二月，后金又以朝鲜"屡败盟誓""助明害我"为由，皇太极率10万清军攻打朝鲜。朝鲜大败，国王仁祖带世子和诸官逃至南汉山城避难。后金迅速以重兵围城，而当时南汉山城缺兵少粮，又值寒冬，城内"将士诸人，终始露处，面色青黑，不似人形，裂肤堕指，惨不忍言"②。朝鲜政府被迫投降，签订城下之盟。和约内容极为苛刻，主要包括：朝鲜断绝与明一切交往，对后金施以君臣之礼；国王及大臣将长子及次子送至沈阳为质；后金攻明给予兵力、物资支持；从丁卯年（1639）开始，每年输送贡物等。

后金撤兵时，朝鲜从平民百姓至王公大臣，被掳走者不计其数。据载：后金退兵时，"大路做三行，我国（朝鲜）人数百人先行，一二胡跟去，终日不止。后日，沈阳人市六十万，而被掳于蒙古者不在此数"③。

（二）朝鲜人战俘的最终去向

被俘的朝鲜人主要有以下几个去向：

---

① 潘喆等：《清入关前史料选辑》（第二集），中国人民大学出版社1989年版，第472页。
② 潘喆等：《清入关前史料选辑》（第二集），第502页。
③ 潘喆等：《清入关前史料选辑》（第二集），第491页。

（1）编入八旗军，继续征战。后金捕获的战俘中有一部分被编入满洲八旗并参与了对明战争。努尔哈赤所创建的八旗制度，是以女真族为基本成员，又吸收少部分其他民族，单独组建汉人牛录、蒙古牛录等。清初被俘的朝鲜人，有的也被编入满洲八旗，自成一体，甚至有的升为佐领，专管朝鲜人牛录。

（2）惨遭杀害或赎还朝鲜。后金的朝鲜族战俘中，惨遭杀害的主要发生在萨尔浒战役中的战俘身上。金应泽说：努尔哈赤三月二十四日抄择两班称名四百七余人，尽为厮杀，军兵则以农军各处分置。李民焕也证实："当初被陷军卒，几至四千名，两次屠杀可至五六百名。今闻前后走回者两千七百余名。"① 在丁卯胡乱和丙子胡乱中被掳走的朝鲜军民，如想回国，需由家属重金赎还，后金为获取更多财富，有意抬高赎金，大多数百姓无力赎还亲属，仅有少部分王公大臣亲属得以回国。

（3）大多数战俘沦为满洲贵族庄园的奴隶。被俘的朝鲜族兵，除了遭到杀害或赎还回国者外，大多数被发配到辽东各地女真贵族庄园当包衣或家奴。1780年，朝鲜实学派的先驱朴趾源所著《热河日记》载，河北省丰润县高丽铺的人，系丙子胡乱时掳来之朝鲜战俘后裔。过了百余年后，他们仍保持着朝鲜人固有的习俗。这些朝鲜贵族或八旗将兵的包衣或家奴，终身没有人身自由，在庄头或包衣头的监视下作农。

应该说，这一时期迁入中国的朝鲜战俘并非严格意义上中国朝鲜族的先民，由于朝鲜半岛局势动荡，一部分战败的朝鲜人流入中国成为战俘，身份低微，根本不具备成为公民的基本条件，因此，也谈不

---

① ［朝鲜］李民焕：《栅中日录》，选自潘喆等编《清入关前史料选辑》（第三集），中国人民大学出版社1991年版，第457—458页。

上是朝鲜族的早期移民。之所以把这部分内容列入，主要是从一个较为完整的角度来阐释朝鲜人最初流入东北的概况。

二　冒禁迁入时期（1627—1867）

清朝入主中原后，朝鲜成为清朝藩属。清政府认为东北为"龙兴重地"①，必须要实行保护，这一政策发端于努尔哈赤天命年间（1616—1626），酝酿于顺治年间，在康熙朝形成，真正推行则在乾隆年间。最初的封禁范围主要包括威远堡边门之外、鸭绿江以西、长白山西南一带，方式是设围场、参山和松子官山。这一时期封禁的主要原因是明清战争，朝鲜与大明王朝的宗藩关系导致清与朝鲜关系紧张。从政治上而言，为了战争需要，清朝对长白山地区采取了封禁政策；从经济上而言，由于朝鲜人"每年潜入我境，窃采人参，猎取禽兽"（《清太宗实录》卷十），从而引起边界纠纷。皇太极崇德年间在原明代辽东边墙东段与鸭绿江之间，设置了一条空旷地带，作为封禁区，禁止朝鲜人越江进入禁区采猎定居，或防其践踏"龙脉"。至光绪元年清政府发给汉族移民执照为止，这条封禁线延续了近240年。②

（一）清朝的封禁政策

1. 顺治、康熙年间辽东边墙的修建

1644年（清世祖顺治元年，朝鲜仁祖二十二年）五月，清兵大举入关，随行的还有家属及包衣，这使得东北地区人口剧减，经济发展受阻。清为增加田赋收入，掠夺劳动人口，自1644—1667年（清

---

① 最初主要指长白山地区，后来扩展到东北全境。
② 参见刘智文《清代东北封禁政策刍议》，《学习与探索》2003年第6期，第133页。有删改。

顺治元年至康熙六年），曾颁发辽东招垦条例，奖励移民开垦，使辽河流域农业生产获得一定发展。顺治年间，在明代辽东边墙的基础上，修浚边壕，沿壕植柳，建立柳条边①，以限制人民出入。

1668年（康熙七年），清廷下令"辽东招民授官永著停止"，并对出关的汉族人民，实行"事先起票，过关记档"的限制手续。从乾隆朝开始，对东北的封禁日益加强。公元1740年（乾隆五年），清廷命"奉天沿海地方官，多拨官兵稽查，不许内地流民，再行偷越出口。山海关、喜峰口及九处边门，皆令守边旗员，沿边州县，严行禁阻"。对已迁徙奉天境内的汉人，迫另取保入籍，不愿者限10年内勒令回籍。

2. 乾隆时期封禁政策的加强

公元1762年（乾隆二十七年），清廷颁布《宁古塔等处禁止流民条例》，对柳条边外的吉林和黑龙江地区实行严厉的封禁。这标志着东北封禁政策的实施。1776年（乾隆四十一年），清廷再次重申禁令："盛京地方与山东、直隶接壤，流民渐集。若一旦驱逐，以至各失生计，是以设立州县管理。至吉林原不与汉地相连，不便令流民居住。今闻流窜渐多。著传谕付森，查明办理，并永行禁止流民，毋许入境。"② 柳条边以西、以北的蒙古王公领地，也于1772年（乾隆三十七年）严行封禁。"违者照私开牧场例治罪。"至此，东北地区实行全面封禁。吉林、黑龙江则成为封禁重点。

而鸭绿江、图们江中朝边境地带尤为封禁重点。长白山和图们江流域封禁采捕的河流山场有：布尔哈通河、海兰河，以上为捕珠河。

---

① 又名盛京边墙、柳城、条子边。
② （清）王先谦、朱寿朋：《东华续录》（乾隆朝）第84卷，上海古籍出版社2008年版，第24—25页。

瑚珠山、阿布达哩、乌尔珲山、呼兰山，以上为采捕山。图们江、鸭绿江封禁极严。两国之民有私自越江一步者，由两国官吏处死，否亦格杀勿论。

（二）清初实行封禁政策的原因

1. 保护大清"龙脉"

满族之所以能够入主中原，靠的是强悍的八旗军力，清朝统治者深知这一优势所在，因此在学习中原汉族的先进文化的同时，历代皇帝将维护满洲彪悍的风俗视为祖训，严格恪守。同时对外宣称，东北为清朝的"龙兴之地"，必须保持这里原有的尚武精神和骑射本习，因为这是清朝赖以统治全国的军力所在。乾隆曾于1776年（乾隆四十一年）明确指出："盛京、吉林为本朝龙兴之地，若听流民杂处，殊与满洲风俗攸关。"① 因此，"永行禁止"流民入境。1833年（道光十三年），吉林绅士奏请建立考棚，令满汉子弟应试。清帝道光阅后驳斥道："郑恭阅列祖实录，俱以我满洲根本骑射为先"，"况吉林为发祥之地，非各省驻防可比，尤其应以骑射为重，何得转以应试为能，转至抛弃弓马旧业"，"非郑教育旗人之意也。保昌等率领为此奏，殊属忘本，关系不小，保昌、倭楞泰、礼部堂官俱著传旨申饬，所奏著不准行"。

2. 为独占东北土特产

东北地区有很多名贵特产，人参、珍珠历为东北官员向清廷进贡的主要贡品，历来为清皇室所独占。据《黑龙江志稿》记载，呼兰城

---

① （清）王先谦、朱寿朋：《东华续录》（乾隆朝）第84卷，上海古籍出版社2008年版，第24页。

东北一带山河，出产参珠，是以封禁为采参捕珠之地，岁遣官兵巡查，以防人民侵盗。长白山以产人参著称，更被列为禁区。对封禁区内的"紧要隘口，或安设卡伦"，或"设立封堆，按时遣官员巡查，一切采捕事项，均由专员办理，送达朝廷"。

3. 保护满洲旗民的利益

在清廷禁令中，特别强调的是在于维护满洲八旗的生计。为了保证满洲八旗兵力的来源，加强对东北人民的统治和镇压，据《吉林通志》记载，清政府在奉、吉等地保留一部分上等土地或熟地，"仍留作本地官兵及京旗官兵随缺地亩之用"，"或以具备退革兵丁横产之用"。1803年（嘉庆八年）清帝嘉庆上谕也指出："东三省为满洲之根基，若许移民杂居，私垦土地，势必危机旗人生计。"清廷推行封禁政策违背社会生产力发展的要求。本来，东北地区的社会经济同内地相比处于落后状态。这种政策对东北社会经济的发展，造成严重阻碍。尤为严重的是，对中朝边境地带的封禁，使边境地带长期荒芜，未能及时开垦，未能大量驻兵和广泛设置行政机构，使边境的国防建设遭到严重损失。从而为其后朝鲜提出这一地区"历为无主荒地，朝鲜人首先开发该地区应归属朝鲜"的谬论提供借口。

(三) 封禁期间朝鲜移民犯越

1. 主要原因

（1）朝鲜北部自然条件恶劣

朝鲜咸镜北道地区属山区，平均海拔1000—2000米，全区崇山峻岭纵横起伏，平地狭小，农业条件十分恶劣。据记载，20世纪初咸镜北道的农业可耕地，只占咸镜道总面积的12%。《北关纪事》："盖因地广人稀，且多牛畜，又春晚秋早，地气寒冻，草木难生，故一切以广作为主,可耕之土无不起垦,至于山背,几无空土。"然而,这些小片的土地也都在陡峭的山坡上,即使"耘锄粪治,全不治力,比之南农,功力不能半之也",咸镜道的农业,以粗糙低产闻名。

咸镜北道自然条件恶劣,农作方式粗糙原始,生产不出更多的谷物,这里通常用的一个生产方式叫续田,即刀耕火种。由于其耕作方式十分原始,致地力易薄,早则两三年,晚则四五年,土地就荒废。而且,这里的土地大部分分布于狭窄的河谷地带,动辄被水冲走,弃地甚多。但是,政府却不顾咸镜北道农民的这些实际情况,把载入公册的土地作为元田,从不免税,即田结登记一次,不管实际田结有无变化,元田永不变。据1858年调查,在公册中最晚载入田结面积的年度,也有六七十年。另外,所谓青山税、白地税等,不仅不免,还转嫁给子孙后代。

(2) 朝鲜北部农民经济负担沉重

咸镜北道农民的劳役,主要是与修筑边防的官衙和城墙等有关。《钟城邑志》记载:"城筑随毁修补,以府城军赴役……防筑补缺,小则或动田民或动附近社民,大则毋伦远近社一并赴役。"为了修筑会宁府高岭镇城墙,从1697年起,用三年时间动员摩天岭以北九邑的民丁,1811年、1815年、1823年、1824年则动员了茂山、会宁、钟城、稳城四邑的民丁。

2. 类型

东北封禁时期,朝鲜边民犯越的目的一开始主要是到江北挖参、伐木、狩猎、开荒等,后来发展到开垦定居。

(1) 挖参、打猎、伐木、割草

人参具有很高的药物疗效和滋补作用,加上产地有限,产量较少,采挖困难,所以非常昂贵。由于人参的经济价值和奇特的疗效,清初对人参的采挖控制极严，一般人都被剥夺了采挖的权利。为了杜绝私自采挖，清政府制定了十分严酷的刑律。顺治年间规定："有偷采人参者，将带至之头目斩决，余众治罪。"康熙年间三令五申："违禁采参者，为首之人处理，余仍照旧例治罪。"

朝鲜与中国一样，视人参为经济价值很高的珍品，朝鲜边民早把它当作获取高额利润的重要经济来源。所以，在朝鲜专管边防的衙门备局也慨叹参民"贪其贷利，终至与忘身犯法，加以守令边将利其收税，不加严禁"。

挣扎在死亡线上的朝鲜咸镜北道农民，为摆脱贫穷潦倒的生活，置生死于不顾，到江北偷挖人参。为获取人参，在中朝边境上两国边民间动辄发生暴行，成为中朝两国的悬案。

1710 年（康熙四十九年）震动中朝两国朝廷的李万枝事件，是一次影响最大的杀人抢参案，它终于迫使清政府派重臣与朝鲜交涉，勘立定界碑，以图杜绝类似事件的再发生。这一年，朝鲜平安道"渭原民李万建、李万成、李万枝、李先仪等人，乘夜越境采参，幕中扑杀清人五名，掠其参货，清人一人偶得脱去，与同伴二十余人猝至渭原北门外，唱言大国人五名为本郡民李万建、李万成、李万枝、李先仪、李俊元等所杀，迫请现出犯人等"。朝鲜政府初不知情，得知后急咨清礼部致歉，朝鲜国工则"大惊骇，令各别购捕期于必得"。案犯被捕后，清急派打牲乌喇总管穆克登等人前往凤凰城，同朝鲜官员会审。李万枝事件发生后，康熙为保护清朝发祥地、减少类似事件，令穆克登查边，与 1712 年"勘立定界碑"，确定中朝边界线。

朝鲜北关地处山区，边民以狩猎为业者甚多。他们常常为追捕猎物，有意无意地越境到江北中国境内。如：1762 年，恒鲁等"前往查勘三水府系何处交界地方，行到鸭绿江岸玛哈拉山拿获朝鲜人八名,讯系伊国卡伦卷撤,是以潜越来打貂鼠等"。1805年(嘉庆十年、纯祖五年)"九月八日出营巡查卡伦,九日查至头道黄沟二道阳岔地方,拿获越边高丽人六名",据讯,崔德等六人系捕鼠皮打水獭。

1762年,清军"巡兵至鸭绿江,擒获朝鲜国捕貂人八名,询知伊国卡座已撤,是以潜行前来,当交吉林兵丁看守,夜中逃逸四名"。1764年,清军又捕获"违禁越江偷打貂皮"的朝鲜江界府民朴厚赞等10人,据朴厚赞等口供,他们为当打貂皮官差,偷过江北。

1665年9月,"庆源府使权大德将改造将官庭,使将官蔡允立率国兵金忠一等九十人砍取材木于我地(图们江北岸),允立等不言于大德,潜令越境砍木采参,且逢厚春部落二人贸牛而去,夺其牛而杀之"。1662年"朝鲜国二人浓额必恩奴吉越江伐木被获"。1870年,"今年正月十六日有高丽人数名过江来到小的刨地窝棚地记(边外浑江口珍珠地方)割草",被中国民阻拦未割去,"十七日高丽人复又来十三名,赶着牛爬犁十三张硬要割草"。

(2)逃荒、耕地

朝鲜北部一带地理条件十分恶劣,连年遭灾,饥民遍地,到江北求食成为关北居民的主要生计方式。1699年,清巡兵在鄂磨呵索落驿站拿获朝鲜人二男一女。其中一男人口供:"我系朝鲜国中城所属相国街居住小民,此女娥姬是我妻,宁古吉是我家人。我国历年屡次未收米谷,今年我们所居之处又遭荒,旱田苗俱死,因饥饿难忍,故带领妻子家人渡江寻至大国求食。"

朝鲜边民犯禁到江北垦田种地,初期朝耕暮归,后发展到春来秋去,即清明节前后携耕畜农具越江垦种,秋后收获而归。不久,这些人干脆携眷越江造舍,长期在此耕作。1714年,"图们江对岸中山城土民男女五十五人",越境潜耕而被宁古塔麾下之兵丁逮捕驱逐。

1870年,"据碧潼郡守徐光复、城府使韩用普呈称,镇民金得洪、金益祚倡言。近年以来沿江越边垦地结幕犯界侵扰之弊,无所不至,若不一番大惩,创我民,万无保生之道,胆敢率众越去,镇民朴尚浩同恶助势三犯罪状,在法必诛,该郡江边将犯人金得洪、金益祚、朴尚浩枭首警众"。1871年,"庆源府农圃设民李东吉逃往珲春地方,盖屋垦田,啸聚无赖,该国民口时有翻越,皆李东吉招诱所致,珲春与之惯熟,不肯举发"。盖屋垦田,不同于其他犯禁之举,应视为移民之始。

尽管清朝政府与朝鲜统治者实施封疆锁国政策,但朝鲜贫苦农民"冒禁潜入"中国东北却从未中断过。总体看来,在冒禁潜入这一阶段,朝鲜移民无论从规模还是从数量上都相对有限,基本以采参、伐木、捕貂这些采集狩猎活动为主,较少有人在中国东北垦荒耕作,且这些人大多数是"朝耕暮归""春来秋去",定居者很少。究其主要原因是这一时期清朝与朝鲜"界禁极严,两国之民有私自越图们江一步者,由两国官吏处死,否亦格杀勿论"。尽管当时有贸易岁市,但实际上只有"中国至朝鲜贸易之民,而无朝鲜至中国贸易之民"。即使这一时期朝鲜国内发生严重自然灾害,饥民遍野,为了活命,朝鲜人不惜冒犯重禁,偷渡求生,"然不愈年,而韩民之有家室者,仍归故土","时则但有佣奴寄食之韩民,而无越境垦地之韩民"。①

三 拓垦时期(1867—1910)

由于中国边疆危机日益严重,清政府为了充实边务,索取兵饷,

---

① (清)吴禄贞:《延吉边务报告 延吉厅领土问题之解决》,吉林文史出版社1986年版,第60页。

逐步将"封禁"政策改为"招民开垦"政策。1881年,设吉林垦务局,又在珲春、局子街(延吉市)、东沟等地建置招垦局。① 随着两国封禁的松弛,越江私垦者迅速增多,朝鲜移民开始大批迁入我国东北定居。这一时期定居的朝鲜移民主要是领荒租种,而无土地主权。"盖韩民越垦既众,招垦华民之承领荒地者,大都无力垦种,皆招韩民为佣佃,且有将荒地售与韩民以图利者。于是海兰河、布尔哈通河、嘎呀河之流域,多有韩民踪迹,几遍延吉境内矣。""不三十年,而韩民之生聚繁衍于此者,竟至五万余户。"②

(一)清政府政策的演变

1. 封禁政策的瓦解

(1)"封禁"政策严重阻碍生产力发展

东北地区的社会经济与内地中原相比,本已处落后状态,而这种封禁政策对东北社会经济的发展造成严重阻碍,因之,使东北社会停滞不前,迟缓落后。于是,流民冒禁冲破封建藩篱,开发边疆,已成为不可阻挡的潮流。据《东三省政略》记载,当时清政府不足以治之,兵力不足以驱之,反客为主,变本加厉,边帅无可如何。不得不对流民私垦之地寓意承认,清丈升科。清廷也不得不承认"查办流民一节,竟成具文"③。

---

① (清)吴禄贞:《延吉边务报告 延吉厅领土问题之解决》,吉林文史出版社1986年版,"重刊序言"第5页。
② (清)吴禄贞:《延吉边务报告 延吉厅领土问题之解决》,吉林文史出版社1986年版,"重刊序言"第64、60页。
③ (清)王先谦、朱寿朋:《东华续录》(嘉庆朝)第3卷,上海古籍出版社2008年版,第9—10页。

(2) 1860—1866 年东北农民大起义的冲击

1850 年（清道光三十年），中国南方掀起太平天国农民大起义。1853 年太平天国北伐，对北方农民起义的发展起了巨大推动作用。1855 年太平天国北伐失败后，淮河两岸的捻军又掀起反清武装起义。在这两大农民革命的推动下，1860—1866 年东北也发生农民大起义。

1860 年到 1866 年东北农民大起义，其发展趋势是由小而大，初仅几百人，很快发展成几千人，终于汇成声势浩大的数万大军。从活动范围来看，开始仅限于奉天和朝阳一带，很快进入吉林以及今黑龙江境内。在组织方面，和北方捻军大起义有很多相似之处，初期起义者多是分散进行，随着斗争发展，各起义队伍逐渐统一，从而把反清起义推向高潮。其中以王起、马傻子起义部队斗争最为激烈。王起、马傻子于 1865 年在四平聚众起义后，先后攻克梨树、伊通、长春，又南下连克开原、铁岭，取得巨大胜利。清盛京将军玉明、吉林将军景伦因之被革职。这次农民大起义最终虽然以失败告终，但具有巨大历史意义。一是它对太平天国后期的斗争，尤其对北方的捻军的斗争，在客观上起了友军的作用，不但牵制了东北数千清军不能进关，反而使清从关内调军到东北"助剿"。二是对东北地区的土地开发和社会经济的发展，有着重要推动作用，给清之封禁政策以极大的冲击。

(3) 财政的需要

在西方列强的几番侵略和搜刮后，又被太平天国占据了江南富庶地区。清廷为了解决财政困难，增加财源，也被迫借助于"招民试种"。东北地区本就经济落后，但是随着边防压力增加，不得不考虑就地筹措军费。

(4) 防俄国侵略保卫边疆的需要

如前所述，从 19 世纪中叶以后，西方资本主义国家从海上加紧侵略中国，沙俄也从陆路加紧侵略中国。1858—1860 年，沙俄迫清廷签订《瑷珲条约》《北京条约》，鲸吞中国东北大片领土。沙俄的野心是无止境的。1871 年，沙俄出兵占领中国西部伊犁后，又针对吉林东部边疆增加兵力，蚕食中国领土，扬言要对中国东北"三路进兵"。东北的封禁政策使东北驻军不足、边民不多、经济不发展、交通运输不便，无法抵御日益扩大的沙俄入侵。在这种形式下，清政府部分有识之士，看到了移民实边才是稳固边疆的长远之计，于是不断奏请开禁，在他们的努力下，清政府在 1871 年（同治十年），正式废止封禁东北的政策，开始实施实边政策。

2. 移民实边政策的实施

针对沙俄日益扩大对中国东北的侵略，清政府于 1871 年正式废止在东北地区的封禁政策，实行实边政策。尽管废止封禁政策，但对中朝边境地带即鸭绿江、图们江北地区仍严禁朝鲜边民越境。

清朝于 1880 年（光绪六年），在责令李鸿章与盛京将军会筹奉天防务的同时，派遣大臣吴大澂协助吉林将军铭安筹办吉林边务，即督办宁古塔、三姓、珲春防务和屯垦事宜。不久，又令乌里雅苏台大臣喜昌带兵前往吉林帮办吉林防务。应该说，清廷这一时期在东北地区实行的实边政策颇有成效，主要得力于大员吴大澂。

吴大澂是清封建上层官吏中具有远见卓识的人。他针对东北边地空虚的实际，敢于抛弃陈规旧制，大力推行实边政策，他认为，推行实边政策"近可为边氓生聚之计，远可备严疆捍卫之资"。简而言之，实边政策应建筑在重民和抗俄的思想基础上。

清在东北的实边政策，主要包括以下诸方面。

第一，添练边防军队。边防军对边疆的重要性自不待言。吉林将军铭安、吴大澂先后奏请添练防军5000人编成巩、卫、绥、安四军。喜昌奏准续约练防军5000人，编成靖边军。于是这支上万名的边军分布驻屯在宁古塔、三姓、珲春。1876年开始，东北进行军政改革，军事方面主要有整顿练军。早在19世纪60年代，奉天、吉林即将八旗兵改编为练军。1876年开始，东北进行军政改革，军事方面主要有整顿练军。1885年中法战争结束后，清廷认为失败"唯水师作战不利"，因此"自以大治水师为宜"[①]。

随后设海军衙门，广建海军。同时，彭玉麟建议清廷"加强东三省之防"。清廷令军机处、神机处、总理衙门会议，奏定特派大臣编练东三省练军，隶属于海军衙门。计划三年内各练1万名。同年11月清廷任穆图善为钦差大臣，会同东三省将军练兵事宜。同时，明确"各城副都统以下均归节制"。至1887年，东三省各练成4.5万人。奉天练军称"盛子营"，吉林练军称"吉子营"，黑龙江练军称"齐子营"，以区别前此三省各自编练的练军。三省练军分别驻屯于盛京、吉林、齐齐哈尔。

1881年，清将珲春协领正式提升为副都统，以依克唐阿为首任副都统。他招募猎户5000人，建城设卡，修筑炮台，使珲春边防日趋巩固。

第二，招民垦荒。吴大澂积极推行移民实边政策。他的重民思想表现在：首先，他从增加封建国家的财源、加强封建统治的物质基础出发，重视人民疾苦，主张把人民固定在土地之上，鼓励开垦边荒，发展生产。其次，他看到人民群众是重要的抗俄力量，主张借民力补

---

① （清）王先谦、朱寿朋：《东华续录》（光绪朝）第2卷，上海古籍出版社2008年版，第1943页。

兵力之不足。他认为"民心可恃",主张利用"洋人畏民而不畏官"的条件,在"俄人轻我兵单"时,"当以民力济之"。于是,吴大澂与吉林将军铭安积极进行"移民实边""试办屯田"。

1882 年 1 月 26 日,吴大澂委任李金镛主办招垦,首先设立珲春招垦总局,下设五道沟(今珲春马滴达乡境内)和南岗(今延吉)招垦分局(黑顶子收回后,又设立黑顶子招垦分局)。同年 5 月 22 日,又建立三岔口招垦分局,下设穆棱河招垦分局。

吴大澂的招垦的对象主要分为三类:首先,赴辽南、山东等地招募汉民。由于内地汉民来延边地区的不多,吴大澂派人前往山东和辽南一带招徕。例如,1881 年,派遣先副官永敩前往山东的登州、莱州、青州等地招募汉民,然而此次招募效果不甚理想,大概也是路途遥远等原因,仅招到 200 人。其次,招募朝鲜垦民。由于内地汉民不愿到延边地区,使得移民实边的计划无法顺利开展,于是吴大澂将越境的朝鲜垦民视为移民实边的重要力量,对他们越境偷垦的行为予以承认,允许他们留在延边地区,继续垦种。最后,招募俄境华人。俄罗斯占领乌苏里江以东地区之后,对当地的中国人进行迫害,很多人被迫迁居到内地,李金镛就曾将乌苏里江以东地区愿意内迁的 100 多户华民安置在珲春境内,给他们一定的优惠政策,比如说让他们认领荒地,选地盖房。

对招徕的垦民,吴大澂等根据具体情况,实行统一编制。一般是建立村屯的形式,每屯 3 棚,每棚 10 户。有的地区还成立许多垦荒"社"。由于招徕的大多是各地的贫苦农民,他们远道而来,一无所有。为了让他们尽快安顿下来,顺利开展垦荒种地。招垦局对远道而来的汉民采取了很多扶助措施,不仅对新开垦的荒地免收"押荒钱",还免费给他们发放生产工具,给他们前两个月的口粮。生产工具包括垦地必需的耕牛、运输粮食的车辆等。如对新垦荒地一律免收"押荒钱",发给垦民当年的生产工具,每 2 人给 1 头牛,每 3 棚给 3 辆车,每人每月给口粮 2 两等。应该指出的是,这一政策并不是所有人都能享受,大多只是针对关内迁居到此的汉民。虽然允许当地朝鲜垦民继续垦种,但并不鼓励对岸的朝鲜移民越境开垦。

数年之后,移民实边政策已卓有成效,大量边荒变成良田,昔日荒野出现人烟,聚成村落。图们江北岸、海兰河、布尔哈通河一带平原沃壤大部分被开垦。仅南岗招垦分局的垦地就达 18936 垧,在此基础上,以后陆续建立志仁、尚义、崇礼、勇知、守信、明新六社;珲春招垦局垦地 5620 垧,以后陆续建立春和、春云、春华、春明、春融、春阳 6 社;五道沟(东沟)招垦局垦地 2070 垧,设立春仁、春义、春礼、春智、春信 5 社。三招垦局共垦地 26634 垧,共建 17 个社。在宁古塔境内,自建立三岔口招垦总局后,垦地达 12400 余垧,穆棱河一带,至 1885 年垦地为 600 余垧,并先后于穆棱河等地建 10 余个村屯。随着土地的开发,东部边疆人口也不断增多。如 1891 年(光绪十七年)册报,"八旗行差人丁"1403 户,1043 丁口,新垦民户 4411 户,19940 丁口。

第三,广设驿站。在边防要地广建驿站,不仅有利于边防,更有利于边疆人民的生产和经济建设。以吉林东部边疆为例。清初,这里曾建有驿站通向盛京。清军大举入关后,又设置由宁古塔经吉林乌拉、盛京、山海关到北京的驿站。1676 年(康熙十五年),宁古塔将军衙门移驻吉林乌拉后,在吉林乌拉至宁古塔之间设置 8 个驿站。19 世纪中叶,由于沙俄侵入黑龙江—乌苏里江流域,清为抵御沙俄入侵,在东部边疆增设了不少台卡。随着移民实边的开展,旧设的台卡已不能适应新的形势。1882 年,吴大澂等奏请,请将台卡改为驿站,重修驿道，并开辟不少新驿道。由宁古塔至三姓，记程600里，开通驿道，设有驿站8个。由宁古塔至珲春，开通驿道，设驿站11个。宁古塔至三岔口约400里间，开通驿道，沿途设立驿站。这些驿道不仅把边疆与内地连接起来，有力地促进边疆的开发，也有利于边疆地区的防务。

(二) 朝鲜国内社会动荡

1. 朝鲜国内社会动荡

19世纪中叶以后，资本主义列强加紧侵略中国的同时，也开始对朝鲜野蛮侵略。1866年（同治五年，朝鲜高宗三年），法国首先入侵朝鲜江华岛。同年，美国入侵朝鲜内河。此后，资本主义列强日益加紧侵略朝鲜。1876年（光绪二年，朝鲜高宗十三年），日本迫使朝鲜签订第一个不平等条约——《江华条约》。其后，朝鲜被迫与美、英、德、意、法、奥匈等国签订一系列不平等条约，资本主义日益严重的入侵，使朝鲜以宗法式的农业和中世纪的手工业为基础的封建经济迅速崩溃。朝鲜的民族矛盾日益尖锐。而封建政府和地主豪强的压迫剥削使朝鲜的阶级矛盾也日益尖锐，于是农民起义此起彼伏，风起云涌。朝鲜李朝政府外受资本主义列强的日益严重侵略，内受农民起义风起云涌的打击，封建统治空前危机，已进入其统治末期。

在这种恶劣社会环境中，朝鲜人民生活苦不堪言。外国资本主义列强的烧杀抢掠自不必说。而本国封建政府和地主阶级压迫剥削更使农民痛苦不堪。尤其是朝鲜西北的咸镜道六镇（钟城、稳城、会宁、庆源、庆兴、富宁）最为穷困：

> 北峙以若六邑勘寡之户口，受彼一省滋长之还，每户所受，

多者或至正谷五六十石，独户亦不下近数十石，又从以营邑无名之谷，混合出纳，社里例给谷，分排缘敛，终岁盼盼服勤食力，及见其秋成之后，则瓶罂俱罄，短褐无完，转至于流散之四境，蔀屋之内困瘁，箕敛之频繁，未有若六镇民之为尤甚焉。

按抚使金有渊曰：六镇之民，离亲戚弃墓，甘心潜越，若无切骨之瘼，则岂忍为是，此专于守令之贪虐，古语所云苛政胜于猛虎者也。①

2. 1860 年前后持续严重的自然灾害

1860—1870 年朝鲜连续发生严重的自然灾害。1861 年、1863 年、1866 年发生大水灾，1869 年、1870 年发生严重旱灾。以 1860 年八月，咸镜道富宁等 10 邑遭受水灾之害为例：

北关大水为害，富宁等十邑民家漂颓一千二百五十户，列邑民户漂颓数千以计，而茂山、镜城等邑，被灾孔酷，年形几乎判歉，沴气尚未间息，民皆救死之不瞻。而方其爆注急汤之际，江川合流，谿壑浸湿，非但坦壑之颓败，洽血之溃决而已，产业之荡失，船盒之坏失破，以至仓谷之漂没而极矣。其黎庶之惊惶图命，扶携号泣之状，不忍思不忍闻矣。城内民生之今年因水而失农者，迄疾而致伤者，不可数计，道路日至，民命迈止，若不保朝夕。②

在这种极端困苦的条件下，朝鲜人尤其鸭绿江、图们江沿岸的平

---

① 《日省录》李太王丙子年（1876）八月十日。韩国国史编纂委员会官方网站，http://db.history.go.kr。
② 《日省录》哲宗十一年（1860）九月十日。韩国国史编纂委员会官方网站，http://db.history.go.kr。

安道、咸镜道的民众，为了谋生，冒禁非法渡江越境，到鸭绿江、图们江对岸的中国奉天、吉林乃至黑龙江垦荒居住。

3. 清廷的"封禁政策"为朝鲜移民提供客观条件

由于图们江、鸭绿江对岸东北地区长期封禁，边地荒芜，土地肥沃，从而对对岸朝鲜边民大量非法越垦客观上提供了前提。而1871年清政府废除东北之封禁政策，1875年清政府废除奉天鸭绿江北岸边境地区之封禁，1885年清政府废除图们江北岸之封禁。从而客观上为朝鲜边民大量非法越垦提供前提。

(三) 朝鲜移民的生活状况

朝鲜边民不堪资本主义列强和本国统治阶级残酷压迫剥削以及严重灾害之苦，为了谋生，铤而走险，冒禁非法越江到对岸中国境内垦居，历尽艰辛。崔宗范等1872年撰写的《江北日记》详细记述这一期间朝鲜边民非法越垦之艰辛。这部日记是他们亲至鸭绿江北岸中国境内调查当地非法越垦的朝鲜边民状况的真实记录。

> 丁卯（同治六年，朝鲜高宗四年，1867年）之夏，马行逸为茂山府使，查出无名还逋十余万石，狼食啮，半岁之间，一邑涂炭，富者贫，而贫者死，至于哭声连茎甚于兵火，民既无皆耸喜，相促而发，如水赴海。而路出白头山腰，是五百余里无人之地也。夏而病暑，冬而饥寒，死于中途者，不可胜数，至今犹腥。而幸其不死者，皆到此地。①

---

① 《江北日记》，韩国精神文化研究院1994年影印本，七月二日条。

1. 朝鲜边民非法越垦之规模

如前所述，中国、朝鲜自明初逐步形成以鸭绿江、图们江为界河，又由于鸭绿江、图们江又皆发源于长白山，因之两国边民或攀山或渡江互相来往之事不绝。尽管至清，清朝与朝鲜李朝皆严禁两国边民越境，但仍然屡禁不止。19世纪中叶，尤其是1860—1870年期间，朝鲜西北地区连续严重旱灾、水灾，迫使朝鲜民众非法渡江到鸭绿江、图们江对岸中国境内垦荒居住，而且越来越多，越发严重，形成非法越垦之高潮。

如：1866年（同治五年，朝鲜高宗三年），朝鲜"咸镜道阿山镇居民尹才官等男女七十五口越江逃去"。

1869年（同治八年，朝鲜高宗六年）十月，朝鲜庆兴府阿吾地镇的一个村落19户一夜之间集体迁出。当地官吏为此革职。①

《江北日记》详细记录当时鸭绿江北岸中国境内一些村落居住非法越垦的朝鲜边民之人数：

穴岩坪："辛太本人以我国人，十余年前潜越"，"我国人户为一百九十二，人丁一千六百七十三名；胡幕（指中国居民）一百六十三，人名不录，故不能详知；而丁外称军者三百余名"②。

扳乃洞（三道沟）："到金汝玉家。汝玉者，本茂山人，十余年前潜越"，"而家近我人之来居者，二百七十余户，皆我随从也"③。

据《江北日记》载，大岭之南仁遮到清金洞一带18个村屯，居

---

① 《承政院日记》，国史编撰委员会影印本1961—1977年刊行，同治八年，十月二十三日条。
② 《江北日记》，韩国精神文化研究院1994年影印本，六月三日、六月八日、六月十九日条。
③ 《江北日记》，韩国精神文化研究院1994年影印本，六月三日、六月八日、六月十九日条。

住非法越垦的朝鲜边民193户，1673人。中国人163户。岭前清金洞至三道沟西部往绝路约150里之地区间，居住着非法越垦的朝鲜边民277户口，人口为1466人。"昨（公元1871年）秋，自江界越来者，不啻四五百户。"①

由于朝鲜非法越垦的边民越来越多，鸭绿江、图们江两江北岸中国境内的朝鲜非法越垦居者空前增多。1869年（同治八年，朝鲜高宗六年），鸭绿江北岸中国境内朝鲜非法越垦者已达十余万人，非法垦荒9.6万亩。

2. 朝鲜非法越垦边民的谋生手段

非法越垦朝鲜边民之职业，或采人参、打猎，但以垦荒耕作者为最。其中，不少人是单身，未带家眷。更有许多人为中国地主之佃户。在巴潞坪（卵峰），"问我人来居人数。答曰：全无家居，皆吾们（中国人）雇佣，而昨冬流来四百余户"②。

在五道沟："问其所农，则地高且寒冷，只种世薯。或有麦田，六月未秀。所居十三户，皆是我（朝鲜人），而以采参猎貂为业。"③

在小沟："亦有我（朝鲜）人佣于胡（中国人）者，不可胜数。所业多在于采猎，或农或养参也。"④

在三千洞："所过胡（中国人）幕二十余处，皆是参圃为业。或二三耕，或五六耕，皆复以白西洋木，我人之雇于胡（中国人）者，

---

① 《江北日记》，韩国精神文化研究院1994年影印本，六月二十一日、六月十九日条。
② 《江北日记》，韩国精神文化研究院1994年影印本，六月二十一日、六月十九日条。
③ 《江北日记》，韩国精神文化研究院1994年影印本，六月五日、六月十五日、六月十八日条。
④ 《江北日记》，韩国精神文化研究院1994年影印本，六月五日、六月十五日、六月十八日条。

不计其数，而绝无作家，独户者也。"①

3. 朝鲜边民非法越垦的艰苦

朝鲜边民为了谋生非法越境到鸭绿江、图们江北岸中国境内生活。非法越垦的朝鲜边民是异常穷困的。

清珲春哨所向宁古塔副都统衙门的报告中提及："现今朝鲜男妇子女，陆续往来不绝，在于各屯遇户，强进乞讨，随经阻止，推拥仍然，旋回乞食，问话则言语不通，揆情则饥寒所迫，庚癸之呼，嗷嗷待哺，情殊可悯。"② 又据《东三省政略》载：1869 年，朝鲜饥民"纷纷冒犯禁令渡江"，"此时吉林珲春等处，有斗米易韩民一子一女者"。

（四）清政府对朝鲜移民的政策

1. 积极招垦

清虽于 1871 年（清同治十年）在东北废止封禁政策，但对中朝边境即鸭绿江、图们江北边境地带仍控制很严。1881 年（光绪七年），吉林将军铭安、帮办吉林边务事宜吴大澂又奏请清廷在图们江北实行招民垦荒废除封禁。是年九月九日，清廷准其奏请，但仍严禁朝鲜民众非法越垦，并令礼部咨文朝鲜国王，令朝鲜国王拘束本国民众不得越境垦居：

> 谕军机大臣等：吴大澂奏，图们江东北岸荒地、请变通旧章、办理开垦等语。图们江东北岸一带荒地，与朝鲜仅隔一江，

---

① 《江北日记》，韩国精神文化研究院 1994 年影印本，六月十八日条。
② 《通文馆志》卷 12 "纪年"，转引自舒展《中国朝鲜族的形成与贡献》，《中央民族大学学报》（哲学社会科学版）2007 年第 3 期，第 6 页。

向禁私垦。吴大澂现拟变通旧章，招民垦种，著照所议行。即著礼部咨会朝鲜国王，此次开垦，系官为经理，饬令所属边界官，约束居民，毋得越界滋事。如有不遵，即行从严惩办。将谕知礼部，并谕令铭安、吴大澂知之。①

于是，中朝边境图们江北地亦正式移民实边。吉林将军铭安与吴大澂在对国内民众进行大量招垦的同时，对已非法在中国境内垦居的朝鲜垦民进行招垦。

1881 年，负责管辖吉林省延边地区的副都统衙门，由清政府在珲春正式设立。而由李金镛担当主要负责的珲春招垦局，也开始对珲春地区的农垦事务进行负责。为了贯彻和落实这一政策，清政府在南岗（即今延吉）、五道沟（即珲春县马滴达乡境内）分别设立了管理地方事务的招垦分局。同时，在今天的辽吉东部，即和龙峪（今吉林省龙井县光开乡光昭村）、西步江（今吉林省珲春县三家子乡古城村）设立了通商分局，专司朝鲜通商、税务与韩民越垦之事。这一系列措施取得了非常良好的效果，一方面对安抚国内民众和安置朝鲜垦民起到了积极作用；另一方面促进了该地区的生产生活，对发展垦荒、促进农业和经济发展也有很大的推动作用。同年，吉林将军铭安与吴大澂命招垦珲春边荒事务候选府李金镛办理珲春招垦事宜。

2. 准其领照纳租，继续在中国境内垦居

如前所述，鸭绿江北、图们江北之中国边境地带，早已有大批非法越境的朝鲜边民在这些地区垦居。李金镛奉命踏查图们江北荒地，过嘎呀河，见到非法来自对岸的朝鲜边民在这一地区大量垦荒状况。这时，非法越境的朝鲜边民已在这一地区占有八区，非法垦地两千余

---

① 《清实录》（光绪朝实录）卷136，中华书局2008年影印版，光绪七年九月条。

响。尤为严重的是,对岸朝鲜咸镜道刺史竟非法对这些边民进行统治,非法发给这些垦民地券,载入册籍。同时,李金镛遂将这一严重事态报告吉林将军铭安和吴大澂:

> 此次前往查勘,由下嘎呀河起攀跻崼岩,度越数岭,查至高丽镇北岸上,计有间荒八处。前临江水,后拥群山,荒僻深奥,向为人迹不到之区,即本地农民亦未从深入。该处与朝鲜一江之隔,该国边民屡遭荒歉,或被江水淹没无地耕种,陆续渡江开垦。现查已熟之地不下二千晌午。该国穷民数千人赖以糊口。有朝鲜咸镜道刺史发给执照,分段注册。并据该国稳城府兵官赵秉稷面称,沿江之民,半多仰给于北岸,彼民自知越界垦种,但求格外施仁等语。事关边界出入,不敢不据实上禀云云。①

吉林将军铭安与吴大澂得悉大量非法越境的朝鲜边民垦居情况后,亦认为事态十分严重,于同年十月,上奏清廷,建议清与朝鲜派员划定界址,并对非法越垦的朝鲜垦民准其领照纳租。同年十一月十四日,清廷依铭安、吴大澂之奏请,准允非法越境的朝鲜垦民继续在中国境内垦居领照纳租,或可令朝鲜国王刷还本国非法越垦之民。着令铭安、吴大澂详细妥议其奏:

> 前据铭安、吴大澂奏,朝鲜贫民,占种吉林边地,垦准一体领证照纳租。当谕令该部议奏。兹据恩丞等奏称,近边各国,不得越界私辟田庐,例近綦严,该国官员擅给执照,纵民渡江盗垦,事阅多年,现在宜令该国王尽数招回,设法安置,重申科

---

① (清)王先谦、朱寿朋:《东华续录》(光绪朝)第44卷,上海古籍出版社2008年版,7月10日条。

禁，方为正办。或于领照纳租外，令其隶属我版图，安官设兵，如屯田例。惟该处地方情形，亦难遥度。仍请饬令该将军等，再行筹划，求一有利无害之方等语。著铭安、吴大澂再行详细妥筹酌议具奏。①

铭安、吴大澂遂行文朝鲜政府，令朝鲜垦民一律刷还朝鲜。但是朝鲜垦民安土重迁，多不愿返回。铭安、吴大澂经过慎重考虑，认为，非法越境的朝鲜垦民处境本已险恶，若驱其回国，势必无家可归。悯其处境，只好令其继续在中国境内居住耕作、领照纳租。但在中国境内居住与耕作之朝鲜边民实为中国之民。因之，这些朝鲜垦民应成为中国人，加入中国国籍，遵守中国法令，并规定年限更换衣冠。并依云南贵州苗族人常例进行管理，立即查明户籍，分别划归珲春、敦化两县管辖。其诉讼案则应同吉林同样处置。为此，铭安、吴大澂于1882年（光绪八年）一月二十五日再次禀奏清政府。清政府则于二月六日准奏，准允已在中国境内非法垦居之朝鲜边民继续居住与耕种，领照纳租，必令其加入中国国籍，遵守中国法律，规定年限，改换冠服。

于是，清礼部、吉林将军铭安和吴大澂分别咨告朝鲜国王和朝鲜地方官吏，通知中国政府对已非法越入中国境内的朝鲜垦民之政策，即准其继续留居，领照纳租，但应加入中国国籍，服从中国法律，规定期限改冠易服。同时重申严禁朝鲜边民非法越境垦居。吉林将军铭安、吴大澂遂令珲春县、敦化县地方官吏对所辖境内之朝鲜垦民查明户籍，认真管辖。

---

① 《清实录》（光绪朝实录）卷139，中华书局2008年影印版，光绪七年十一月条。

3. 移民行政区域的设置

清政府未曾想到"刷还"朝鲜垦民问题会引发边界争端,只好同时处理两个重大问题:一是边界问题不可忽视、怠慢,派官员与朝鲜政府进行边界谈判;二是警戒1885年朝、俄两国在位于图们江流域的朝鲜庆兴所设市场,进行互市贸易,沙俄借此加强对朝鲜的影响。然而开放边界的结果,导致更多的朝鲜边民越界,其势难阻止。

(1) 越垦局和抚垦局

由于刷还已不可能,清廷遂加强对移民的管理使之成为"实边"政策的重要力量。1885年(光绪十一年),清廷首先在图们江以北珲春设立越垦总局,专管朝鲜垦民越垦事宜,还在和龙峪、光霁峪、西步江三处通商局卡设越垦分局,兼理图们江流域以北朝鲜垦民的事务,这与1881年按《盛京东边间旷地开垦条例》在珲春所设的招垦局总局有所不同。吴禄贞对此解释:"俄人有与朝鲜陆路通商之议,因欲安抚韩民,不使生心外向,遂有越垦局之设。"1891年(光绪十七年),吉林将军珲春招垦总局和越垦局合并为抚垦局,迁至南岗(今延吉),令其管理哈尔巴岭以东的广阔地区,并在图们江上游统建4堡垒39社,以资垦荒。

(2) 4堡垒39社

1891年、1894年,清把整个图们江流域划分为4堡39社,编120甲415牌,其中朝鲜人占5990户,汉民占264户,以行政手段来加强对朝鲜垦民的管理。清设4堡39社后,还任命与清官府保持良好关系的剃发易服朝鲜垦民为都社长。

4. 朝鲜移民土地所有权的取得

(1) 剃发易服政策

由于朝鲜垦民不但不愿归还,反而越聚越多,面对这种形势,

1890年，吉林将军奏请，对已非法入境的朝鲜垦民实行剃发易服、领照纳租政策。吉林将军曰："凡越垦韩民，剃发易服者，许其领我地照，纳我租税，一律认为入籍。否则，驱逐回国，不准私垦。"以剃发易服为前提，清对移居图们江、鸭绿江以北的朝鲜垦民赋予土地所有权。

（2）佃民制

朝鲜人向来有极强的自尊心，他们认为剃发易服等于民族同化，因此有不少朝鲜人因不愿剃发而被迫返回朝鲜。可让他们舍弃艰辛开垦出来的良田回朝鲜，自然没有人会乐意。于是，朝鲜垦民想出一种叫佃民制的办法加以抵制，变相地确保了土地。所谓佃民制，是指利用同中国官府关系较为密切且已归化的朝鲜垦民，以他们的名义办理土地执照，而实际上的土地所有权则掌握在那些没有归化的朝鲜垦民手中。名义上的主人叫作地方主人，而实际拥有土地所有权者叫作佃民，佃民制在图们江以北朝鲜垦民区特别盛行。这种方法不仅具有隐蔽性质，还能加深垦民之间的感情，使他们能够患难与共，偏僻山区的朝鲜垦民则可以用这种方式对付官府或匪徒的袭击。

（3）大清国籍法对土地所有权的肯定

随着20世纪朝鲜半岛形势不断恶化，清政府有必要通过法律的形式肯定朝鲜垦民的国民地位，以免将来被日、俄利用。1909年，清廷参照各国的国际法，制定了我国历史上第一个国籍法《大清国籍法》。1910年，作为该条例的施行细则，吉林东南路兵备道又制定了有关图们江以北朝鲜垦民入籍的《限制细则》《取缔细则》和《入籍细则》等，对朝鲜垦民入籍做了具体的规定。

5. 朝鲜对清政府政策的反应

（1）朝鲜主张刷还越境垦民

清政府准许越境垦民纳租入籍，无异于鼓励更多朝鲜贫民越垦，这必然导致朝鲜劳动力、兵员和赋税的流失，无异于釜底抽薪。朝鲜政府对清关于非法在中国越垦的朝鲜垦民领照纳租入籍易服的政策自是不满，但是无可如何，两害相权取其轻，遂主张刷还本国非法越垦的边民。这从朝鲜议政府禀朝鲜国王的奏折中可以看出："咸镜监司金有渊枚举庆源府使李熙荣驰报，以为珲春人持来公文，拆见则我国贫民越界占垦者，领照纳租事。而中国各衙门奉复行会于吉林珲春则恐不可已者，而答照会不可迟滞，为先裁送，至于清查约期之节，请令庙堂禀处矣。此事已于春间有所咨复，而今兹清查约期之节，道臣从长量处后，登闻之意分付。何如？"朝鲜国王"允之"①。同月11日，朝鲜议政府复禀朝鲜国王曰："前者中国礼部据吉林将军铭安所奏，占耕吉林边地之朝鲜咸镜道贫民，并令领照纳租，隶其版图，遵其政教外，著立年限，易其冠裳之意咨照矣。中国之不即驱出我民，盖缘怀绥之义，此若不亟刷还，殆无妨限，法意所在，岂容玩愒，令文任撰咨入送。何如？"②朝鲜国王"允之"。

同月12日，朝鲜国王咨文礼部，转奏清帝光绪，要求允其刷还本国非法在中国境内垦居之民众。同月26日，清廷同意朝鲜国王之请求，准其刷还非法到中国境内垦居的流民。然而，"刷还"一策只是清廷与朝鲜外交上达成的共识，具体实施起来却困难重重，一方面是朝鲜垦民不愿离开；另一方面，即便全部刷还，朝鲜也没有能

---

① 《李朝实录：高宗实录》，国家图书馆出版社2011年影印版，高宗十九年八月条。
② 《李朝实录：高宗实录》，国家图书馆出版社2011年影印版，高宗十九年八月条。

力安置。吉林将军铭安与吴大澂,鉴于朝鲜流民过多,一时难以立即全部驱逐,遂又奏请清廷将朝鲜流民的刷还时间放宽,宽限在一年之内全部刷还。清政府允准宽限于一年之内刷还:"光绪八年(公元1882年)复经铭安等奏呈,宽予限期。奉上谕,准其于一年悉数收回,以示体恤。"① 清朝礼部遂行文朝鲜政府,通知其宽限刷还时间,即一年之内悉数刷还。后应朝鲜要求,延期一年刷还。

(2) 朝鲜政府挑起边界争端

1883年,为朝鲜国王"刷还"其在中国境内非法越垦的本国流民的年份。是年四月,清敦化县知事分别照会朝鲜咸镜道钟城府使和会宁府使,请其在当年秋收后,将非法在中国境内越垦之朝鲜流民全部刷还。② 但是,已在中国境内的大量非法垦居的朝鲜流民不愿重返故国,故而朝鲜的"刷还"无法实现。这些朝鲜流民为避免清政府驱逐,遂制造土门(图们)、豆满为两江说,土门(图们)江北非中国领土之谬说。而朝鲜官吏鱼允中及咸镜北道钟城府使、会宁府使等亦从其说,妄图以此避免已在中国境内非法越垦的本国大量民众的被驱逐。于是,同年七月,在朝鲜西北经略使的授意下,朝鲜咸镜道钟城府使、会宁府使分别复照清敦化县知事,声称土门(图们)、豆满为两江,图们江北非中国领土,要求勘察边界。这就是"间岛问题"的由来。

(3) 清与朝鲜的两次边界谈判

1885年九月到十一月,双方第一次勘界,史称"乙酉勘界",朝方坚持图们江和土门江是两条江,界河图们江是现在中国境内的海兰江。所以谈判没有达成一致。

---

① 《清实录》(光绪朝实录)卷154,中华书局2008年影印版,光绪八年十一月条。
② 《清季中日韩关系史料》,(台北)精华印书馆1972年版,第1913页。

1887年四月到五月,双方进行了第二次的共同勘界活动,史称"丁亥勘界",双方一致同意所谓"豆满江""土门江"就是今天的"图们江"的一音之转,但是双方对图们江的正源问题还是有分歧:朝方认为是红土水,中方认为是更南面一些的石乙水,于是双方(包括朝方代表李重夏)共同绘制地图,请求大清皇帝来裁定,皇帝裁定为石乙水,但朝鲜国王高宗又提出异议。结果,这次谈判也没有正式结果。

以延吉厅①为例,为何大量移民移居到此呢?按照吴禄贞的说法有四个原因:第一,政府的开禁政策以及便利的地理条件,"迨光绪初元,删除旧禁,设局招垦。山东、直隶移民之来此者,皆远在数千里外,山川间阻,跋涉维艰,而韩民则仅隔一江之水,携家挈眷,朝发夕至"②。第二,从自然地理条件来看,与朝鲜北部相比,中国东北土质肥沃,地广人稀,这是吸引众多朝鲜移民来此的重要因素,"朝鲜沿江六镇,地瘠民稠,生计艰难,人浮于事。图们江北则荒原沃甸,绵亘千里,平隰高原,悉宜农业,较彼故国,判若霄壤"③。第三,清政府的招抚政策的吸引,"甲午以前,朝鲜原为属国,加以日俄窥伺,抚宇为急。韩民之越垦者,在朝廷存一视同仁之心,在疆吏行招携怀远之策,不施禁阻,反事招徕"④。第四,朝鲜国内的苛政,导致大批农民被迫背井离乡,"朝鲜横征苛敛,民不聊生。而越垦之

---

① 清光绪二十八年(1902)十月二十六日,以延吉地区地广事繁,朝廷准吉林将军长顺奏,在局子街(即今吉林延吉市)设延吉厅,设延吉厅抚民同知一员。1903年三月九日,延吉厅正式开厅,隶吉林分巡道。
② (清)吴禄贞:《延吉边务报告 延吉厅领土问题之解决》,吉林文史出版社1986年版,第59页。
③ (清)吴禄贞:《延吉边务报告 延吉厅领土问题之解决》,吉林文史出版社1986年版,第59页。
④ (清)吴禄贞:《延吉边务报告 延吉厅领土问题之解决》,吉林文史出版社1986年版,第59页。

地，定例不交荒价，不纳杂项租税。以示优待属国之意"①。到1881年，定居在延边地区的朝鲜人已经达到1万多人。1883年，集安、临江、新宾等县有3.7万多朝鲜族人口。同一时期，黑龙江、乌苏里江流域也有许多朝鲜族农民相继定居。②当然，这些朝鲜移民在新环境中为求生存而入乡随俗，并接受更多的新思想、新事物，这些人所处境遇和经济地位基本上是相同的。相同的历史地位和命运，在这些新移民间产生了大致相同的情感理念和性格气质。进而形成了一个相对较为稳定的民族共同体。

四 被迫迁入时期（1910—1931年）

为了掠夺朝鲜农民的土地和粮食，日本实施了所谓的"土地调查事业"③（1910—1918年）及"产米增殖计划"④（1920—1934年），导致数以百万计的朝鲜农民破产。因破产而穷困潦倒的朝鲜农民纷纷向海外移民，自1911年至1920年，朝鲜破产农民流向海外的移民近40万人，其中移往日本的朝鲜移民为14万多人，移往中国东北等地的为22万多人。⑤与日本推行"土地调查事业"几乎同时进行的是中

---

① （清）吴禄贞：《延吉边务报告 延吉厅领土问题之解决》，吉林文史出版社1986年版，第59页。
② 马平安：《近代朝鲜族移民我国东北线索梳理》，《辽宁教育学院学报》1997年第1期，第29页。
③ 所谓土地调查事业，形式上是调查土地所有权、价格、形状，但其真正目的在于掠夺朝鲜土地权和地税权，是日本在朝鲜实行殖民地统治最基础的一环。1910年前是以非法手段收买为主，相对含蓄，往往借用朝鲜人或朝鲜官吏名义注册登录；1910年以后，主要利用朝鲜总督府，以暴力手段夺取朝鲜农民的土地，完成了日本对朝鲜的土地实际控制。
④ 由于日本国内人口剧增，日本国内米价大涨，粮食问题愈发凸显。朝鲜总督府制定产米增殖计划，令国家资本直接投资于大规模农业经营，通过改善水利灌溉设施和耕地来促进米谷增产，并利用水利组合和金融组合，进行农业投资。与土地调查事业不同的是，产米增殖计划的推行，使朝鲜成为日本的商品销售市场、工业原料和粮食供应基地。
⑤ 孙春日：《中国朝鲜族移民史》，中华书局2009年版，第238页。

国政府在东北实行丈放和促垦政策,民国政府的这一举措主观上是为了扩大税源,缓解财政困难,但是客观上为大量朝鲜移民移居中国东北打开了方便之门。"产米增殖计划"先后分为两次,在推行产米增殖计划的过程中,朝鲜农民蒙受了巨大损失:由于放卖土地,失去了经济独立的基础,沦落为佃农;朝鲜佃农承担水利组合费和其他土地改良费;由于米谷出口激增,使朝鲜国内谷物市价昂贵,侵害了朝鲜农民的利益。① 在日本殖民者的重压盘剥之下,朝鲜农民走投无路,被迫迁入中国东北,这也使得中国东北的朝鲜移民人口剧增,据1931年统计,东北全境朝鲜族人口为94.2万人。② 中国朝鲜族在近代和现代迁入中国东北地区的过程不尽相同,按时间和地域,可分为鸭绿江以北地区、图们江以北地区和黑龙江省地区等逐步由南而北的三个区域。

鸭绿江以北地区的情况:1910年,日本帝国主义强迫朝鲜签订《日韩合并条约》,于是朝鲜沦为日本帝国主义的殖民地。在此后的二三十年间,由于日本帝国主义的殖民统治者实行强制的移民政策,每年都有数以万计的朝鲜移民,怀着满腔悲愤,被迫迁入中国东北,于是便形成了世界史上罕见的民族大移动的潮流。以鸭绿江沿崖的长白、临江、辑安等地为例,1905年时,这一地区有朝鲜垦民8750余户,39440余人,而到了1911年便增至1.21万余户,5.01万余人。1906年,平安北道碧潼郡人金时祯到奉天(现沈阳,下同)一带开垦务农,之后,平安南道、庆尚南道一带的朝鲜垦民亦接踵而至。当时,奉天都督赵尔巽就朝鲜垦民在东北杂居问题,曾在内阁会议上提

---

① 孙春日:《中国朝鲜族移民史》,第259页。
② 孙春日:《论"九一八"事变前朝鲜族民族教育发展的特点》,《民族研究》1992年第5期,第75页。

出讨论，讨论结果认为，朝鲜人早在高丽末期就有流寓东北者，但他们都已加入了中国籍（意为融化成汉、满族）。现今流寓东北的朝鲜垦民，以后不能不成为中国人，因而不能把他们当作外国人看待。由于清廷采取这种默许态度，使朝鲜垦民比较顺利地不断深入东北各地。安奉铁路改轨通车和奉天水利局开凿灌溉渠以后，朝鲜垦民群集于奉天一带，在新民、辽水附近和太公堡、吴家湾、塔湾、北陵等地，很快形成了朝鲜垦民居住的村落。1913年，好多朝鲜人从安奉路沿线和柳河、新宾等县移入抚顺，从事采矿和耕作。1914年，朝鲜商人首次到长春居住经商，之后，务农者相继而至。1918年前后，居住在开原、抚顺一带的朝鲜垦民又向外迁移，延伸到郑家屯西部和东蒙一区的巴彦塔拉附近。还有部分朝鲜垦民，从热河一带深入张家口一带。这样一来，朝鲜垦民不仅遍布辽宁省各地，而且进入长城以里。

图们江以北地区的情况：到1910年，则达16.3万余人。朝鲜垦民居住的区域，在1894年以前，仅限于图们江北岸之地，到1911年时，延吉厅西自长白山东坡的六道沟等处，东至珲春河流域，北至铜佛寺、蛤蟆塘、绥芬甸子等处，合延吉厅皆有韩民之足迹。且不仅延吉厅之地而已，西至长白山北麓，如进林府所属之头道江、柳河等处，敦化县所属之娘娘库（现为安图县松江镇）、小沙河、乳头山等处，东至绥芬厅所属蜂蜜山、三岔口等处，东北至距延吉700余里之宁古塔等处，越垦者皆有日增月盛之况。在1910年"日韩合并"以后，朝鲜垦民向图们江以北地区迁居，形成了前所未有的高潮，从1910年到1920年的11年间，共迁入88815人。在"日韩合并"前，朝鲜垦民迁入中国，基本上是由于生计艰难而迁入的，而在"日韩合并"以后的迁入，政治因素则成为很重要的原因。因而，这个时期迁入的人，不仅限于农民，而且有工人、知识分子、军人等各个阶层的人。他们当中的许多人是为了寻求民族解放而到中国来找出路的。据当时日本领事馆调查资料,到1929年年末,迁入中国东北的朝鲜人共计619276人,其分布状况为:南满铁路沿线为39531人;辽宁省135245人;吉林省54661人;延边382390人;黑龙江省7449人。实际上,当时居住在中国东北的朝鲜垦民远远超过了上述的数字。但仅就这个调查资料也可以看出,居住在图们江以北地区的朝鲜垦民已经远远超过鸭绿江以北地区,成为东北三省中最主要的朝鲜垦民的聚居区。

黑龙江省的情况:朝鲜垦民先在延边一带落脚,以后逐渐向北迁移。居住在珲春一带的人一般沿着瑚布图河、大绥芬河、大肚川河迁入东宁一带。居住在延吉、图们、汪清一带的人越过老松岭迁入东京城、宁安一带。居住在敦化、安图一带的人则沿着敦化河(即牡丹河)迁入东京城一带。从南满和吉林一带迁入的,渡过鸭绿江迁入东边道地区的朝鲜垦民,是经由辑安、宽甸、通化、桓仁、临江、柳河、新宾等地迁往黑龙江的五常、阿城、滨江等地定居的。从时间上看,朝鲜垦民大量迁入黑龙江省境内,是从日本帝国主义吞并朝鲜的1910年以后开始的,特别是进入20世纪20年代,由于日本帝国主义进一步加强对朝鲜人民的法西斯统治,迁入中国黑龙江省的朝鲜垦民急剧增加,几乎遍及黑龙江省的各县。到1930年,居住在黑龙江省的朝鲜垦民已经达到44463人。

这一时期,大部分朝鲜族移民都是在日本殖民主义者组织下进行的。这一时期朝鲜族移民在东北的人数:1925年据东省入籍韩族同乡会调查,辽宁省50万人,入籍者1万人;吉林省70万人,入籍者10万人;黑龙江省10万人,入籍者5千人;总计130万人,入籍者11.5万人。1929年据长春方面调查:辽宁省455125人;吉林省

556320 人；黑龙江省 363240，共计 1374685 人。1930 年据沈阳方面调查，三省共计 130 万人。

这个阶段，朝鲜族移民在东北的分布，据日本领事馆调查，其情况如下：朝鲜族移民人数，南满铁路沿线 39531 人；辽宁 135245 人；吉林 54661 人；延边 382390 人；黑龙江 7449 人。又据我国方面 1929 年调查，其分布状态是：关东厅 1169 人；营口领事馆 1029 人；辽阳领事馆 273 人；辽宁总领事馆 9501 人；新民领事馆 1753 人；安东领事馆 64135 人；铁岭领事馆 5735 人；郑家屯领事馆 1110 人；长春领事馆 2743 人；吉林总领事馆 29741 人；哈尔滨总领事馆 11533 人；齐齐哈尔领事馆 277 人；满洲里领事馆 53 人；通化领事分馆 36436 人；掏鹿领事馆 2783 人；海龙领事馆 9365 人；农安领事分馆 120 人；赤峰领事分馆 1521 人；间岛领事分馆 137297 人；珲春领事馆 44881 人；局子街领事馆 65705 人；头道街领事馆 88900 人；面草沟领事馆 25381 人。

这一时期与清末一样，朝鲜族移民以农业为主要生产事业，同时也兼营一些其他职业。"朝鲜人精于经营水田，且富于经验，故东北的水田，几全为韩人所独占。东北水田收获年约 200 万石，其中 8.5/10 是由韩侨经营的。"① 移民的生活状态为，"平均每户 4 口人，居住 3 坪左右用高粱秆盖的房屋，或租借中国人的 1 间房，全家杂居；饮食方面是卖掉收获的大米，以之购入廉价的谷子、玉米、高粱等作为主食；以干鱼、葱、白菜、萝卜等蔬菜及辣椒、咸菜为副食。一家 4 口每月伙食费为银 7.8 元至 12.13 元者已算相当不错；更贫穷者则以少量的谷子、高粱和蔬菜加大量的水杂煮来勉强充饥，一家 4 口人每

---

① 王海波：《东北移民问题》，中华书局 1932 年版，第 86 页。

月仅以4.5元来度日者，亦为数不少"①。朝鲜族移民在东北地区的生活是十分艰难的。

在这一阶段中，由于日本的间接移朝鲜（韩）人殖满的阴谋，以及朝鲜族移民与当地居民的众多纠纷，朝鲜族移民被当地政府视为"日本侵略满洲的先驱""日本帝国主义的走狗"②，并为此制定了一系列的法令要予以取缔，在这种情况下，朝鲜族移民不能再像起初那样通过垦荒获得土地。因此，在1927年以后，朝鲜族移民一度纷纷加入中国国籍。归化后的朝鲜族移民正式成为中华民族中的少数民族，与当地人民一起为后来反抗日本侵略，并开发东北、建设东北做出了应有的贡献。

五 强迫迁入时期（1931—1945年）

20世纪三四十年代，日本为了加强对东北地区的占据，为了把中国东北变成其永久性殖民地，并把东北建成其物资供应基地成为侵略中国的后方基地，朝鲜总督府强制朝鲜移民移居中国东北，1931年，朝鲜总督府制定了《朝鲜移民会社设立计划》，第二年又制定《朝鲜农事会设立计划》，规定每年向东北移民2万户，10万人，15年移民30万户，150万人。③ 按照金元石先生的考证，从1931年到1936年，尽管日本制定了大规模的集团移民政策，但是并没有真正实行，这段时间日本主要采取了"不干涉主义"的"自由移住"政策。主要原因有三：第一，由于朝鲜族人民和中国东北各族人民的反日运动连绵

---

① ［日］依田熹家:《日本帝国主义的本质及其对中国的侵略》，卞立强译，中国国际广播出版社1993年版，第241页。
② 拓务大臣官房文书课编:《拓务省调查资料第三编·满洲与朝鲜人》（1933年），延边朝鲜族自治州档案馆所藏档案，第244页。
③ 金元石:《中国朝鲜族迁入史述论》，《民族研究》1993年第1期，第63页。

不断，日本帝国主义在东北的殖民秩序还未完全确立，日本侵略者没有条件考虑直接组织朝鲜人移民问题。第二，日本帝国主义为了摆脱经济危机，解决人口"过剩"问题，对朝鲜破产农民迁入日本采取限制政策。第三，"九一八"事变后，日本帝国主义为了摆脱国内经济危机，发起更大规模的侵华战争，将经济危机转嫁给朝鲜，从而造成朝鲜破产农民和手工业者急剧增加，朝鲜国内的民族矛盾不断加剧，而缓和民族矛盾的最好的方法，就是使朝鲜破产劳动人民自由流入中国东北。朝鲜劳动人民流入东北，还可利用其直接掠夺东北资源。金先生的考证分析是客观的，同时他还用大量数据论证了这样一点，由于东北和朝鲜同样成为日本殖民地，移民道路畅通无阻，再加上日本帝国主义对朝鲜移民迁入东北采取"不干涉主义"政策，"九一八"事变以后朝鲜的破产农民和小手工业者成千上万地迁入中国东北。爆发"九一八"事变的1931年，东北有朝鲜移民630982人，1933年增长到大约68万人，到1934年，东北朝鲜移民约达73.8万人，到1935年居住在东北地区的朝鲜移民猛增到82万人左右，比1934年增长8万余人，1936年，吉林省的朝鲜移民有52.8万余人，这年居住在东北地区的朝鲜移民总共达854111人。

全面侵华战争爆发后，为了满足侵略战争所需要的粮食、物资，关东军成为推动朝鲜大规模移民中国东北的主力，很显然，这一阶段属于强迫迁入时期。1938年，日本关东军移民事务处理委员会制定《鲜农处理要纲》。《要纲》规定将朝鲜人移民区由23个县扩大到39个县。又规定朝鲜移民按集团、集合、分散三种形态迁入东北。1939年12月，随着朝鲜移民数量的急剧增加，将原来朝鲜移民方案改为《满洲开拓政策基本要纲》，规定全东北为朝鲜移民区。根据国家民委门户网站介绍的数字显示，自1937年到1940年，日本以"集团开拓民"名义强制移民到东北各地的朝鲜农户就达14725户。新中国成立后,朝鲜人向中国东北的迁入基本上结束了。同时曾经居住在中国东北的朝鲜移民中,回到朝鲜的约有60万人,1949年东北朝鲜族人口为1110657人。①

1932年1月,由"满族地方农务课"制订了《满洲移居纲要(朝鲜人部分)》。这个计划规定:在20年内每年输送移民5000户,创建10万户朝鲜自耕农。但随着日本帝国主义在东北殖民秩序的建立,其对朝鲜族移民进入东北的态度发生了微妙的变化,由积极开始转为消极,有时甚至采取了禁止的措施,"原因是占领满洲后,日本帝国主义已无必要再利用朝鲜人,以及移民的位置发生了变化"②。尽管这样,"九一八"事变后,进入东北地区的朝鲜族贫苦农民还是有增无减。1936年9月以前,由朝鲜来的移民每年约5万户6万人,1935年达10万多人。据《满洲经济年报》记载,从1932年到1936年7月,东北的朝鲜族移民历年增加情况见表2-1。

表2-1　　　　　1932—1936年移民东北的朝鲜人数量

年 份	1932	1933	1934	1935	1936
移民人数	645598人	673295人	761772人	827025人	857701人

资料来源:南满洲铁道株式会社调查部:《满洲经济年报》,改造社1935年版,第368页。

在这一阶段中,朝鲜人的移民形式有集团移民、集合移民和分散

---

① 金元石:《中国朝鲜族迁入史述论》,《民族研究》1993年第1期,第63—66页。作者有删减,另外,金先生统计的数字与上文孙春日先生统计的数字有出入,这可能是由于统计方法不同造成的,但是有一点可以证明,那就是这一时期移居到中国东北的朝鲜族人急剧增加,达到100万人以上的规模。

② [日]依田憙家:《日本帝国主义的本质及其对中国的侵略》,卞立强译,中国国际广播出版社1993年版,第300页。

移民三种。从 1937—1944 年，8 年中移入我国东北的朝鲜族移民共有 149736 人。移入东北的朝鲜移民情况见表 2-2。

表 2-2　　　　　　1937—1944 年朝鲜移民东北的情况

年 份	1937	1938	1939	1940	1941	1942	1943	1944
移民人数	12160人	27182人	36027人	21409人	11202人	23031人	9618人	9097人

资料来源：辽宁省档案馆藏，日资政治类 1445 号。

到 1945 年日本投降时，我国东北境内的朝鲜族移民，如果把沦陷前的移民人数也加在内的话，总计已达到了 171.9 万人。据统计，伪满洲国时期，在东北地区，朝鲜族移民从事农业者占 70% 以上，从事工业者不到 8%，其他各业更少，与前两个时期相比无明显的变化。但由于"九一八"事变后东北处于日本帝国主义的占据之下，移居该地区的朝鲜族移民同样处于日本帝国主义的残暴压迫之下，其生活状况和与日本帝国主义之间的矛盾也均发生了一系列深刻的变化。

中国朝鲜族之所以最终成为中国的少数民族之一，抗日战争这个阶段的作用是非常大的，一方面，中国朝鲜族与东北兄弟民族并肩作战，抵御外敌入侵的共同经历在朝鲜族形成过程中起到了非常关键性的作用；另一方面，中国共产党正确的民族政策对朝鲜族的感召力是巨大的，这一点在解放战争中也得以体现，中国朝鲜族积极参加解放战争，并做出了巨大贡献，这些用鲜血凝结的记忆对朝鲜族的最终形成起到了强化和巩固的作用。

六　对中国朝鲜族形成的几点认识

当然，我们必须要承认，中国朝鲜族的形成是一个历史过程。在早期移民定居的前提下，朝鲜移民先后又经历了大规模自由迁移以及集团移民阶段,这与日本对朝鲜以及中国东北的侵略紧密相关。

按照韩俊光先生的说法,朝鲜族成为中国少数民族是有条件的:(1)长期在中国居住;(2)与原有的兄弟民族一道开发边疆,建设边疆,保卫边疆;(3)自愿加入中国国籍并取得公民权。① 也就是说,不是所有居住在中国的朝鲜移民都演化为中国朝鲜族。同时从时间上来说,尽管中国朝鲜族是由朝鲜半岛移民演化而来,但是研究19世纪以前的朝鲜移民问题,属于朝鲜史的研究范畴,对19世纪以后朝鲜移民的研究属于中国民族史的研究范畴。在研究移民史的过程中需要注意:一个民族的个别成员的移动是常见的,但集体性移动是不常见的,是特定历史条件下的产物,不是随时存在的现象。一个民族的形成有它的形成过程,要形成一个民族必须以稳定的民族集团为前提,不能以民族的个别成员的迁居为条件。②

另外,关于朝鲜族民族认同问题的分析也要区分不同层面:首先,从时间层面而言,朝鲜族对中华民族的认同有一个不断强化、深入的过程。因为在早期的朝鲜移民中,多数人的民族认同仍然是认同朝鲜民族,尽管由于生计或革命斗争需要他们被迫来到中国东北,但这一时期多数人还是寄希望于有朝一日能够回到朝鲜半岛。随着日本对东北亚侵略步伐的不断迈进,光复朝鲜、回归家园的理想变得越来越渺茫,开始有部分人扎根中国东北,但是大多数人还是处于一种游离状态,没有加入中国国籍。随着中国革命的深入发展,最主要的是中国共产党正确民族政策的感召,多数朝鲜移民纷纷加入中国国籍,当然也有很多人在抗日战争结束后回到朝鲜。其次,从认同的内涵来看,其中的差别还是有的。早期朝鲜移民对自身朝鲜民族的身份认同

---

① 韩俊光编:《朝鲜族迁入史资料汇集》,延边历史研究所1988年版,第107页。
② 韩俊光编:《朝鲜族迁入史资料汇集》,延边历史研究所1988年版,第107页。

十分强烈,对中华民族没有认同感。随着时间的推移,朝鲜族开始对自身少数民族身份开始认同,并加入中国国籍,进而自主融入中华民族大家庭。很显然,对朝鲜民族的眷恋、对少数民族身份的自主认同以及对中华民族的自觉加入,恰恰反映了朝鲜族形成的生动历史画卷。

朝鲜族迁入中国主要有三条路径:一是经由鸭绿江迁入,二是经由图们江迁入,三是渡过乌苏里江或黑龙江迁入。从朝鲜移民的原籍情况看,从总体上说,朝鲜半岛北部移民占多数,朝鲜半岛南部移民占少数;从地区分布来看,中国朝鲜族的居住地离朝鲜半岛越近,朝鲜北部移民越多,离朝鲜半岛越远,朝鲜南部移民越多。尽管移居到中国东北的朝鲜移民在移居时间先后、原籍在朝鲜半岛北部还是南部存在不同,但这些不同丝毫没有影响到这个群体共同的经历与共同的体验,进而相互认同与认可,构成现今我国朝鲜族的雏形。

为了谋生,朝鲜移民不断迁入中国东北,特定的时期、特定的历史条件决定了他们有共同的心理诉求,为了分享共同利益而并肩战斗。中国东北广袤、富饶的黑土地是吸引大量朝鲜移民移居的物质条件,东北地广人稀并且与朝鲜半岛相邻,是广大朝鲜移民移居此地的现实条件。最初的移民大多采取春种秋收的做法,并未定居,随着朝鲜半岛局势的动荡以及朝鲜国内政局的变更,越来越多的朝鲜移民逐渐在中国东北定居下来。在中国东北的朝鲜移民,由于地缘因素的制约,定居吉林省的人数最多,其次是黑龙江省,再其次是辽宁省,在内蒙古也有少量的朝鲜移民居住。其中,图们江以北地区的延边成为朝鲜移民最大的聚居区。迁居东北以后,有着共同语言、共同经历、共同境遇的朝鲜移民开始反思自己的命运。一方面,尽管有些朝鲜移民仍然坚持自己是朝鲜人的固有观念,寄希望于有朝一日当朝鲜政局稳定以后回朝鲜生活,但是大多数朝鲜移民由于长时期在东北生活,他们对母国的归属感越来越弱,相反共同的生活经历使得他们更加团结在一起,逐渐认同了自己的新身份,为了自己的生存权和切身利益而抗争,并与东北其他兄弟民族一起在保卫东北边疆的斗争中付出了巨大的牺牲。这些用鲜血凝结的记忆,成为影响朝鲜移民确认新身份的重要因素。

民国时期,国民党军队占领了东北南部的主要城市和辽西、辽南等广阔地区,开始对朝鲜族民众进行民族压迫政策,残酷压迫朝鲜族人民,污蔑朝鲜族群众是"赤化的祸根",肆意残害朝鲜族群众,烧毁他们的房子,特别是大肆残杀参加抗日斗争的朝鲜族群众的家属,气焰嚣张。国民党政府强行规定凡十三岁以上的朝鲜族人必须领取国民党政府的"居留证""身份证",身份证的价格高达300元钱。他们挨家挨户调查户口,搜捕"共产党嫌疑犯";胁迫群众召回参加人民解放军的子女;到处拉夫抓丁,强迫群众去修公路、挖战壕、筑碉堡。稍有不顺,就被冠以"通匪"罪名,遭毒打,被杀害。据不完全统计,1947年在国民党统治区的朝鲜族人民有8468人被捕、2042人伤亡。①

与国民党政府不同,中国共产党制定了正确的民族政策。1942年年底,中共延边地方委员会书记刘俊秀在《关于民族政策中的几个问题(草案)》中明确宣布:"确定居住在延边境内的朝鲜族人民,承认为中国境内之少数民族,是中国民主共和国的一部分。民主政府按民族平等的原则,给予朝鲜族人民地权、人权和财权,并保护人民生命之安全","凡是过去居住在延边地区并在土改中已向当地民主政府

---

① 孙春日:《中国朝鲜族社会文化发展史》,延边教育出版社2002年版,第97页。

正式申请加入户籍者，为中国公民，凡未正式加入户籍或新由朝鲜来居者，为朝鲜侨民"。不仅如此，中共中央东北局还具体确定了公民与侨民的标准："凡居住在延边的朝鲜人民，登记户口，有户籍之人民为公民；凡是暂时来往没户籍者，为侨民；又经过政府批准移住出国之公民而复回来者，为侨民；由朝鲜没有经过我方高级政府批准者，均为侨民；凡某些公民家族在朝鲜而家长与财产在延边者，经过政府之许可时而来者可承认为公民。"① 早在1928年7月，中国共产党第六次全国代表大会通过的关于民族问题的决议案指出："中国共产党第六次大会认为中国境内少数民族的问题（北部之蒙古、回族、满洲之高丽人，福建之台湾人，以及南部苗、黎等原始民族，新疆和西藏）对于革命有重大的意义，特委托中央委员会于第七次大会之前，准备中国少数民族问题的材料，以便第七次大会列入议事日程并加入党纲。"② 土地所有权问题应该是中国近代革命的核心问题之一，通过分析中国共产党对这一问题的阐述，我们可以进一步明确中国共产党的民族政策。在《中国土地法大纲》颁布之前，延边朝鲜族地区先后制定的地方性土地分配方案就规定："凡当地无地与少地的农民，不问其为雇农、佃农、贫农、关内劳工，不问其为中国人或高丽人，一律以每户人口的多少为比例，享有平分得土地的权利"，"对朝鲜族一视同仁分给土地，并一样给他们土地所有权"③。随着土地法大纲的颁布和土地革命的深入开展，朝鲜族贫苦农民分得了土地，在经济上实现了中国少数民族和中国公民的权利。在土地改革中，东北行政委

---

① 周保中在吉林省委群工会议上的报告《延边朝鲜民族问题》，1946年12月。转引自王禹《东北朝鲜族国籍问题研究》，硕士学位论文（延边大学）2004年，第38页。
② 中共中央统战部：《民族问题文献汇编（1927.7—1949.9）》，中共中央党校出版社1991年版，第87页。
③ 孙春日：《中国朝鲜族社会文化发展史》，延边教育出版社2002年版，第50页。

员会要求在平分土地时,对各地的朝鲜族农民,不仅要分配土地、发放执照,还应依照他们擅长种植水稻的传统和生产优势,多分给水田。这一举措充分证明了中国共产党已经把朝鲜族视为中华民族的一员。恰恰是土地改革的胜利推进,极大调动了朝鲜族民众发展生产、支援前线、巩固新生地方政权和保卫胜利果实的巨大热情。朝鲜族民众翻身得解放进一步加强了朝鲜族民众对中国共产党的拥护,并对未来新政府充满期待。这也强化了朝鲜族对自身少数民族身份的认同,自觉融入了中华民族大家庭之中。

第二节 中国延边朝鲜族跨界民族共同体的建构

2014年12月,中共中央、国务院印发了《关于加强和改进新形势下民族工作的意见》,指出"要深刻认识我国统一多民族国家的基本国情,我国是全国各族人民共同缔造的国家,在长期历史进程中,各民族共同开发祖国的辽阔疆域,共同创造灿烂的中华文化,形成了共同团结奋斗、共同繁荣发展的中华民族多元一体格局"。"坚持党的领导,坚持中国特色社会主义道路,坚持维护祖国统一,坚持各民族一律平等,坚持和完善民族区域自治制度,坚持各民族共同团结奋斗、共同繁荣发展,坚持打牢中华民族共同体的思想基础,坚持依法治国。""要积极培育中华民族共同体意识,引导各族干部群众深刻认识中国是全国各族人民共同缔造的国家,中华文化是包括56个民族的文化,中华文明是各民族共同创造的文明,中华民族是各民族共有的大家庭,牢固树立各民族水乳交融、唇齿相依、休戚相关、荣辱与共的观念。"这些政策的提出,为我们进一步深入理解和推进党的民族政策奠定了基础。

从民族学视角而言,朝鲜族的"族"与中华民族的"民族"的确在内涵和外延上存在一些差异。本书中所谈到的"族""民族""民族共同体"都是取其广义上的含义,而不是狭义上的含义。厘清朝鲜族的起源问题对维护国家边疆安全意义深远,这个问题值得我们持续研究。

什么是民族共同体,民族共同体概念的核心含义是指近代意义上的民族概念。近现代意义上的民族概念的蓬勃兴起是与民族主义运动的高涨相辅相成的。新航路开辟后,殖民主义在全球范围内的疯狂扩张,导致被压迫地区人们的民族意识不断觉醒,民族主义思潮不断高涨。民族主义思潮的高涨有两层含义:第一,对于殖民者而言,他所推崇民族主义是一种泛民族主义思潮,核心目的是为了追求有利于自己的殖民统治而利用这一思潮;第二,就是被殖民的广大殖民地民众希望通过民族主义来凝结民众力量,以此为思想武器来进行斗争,反抗殖民压迫进而寻求推翻殖民统治。当然我们也不能排除有些人利用这股思潮来搞极端民族主义。在西方"民族"这个概念很少用来作为"一种政治意义上的表达,主要是用于某种语言、文化、习俗或传统上具有'独特天性'的东西来理解的"[①]。随着第一次工业革命的快速推进,现实社会生活中的人们愈发感觉到尽管物质财富在增加,但是社会现实与道德约束力、传统的价值观渐行渐远,民族主义思潮的出现就是在这样的背景下应运而生,并且愈发密切地与"共同体"意识形态结合在一起,"因而也神话般地、不加批评地将民族强调性地

---

① 李工真:《德意志中间等级与纳粹主义》,《世界历史》2000年第6期,第45页。

理解为'一个发展起来的命运集体,个体是无条件地为这个共命运的集体服务的。在必要时,个体必须为这个共命运的集体而献生'"①。德国的洛塔尔·加尔对此问题的评价较为客观:"正是在这里,首次显示出,民族主义的思想也是能从它原始的关联中分离出来,变成落后的东西,并为反动的目标服务的。"② 这个评价丝毫没有否认民族主义思想在凝结民族共同体的关键作用。中国的民族主义意识的觉醒是与近代史上的鸦片战争相伴而生,因为在中国古代史上,民族意识不是主流的意识形态,恰恰是因为西方殖民者对中国的侵略,中国的仁人志士逐渐意识到必须要唤醒民众、发动民众、团结民众,以求得民族独立与民族解放。从排斥其他少数民族的大汉族主义到弘扬中华民族利益的转变无疑是这种强大外力压迫而导致的必然结果。随着西方民族一词传入中国以后,为了革命和斗争的需要,在中国"中华民族"这一概念应运而生,当然,中华民族仅仅是一个族称,其实共同体早在古代就已经出现,只不过是在近代赋予了这一概念更多的时代特征。

中国的56个民族的民族含义与中华民族的民族含义是不同的。当然我们不能简单地认为56个民族的民族含义是基于血缘、地缘基础上的人们共同体,但与中华民族的民族含义相比,前者的民族含义更侧重于历史传统、文化渊源、价值取向以及风俗习惯的趋同性,大多都可以有单独的历史渊源以及发展脉络,它更侧重于狭义层面的民族共同体。中华民族的民族含义更多侧重于广义层面上的民族共同体

---

① 李工真:《德意志"民族共同体"意识与纳粹主义》,《历史教学问题》1998年第6期,第12页。

② [德]洛塔尔·加尔:《19世纪的德意志问题》,波恩,1971年版,第31页。转引自李工真《德意志"民族共同体"意识与纳粹主义》,《历史教学问题》1998年第6期,第12页。

而不是狭义层面上的民族共同体，或者说是基于国家政治层面，凸显56个民族的文化趋同性和利益的一致性。与此相反，在狭义上的民族共同体中，最主要的是思想上对"统一"的渴望，并通过社会生活、风俗及宗教来强化这一理念。个人意愿只是一个基础，通过对共同的社会生活方式、社会秩序的不断认可，这样每个民族的民族性、民族文化得以持续发展。"阶级斗争的出现，会使民族国家处于动荡，随之民族文化在社会文明中也会发生转变，所以民族文化在不断变化的文明冲突中逐渐走向消亡。"[1] 很显然，达伦多夫对民族共同体的描述是带有很大的想象成分，当然也不乏合理之处。也从另外一个侧面说明了为什么中国历史上很多曾经辉煌一时的民族最后消失的原因。中华民族则与此相反，尽管它的形成是基于56个民族的认同感（包括文化上的、价值观方面的认同），但更为主要的是时代因素在它的形成中起到至关重要的作用，特别是面对外族入侵，中华民族的民族凝聚力和民族认同感不断强化并得以积淀。

中华民族是中国境内各民族的总称，也包括海外华人。中华民族的民族含义并非是严格意义上民族学的民族概念，因为它不完全具备相同血缘、共同的语言、住所、习惯、宗教、精神体系等真正意义上的民族特点，它是一个政治概念，仅仅指国家共同体（nation）。中华民族这一概念在中国真正深入人心是在抗日战争胜利后才最终完成，大规模抗战使大多数中国人有了共同的历史命运与集体记忆，"中华民族"一词已成为民族精神、民族情感的凝聚和象征。换而言之，中华民族就是基于某种共同价值取向的精神图腾；或者说，是可供各民族寄托情思的情感符号。

---

[1] Dahrendorf, Ralf, *Gesellschaft und Demokratie in Deutschland*, München: Piper & Co. Verlag, 1966, p. 145.

史密斯提出:"nation 首先而且最重要的是一独立于国家的社会和文化共同体,就像历史上被肢解的波兰民族那样,没有'自己的国家',但它仍可存在。"① 基于此,史密斯认为民族是"与领土有关,拥有名称的人类共同体,它拥有共同的神话和祖先,共享记忆并有某种或更多的共享文化,且至少在精英中有某种程度的团结"②。史密斯给民族所下的定义与我们所说的中华民族基本吻合。纳日碧力戈也曾指出:"原本不是一个族群的人,可以象征性地'结拜'为骨肉同胞。东方的精神和西方的物质可以在符号处理后融为一体。炎黄正在超越时间和空间,在人们的政治、经济、历史、实践的框架中,被重新命名成为中国的'原始图腾'。"③ 当然,这种图腾符号也是基于一种价值认同,其中在共同认同的基础上,必然导致某些个体特色的流失,从而趋同为某种共同的核心价值观。随着共同体人数的增加,个体利益必须要服从于共同体的集体利益,导致彼此间的差别逐渐模糊,相互间可以长时间和睦共存,进而导致趋同性愈发突出。所以,中华民族应该是基于民族共同体基础上的一种广义上的民族概念。那么民族共同体是如何形成的呢?

与民族共同体共存亡,始终是一切民族共同体凝结物的,是人们在特定的自然地理环境中进行物质资料生产所形成的经济关系,是人们互换劳动形式的商品生产和商品交换。这才是民族共同体内在的、始终不渝的主要凝结物。④ 那么,在这个国家的各个地域上,是什么东西把人们联结成为各种共同体呢?是劳动的互换,是人们劳动的社会性。在一个社会中,每个人的具体劳动,是社会总劳动的一部分。

---

① A. D. Smith, *Myth and Memories of the Nation*, Oxford University Press, 1999, p. 105.
② Anthony D. Smith, *Nationalism: Theory, Ideology, History*, Polity Press, 2004, p. 13.
③ 纳日碧力戈:《象征与认同符号现代化》,《民族艺术》1998 年第 2 期,第 42 页。
④ 李甫春:《中国少数民族地区商品经济研究》,民族出版社 1986 年版,第 65 页。

人们只有通过劳动交换，才能获得自己所需要的全部生产生活资料。而这个劳动互换的物质形态，就是劳动产品的交换。① 当然，这是广义上的民族共同体形成的基本过程，是民族共同体形成的内在发展的逻辑过程，随着时间、地点、条件的转移，每一个民族共同体的形成都有其独特的内涵特点。中华民族这个广义上的民族共同体的形成也不例外，共同的抵御外敌入侵的经历和体验在其中发挥了重要的作用。中国朝鲜族融入中华民族共同体的过程就是符合上述规律的一个典型例子。中国朝鲜族移居中国经历了不同的发展阶段，中国朝鲜族属于迁入民族②，对中国朝鲜族的研究从属于跨界民族研究的范畴。金炳镐教授指出，跨界民族应该从狭义和广义两个层面来理解，"狭义者就是同一民族跨国界线分居在不同国家"，广义上的跨界民族应称"跨境民族"或"跨国民族"。③ 中国朝鲜族与朝鲜民族尽管有继承关系，但他们已经不是一个民族，中国朝鲜族是中华民族的重要组成部分，中国朝鲜族的形成与中华民族这一概念的出现几乎是遥相呼应。明确区分这一问题有两个方面的重要意义。首先从理论上而言，如果按照传统的民族定义，中国朝鲜族的确与朝鲜民族有着诸多共同点，而与中华民族的共同点相对较少。这就要求我们必须重新对民族、中华民族等概念进行界定，如果从图腾信仰以及符号学角度来解读中华民族，我们就会发现，中华民族应该是建立在拥有共同文化、共同价值取向、共同利益基础上的民族共同体。很显然，这样的理论

---

① 李甫春：《中国少数民族地区商品经济研究》，第68页。
② 朝鲜族迁入上限主要有：高句丽说、8世纪唐朝说、元明说、明末清初说、19世纪中叶说等五种观点。大多数学者认为，"民族的延续性，首先是指该民族的先世与后世之间在民族属性上的连续性"。从这个意义上讲，"现今中国朝鲜族正是从十九世纪中叶以来的迁入民以本民族特征为基础而变化发展而来的"。
③ 金炳镐、张兴堂等：《加强跨界民族研究 丰富马克思主义民族理论体系》，《黑龙江民族丛刊》2008年第1期，第10页。

视角使我们不再产生中国朝鲜族到底是隶属朝鲜民族还是中华民族这样的困惑，因为只要我们回顾一下中国朝鲜族在形成、发展过程中与中国其他兄弟民族一起并肩战斗、共同保家卫国、共同开发边疆、共同建设国家的事实，中国朝鲜族与中国东北其他兄弟民族在共同利益基础上构建的中华民族共同体的特征是非常明显的。承接前文所述，中国朝鲜族的形成以及延边朝鲜族跨界民族共同体的形成与中国共产党正确的民族政策休戚相关，因此，我们有必要对中国共产党的民族政策进行概说。

一　中国共产党民族区域自治政策的引领

中国是一个统一的多民族的社会主义国家，民族区域自治是中国的一项重要的政治制度。民族区域自治是维护少数民族的利益，保障少数民族平等的社会政治地位及民族自主权的重要权利的重要举措，中国朝鲜族，被中国政府确定为中国的少数民族，同其他中国境内的各民族一样赋予了自治权利，并在朝鲜族聚居的地方设立了自治州、自治县、民族乡等地方行政单位。当然，中国的民族区域自治政策也是一个历史范畴。

中国朝鲜族是中国实施民族区域自治制度较早的民族。1952年9月3日建立了延边朝鲜民族自治区，1955年12月，根据1954年宪法规定，经国务院批准，延边朝鲜民族自治区改为延边朝鲜族自治州。1958年9月15日又建立了吉林省长白朝鲜族自治县，此后在东北地区又先后建立了20多个朝鲜族自治乡镇。民族区域自治作为我国一项重要政治制度和处理民族问题的一项基本政策，对维护祖国统一、增强民族团结、促进少数民族社会经济发展起到了重要作用，得到了包括朝鲜族在内的各族人民的衷心拥护。正如邓小平同志所说："解决民族问题，中国采取的不是民族共和国联邦的制度，而是民族区域自治的制度。我们认为这个制度比较好，适合中国的情况。……这是我们社会制度的优势，不能放弃。""实行民族区域自治，不把经济搞好，那个自治就是空的。少数民族是想在区域自治里面得到些好处，一系列经济问题不解决，就会出乱子。"① 这些科学论断充分说明中国共产党的民族区域自治政策对少数民族的关心与爱护，同时也充分说明了民族区域自治政策的形成与中国革命的历史进程休戚相关。

与国内其他少数民族相比，中国共产党对朝鲜族的民族区域自治政策既有共性特点，也有个性特征。具体而言，民国政府在1914年下令"韩民易服，更换契照"，"规定凡在中国领买土地十年以上者，令其剃发易服，使入中国国籍，如有不愿入籍者，即照章将其所有土地酌价收回"。与民国政府不同的是，在长期的中国革命斗争过程中，中国共产党历来重视对民族问题的关照，在理论上积极探索，在政策上对少数民族大力扶持，在行动上与中国的实际相结合，对境内各少数民族人民实行民族区域自治政策，积极调动境内少数民族革命的积极性，与之相适应，中国境内各少数民族也积极参加抗日战争和解放战争，为中国的解放和为争取本民族的自治权，付出了巨大牺牲。在解决中国朝鲜族问题上，中国共产党始终坚持并贯彻民族平等和民族自治的原则。中国共产党对朝鲜族的民族区域自治政策，在1927年10月中共满洲省委建立以后的党中央和东北各级党组织的一系列文件中得到集中体现，并在1949年新中国成立后付诸实施。

1927年10月，中共满洲临时省委建立后，制定了一系列保障朝鲜族民族平等和自决的纲领和具体政策。如1928年中共满洲省委就

---

① 《邓小平文选》第2卷，人民出版社1994年版，第167页。

发布《满洲的朝鲜农民问题》提出："凡朝鲜的农民在满洲与中国农民一律享有土地所有权和居住权，一律享有革命政权……这样，满洲的朝鲜族农民问题才得以真正的解决。"1930年6月，满洲省委又制定了《关于在满高丽人问题的决议案》，再次强调"中国苏维埃政府保障在满高丽人之居住自由"的主张，承认作为民族自治最基本条件之一的土地所有权等平等权利，在解决朝鲜人的问题上迈出了最根本的一步。其实，关于民族自治的构想的提出时间较早，在第一次国内革命战争时期中国共产党就提出"由人民统一中国"后，承认少数民族"自决权"的主张，中国共产党第六次全国代表大会上制定的十大政纲中也规定："统一中国，承认民族自决权。"① 在朝鲜族的问题上，中国共产党采取了民族自治方式，表示在民族自决的原则下要予以民族自治权。满洲省委在《关于在满高丽人问题的决议案》中提出"中国苏维埃政府企图苏维埃政权之全国的统一，同时努力建设在满高丽劳苦群众的苏维埃自治共和国"的主张，提出"在满韩国群众彻底的、经济的、政治的和民族自决的获得，是唯有在中国工人阶级领导下，完成打倒日本及一切帝国主义，打倒豪绅、资产阶级革命党政府，建立中韩劳农兵苏维埃政权以后……才能实现（民族区域自治）"。1930年前后，中国共产党按照共产国际制定的"一国一党"的原则，吸收大量的原朝鲜共产党的朝鲜先进分子，使党的基层组织迅速发展。中国共产党对加入中国共产党的朝鲜先进分子采取民族平等政策，起用大量的朝鲜族干部，担任延边各县县委和延边特别支部的领导职务，领导朝鲜族人民进行反帝反封建的斗争。当时延边特支及县委各部、区的领导人大都是朝鲜族。这些措施充分体现了中国共

---

① 《毛泽东选集》（一卷本），人民出版社1964年版，第152页。

产党的民族平等政策,有力地保障了朝鲜族干部、群众的参政权和执政权。与此同时,中国共产党积极发动和领导朝鲜族民众的革命斗争活动。

在"红五月斗争"①和"八一吉敦起义"②斗争中,中国共产党积极组织革命政权,选举代表,试图建立由人民当家做主的革命根据地。1930年5月27日在延边平岗区药水洞建立了东北地区第一个工农政权——药水洞苏维埃政权和政府机构,选举李凤三(朝鲜人)为政府主席,内设宣传、行政、经济、军事等部。并在管辖区内一律实行民族平等政策,保障朝鲜族人民的选举权和参政议政权。尽管当时的这一切在今天看来还不是很完善,但在当时的形势下,可以说是实施民族自治政策的雏形。

民族自治政策是中国共产党在东北十四年抗日战争过程中,解决

---

① 1930年4月初,中共满洲省委、共青团满洲省委为贯彻中共中央关于在"五一"举行全国总示威的指示,做出了《满洲党团省委对于"五一"的工作决议》,要求东北各级党团组织要坚决组织广大群众进行游行示威和政治罢工,还发表了《全满农民斗争纲领》,号召在东北的各族群众联合起来,把以实行土地革命、建立苏维埃政权为中心内容的农民革命推向高潮。中共延边特支为贯彻满洲党、团省委的指示精神,联合朝鲜共产主义者共同成立"五一"斗争行动委员会,在延边地区领导开展"红五月斗争",并印制传单,提出实行土地革命、反对高利贷剥削、抗租抗税抗债等口号。延边各县人民群众很快就发动起来了,他们纷纷以罢工、罢课和农民暴动等形式,投入"红五月斗争"之中。各地的"红五月斗争",沉重地打击了日本侵略势力和地方封建势力。

② 中共满洲省委接受了中国共产党把革命势力恢复期视为革命高潮期,号召党组织在全国范围内发动大起义,先在一个或几个省取得革命胜利,从而争取全国革命胜利和世界革命的胜利,这种"左"倾冒险主义路线。八一吉敦起义是在中共延边特支的领导下,有组织、有计划地进行的。暴动前成立总指挥部,由中共延边特支直接领导。总指挥由中共吉敦临时党部的马天穆担任,下设行动委员会,由黄世亨任委员长,姜世一任组织部长,韩光宇任宣传部长,总指挥部下设三个暴动大队。1930年8月1日凌晨2时,金益洙指挥的敦化大队的40多名暴动队员,袭击了新开道保卫团第1正队第1分队兵营。另一支由100人组成的暴动队员在韩光宇的指挥下,袭击了马号的陆军7团游击连防所。由洪一山、尹顺灿和李炳浩带领的20多名暴动队员,于8月1日凌晨2时袭击了敦化县公安局南黄泥河第三分局驻所(在今贤儒镇境内)。由郑哲浩和李范龙指挥的100多名额穆袭击队员,袭击了驻扎于官地(今官地镇)的陆军第7团第8中队的兵营。随后,成立临时苏维埃组织,建立赤卫队,散发传单,没收了许多粮食。这些粮食,先分给汉族农民,然后分给朝鲜族农民。许多朝鲜族农民纷纷加入暴动队伍,壮大了革命力量。

少数民族问题的最根本的政策之一，对中国境内的朝鲜人而言，也是他们经过不懈的努力和流血斗争的结果。十四年东北抗日战争时期，朝鲜人与各族人民在中国共产党及满洲省委的领导下进行的一切斗争，不仅仅是为本国和本民族的独立和解放而进行的斗争，而且是在中国为实现真正的民族自治而创造条件的过程。

1931年9月20日，面对"九一八"事变后东北严峻的局势，满洲省委号召全满洲朝鲜工人、农民、学生及一切劳苦群众起来，反对日本帝国主义武装占领满洲的举动，并强调"中国共产党的'少数民族自决'的政纲是革命成功后，一定保障满洲你们（朝鲜族）的绝对平等的政权的"。1931年11月，在中央革命根据地江西瑞金召开了中华苏维埃共和国第一次工农兵代表大会。会议制定和通过了《关于中国境内少数民族问题的决议案》，具体阐述了中国共产党对少数民族的民族平等和民族自治政策，指出"苏维埃政府的一切法律都适用于共和国境内所有民族的工农群众"。满洲省委也在东北的实地工作中，贯彻中央的这一立场和少数民族政策。1933年4月，中共代表在延边大小汪清群众大会上指出："少数民族就是人数比中国人少的那些中国境内民族，如韩国人、蒙古人。要取消国民党时代的不平等待遇，实行平等。他们一样的参加中国革命，一样的参加人民革命政府，一样的参加反日军队。"中共满洲省委古尔巡视员给东满特委的信中，指出，"在间岛韩人占多数，根据列宁的民族政策，他们有权建立民族自治区"，"我们的党根据列宁，斯大林的民族政策，根据民族自决的原则，主张……在东三省间岛的韩国人、云南省、贵州省的苗人、瑶人，东三省某些区域内的满人，有权成立自己的民族自治区，加入将来的大中华苏维埃共和国"，"因为，在这些区域内，这些民族占大多数，有自己的语言、文字、经济、风俗、习惯等特点"。1935年6

月，中共满洲省委发布的《东北人民革命政府纲领（草案）》也规定：东北人民革命政府根据民族自决的原则下，宣布东北各少数民族与中国人一样享受经济上和文化上的平等权利。主张建立中、韩、蒙、旗人的抗日反满联合战线，反对共同的敌人——日本帝国主义及其走狗。中国共产党号召朝鲜人民联合各族反日人民，打倒日本帝国主义及其反动派的统治，在民族自决的原则下，争取民族的彻底解放。但是强调了中国境内的朝鲜人在中国革命胜利之后，才能获得本民族的独立和解放。

中国共产党在《为抗日救国告全体同胞书》（八一宣言）中号召"中国境内一切被压迫民族（蒙、回、韩、藏、苗、瑶、黎、番）兄弟们！大家起来！……组织全中国统一的国防政府，与红军和东北人民革命军及各种反日义勇军一块，组织全中国统一的抗日联军"。并且指出国防政府要"实行中国境内各民族一律平等的政策"。特别是对东北朝鲜族问题上，主张"中韩民族联合起来共同抗日，争取中韩民族独立"。而且对东满间道，中央主张"中韩民族联合起来，推翻日满统治，建立间道韩人民族自治区"①。中共南满党委在 1936 年 7 月召开第二次代表大会，按照共产国际七大会议精神，作出《关于恢复朝鲜人工作的决议》。明确指出：东北人民的抗日斗争取得胜利之后，不仅要建立三千万东北人民的人民政府，而且还要建立东北朝鲜人自治区。同时中共满洲省委把朝鲜族的"民族自治"和"恢复祖国（即朝鲜）独立"作为对朝鲜人民工作的最根本的方针和策略。

1937 年，全国人民的抗日战争开始以后，中国共产党以承认少数民族的自治权来调动各族人民的革命热情，共同抗击日本帝国主义。

---

① 杨昭全、李铁环：《东北地区朝鲜人革命斗争资料汇编》，辽宁民族出版社 1982 年版，第 741—742 页。

1937年8月，中国共产党中央政治局在陕北洛川召开扩大会议，并通过了由毛泽东起草的《为动员一切力量争取抗战胜利而斗争》的宣传提纲，制定了《抗日救国十大纲领》。主张全国人民的总动员，动员蒙民、回民及其他少数民族在民族自决和自治的原则下，共同抗日，并实行地方自治。到1941年，中国共产党制定了《陕甘宁边区施政纲领》，明确规定按照民族平等的原则，对根据地蒙古、回等少数民族在政治、经济、文化上实施平等政策，建立蒙古、回民族自治区，为民族自治工作积累了经验。1945年抗日战争胜利前夕，中国共产党第七次代表大会在延安胜利召开，会上毛泽东做了《论联合政府》的报告，再一次阐明了各少数民族有民族自治的权利的主张。并且指出，"共产党人必须积极地帮助各少数民族的广大人民群众为实现这个政策而奋斗。必须帮助各少数民族的广大人民群众，包括一切联系群众的领袖人物在内，争取他们在政治上、经济上、文化上的解放和发展，并成立维护群众利益的少数民族自己的军队"。同时"他们的语言、文字、风俗、习惯和宗教信仰，应被尊重"①。

解放战争时期，中国共产党继续坚持民族平等和民族自治的政策。1946年，陕甘宁边区政府在《陕甘宁边区宪法原则》中规定：边区各少数民族在居住集中地区，要划定民族区，组织民族自治政权，并且不与省宪抵触的原则下，可订立自治法规。并根据这一原则，分别建立了正宁县回民自治乡和定边县城川蒙民自治区。1947年，随着内蒙古地区的解放，中国共产党建立了第一个省一级的内蒙古自治区。这些为进一步完善党的民族自治政策，为党的民族自治工作积累了宝贵的实践经验。1947年由毛泽东起草的《中国人民解放

---

① 人民出版社编：《民族政策文件汇集》第一编，人民出版社1958年版。

军宣言》宣布:"承认中国境内各少数民族有平等的自治权利。"① 1949年新中国成立前夕,中国共产党最终把民族自治作为解决我国民族问题的基本政策,写入了《中国人民政治协商会议共同纲领》,宣布"中华人民共和国境内各民族一律平等",按"各少数民族居住的人口多少和区域的大小,分别建立各种民族自治机关"②。中国共产党的民族自治政策,最终以法律形式固定下来。

  解放战争时期,朝鲜族人民积极参与人民民主政权建设,这为实现民族自治打下了坚实基础。朝鲜族民众在中国共产党的领导下,积极参与解放区人民民主政权的建立,积极开展土地改革运动。在土地改革过程中,人民民主政权坚决贯彻中国共产党民族平等原则,广大朝鲜族民众第一次真正获得了土地,成为土地的真正主人。随着东北全境的解放,中共东北局为进一步贯彻落实对朝鲜族的民族自治政策,委托吉林省委、政府,在1949年1月21日到2月4日,在吉林市召开了吉林省民族工作会议。会议回顾了延边朝鲜族人民在东北抗日战争和解放战争中的历史贡献,讨论了延边的政治、经济、文化等各方面的发展前景,听取了朝鲜族各阶层人士的意见。经过热烈的讨论,与会代表否认了一些同志提出的仿照苏联的国家组织形式,把延边建立为加盟共和国的主张。最后决定在中国共产党和中央人民政府的领导下,建立延边朝鲜族自治区,享受民族自治权利。③ 1949年秋,当周保中从东北调往云南时,再一次写信向党中央和毛泽东主席表明了朝鲜族在中国实现民族自治的必然性和必要性。在信中,周保中一方面汇报东北朝鲜族参加"东北十四年的抗日救国斗争和三年解

---

  ① 《毛泽东选集》第一卷,人民出版社1969年版,第1134页。
  ② 人民出版社编:《民族政策文件汇集》第一编,人民出版社1958年版,第1页。
  ③ 中国朝鲜族历史足迹丛书编委会:《胜利》(第五卷 朝文),民族出版社1992年版,第725—727页。

放战争"的艰难历程和卓越功勋，朝鲜族"在温暖的中华大家庭里，实现民族自治的愿望"，同时建议"按照共同纲领，先在条件比较好的中国实现民族自治"①。新中国成立后根据《共同纲领》而制定的《中华人民共和国民族区域实施纲要》，在1952年8月29日决定建立吉林省延边朝鲜族自治区人民政府，并于9月3日正式宣布自治区的成立。1955年12月20日，召开延边朝鲜族自治州第一届人民代表大会第二次会议，延边朝鲜族自治州正式成立，自治州人民委员会驻延吉市。

延边朝鲜族自治州的成立，充分落实了中国共产党的民族区域自治政策，充分体现了中国共产党对朝鲜族民众的关怀。这在中国共产党民族区域自治政策发展史上是一个具有重要地位的标志性事件之一。

二 跨界民族共同体形成中的政治认同

西方学者对"政治认同"认识的立足点主要通过界定"认同""个人认同""社会认同"等概念为出发点，进而指出政治认同是人们对政治生活的心理反应。安德森在《想象的共同体》中分析，认同可以多种共存，认同是在行动者之间互动的过程中、在情景中建构的，它不是预先给定的，也不可能完全以自我利益为中心，受到共同规则的制约和导引。较早对"政治认同"概念进行界定的是美国政治学家威尔特·A.罗森堡姆，他认为："政治认同，是指一个人感觉他属于什么政治单位（国家、民族、城镇、区域）、地理区域和团体，在某些重要的主观意识上，此是他自己的社会认同的一部分，尤其

---

① 杨苏、杨美清：《自子将军》，云南民族出版社1988年版，第506页。

是，这些认同包括那些他感觉要强烈效忠、尽义务或责任的单位和团体。"① 后来的大多数学者基本上是从政治文化或政治心理的层面来分析政治认同概念。国内学者对政治认同概念的研究主要集中在以下两个方面：一是沿用西方学者的分析视角提出了几百种定义，实质上仍然是把政治认同归属于政治文化或政治心理的研究范畴。马振清认为，"政治认同，是指人们在社会政治生活中产生的一种情感和意识上的归属感，它与人们的心理活动有着密切的联系"②。二是从政治实践的角度对政治认同概念作出了更加贴近现代社会政治生活的界定。

具体到中国少数民族的政治认同，对此问题有学者专门撰文论述，并指出少数民族政治认同是少数民族成员对民族政治体系的心理反应，是民族政治体系与少数民族成员各自的政治实践，即它包含政治心理和政治实践两个层面，并且二者密切相关。具体来说，少数民族政治认同是民族社会政治生活中的重要组成部分，在文化层面上，它是少数民族成员对民族政治体系的感知、情感、信仰等心理反应；在实践层面上，它是拥有一定政治权力、政治角色、政治关系结构的民族政治体系进行政治实践而产生的结果，同时也是少数民族成员在一定的政治价值和政治利益支配下，以政治实践方式影响民族政治体系而产生的结果。现行的民族政治体系和少数民族成员愿望中的政治体系之间在政治价值、政治利益等方面的吻合程度决定了少数民族成员对政治体系的心理认同程度以及各自政治实践的基本态势。也就是说，如果三个层次的民族政治体系，即国家政治体系、地方政治体系和民族区域自治政治体系、民族村社政治体系，在民族社会政治生活

---

① ［美］威尔特·A. 罗森堡姆：《政治文化》，（台北）桂冠图书有限公司1984年版，第6页。
② 马振清：《中国公民政治社会化问题研究》，黑龙江人民出版社2001年版，第110页。

中通过政治实践满足少数民族成员正当利益越多,少数民族成员对现行民族政治体系的心理认同度就越高,支持和参与的可能性就越大。正是在这个意义上,我们说少数民族政治认同具有政治心理和政治实践这两个层面的含义。少数民族政治认同动态地呈现了少数民族成员与民族政治体系之间的互动关系,通过二者的政治实践实现政治信息、政治资源、政治产品等在少数民族成员和政治体系之间的输入和输出。①

《中国大百科全书·政治学卷》对政治认同内涵的界定是:"人们在社会政治生活中产生一种感情和意识上的归属感。它与人们的心理活动有密切的关系。人们在一定社会中生活,总要在一定的社会联系中确定自己的身份,如把自己看作某一政党的党员、某一阶级的成员、某一政治过程的参与者或某一政治信念的追求者等,并自觉地以组织及过程的规范来规范自己的政治行为。这种现象就是政治认同。"② 政治认同的对象有多种,比如国家、政治制度、阶级、政党、政治理想、政策等,对国家的认同是最基本的政治认同。

亚里士多德曾说:"人类在本性上,也正是一个政治动物。"③ 国家认同一般指政治生活中的一种重要现象,是指公民对所属国家的历史传统、道德价值观、国家主权、国家利益等的认同。一个国家的公民在社会生活中必须要得到某种政治意识上的归属感。国家认同与每一个公民的心理活动有密切的关系。国家认同是把一个国家的公民组织在一起的重要凝聚力量。任何一个国家得到了成员广泛的认同,才能获得充沛的生命力并能长期存在下去,同时一个人只有在产生认同

---

① 参见陈纪、高永久《"少数民族政治认同"概念的内涵探讨》,《新疆社会科学》2009年第1期,第54页。
② 《中国大百科全书·政治学卷》,中国大百科全书出版社1992年版,第501页。
③ [古希腊]亚里士多德:《政治学》,吴寿彭译,商务印书馆1965年版,第7页。

感的基础上，才能对一个国家表现出最大的热忱和忠诚。

国家认同概念出现在20世纪70年代行为革命时期的政治学领域。国家认同的作用包括多方面，如在国家体制方面的认同，有助于国家制度获得合法性，提高组织制度化的程度，这是社会政治稳定的重要前提之一；在国家政策方面的认同，可以使政策实行过程获得更多人的参与和支持。国家认同侧重于对国家对民族的认同，决定国家认同的因素主要是人们的出生地、国籍、传统文化以及民族认同。政治认同则侧重于对某国执政政治权力的认同，其获得，主要源于该政治权力的理念性资源意识形态、制度性资源社会公正以及功绩性资源经济发展。多民族国家政治认同的重心是国家认同，国家认同在多民族国家的政治认同中居于核心地位。对多民族国家来说，"国家认同就是指构成国家的各民族及其成员对国家的认同，即民族的国家认同"①。多民族国家建基于"多个不同民族认同于同一个国家"之上的事实充分表明：国家认同是多民族国家得以成其为"国家"的最为核心的政治认同——"只有当人们认为自己同属一国时，国家才会存在"②。有了国家认同这一核心概念，多民族国家才能在国家共同体层面下对民族实施有效的凝聚与整合。国家认同也是国家将各民族及其成员紧密联结在一起的政治纽带。当民族作为一个自在的文化共同体而存在时，将民族成员联结在一起的往往是基于血缘、地域、文化等天然形成的纽带。而当不同的民族共处同一国家时，国家认同就成了联结民族与国家必不可少的政治纽带。通过国家认同这一纽带，不同的文化民族才能融入国家共同体，才能更好地培养民族及其成员对国

---

① 白利友：《国家认同建设是多民族国家面临的重大历史任务》，《云南行政学院学报》2012年第1期，第102页。

② [美]塞缪尔·亨廷顿：《谁是美国人？——美国国民特性面临的挑战》，程克雄译，新华出版社2010年版，第80页。

家的归属感，激发他们的共同体意识，唤起他们的政治忠诚。

突出国家认同在多民族国家政治认同中的核心地位和纽带作用，是维护多民族国家统一的本质需要和内在要求。有些多民族国家之所以出现政治认同危机以至最终走向分裂，很大程度上就是由于国家认同意识的弱化、国家认同核心地位的动摇、国家与民族联结纽带的断裂而造成的。国家认同在多民族国家政治认同中的核心地位，决定了其在多民族国家的政治认同中具有统摄性。这种统摄性主要表现在：国家认同在多民族国家政治认同的层次上居于最高地位，这种地位不容挑战和逾越。任何其他与国家认同相背离的认同，最终都会对国家认同构成消解或威胁；国家认同建设是多民族国家政治认同建设的轴心，在多民族国家建设中举足轻重、意义非凡。从长远的历史趋势来看，多民族国家的政治认同建设应始终围绕"国家认同"这一根主轴而展开。①

朝鲜族的国家认同则是他们作为中华民族大家庭成员或者中国公民而对国家产生的政治上的认同意识。朝鲜族是跨界民族，因此国家认同问题除了中国以外还涉及朝鲜和韩国两个国家。很多先行研究已经明确在国家认同的层面上，朝鲜族还是选择了中国。"朝鲜族"则是一种独特的概念，区别于其他国家、地区的朝鲜民族。朝鲜族一般指中华人民共和国境内的一个少数民族，被称为中国朝鲜族。"朝鲜族"的概念已充分说明这个民族的国家认同。凡是与韩国人或朝鲜人接触过一段时间的朝鲜族，一般都能感受到自己的国家认同，一方

---

① 在多民族国家的政治认同建设问题上，"以国家认同为主轴"并不等同于"以国家认同为中心"。前者意味着多民族国家的政治认同建设在一定时期内视国家建设需要而有所侧重，但从趋势上并不能偏离国家认同这一主线。而后者则意味着始终以国家认同为首，重"国家认同"而轻其他形式的政治认同，是一种典型的"国家中心主义"或"唯国家主义"。此部分参阅了周平、白利友《多民族国家的政治认同及认同政治》，《思想战线》2012年第4期，第29页。

面，他们知道自己不可能成为韩国人或朝鲜人。通过各种经验和体验，朝鲜族的"中国人"意识越来越强烈，国家认同也变得更清晰。特别在韩国打工的很多朝鲜族曾受过差别与歧视，亲身体会所谓的"故国"与真正的"祖国"的差距，在经济利益上他们得到不少实惠，但对于韩国的认同感并未提升。在很多韩国人眼里朝鲜族就是中国人，因此朝鲜族与韩国人在彼此面对时，国家的界限越来越分明和清晰，朝鲜族的国家认同也更为明确。

另一方面，中国和朝鲜的关系也直接影响朝鲜族的国家认同。自改革开放以来，中国的经济得到迅速发展，国民的生活水平日益向上，而朝鲜因各种原因造成了生活贫困，到现在最基本的温饱问题还难以解决。在这种情况下，朝鲜族对朝鲜的认同是难以想象的，甚至不少的朝鲜族面对朝鲜人感到一种身为中国人的自豪。当然，从民族情绪的层面来看，作为曾经是一个民族的"同胞"，朝鲜族对韩国人、朝鲜人有一种很深的感情，对彼此的好感和同情心肯定是存在的。但在国家认同的层面上，朝鲜族还是主张自己是中华民族的一员。

三 跨界民族共同体形成中的民族认同

朝鲜族的民族认同既包括对朝鲜民族的认同，也包括对中华民族的认同，它对于个体的情绪稳定，对于民族团结，对于地区发展具有重要意义。换言之，朝鲜族认同影响着民族的生存方式与发展，其重要性日益凸显。从整体上看，朝鲜族的民族认同和相应行为倾向于积极状态。黄有福在哈佛大学研究报告书中曾指出："在20世纪50年代初形成的'中国朝鲜族认同性'是具有彻底脱离朝鲜（国家）的性质。因为他们有着在中国定居的决心和把朝鲜族文化在移民现场发扬光大的决心。"① 朝鲜族的民族认同既不能完全脱离韩国/朝鲜的民族因素，也不能完全维持朝鲜民族的认同性。作为中国少数民族的一员，形成朝鲜族共同体的时间已有60多年，虽然已经成为真正的中国公民，但这并不意味着朝鲜族的认同性已被同化，他们仍保持着独特的自我认同性。因此，朝鲜族的认同性取决于朝鲜族本身的意识形态与周边环境要素的变化。

（一）作为集团记忆的民族认同

延边朝鲜族大约是明朝末期以战争俘虏的身份被带到中国以来，在朝鲜半岛的困穷、殖民地化、伪满洲的占领、朝鲜战争等历史过程中，或者是受奖励或者是强制地到达延边地区之后，也继续传达和继承了原来的语言、名字、文化。经过重重的殖民地历史，用口语传播、文字传播、印刷传播等所有的传播手段代代相传了语言和文化。到了现代，他们用电视、互联网等媒介传达、交流和发布信息。

在人文科学的广泛领域里研究"文化性记忆"的阿莱达·阿斯曼对"作为某个社会的认同（identity）的中心性资源的文化的传播"有如下叙述：

> 某个社会的认同（identity）的中心性资源是文化的传播。它是以媒介的各种各样再现（representation）的产物，国家、制度、媒介、个人参与的集合性构建的作业来维持着……"文化性记忆"这个概念表示的是保存和结合、保护和再提示、设定和消除、压制和否定等多种行为和实践。文化性记忆总是位于回想和

---

① Huang, You-fu, 1988, "The Korean Immigrants Society and culture in P. R. C and U. S. A", *The World Platform* 10: New York.

忘却之间的紧张关系领域,因此围绕着不同的各个集团和当事者与过去连接关系的各种形式——所以围绕自己的认同——来展开争论的纷争地带。①

首先,克服各种各样的困难,制作并播放了《延边阿里郎》的延边电视台徐凤鹤导演和制作组通过"媒介的各种各样再现(representation)的产物"来抵抗反复的"忘却",播放被"消除、压制和否定"过的在龙井市1919年举行过的"三一三运动"的"回忆"性证言,提供了对延边朝鲜族的"认同"重要的历史性要素。其次,延边电视台的纪录片《延边阿里郎》和《血痕》也发掘出多数的皮埃尔·诺哈(Pierre Nora)所说的"记忆的场"("'记忆的场'是……因人类的意志或时间的作用,成为象征一些社会共同体的纪念性遗产的要素……狭义概念强调'场所'……广义概念不是指'纪念碑性的记忆',而是国民记忆的潜在部分,即强调隐藏侧面的发现和探求"②)。最后,延边电视台连续播放的歌谣节目也作为主要记忆的媒介,代代相传超越时代的歌谣。

因外部压力处于截断的两个国家、产生大量的移民社群(diaspora)的朝鲜民族当中的延边的记忆文化虽然是一个边远地区的记忆,但是它在历史性和政治方面,关系到东亚全体的记忆,在那里的回忆和发布信息的活动带有关系到东亚社会变动的影响力。

  回忆成为建构个人和集团的认同的本质性要素,提供纠纷和同一化的舞台……经验性记忆逐渐衰退的一方,依存于媒介和政

---

① [德]アライダ・アスマン『想起の空間』安川晴基訳、水声社,2007年12月,第8—9页。
② [法]ピエール・ノラ編『記憶の場—フランス国民意識の文化=社会史—第1巻 対立』谷川稔監訳、岩波書店,2002年11月,第18—19页。

治的记忆明显地增大重要性……社会、政治、文化上的利害关系，主要的传播媒介和记录技术本质上决定和左右过去的构成……被回忆的过去总跟认同的设计、现在的解释、自己妥当性的主张有密切的关联。因此，回忆的问题形成了政治性动机和国民认同形成的核心。①

作为构成中华民族的一员的"朝鲜族"，这个族性群体的民族认同，总是以"中国公民"或"国家的主人"来记忆或回忆。就如诺哈的观点："归根到底，记忆的历史学不是复原又不是'再构成'，而是'再记忆化'。而且那不是作为'过去的回想'的记忆，而是'存在于现在的过去'的'作为总体性结构的记忆'。"②

朝鲜族是从朝鲜半岛迁移过来的移民及其后代构成的族性群体（ethic group），是中华民族的成员之一。历史上，朝鲜族被称为"高丽人""韩国人""朝鲜人""韩国居留民""朝鲜民族""朝鲜人民"等。③ 通过 1949 年全国人民政治协商会议和 1952 年延边朝鲜族自治州的成立，形成了朝鲜族共同体，从此以后就开始被称为"朝鲜族"。④

作为移民社群（diaspora）散居在世界各地的朝鲜人，分别有自己的名称。例如，在殖民地统治下，从朝鲜半岛迁移到日本后随着战争的结束，继续留在日本的朝鲜人和他们的子孙被称为"在日朝鲜

---

① ［德］アライダ・アスマン『想起の空間』安川晴基訳、水声社，2007 年 12 月，第 28—103 页。
② ［法］ピエール・ノラ編『記憶の場—フランス国民意識の文化＝社会史—第 1 巻 対立』谷川稔監訳、岩波書店，2002 年 11 月，第 4—5 页。
③ 对朝鲜族的概念现仍然存在一些争论，朝鲜族区别于韩民族、高丽人、在日朝鲜人或在日韩国人、韩裔美国人等的概念。另外，朝鲜人、朝鲜民族、韩民族等概念也区别于"朝鲜族"的概念。
④ 朝鲜族的国家认同与朝鲜族民族区域自治政策的发展是密不可分的。

人"（Korean in Japan）；在苏联地区定居的朝鲜民族被称为"高丽人"（Kopë capam）。虽然"朝鲜族"的祖先是从朝鲜半岛移居到中国，属于朝鲜民族族群的一部分，但是"朝鲜族"这个符号内容只限于中国公民的范围。所以，作为一个"中华民族多元一体格局"①中的族群（ethic group），"朝鲜族"区别于定居在韩国或朝鲜的韩民族或朝鲜人，也区别于散居在不同国家的朝鲜民族的后裔。

近代以来，"民族主义"成为世界各国创建国家体制过程中的导向原则，在西方理论家中，一部分人坚持"民族"基本上是人为的主观建构，例如具有广泛影响的安德森（B. Anderson）的"想象的共同体"②理论；另一部分研究者，例如史密斯（A. Smith），则坚持民族首先是以民族核心（ethnic core）为基础，再通过政治上的官僚融合与文化上的本土动员所形成。③无论主张民族中心主义还是民族虚无主义，在现实生活中已经很难想象一种纯粹的、单一的、原发的"民族"，即使存在的话，它也很难充分承担起民族国家独立的历史重担。因此，任何一个民族都应该摆脱民族主义煽情的欺骗。世界上只存在劣等的制度，并不存在劣等的民族。正如安德森所说的，"积极的意义上促使新的共同体成为可想象的，是生产体系和生产关系（资本主义），传播科技（印刷和出版）和人类语言宿命的多样性这三个因素

---

① 费孝通：《中华民族的多元一体格局》，可参见费孝通主编《中华民族多元一体格局》（修订本），中央民族大学出版社2003年版，第3—43页。

② 安德森的《想象的共同体：民族主义的起源与散布》是一部在20世纪末探讨"民族主义"的经典著作。安德森在书中提出民族与民族主义问题的新理论典范，把民族、民族属性与民族主义视为一种"特殊的文化的人造物"，而主张民族这种"特殊的人造物"就是"想象的共同体"，这正是安德森的研究起点。（本尼迪克特·安德森：《想象的共同体：民族主义的起源与散布》，吴叡人译，上海人民出版社2011年版）

③ 史密斯在《民族主义：理论，意识形态，历史》中明确指出当代西方民族主义研究中的主要理论贡献和现存的学术成果。同时还从历史学、社会学、政治学、人类学等不同研究领域对民族主义概念进行了颇为系统的考察。（安东尼·史密斯：《民族主义：理论，意识形态，历史》，叶江译，上海人民出版社2006年版）

之间半偶然的，但又富有爆炸性的相互作用"①。因此，民族的形成与发展牵涉到长期历史过程中的多种建构、再建构的想象过程。综上所述，"民族"是近代以后被创造的观念性共同体，民族认同存在于民族意义的不断再生产，再建构过程的内部。而且，民族意义都浸在连接现在和过去的记忆和以那些记忆构成的象征性的形象（image）当中。

自20世纪90年代以来，认同问题研究迅速成为一个学术焦点，朝鲜族的认同研究是民族学、心理学、人类学、社会学及政治学等学科共同关注的领域，各学科由不同的研究目的和研究方法，使得朝鲜族认同研究的成果异彩纷呈。认同"重要，因为它影响人们的行为"②。现代生活的复杂性、流动性使人们要设定不同的认同，这些不同的认同之间可能会有冲突，也可能会相互结合。特别在多民族国家，少数民族的认同问题一直是各个领域共同关注的重要议题之一，同时已成为学界不断探讨的热点问题。本尼迪克特·安德森所说的"想象的共同体（imagined communities）（1983）"，是宗教、生活样式、价值、规范等文化实践的产物。安德森把民族认同和民族主义看作特别的文化加工产物。并陈述过，为了完全地理解它，我们应该仔细地找出它在历史上的出现时期和以什么样的形式、伴随时间变化而意义转变过程的必要性。因此，共同体的形成牵涉大众媒介等通过多种媒介建构、再建构的过程。这种意义上在共同体的产生过程里大众媒介跟语言一样，成为非常重要的因素。综上所述，"民族"是近代以后被创造的观念性共同体；构成它的核心不光是作为传播媒介的语

---

① ベネディクト・アンダーソン，白石さや他訳『増補想像の共同体―ナショナリズムの起源と流行―』，NTT1997年版，第82页。
② [美] 塞缪尔·亨廷顿：《我们是谁：美国国家特性面临的挑战》，程克雄译，新华出版社2005年版，第21页。

言本身，而且是被口传、文字、从表象艺术到现代最新传播技术的广义的所有媒介传播的多种多样的形象的积累物。所以，"民族"是通过"媒介"而产生的建构物。

朝鲜族媒介的言论（discourse）通过对朝鲜族群体的信息提供，缓和朝鲜半岛和朝鲜族之间的文化冲突，努力维持族群认同做出了不少贡献。朝鲜族人口比例比较高的延边朝鲜族自治州里，共同语言依然是朝鲜语。

詹姆士·凯利（James Carey）主张：大部分的大众传播促使把每个人聚在一起的状态，带有保证事物连续性的惯例性（ritual）意义。他的这种观点跟亚历山大（Alexander）的"人们通过大众媒介的传播过程，把社会视觉化并认为自己跟社会有着联结，只能利用一系列共有的理解方式来理解社会过程"的主张有着相似之处。"按詹姆士·凯利的说法，媒介的再现（representation）是对集团接触的而且现在是不可能的、提供遇见全体的一种代替物的过程。这种接触，即这样的从属意识（相伴随的地位意识）——像皇室家庭一样——是被媒介形象化之后的'国民同一性和认同的象征性形象'来强化。"[①] 媒介不仅助长这样的"我们"式的感觉，而且促进什么是正确、什么是错误等感觉性和道德性价值的社会规范各方面的统合。

> 不难看出电视提供的虚构世界建构的是：我们是谁、我们应该跟他们建立什么样的关系、怎样改善社会等直接影响我们理解的规范性争论的"场"。电视的虚构世界提供的是它们所使用的

---

① Cardiff, D. and P. Scannell（1987）"Broadcasting and National Unity", in J. Curran, A. Smith and P. Wingate（eds.）, *Impacts and Influences*, London：Methuen. 임스커런,〈매스커뮤니케이션의 재고찰〉, 제임스 커런, 데이비드 몰리, 발레리 워커딘《대중문화와 문화연구》, 한울아카데미, 2004년, 240쪽.

口号一模一样的"公共性思考的剧情般的逻辑"。①

民族认同是指民族文化的长期的共通体验、记忆和文化意识,并且涵盖着以那些因素为基础的共有情绪的交感和性情。那是边维持民族群体固有的文字、价值观,边起着融合社会构成人员的意识形态的功能。构成群体认同的重要性因素是群体语言,而依赖于群体语言的大众媒介是维持群体认同、传统文化的继承和发展有着密切的关联性。

(二) 朝鲜族认同的多重性

认同问题原本是一个传统的哲学与逻辑问题,由弗洛伊德移植到心理学领域。后来,埃里克森在弗洛伊德工作的基础上,进一步指出"认同"实际上是关于"我是谁"的回答。② 随着心理学的发展以及认同研究的深入,此概念开始广泛运用于人文社科领域。事实上,认同是对自我(self)与大写的他者(other)之间的一种关系。大写的他者可以成为一个国家,一个民族或一个共同体。或许也可以成为特定的历史环境或文化背景。认同是每个社会成员对现实境遇中生存价值归属的自我认定,因此它即使要强调与他者的共性,也要突出与他者的差异。对朝鲜族而言,自我与他者的关系非常复杂。另外,民族的自我认同是指特定文化的长期间共通体验、记忆和文化意识,并且涵盖着以那些因素为基础的共有情绪的交感和性情。民族的自我认同

---

① Newcomb, H. and P. Hirsch (1984) "Television as a Cultural Forum: Implications for Research", in W. Rowland and B. Watkins (eds.), *imterpreting Television*, Beverly Hills, CA: Sage. 제임스 커런, 데이비드 몰리, 발레리 워커딘 《대중문화와 문화연구》, 한울아카데미, 2004 년, 259 쪽.

② 参见黄岩《国家认同——民族发展政治的目标建构》, 民族出版社 2011 年版, 第 143 页。

是边维持民族群体固有的文字、价值观,边起着融合社会构成员的意识形态的功能。朝鲜族民族认同有多个维度。

1. 对中华民族的认同

当今世界的国家绝大多数是多民族国家,其社会成员由不同属性的民族构成,各民族成员与国家都存在密切的联系。对于多民族国家而言,社会成员的民族认同与国家认同并不完全一致,特别是当情感和理性因素交织在一起时尤为突出。民族认同(ethnic identity)与国家认同(national identity)已成为研究者广泛关注的重要问题。民族认同、国家认同的状况不但与个体的心理健康及人格发展密切相关,而且会对多民族地区和国家稳定产生深远的影响。[①]

中国是统一多民族国家,各民族之间的团结发展是保持社会和谐与国家安定的重要因素。20世纪80年代,是我国历史上从民族认同到国家认同的理论与实践迅速发展的时期,也是从民族认同到国家认同最容易产生各种矛盾与冲突的时期。全球化时期,民族认同与国家认同依然是最敏感、最重要的政治认同。但在长期的历史发展过程中,二者互为前提。民族认同是国家认同的基础。每个人都属于特定一个民族,同时也属于某一国家。因此从认同的属性来看,民族认同先于国家认同,是国家认同的前提,并且国家认同也是民族认同的前提。国家以民族为基础,无论是欧洲古典民族国家还是现代多民族国家,各个民族的最终归宿还是特定国家,获取国家认同的民族才具有真正意义上的民族认同。改革开放以来,我国国民的生活水平日益提高,民族自治地区的经济发展迅速向上,同时少数民族从民族认同到

---

① 王亚鹏、万明钢:《少数民族认同研究的现状》,《心理科学进展》2002年第1期,第10页;高永久:《论民族心理认同对社会稳定的作用》,《中南民族大学学报》(人文社会科学版)2005年第5期,第25页。

国家认同取得了显著的进步。

"民族根"的概念是人类最普遍的心理现象,强调"民族根"的行为是追求民族特殊性的一种表现,同时也是追求民族普遍性的心理作用。如今除了朝鲜半岛以外,还有 700 余万朝鲜人分属于不同的国家,以不同居住国"公民"或以朝鲜半岛"侨民"的身份散居于世界各地。长期的历史发展过程中,不同国家的朝鲜人具有不同的历史背景、文化方式、价值观念与思维方法,因此他们之间必然存在差异性。这种差异性取决于民族认同的多样性。

2. 少数民族身份的自我认同

民族一旦形成认同,差异(differences)也就同时聚集,合而为一。德里达坚持"自我—差异(self-difference)"形塑了一切认同。"没有一种文化或文化认同[比如说]不与自身存在这种差异关系。"① 不同认同(国家认同、民族认同、文化认同等)的乞灵都没有把一种认同能够与"自我认同"这一事实封闭在自身内部。在普遍意义上,自我则是每个人依据自身的经历或体验所反思性地理解到的自觉性。因此,自我认同并不是被给定的意识形态,而是在不断的反思活动中形成的具有被惯例性的思维形式。自我认同使人能够理智地看待或接受外界的影响,从这种认同感中巩固自信与自尊。同时,自我认同不仅是个体对自身的意识与反映,而且个体的发展离不开周围环境(民族、国家等抽象的外部环境)。

自我认同一般包括三个层次:对民族的认识;对国家的认识;对自己思维、情感、意志等心理活动的认识。自我认同比国家认同、民

---

① [澳]尼尔·路西:《德里达词典》,布莱克维尔出版社 2004 年版,第 51—52 页。文中引用了德里达《另一个航向:反思今日之欧洲》(*The Other Heading*)。

族认同、社会认同具有更深远的内涵。认同是一种自我意向性反应。自我认同发生在不同的历史背景下的不同的文化接触、碰撞和相互比较的场域中,是纯粹的个体面对一个巨大的世界时,所产生的一种保持自我同一性的反应。不仅是大文字的他者影响着个人的自我认同感,更多的时候,小文字的他者会直接影响个体的自我意识,如成长于不同家庭的个体会显示出不同层次的自我认同感。

另外,一个中国朝鲜族人与一个韩国人或朝鲜人友好相处,这个时候,双方都有自己的国家认同,他们都不能进入对方的自我认同存在内核;而如果朝鲜族放弃自己的国家认同,认同对方的国家认同,就会隐隐感觉到在精神上他还是不能和韩国人或朝鲜人对等。这说明,"认同"不仅仅是抽象的符号内容(signifié),它已化为人的存在要素,化为一种生活方式、思维方法、行动模式、价值观念、情感表达方式等,其心理和精神上的意义已变成"自我认同"这一符号(signe)。就此而言,认同虽然是"有目的"地按历史文化的逻辑保持与共同体的联系,但认同感更多是内化的、自然而成的,甚至是无意识的。

在社会学理论中,特定的个体都会有多重的身份,在同一时间具备多层面的认同。因此,自我认同不仅有相对持续稳定的一面,也有经常流动、善于变化的一面。多元化时代,朝鲜族具有自己独特的社会标准、生活规范、思维方式。这些独特的民族要求决定着朝鲜族的自我认同感。每个人的自我认同感都有不同的起点与过程,所以他们所表现的自我意识也是千差万别。并且,自我认同思想区别于盲目的个人主义或自我主义,对自我认同的认可与尊重来自个体本位的价值观。如何形成自我的确定性或稳定性的问题,已成为后现代主义的最基本的研究课题。但始终没有得到满意的解答,因为关于"我是谁"

或"我是怎样存在"等问题，不会有明确的答案，因为原本不存在任何答案才是最佳的解答方式。

关于朝鲜族的认同问题，很多先行研究进行过各种各样的论证，已得到几个方面的结论。其中具有代表性的先行研究为：其一，以金虎雄为代表的"二重认同性"研究，他们借用一个形象的比喻，朝鲜族是从朝鲜半岛嫁到中国来的媳妇，朝鲜半岛是朝鲜族的娘家，也是故国，在政治领域中朝鲜族具有中国公民的身份，在文化领域中却不能脱离朝鲜半岛的民族文化与传统，因此朝鲜族不得不呈现出双重身份及二重认同感。其二，以黄有福为代表的"100%朝鲜族论"，他们不仅要强调朝鲜族的国民认同性，而且严格批评二重认同研究方法。[①]黄有福在《朝鲜族文化绝非"二重性文化"》一文中再次强调："主张朝鲜族是具有二重性民族的这一荒唐的说法，我已在《朝鲜族是二重性民族吗？》一文中辩证过。所以并非二重性民族的朝鲜族，所创造并共享的朝鲜族文化也不具有二重性质。朝鲜族文化是反映朝鲜族群体认同性的单一性质的文化。"[②] 另外，还有强调朝鲜族的二重文化性的"边缘文化论"，强调中国国民认同性的"100%中国人论"，反映朝鲜族与朝鲜半岛相互关系的"同胞认同性论"或"第三认同性论"等等。

认同则是一种抽象性的、哲学性的思考。民族认同、文化认同与国家认同是三位一体的关系，三者之间存在着相辅相成的关系，而不是此消彼长的对立关系。强调民族认同，不等于鼓吹民族中心主义；强调文化认同，不等于提倡沙文主义；因此认同研究不会影响民族和

---

① 黄有福：《朝鲜族是二重性民族吗？》，《道拉吉》2009年第3期。
② 黄有福：《朝鲜族文化论：朝鲜族文化绝非"二重性文化"》2010年11月29日，http://www.zoglo.net。

谐与全民团结，对国家认同也不会产生任何负面、消极的作用。中国是个多民族国家，在历史上经历过不计其数的人口迁移，现今的中华民族则是由许许多多的群族经过交流、混杂、联结和融合，同时也经历过不少的分裂和消亡后，形成一个多民族国家。现阶段中国各民族关系的总趋势是相互接近、相互认同，中华民族的多元一体格局日益巩固。然而，这个时期也是各民族自我认同和权益意识得到空前强化的时期。多元化理论是在同化论遭到批判后形成的新的思路，其中多元文化主义对传统信条（American Creed）提出了严峻的挑战，从而引起两种价值观的激烈交战。多元文化主义的一大前提是，人类社会中的各种族、各民族、各群体迥异不同，但本质上相互之间只存在差异，并无优劣之分。少数不等于劣势，也不等于落后或野蛮。多数与少数之间只存在数量上的不同，并不存在质量上的不同。

朝鲜族作为中华民族的一员，具有民族语言、风俗习惯、传统礼节等，因此朝鲜族的认同感较为明确，同时与朝鲜半岛居住民的认同差异也较为突出；朝鲜族对待其他民族的态度是积极的、开放的，并没有过度强调本民族与其他民族的异质性。

其实朝鲜族的认同问题不需要一个统一的研究结论，因为朝鲜族与其他跨界民族一样，在特殊的历史时期及特殊的制度下形成与发展，因而差异与多样是必然产物。朝鲜族的认同性从未统一过，因为朝鲜族的认同性从来不是单一的、固定的，而是建构在许多不同的且往往是交叉的、流动的过程中形成与发展过来的。朝鲜族的认同性最终还是"异延的""运动的"。例如，中国少数民族政策实施方案的变化，韩国与朝鲜的政治局势变化，朝鲜半岛的对外同胞政策变化等国内及国际形势的变化会直接影响着朝鲜族的认同性。自我认同隐藏着许多其他的、表面化的不同"自我"，如享有同样传统文化与祖先的"群体自我",或拥有共同的历史记忆,集体归属感的"国家自我"。从这种意义上讲,不仅是朝鲜族的认同感,所有民族的认同都属于虚构,但认同感使人们不安的、焦灼的,因为虚构已建构出某种权力机制,使人们联合、忠诚于某种认同性。朝鲜族的认同性是国家与民族、民族群体与个人、历史与现实生活、政治与经济、传统与个性之间的交互作用中产生而不断发展的产物。在某种意义上,它既能呈现出一个历史,也可以想象出一个未来。

四 跨界民族共同体形成中的文化认同之文艺作品

文化是一个民族的标志和灵魂。近年来,不同的文化研究及社会理论均对其文化认同进行严密的研究。文化认同是身份构成的过程,构成身份的元素就是文化符号,例如历史、教育、地方、性别、宗教、信仰和族群。全球化时期,每个国家都主张本国的传统文化的优越性,同时加强和保护文化资源。《中华文化辞典》把文化认同的解释为一种肯定的文化价值判断。[①] 文化认同是国家认同、民族认同的重要基础,是最深层的自我认同。在经济全球化时代,文化认同不仅没有失去原本的价值,而且成为综合国力竞争中最重要的"软实力"。文化认同是一个民族在长期的共同生活中所形成的标志和灵魂,其核心是对一个民族的基本价值的认同;是凝聚一个民族共同体的精神纽带,是这个民族共同体生命延续的精神保障。

朝鲜族是具有优秀的传统文化的民族,从朝鲜半岛迁入中国,开辟民族聚居区,成为中华民族大家庭中的一员。朝鲜族聚居区与朝鲜半岛相邻而居,两岸朝鲜民族之间在文化领域一直保持着密切的联

---

① 参见冯天瑜主编《中华文化辞典》,武汉大学出版社2001年版,第20页。

系，在长期的历史发展过程中，朝鲜族继承了民族的文化传统。同时，朝鲜族作为中国的一个少数民族，牢牢地融合于中华民族的大家庭中，又接受和继承中华民族的传统文化，并且吸收汉族及其他民族的优秀文化成果，从而开创了独有特色的朝鲜族文化。另外，在漫长的历史发展过程中，朝鲜族与汉族及其他民族一样，它们拥有了共同的历史记忆、共同的集体归属感，逐步促进朝鲜族的国家意识，进而成为国家认同的基础。另外，从全国范围来看，汉族和少数民族在经济、教育、文化等方面有较大的差距，一般少数民族地区较为落后。但朝鲜族聚居地区的汉族与朝鲜族的发展步伐基本相同。自新中国成立以来，朝鲜族聚居地区没有出现过发展不平等现象，朝鲜族与汉族及其他民族一直都平等相处、共同发展。这些经济发展平等化现象也进一步促进朝鲜族的大中华国家意识。

但是，朝鲜族文化区别于中国传统文化，也区别于朝鲜文化和韩国文化。同时，朝鲜族文化具有中国文化的大量因素，也具有朝鲜、韩国文化的因素。这就是有中国特色的朝鲜族文化。中国特色的朝鲜族文化，首先是属于中国文化的范畴。由于朝鲜族文化是民族区域自治的特定社会和历史环境之中形成的少数民族文化。因此，它呈现出边缘文化的特征。朝鲜族文化又同朝鲜半岛和其他各国朝鲜民族的文化有很多共同点。如传统礼节、生活习惯、饮食文化、服饰、居住空间、语言教育等方面都呈现出一定的相似点。由此可见，朝鲜族文化是中国文化和朝鲜文化有机结合的一个整体在长期的发展过程中演变而成的一种独特的文化形态。朝鲜族文化把文化认同与文化适应有机地结合起来，一方面能保持民族的优良传统，另一方面能吸收中华民族文化中的优秀因素。这样朝鲜族文化发展成为既具有本原性（民族独特性），又拥有中华文化的趋同性（中国特色少数民族文化）的特点。

朝鲜族的文化认同比政治认同具有更深远的内涵。如果一个人置身于某个文化环境中，不与异文化接触，就不能体会文化认同的差异或区别。文化认同是与他者的文化差异中形成的抽象符号。但文化与国家的概念是同样的，它不仅仅是抽象的符号，也已化为一种存在，如行为规范、价值观念、生活习惯、思维方式等精神上的一种意义。文化认同发生在与不同文化的接触、比较和碰撞中，是个体（民族）面对另一种异于自身存在的个体（民族）时，所产生的一种保持文化同一性的反应。朝鲜族面对汉族或韩国人、朝鲜人的时候，不知不觉中能感受到他者的差异，双方都有自己的文化认同，他们都不可能完全进入对方的文化意识中；即使要放弃自己的本原性，想完全加入对方的文化，那是不可能的。

朝鲜族文化区别于中国传统文化，也区别于朝鲜文化和韩国文化。同时，朝鲜族文化具有中国文化的大量因素，也具有朝鲜、韩国文化的因素。这就是有中国特色的朝鲜族文化。中国特色的朝鲜族文化，首先是属于中国文化的范畴。由于朝鲜族文化是民族区域自治的特定社会和历史环境之中形成的少数民族文化。因此，它呈现出边缘文化的特征。朝鲜族文化，又同朝鲜半岛和其他各国朝鲜民族的文化有很多共同点，如传统礼节、生活习惯、饮食文化、服饰、居住空间、语言教育等方面都呈现出一定的相似点。由此可见，朝鲜族文化是中国文化和朝鲜文化有机结合的一个整体在长期的发展过程中演变而成的一种独特的文化形态。朝鲜族文化把文化认同与文化适应有机地结合起来，一方面能保持民族的优良传统，另一方面能吸收中华民族文化中的优秀因素。这样朝鲜族文化发展成为既具有本原性（民族独特性），又拥有中华文化的趋同性（中国特色少数民族文化）的特点。

五 跨界民族共同体形成中的文化认同之民族服饰及建筑艺术

（一）朝鲜族的服饰

朝鲜族服装具有鲜明的民族特征，它呈现出素净、淡雅、轻盈的特点。这些特点不仅给我们带来了美的享受，充实了中华民族服饰艺术的宝库，而且又充分体现该民族的历史风貌、民风、民俗和审美观念。

1. 朝鲜族服饰的（服饰特征）艺术演变

（1）历史文化及其服饰艺术

朝鲜族不但有自己的语言、文字，而且还有其独特的服饰艺术、丰富多彩的民族服装。服饰既是朝鲜族人民思想意识和精神风貌的体现，又是民族文化的重要组成部分。

朝鲜族人民自古以来以农业为基本生产活动，习惯住火炕，这些生活条件和环境对朝鲜族衣服的式样产生了影响，而且朝鲜族人喜欢明亮的色彩、优雅的款式，逐渐形成了其独特的本民族服饰。朝鲜族人民自古就把麻布、丝绸、棉布用作衣料。早在公元前几千年的新石器时代，他们就用麻织布了。到了古朝鲜时期，又增加了丝织布。从今天的古墓壁画资料可以看出，有关衣服装束的习惯早在古代就开始形成，并且受中国唐朝服饰的影响较大，朝鲜族人着装整齐、干净，并认为这是一种美德。三国时期的衣服，分为上衣和下衣，还有各种式样的外衣。外衣较长可至大腿部。到了高丽和李朝时期，衣服按季节和用途开始各具不同的长短宽窄，最短的外衣至腋下。外衣则按着性别、年龄、职业和身份有了区别，出现了多种类型，并逐渐形成了朝鲜的民族服装的基本式样，如图2-3所示。三国末期，贵族男子穿宽大的裤子、短上衣，腰间系腰带，贵族女子则穿长裙和齐臀的上衣。其后，又受到蒙古的影响，女子的上衣缩短，裙子上提到腰。15世纪时，女子的裙子再度上提，在腋下系定，上衣缩短①，与现在妇女所穿的朝鲜族服装相近，如图2-4所示。

2-3 三国、高丽、现在朝鲜族服饰

图2-4 古代朝鲜女服饰

---

① 参见方院柱《朝鲜民俗》，外文出版社1990年版，第7—9页。

中国朝鲜族在移居初期，多居于偏僻的山村，服饰的原料以自种自织的麻布和土布为主。20 世纪初，随着资本主义经济的渗透和近代文化的输入，机织布和丝绢、绸缎等面料开始传入，服饰的颜色也随之多样化了。尤其是中国改革开放以来，与朝鲜和韩国的经济、文化的交流不断加强，更加促进了朝鲜族服装的发展。

（2）女子服饰

朝鲜族女装的服饰美，我们从外观线条、布料质地及纹饰中就能体现出来。"赤古里"是里边贴身的长袖衣服，白色领部强调女性颈部的柔美线条。"则高利"是朝鲜族妇女喜欢的上衣，穿在赤古里外面（如图 2-5 所示）。上衣小袖口，袖下侧缝合成圆弧形。"则高利"无纽扣，襟两边用长带打结，也称为"蝴蝶结"。一般妇女还在袖口、衣襟边缘、腋下设计镶有色彩鲜艳的绸缎、纹饰，穿起来飘逸、大方。随着年龄的增长，上衣也逐步加长。女子服饰按功能可分为常服、礼服。

图 2-5　女子服饰结构

常服：常服意为平常穿着的服饰。其主要特点是庄重、考究，能反映民族传统习惯和精神，适合日常穿着。常服按季节可分为春夏装和冬装。

春夏装：朝鲜族女装在春夏季是最美丽的，色彩最艳丽，款式也新颖。裙装是朝鲜族女子喜欢的服饰。春夏季，年轻的女子多穿短裙、筒裙。明媚的春夏季，穿着过膝的短裙的朝鲜族年轻女子，轻盈地向你走来，是白山黑水之间一道亮丽的"风景"。筒裙是缝合的筒式裙子，但与其他民族的筒裙不同，它的腰间有许多细褶，达到合腰身为止，上端还连上一个白布小背心，前胸开口系纽扣，穿时从头部往下套。这种裙长只过膝盖，便于劳动、步行。

冬装：到了冬季，由于寒冷，年纪较轻的女子一般在"则高利"外添加棉外衣，并且领部、袖口都加毛绒边，与面料形成软硬对比。这个季节，中老年妇女多穿缠裙，并加穿以毛皮为里、绸缎为面的坎肩，坎肩两襟由一椭圆形玛瑙坠子连接。穿缠裙时，必须在里面加穿素白色的衬裙。缠裙把裙子的右侧下摆稍稍提起，披在左侧后背腰带上，十分巧妙地勾勒出女性优美的线条。

礼服：礼服的服饰形象包含了众多元素与符号象征，在社交、民俗、礼仪等场合中起到不可替代的语言作用。朝鲜族女装礼服很有特色，部分女装礼服前襟的底边设计成圆弧形，两底边上翘，如图 2-6 所示。该造型蕴含信仰和遵从上天的含义，恰恰与朝鲜族建筑的檐口设计相吻合，形同火焰，也象征日子红红火火，如图 2-7 所示。

结婚礼服：结婚礼服是朝鲜族女子最具纪念性的服装。新娘在出嫁时，不管是何季节都要穿戴嫁妆中的布料制成的衣服。新娘在婚礼时所穿的裙子与上衣是圆衫的衬衣，通常穿淡青色短上衣。制作单衣时，领子和衣角部分夹少许棉花制作。棉花有祈求新娘婚后幸福的寓

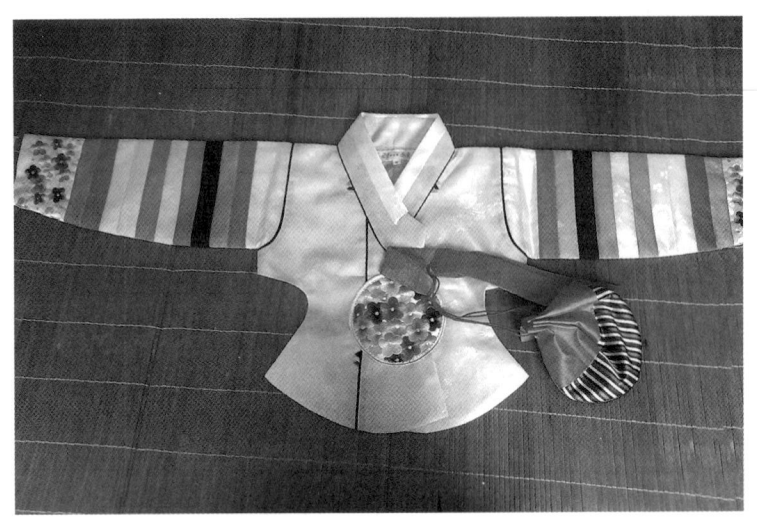

图 2-6 女装前襟

图 2-7 朝鲜族建筑焰火形檐口

意。制作裙子与上衣的布料,主要有绸子、丝缎。下衣有衬裤、套裤、衬裙等。脚着"船型鞋",女鞋多为白色、天蓝色、绿色。新娘头戴发簪,上面垂着前缀和飘带。簪子形状有凤簪、龙簪、鸟头簪等；材料有金、银、玉、翡翠、珊瑚等。

传统节日礼服：朝鲜族节日很多，有元日节（阴历正月初一）、上元节（阴历五月十五）、燃灯节（阴历四月初八）、重午节（阴历五月初五）、秋夕节（阴历八月十五）等。朝鲜族过节，除做节日饮食外，还根据特点，组织各种游戏和体育活动，所以节日礼服都要盛装花饰，盛装花饰是以鲜艳色调为主，为了配合活动，衣着比室内礼服薄一些、短一些。

家庭宴会礼服：朝鲜族有最重要的三个家庭宴会，即婴儿周岁生日宴会，妈妈要穿漂亮的长礼服。"回婚节"女性要穿当年结婚的衣服。最有特色的宴会礼服是花甲宴的穿着，女性穿小礼服（唐服）。

(3) 男子服饰

朝鲜族男子上衣下裤，服装极其适应居住环境。按功能可分为常服、礼服。

常服：常服意为平常穿着的服装，多使用黑白两色。常服按季节可分为春夏装和冬装。

春夏装：朝鲜族的传统男装一般是素色短上衣，外加坎肩和裤腿宽大的裤子。它能适应其盘腿坐的生活方式。外出时，多穿以布带打结的长袍。男子短衣朝鲜语也叫"则高利"；成年男子的上衣衣长较短，斜襟、宽袖、左衽、无纽扣，前襟两侧各钉有一飘带，穿衣时系结在右襟上方（如图 2-8 所示），外罩黑色薄坎肩。"巴基"是指传统的朝鲜族"裤子"，裤形状似灯笼。这种"灯笼裤"裤长、腰宽，且白色居多，裤脚收口。这是由于朝鲜族的传统房屋都是靠烧火供暖，人们通常坐卧在地面的垫子或席子上，穿这种裤子便于在炕上盘腿而坐，随便轻松。裤腿系有丝带，外出时可以防寒保暖，也利于劳动、步行。

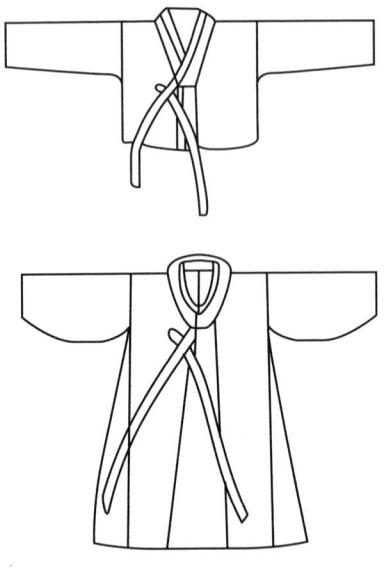

图 2-8 男子服饰结构

冬装：到了冬季，由于寒冷，他们喜欢黑色外套或其他颜色的带纽扣的"背褂"即"坎肩"，"坎肩"朝鲜语叫"古克"，一般套在"则高利"上衣的外面，多用绸缎作面，毛皮或布料作里，有三个口袋，五个纽扣，穿上显得特别精神。

礼服：朝鲜族男子礼服是在某些重大场合上穿着的庄重而且正式的服装。

结婚礼服：传统婚礼新郎的服饰是官服。官服里面穿衫、裤子、上衣，也可在外面穿长袍或道袍。道袍是吉祥服，是用生苎布制成的青色道袍。但是，道袍只有书生才能穿。因此，大部分人将道袍和长袍的混合型服饰——行衣，作为官服的衬衣穿着。行衣由绸布、苎麻或漂白布等布料制成。裤子和上衣主要用绸布制作，穷困的家庭使用粗布或漂白布制作。衫主要用粗布或漂白布之类的绵料制作。马甲使用绿色或蓝色、玉色、银玉色等青色系的丝缎制作，通常穿木靴。新郎身穿礼服时戴纱帽，穿道袍时戴笠。

传统礼服：在传统节日，男性不仅仅穿黑、白、灰等色彩的衣裤，也要穿鲜艳的衣裤。还有一款周衣，是罩在上衣和灯笼裤外的长袍，有单、夹、棉之分。这类周衣过去是士大夫和儒生的常服，后来成为男子出门的礼服。

家庭宴会礼服："回婚节"男性要穿当年结婚的衣服。花甲宴男性穿戴金冠草服。

(4) 儿童服饰

朝鲜族婴儿一周岁纪念日，是人们十分重视和讲究的节日。婴儿生日到来之际，婴儿的妈妈就把自己打扮得漂漂亮亮，然后给孩子穿上一套精心制作的民族服装（一般男孩上着五色丝绸短袄，外加坎肩，女孩上身穿小巧玲珑的短袄，襟垂飘带，下着罗裙）。

朝鲜族的童装，不论男女，以颜色绚丽为特色。童装的款式与大人的基本相同。童装的面料多选用粉、绿、黄、蓝等色彩的锦缎。幼儿上衣的袖筒多用"七色缎"（七种颜色相配的绸缎）作料子，穿在身上好像身披彩虹一般，因此这种衣服被称作"彩虹袄"（如图 2-9 所示）。朝鲜族一向认为彩虹是光明和美丽的象征，用"七色缎"给

图 2-9 朝鲜族儿童服装

幼儿做衣服，意在让幼儿们更加美丽和幸福，或出于审美心理或避邪的目的，也有的认为是过去朝鲜妇女善于保存各种颜色的布块，用来给孩子做衣服，这也充分体现了朝鲜族妇女的聪明智慧，以及勤俭持家的美德。

（5）朝鲜族服装的佩饰

朝鲜族服装有佩饰才显得完美，如精美的绣花发带、绣花荷包、流苏、浅色船形鞋等。传统朝鲜族服装的领结下常挂一个流苏，流苏上的装饰为一块玉雕或一柄小银剑，其上有一环圈，下面则垂着长长的丝线流苏，与服装相呼应，形成整体美感。朝鲜族的服饰体现了朝鲜族所特有的审美观、价值观和朝鲜族人民所具有的勤劳、善良、热情、爱好和平等品格，也体现了中国朝鲜族深厚的民族文化底蕴。

2. 朝鲜族服饰艺术分析

（1）结构艺术分析——古朴淳厚的造型

地理位置和自然条件是影响朝鲜族民族服饰结构的重要原因之一。服饰的结构是朝鲜民族适应自然环境、利用自然、改造自然的选择。结构即形式，是由点、线、面等要素构成。从服饰上面衣扣形成的点，到衣领、蝴蝶结体现的线，到整体衣装的块面，无不体现朝鲜族服饰的结构特点。随着朝鲜纺织工业的发展，如今朝鲜人民穿用的衣料颜色更是绚丽多彩、不拘一格，但妇女民族服饰短衣长裙，男服的阔衣、肥裤，这一传统民族风格久久不变，因为它符合朝鲜人民的审美心理，充分反映了朝鲜族人民温顺、善良和勤劳淳朴的美德。朝鲜民族服装的结构自成一格，上衣自肩至袖头的笔直线条同领子、下摆、袖肚的曲线，构成曲线与直线的组合，长短错落有致，整体造型结构优美。

(2) 图案装饰艺术分析——丰富多样的图案

仔细观察朝鲜族服饰图案常装饰的部位,多装饰在易磨损处,如袖口,领口,肩部,衣边,膝头,裤脚,围兜的系带处,衣服开叉处。可见图案也有一定实用性。

朝鲜族服饰图案有以下几种:

单独纹样。对称式图案——朵花:图2-10是朝鲜族荷包,图案是鸡冠花变形,鸡冠花纹饰相配组成画面,意喻"官上加官",步步高升。如图2-10所示,是对称图案,即图案形象以中轴线两边对称,图案特点整体、饱满,装饰感极强。

图 2-10 荷包图案——朵花

上古时期牡丹花叫单生化,唐代开始称之为牡丹,是各少数民族都喜爱的吉祥花卉。现今牡丹花成为繁荣昌盛与美好、幸福的象征(如图2-11所示),朝鲜族服饰上的牡丹花图案,整幅构图以花为主体,枝蔓抽象成旋涡纹,既伸展,又内敛。配有四个蝴蝶。蝴蝶被人们视为吉祥美好的象征,表现了人类对至善至美的追求。又因为蝴蝶与耋同音，故蝴蝶又被作为长寿的借指。

图 2 – 11　牡丹花图案

适合式图案——团花：所谓"团花"，主要是指各种植物、动物或吉祥文字等组成的圆形图案。它常见于朝鲜族服饰的胸背和肩部等部位，如图 2 – 12 所示。以圆形为基本构图的吉祥图案，都是团花，其中有四只蝙蝠，因蝙蝠的"蝠"与"福"谐音，蝙蝠成为福的象征。① 这四只蝙蝠围着一个钱的造型，外围配以花卉造型（如图 2 – 13 所示），正中一个钱币，蝙蝠从四周向中心汇聚，有一个向心力，图案分析是：求心式构图形式（如图 2 – 14 所示），这种构图形式，使欣赏者的视点集中在中心部分，充分体现循环往返、无限发展的象征意义。

---

① 参见王晟《中华吉祥图案趣谈》，金盾出版社 2008 年版，第 185 页。

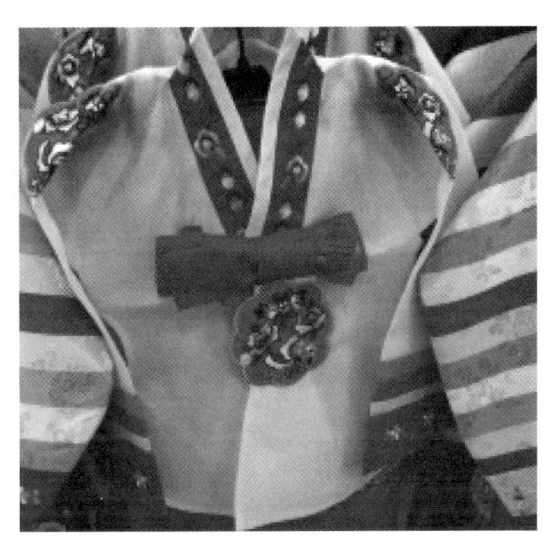

图 2-12　团花的位置

图 2-13　朝鲜族服饰图案——团花

连续纹样。平行二方连续图案：如图 2-15 所示，服饰的图案是一组抽象图案，自然原形中某些抽象图形和因素，有可能与少数民族设计师先天的审美相配合，从而逐渐在对象上呈现出抽象图像，形成左右递进的抽象图案，男童袖与腰部装饰的二方连续图案很明显是一

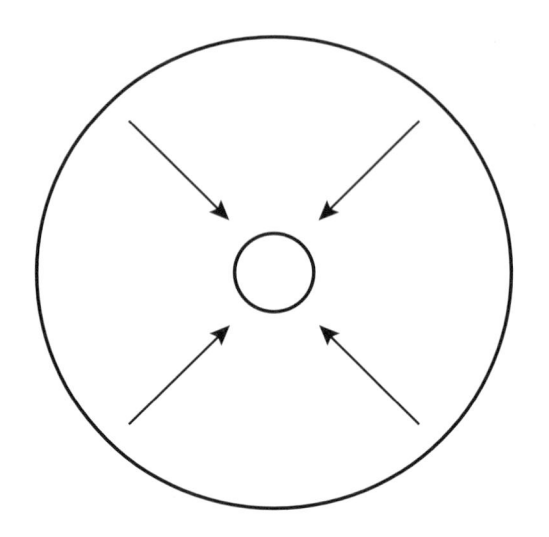

图 2-14 团花图案分析

图 2-15 服饰中的平行二方连续图案

组羊纹。古文中:"羊"与"祥"谐音,所以羊纹在朝鲜族服饰中出现也是理所当然的,预示着生活美好、吉祥。

转角二方连续图案：服饰中许多形状构成是以勾勒边缘二方连续图案形式出现，就像绘画中勾勒轮廓一样。将领形、前襟、下摆，通过装饰提醒、强调出来，起到一定加强界定作用。如图2-16所示，是平面团形波状缠枝纹，构图机理是以波状线与涡旋线相组合，结合二方连续展开，形成波卷缠绵的基本样式，在切圆空间中或波线上缀以花卉，并点缀叶子，形成枝茎缠绕。其中以二方连续形式的缠枝纹尤为常见，因其结构连绵不断，故又具"生生不息"之意，寓意吉庆。①

图2-16 服饰中的转角二方连续图案

群合式纹样。群合式图案是非常自由的，它不像连续式图案严格遵循某一单位纹样，也不像适合图案中的填充式图案完整在边框区域内表现适合装饰对象。群合式纹样的最大特点是轻松新颖。在大框架内，设计者可随意地设计各种图案。如图2-17所示，群合式刺绣纹饰既有动物，也有植物，在最底部水纹的装饰下，图案形象起伏，节奏变化性强。图案变而不乱，繁而不杂。

(3) 色彩艺术分析——靓丽鲜明的色彩

白色民族之说。朝鲜族及祖先，在审美习俗中崇尚白颜色，白色象征着天，朝鲜族先民视白色为吉祥、幸福的颜色。故朝鲜族自古有

---

① 参见乙力《中国传统吉祥图案》，兰州大学出版社2004年版，第48页。

图 2－17　服饰中的群合式纹样

"白衣民族"之称。朝鲜族这种白色崇拜也叫"色尚白"。白色是无彩色，它无论与无彩色或有彩色搭配都无禁忌，永远美丽。

服饰配色。朝鲜族服装明显不同于北方其他民族，有其自己飘逸淡雅的独特风格。朝鲜族素有"白衣民族"之称，不论男女老幼皆喜穿白色素净的衣衫和鞋袜，显示出清静朴素的特征。目前，朝鲜族的服饰色彩已不完全是白色和素色，而是逐渐趋于多彩化，特别是青年妇女，大红、淡红、淡蓝、淡绿、淡黄甚至是紫色在她们的服饰上都有所表现。这些搭配是远邻类似色甚至对比色配色。色彩饱和度高，因而衣物搭配时顿显生动活泼，年轻有朝气。在民族节日的盛会上，朝鲜族服饰更是多姿多彩，如花团锦簇。我们在婚后妇女服饰搭配中看到其他民族很少用的绿衣红裙，如图 2－18 所示，这种补色对比色的服饰，色彩明朗艳丽，以突出其身份。由于绿衣面积小，红裙面积大，所以强度不同，是阴与阳色彩的充分体现，如图 2－19 所示，穿起来别有风味。朝鲜族人有一时期把绿袄红裙当成最美丽的衣着，称为"绿衣红裳"。

图 2-18 服饰配色

在婚礼等盛大场面之中，也是我们研究服饰色彩的大好时机，婚礼举行时婆婆衣服色彩多选择严肃色彩如蓝色、绿色，代表一种尊严。而娘家多选择黄色、紫色代表对女儿的恋恋不舍。

色条与色块结合的律动。我们经常从妇女儿童的衣服设计中看到色条律动，赤、橙、黄、绿等几种颜色交替在衣袖、前襟上裙摆处出现，上衣衣袖仿佛音乐的音阶一般，具有节奏感。色块律动是朝鲜族服饰图案色彩又一个特色，也叫作面积律动（如图 2-20 所示）。这样设计可弥补整体单调的服饰色彩感，又不影响整体服饰色彩色调。

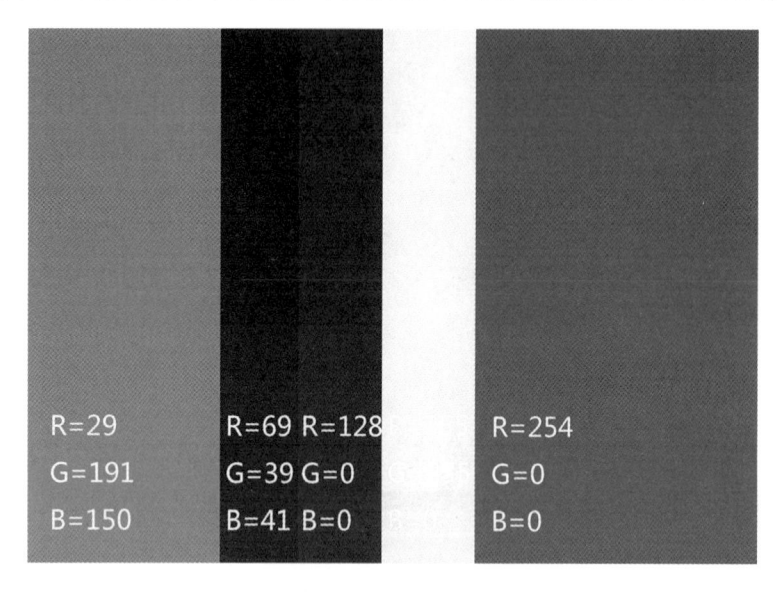

R=29　　R=69　R=128　　　R=254
G=191　　G=39　G=0　　　　G=0
B=150　　B=41　B=0　　　　B=0

图 2-19　色彩分析

图 2-20　图案的律动

3. 朝鲜族服饰装饰艺术中的民族文化

（1）自然崇拜

从服饰的色彩上看，朝鲜族服饰色彩装饰艺术中朝鲜族对白色的崇拜，体现了朝鲜族服饰文化中尚白的传统对审美心理所产生的深远影响。朝鲜族服饰服色尚白就是自然崇拜的体现。服装色彩尚白一般有两种解释，一是认为古代朝鲜半岛的印染技术不发达，二是对太阳的崇拜。但很多史料证明古代朝鲜半岛的印染业技术发达，而朝鲜文字中就白色词源来讲，与太阳的词源是一致的。所以第二种崇尚太阳原始信仰说站住了脚。白色象征光明、圣洁，成为象征天神的宗教之色。所以，行走在人间与鬼神之间的朝鲜的巫师们通常穿白色。从朝鲜民族尚白、喜单色和清雅的配色特点中，我们就可以看到这个古老民族对自然，特别是太阳的崇拜，对纯洁、自然、光明的追求。

（2）图腾崇拜

贝类是富于装饰价值的饰品，三面环海的朝鲜半岛的地理特点决定了贝类与朝鲜民族的不解之缘。田螺、贝类在朝鲜族民俗里象征财富、吉祥，是一种招福辟邪的精神寄托物。在朝鲜半岛及朝鲜族人中间广为流传田螺变为姑娘帮助弱者、惩戒恶者的故事，富于民族特色，也表现出朝鲜族对美好的向往。朝鲜语的蛾蛎与全福谐音，成为全福的象征。我们经常可以看到朝鲜族服饰上有涡旋纹、螺纹、回旋纹，分析看来也是田螺、贝类图腾等在服饰上的再现。朝鲜族萨满服上，一般还绣有鹿、蛇、龟、蛙、白鹤等，这些都是朝鲜族图腾崇拜的符号。

4. 朝鲜族服饰的固态保护与活态传承

目前，对于朝鲜族服饰的固态保护主要有以下几个方面，博物馆保护，民族文化厅展示和立法保护，服饰样品保护也很受重视。但是，对于继承者的手工艺传承还不够重视。

得益于党和政府保护非物质文化遗产、发展文化产业的政策以及众多的人类学、民族学、历史学、艺术学以及朝鲜族服饰传统技艺传承人共同的努力，朝鲜族服饰艺术又重现生机。我们应竭尽全力保护、传承和发展朝鲜族的民族服饰艺术，使朝鲜族服饰艺术走向辉煌，走向明天，走向光辉灿烂的未来。

(二) 朝鲜族建筑

朝鲜族建筑是该民族传统文化的重要组成部分，朝鲜族人民结合本民族生活习俗，创造了与东北寒冷气候条件和地理环境相适应的建筑艺术。移居初期，大部分居民是来自朝鲜半岛咸镜北道的朝鲜人，所以朝鲜半岛咸镜北道的居住方式可以说是中国朝鲜族的居住原形。后来，日本对朝鲜的占领所引发的朝鲜人集团移居以及中国的政治变化等，都对朝鲜族的居住形态有深远的影响。居住地点离中朝边境地区越远，朝鲜族建筑与当地居住文化融合的过程就越明显，并且还掺杂着许多朝鲜各地区的居住形态要素，这与住户移居前所在的地区有着非常密切的关系。中国朝鲜族建筑是在与不同环境、不同文化的冲突和融合过程中变化发展过来的。

1. 朝鲜族建筑艺术特色

朝鲜族大部分都聚居在东北部如延吉、珲春、和龙、汪清、安图县，吉林、黑龙江也有聚居地，这些聚居地村镇大部分都在沿山的平川地带，村庄距离远近是根据开拓种植良田面积多少而自然形成的。选址在山坡之阳、靠近道路交通方便的地方，或是建筑在河流湾边、地势高爽、没有水危险的地址建房屋。一般朝鲜族建筑都遵循背山面水、负阴抱阳的规律，但也有房屋根据道路走向而建。

(1) 建筑空间

平面空间形态。朝鲜族建筑空间是一种人为空间,卧室墙分隔着多个居住空间,墙多为轻料墙体,不用时可拆除。这样分隔多个空间可以满足家中主客、男女、长幼分间居住,进出有序,而且避免相互干扰;在前廊设木地板,鞋就脱在廊下;厨房与大卧室合二为一。开敞与封闭的空间在这里就是相对而言(如图2-21所示)。

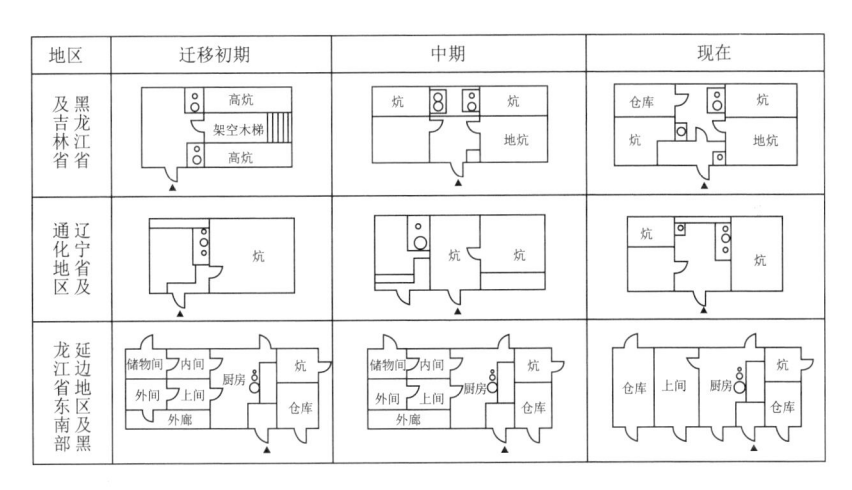

地区	迁移初期	中期	现在
黑龙江省及吉林省	高炕/架空木梯/高炕	炕 炕/地炕	仓库 炕/炕 地炕
辽宁省及通化地区	炕	炕 炕	炕 炕
延边地区及黑龙江省东南部	储物间/内间/外间/上间/厨房/炕/仓库/外廊	储物间/内间/外间/上间/厨房/炕/仓库/外廊	仓库/上间/厨房/炕/仓库

图2-21 中国朝鲜族建筑的平面空间

黑龙江、吉林地区居住的移民迁徙初期生活条件艰苦,基本上借租汉族房屋居住,子女与父母合住一个大空间,几乎没有私密空间。辽宁省及吉林通化地区的朝鲜族迁移初期多以朝鲜平安道的平面形式,厨房与炕之间设隔墙,厨房间深度较深,空间较大,用于冬季和雨季做农活,后逐渐演变为中间设厨房,两侧设炕,东屋仍选择满族炕的形式。延边地区的朝鲜族移民以图们江南岸的朝鲜咸镜北道人居多,民居以鼎厨间为核心空间向四周拓展,空间以相对封闭的多功能整合性空间形式居多,门多窗少,有个别民居带有前廊,与正房的南侧房间连为一体。① 从朝鲜族房屋形式可看出室内空间收敛性的防御功能，比如在南墙设置望窗、功能整合等居住空间形式，体现了被动性防御体系。而现代以后，居住空间趋于开放、简洁的形式，显现出以东北汉、满民族"一明两暗"式为基本模式的多样化的居住空间形态。

立面空间。朝鲜族建筑立面是指建筑和建筑的外部空间直接接触的界面，以及其展现出来的形象和构成的方式，或建筑内外空间界面处的构件及其组合方式。朝鲜族民居，外部立面根据屋顶的形状，分为悬山式、四坡式、歇山式三种，大体上，草房屋顶多为悬山式和四坡式，歇山式多用于瓦房的屋顶。东北地区虽然气候寒冷，但是朝鲜族建筑内部空间却采用薄墙、大面积火炕取暖的做法来御寒，这是朝鲜族的一大特色。其墙壁大多为泥墙，墙面用白灰粉刷。大部分的朝鲜族民居，用泥和稻草和在一起砌成墙之后，前面刷白灰，有的民居把前面与右面均刷白灰，而后面与左面只抹上黄泥，不刷白灰，墙面呈现出土黄色。经济条件比较差的农家，就用黄土涂抹。朝鲜人对空间一般理解为"一切和谐自然的美"。他们的建筑艺术不追求大尺度的奢华的外观，而强调自然中的简洁和优美。他们首选安静、优雅的地方为建筑房屋的基地，极力创造具有亲近感的建筑形式。

（2）建筑构造

外部构造。朝鲜族建筑外部构造特征见表 2-3。

---

① 参见李佰寿、金松浩《东北朝鲜族农村居住空间探析》，《黑龙江民族丛刊》2007年第6期，第140—141页。

表2-3　　　　　　　　朝鲜族建筑外部构造特征

建筑外部＼外部装饰	装饰造型	材料	色彩	图案	线条
屋顶	庑殿式/悬山式/歇山式	青瓦/稻草/木材	青色/黄绿色	阶梯/网格	曲线/直线
门窗	一码三箭/望窗	木材/高丽纸	原木色/米色/白色	几何/龟背锦/文字图案	直线
廊	单面空廊/半廊	木材/石材	原木色/单彩色	灯笼/几何	直线/点/面
外墙	矩形/移动轻	木材/稻草/混土/瓷砖	白色/彩色瓷砖	民族彩画（角丹青）/二元连续图案	直线/面

屋顶：朝鲜族建筑屋顶有三种形式：庑殿式屋顶、歇山式屋顶和硬山式屋顶。

其一，庑殿式屋顶。朝鲜族庑殿式屋顶有四面坡，正脊是由两坡面相交而成，但坡度缓和。四坡平行如舟，前面两坡与后面两坡相交形成四条垂脊。曲线与直线形成鲜明的立体感，俏美而不失稳重。

其二，歇山式屋顶。歇山式可以看作悬山顶和庑殿顶的结合，有一条正脊、四条垂脊和四条戗脊。出檐很长，屋檐下是人们乘凉之所，有很深的阴影，加上廊的进深，使建筑的立体感极强。

其三，悬山式屋顶。这种屋顶是朝鲜族建筑主要的屋顶形式，屋顶由一条正脊和四条垂脊构成。屋顶两坡，挑檐较大，下设廊，廊为单面空廊，有时只做半廊，是屋内空间向外一个延伸。

门窗：朝鲜族建筑细部装饰构件中最突出的是门、窗，其特征是门即是窗，窗即使门，门窗不分，如图 2-22 所示。

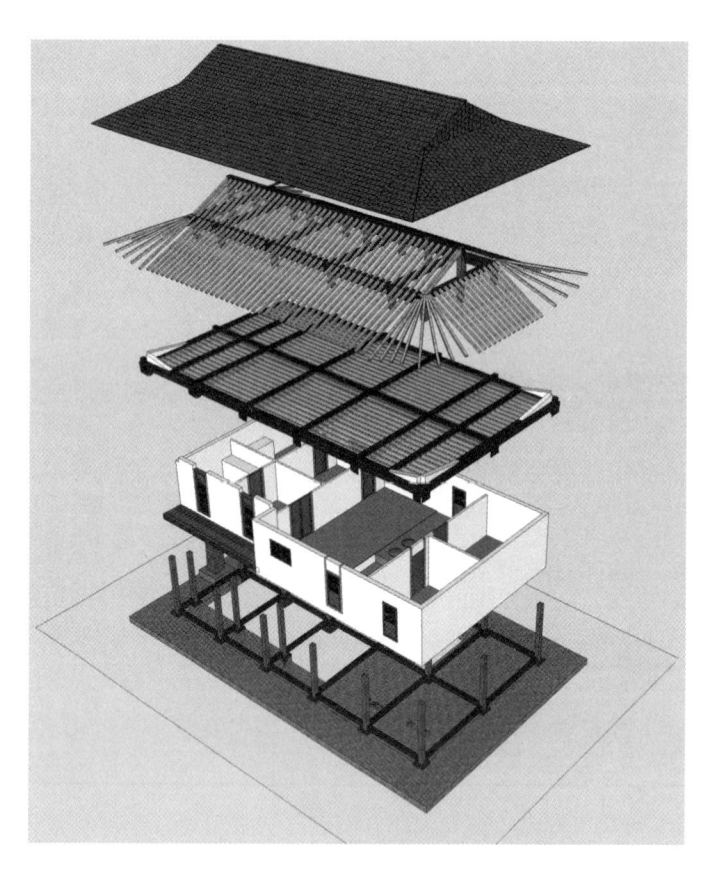

图 2-22 朝鲜族建筑的内部结构

门的尺度不大，门窗外侧裱糊高丽纸，不透明。朝鲜族建筑的这些细部特色主要来源于其民族的习俗、爱好、愿望和审美观念。门窗的特色是因为朝鲜族是以席居为主要生活方式的民族，小小的瞭望窗正好同人们席坐在炕上的高度一致，打开小窗向外张望，小窗便成了尺度适宜的望孔。可以看出，朝鲜族民居的色彩、装饰、花纹及图案，是其民族独特的艺术表现手段和民族特征的标志。

外墙：房屋外墙是指房屋四周围合的部分。由于朝鲜族民居大多数以木梁架和立柱作为骨架，所以墙的本身并不起到承重作用。外墙的材料有土质的、木制的，还有砖墙，无论哪种材质，因为朝鲜族人的"尚白"思想，人们都会把墙面刷上白灰，使其变成白色。所以朝鲜族传统民居多为白色墙面，青瓦白墙与裸露的立柱，再加上独具特色的门窗，形成了规则的线条美。有的朝鲜族人在两侧的山墙上绘制一些图画，使内容丰富多样。

朝鲜族建筑外墙分为两种，一种是固定墙体，不可移动，分为夹心墙和空心墙；另一种是"可移动"的墙，这是指有些大户人家，会把前后两面墙作为木质栏板，夏季就吊在顶棚下面，使得客厅变成了可以纳凉的大空间。

内部构造。朝鲜族建筑内部空间特征见表2-4。

表2-4　　　　　　　　朝鲜族建筑内部空间特征

内部装饰 建筑内部	装饰造型	装饰材料	色　彩	图　案
炕（温突）	满铺式/"一" "L"形	混土/石板/砖	黄色/原色/ 米白色	几何/动植物 图案
内　墙	以门代墙	木材/混土	白色/原木色	民族装饰画

在朝鲜族建筑室内站立起来，仿佛头要碰到梁头，手举起来，仿佛要触摸到天花板，但心里没有丝毫压抑感，这是因为朝鲜族保留了古代盘膝而坐的习惯，人进屋脱鞋就坐在地炕上，室内家具和所有部件尺寸都较小，所以拉伸了空间尺度。空间尺度完全随人们感觉而变

化，这样的设计在朝鲜族建筑中比比皆是。

炕：朝鲜族是一个在炕上生活的民族，房屋中除了走廊储藏室，其他地面几乎都做火炕。进屋前，鞋脱在廊下。进入室内就是炕面。在灶口烧火时，使火焰和烟气通过炕下的烟道冲向烟囱，把炕烧热。在抹得平整的炕面上先糊几层薄纸，最后再糊上炕油纸，干净、整洁。

图 2 – 23　朝鲜族建筑内部布局

内墙：朝鲜族建筑内部布局，主房间为居室，以灶间与居室隔开。居室多少、大小可视需要，由推拉门分隔，比较灵活方便（如图 2 – 23 所示）。夏季内墙可以高高吊起，使整个空间开敞、通透。居室内靠墙设推拉门壁橱，供存放衣物、被褥之用，使室内显得宽敞雅致。朝鲜族建筑内墙充分体现建筑空间的分割与通透。

（3）建筑材料

朝鲜族人种植稻米，就地取材用稻草作为草房的屋顶覆盖物，将其粉碎后加入外墙泥土中，起到拉伸防裂作用，它以轻便、经济、容易更换、吸热少、透气等特点，深受朝鲜人民喜爱。而且屋檐稻草盖过檐，具有防潮、防水的作用，防水时稻草如蓑衣，防潮时稻草如油毡。同时，朝鲜族人也很重视木材的使用，木材的榫卯结构在木构架结构中起到防震和稳定作用。

草。草除了被掺杂在泥土中，增加泥土的抗拉和防裂作用外，最主要的还是大量运用于各种形式的屋顶覆盖上，特点是轻便、经济、吸热少、透气、容易更换等。草房屋顶的材料是由稻草、谷秸、席草等，用这些材料编织成草苫子。按照编制形式的不同，分为网链式和叠垛式①（如图2-24、图2-25所示）。

图2-24 网链式草屋顶

不论是哪种形式的屋面，茅草屋顶做法一般都是先预制成草排，再由檐口到屋脊顺序叠加覆盖，固定在椽檩条上，过两三年更换一次，或根据实际需要做局部的更换。

土木。在传统文化中，"土居中央，为之天润"。东北有自己的土地资源和土环境，而与汉族接触较多的朝鲜族在直接取土用以住屋建

---

① 参见宋春雪《朝鲜族传统民居建筑装饰研究》，硕士学位论文，中南林业科技大学，2013年，第20—22页。

图 2-25　叠垛式草屋顶

材方面，呈现出自己对土的感知和认同，使用不同的工艺技术，建造出自己独特的住屋形式，同时带有明显的汉化形式。就真正的建筑艺术来说，由于要按照目的性原则而且要把房屋这个基本类型造得美，木料建筑可以看作纯自然、最贴近朝鲜族生活的建筑材料。原始建筑以"风篱"最为普遍，是一种以树条插入土中，其上覆盖短枝、树叶、草皮而造成的墙，既挡风雨又可保护树种，深为多民族喜爱。朝鲜族生活在木材丰富的林区，木是主要的建筑材料，甚至作为许多生活方面的依托。

瓦。朝鲜族建筑屋顶多用朝鲜灰瓦（如图 2-26 所示），瓦由板瓦、筒瓦、瓦当组成，板瓦、筒瓦上通常有绳纹、回纹、网纹、席纹，并刻有福字或寿字，瓦当上有莲花纹。瓦屋面多为素色并带有花纹，朴素而典雅。正脊、戗脊和斜脊均由迭板瓦而成，端部有起翘，并立有形同火苗状的望瓦，象征着住家日子如同火焰红火。

图 2-26　朝鲜族建筑的瓦屋顶

2. 朝鲜族建筑的美学思想价值

（1）色彩

朝鲜民族很崇尚白色，以白为美，这种特点从他们的传统服饰便可看出。他们的民居建筑主要有土坯改成的草房和砖混结构的瓦房，无论哪种房子，都以白色为基调，尤其是南面和东面。因此，在众多少数民居中辨识度很高。远观朝鲜建筑，白色、灰色、黑色、原木色构成了朝鲜族建筑的主色调。而白色是极色，可与任何颜色搭配，成为同种色。与绿树相映，白中有绿。秋季时，与红辣椒相配，白红相间甚是好看。

近瞧朝鲜民居平面较为简单，大多以矩形为主，内部居室靠墙壁设置推拉门壁橱，内部放置衣物、被褥等生活用品。虽然内部简单，但其装饰并不简单，朝鲜居民喜欢用鲜艳的饰品以及传统的十长生来装饰房间。色彩运用也多以暖色调为主，增加家庭温暖的气氛。

（2）线条

朝鲜族建筑外观非常美，屋顶构成充分体现直线与曲线的优美过渡，檐加出挑，形如飞鹤，以歇山顶为例，正脊、戗脊、檐口就有十三条曲线构成。而墙面、门窗以直线形式构成，曲线再加上墙面、台基的组合，远远望去线条长短、深浅相依。具有律动感。基石与台阶是"动线",门窗线平行明确是"静线",走进朝鲜建筑的门窗,原来的格子线露出明暗变化,棂条为暗,高丽糊纸为明。开窗为暗线,闭合为明线,浓浓淡淡,长短交错。可以说,朝鲜族建筑是以各种线与面、线与点形成的特色建筑作品。

不同民族民居的形成都不是一蹴而就的,是在时间的考验下,历经风雨,一点点形成的。对于朝鲜族的建筑特征,主要与民族传统、生活习俗和审美观点有关。而其建筑的线条美也是考量其建筑美学的重要因素。

朝鲜族民居建筑的线条美首先表现在建筑屋顶的轮廓上。无论是草房还是瓦房,其建筑屋顶都以曲线为主,沿用了传统的汉族屋面,瓦房多以歇山顶为建筑样式,中间部分平如水面,两边向上翘起,寓意欣欣向荣,在两端尖角位置和檐头有纹样,使整个屋顶显得轻盈峭拔。

其次表现在门窗的直线美上。朝鲜民居的门窗样式颇具特色,无论是门还是窗,都有粗细不一的细木格棂,横竖交错,直线多,整齐划一,丝毫没有凌乱之感,别具特色。从建筑立面上看,裸露在外面的柱子、门、窗以及上下梁将整个建筑立面划分成大小不一的矩形组合体,这样的组合使墙体更加有韵律感,同时在墙体上形成一种和谐的错落美。

(3) 图案

朝鲜族图案最有特色的是"角丹青"(如图2-27所示)。

"角丹青"整体色彩特征富有装饰性,多用纯色块组合,加强补色对比,画面色彩用墨色框勾边,将各种色彩有机结合在一起。而色彩的衔接、组合、重构同时出现在角丹青之中,使平面色构漫透着强烈的装饰性语言。这种原色和间色的大对比用黑白的线与块来衬托,

图 2-27　朝鲜族"角丹青"图案

来求得强烈、鲜明和极富感官冲击的色彩效果。装饰纹样，角丹青右侧以莲花、瓶颈、涡旋、水纹为造型，也同为吉祥纹样，左右对称、上下呼应，成为整幅角丹青的点睛之笔。图案与水息息相关，因为朝鲜族人民傍水而居，水崇拜也就相应而生，人们恐惧水，而又崇拜水。古建筑中的水是火的克星，所以在建筑物中出现水纹装饰纹样也就不难理解。抬头看去，这个重复出现的、委婉的、富有装饰性色彩的涡旋水纹也讲述着人与建筑之间美丽的故事。

3. 与东北地区其他民族建筑的比较

（1）满族

"口袋房、万字炕、烟囱出在地面上"，这是对满族建筑的形象描述。口袋房又称斗室，因其形如口袋和斗形而得名。环室三面的火炕成为转圈炕、万字炕。房屋周围的墙多用土垒起，门大多开在东边，也有中间开门的，称为"对面屋"。满族窗子分上下两窗，高丽纸糊在窗棂外。另外，满族建筑构造规整大方，建筑的艺术装饰也很精致，又因为借间而影响到风门，普遍开在东南侧，所以称为"不对称式"建筑形态。

（2）汉族

汉族建筑主要的特点是对称。无论是平面设计或者是单座房屋设计，均采用对称式布置。在外形上，正房和厢房也有主次之分，正方高大，厢房略小。建筑室内装饰没有满族房屋那样复杂，且明间外分间相等，屋内间隔简单。

（3）赫哲族

赫哲族的建筑，是以水文化巢居土文化穴居为起源并发展而成。建筑材料中，使用其他几个民族很少用的鱼皮、桦树皮，赫哲族人将这两种材料用到马架子门窗、外墙上。随着科技水平的提高、民族文明的发展，木质材料和建筑技术的结合逐渐成熟，人们将大树干垛起，建立木刻楞。现在的赫哲族仍然还在用鱼楼子（六根柱子支起的木刻楞）。自建筑土屋"在卓"出现后，赫哲族建筑每家以院为单位，形成了分割灵活的内外空间，且主入口大多设有衡门。

考虑到各民族建筑特征极广，无法"几言以蔽之"，于是以简略的表格形式说明。朝鲜族、汉族、满族、赫哲族院落部分对比见表2-5，朝鲜族、汉族、满族、赫哲族建筑对比见表2-6。

表2-5　　　　　　　　朝鲜族与东北其他民族院落比较

民族 \ 项目	院落房屋形式	建筑色彩	影壁
满族	不对称/有院	青灰/淡朱红/彩色	有影壁
赫哲族	对称/有院	木色/土黄/桦树皮白	无影壁
汉族	对称/有院	彩色/木色/土黄	有少量影壁
朝鲜族	对称/有院	白原木色/土黄	无影壁

表 2-6　　　　　　　朝鲜族与东北其他民族建筑比较

项目 民族	门窗	外墙	炕	屋顶	廊
满族	有大门/窗纸贴外	砖/土坯/石/山墙腰花/狍腿支摘窗	万字炕	挑山式/硬山式	有廊
赫哲族	有衡门/地下半窗/有房门/榫卯鱼皮窗纸/桦树皮窗	木骨泥墙/拉哈辫	"L""U"型炕、万字炕	硬山式	无廊
汉族	风门/花窗、半花格	砖/狗咬牙/拉哈辫/夯土墙	万字炕、"一"字炕	硬山式	有廊
朝鲜族	门窗合用	木板/木骨泥墙/拉哈辫/榫卯	满铺炕	庑殿式/悬山式/硬山式	全廊/半廊

4. 中国朝鲜族建筑的保护与利用

让朝鲜族建筑艺术发扬光大，就要正确有效地保护原生态建筑物。应围绕下面几方面做文章：

（1）要处理好保护与开发的问题。

（2）保护朝鲜族建筑所在的原生态环境。

（3）进行朝鲜族建筑艺术村落的整体保护性规划。

综上所述，从历史到今天，建筑是人类文明最早见证之一。在水天相接处，在郁郁葱葱的山脚下，在一片天然的绿色环境中，朝鲜族建筑以其美丽风姿展现于人们面前。纵观朝鲜族建筑，其建筑文化的审美取向在于功能与形式的完美统一，人与自然的共生交融，这一切都造就了独特的朝鲜族建筑语言。从草房、木刻楞到近现代的瓦房、楼房都反映了朝鲜族居住风俗的演变，也反映这个民族昨天、今天和明天。总之一句话，朝鲜族建筑艺术是我们中华民族建筑历史中的瑰宝，应进一步加大力度予以开发和保护。

第三章

中国朝鲜族跨界民族关系的特征及贡献

中国朝鲜族在移居中国东北、定居中国东北的过程中，尽管与当时的地方政府存在一定程度的摩擦，但经过彼此相互协调，中国朝鲜族积极参与当地社会经济建设，作出了应有的积极贡献。朝鲜族跨界民族的形成过程就是其不断融入中华民族的过程，与其他兄弟民族一道开发边疆、并肩抵御外敌入侵的"集体记忆"，加快了朝鲜族对中华民族的认同，并主动加入中国国籍，成为中国55个少数民族之一。

第一节　自然地理特征：中国朝鲜族与东北边疆开发

19世纪中叶以后，流入中国东北的朝鲜族先民与当地满族、汉族等其他民族一同开垦荒地，使人迹罕至、飞鸟走兽遍地的东北边疆地区变成土地肥美、五谷丰腴的大粮仓。中国朝鲜族在东北边疆开发过程中，充分发挥自身优势，并与当地兄弟民族积极配合，在水田开发、水稻种植等方面作出了积极贡献。

一 水田开发

19世纪中叶开始,朝鲜族民众开始大规模迁入我国东北,朝鲜移民在中国东北开垦荒地,拓植水田,种植水稻。1861年,清政府开放舒兰平原禁荒,1864年,废除吉林西围场五围,1881年,开放吉林西围场,废禁山围场之制。1885年,废除对图们江左岸的封禁。清廷制定招携开垦,不施禁阻的政策。同时,政府发布实施发展垦荒具体规定。据载,1890年,珲春黑顶子管辖的6社,朝鲜族垦民853户。1893年,珲春东五道沟管辖的5社,朝鲜族垦民501户。1894年,和龙峪管辖的4堡(宁远堡、绥远堡、安远堡、镇远堡)39社,朝鲜族垦民共有5990户。迁徙东边道的朝鲜族农民亦在增多,1897年,通化、怀仁、宽甸、兴京(今新宾)等地,朝鲜族垦民有8721户,3.7万余人。1907年,长临(今临江)境内,朝鲜族垦民1100余户,男女大小3000余口。至1916年,延边地区朝鲜族人口达20余万。到1920年延边的水田面积达6350垧(小垧)。①

1907年,清政府设置奉天省。1914年在奉天(今沈阳)成立了奉天水利局,成为管理种植稻田的专门机关。朝鲜族农民开垦浑河两岸的湿洼地,如在公太堡、昊家荒、塔湾、北陵等地,开辟稻田6万垧。同年三月,新民、黑山两县设立分局,置埋事,管理稻田。② 1918年,奉天省政府颁布《提倡华民耕种水稻办法》③,积极劝导定居在东北的中国人种水稻。

---

① 参见方衍《19世纪中叶中国朝鲜族开发边陲之贡献》,《中国边疆史地研究导报》1990年第5期,第15页。
② 参见辽宁省档案馆馆藏档案《奉天省长公署》(JC10-3278号),有修改。
③ 参见辽宁省档案馆馆藏档案《奉天省长公署》(JC10-3278号),有修改。

清政府于1885年，在图们江左岸一带及海兰河、布尔哈通河、嘎呀河流域的平原沃壤划图们江北段长约700里，宽约40里至50里地带，为收纳朝鲜族农民之专门垦区。延续200余年的封禁制度（禁山围场之旧制），至此全部废除。1890年9月，珲春、南岗、东五道沟辖23个社，有朝鲜族垦民1883户，垦熟地9365晌。自光绪初年开始，在茂山对岸，渐至江左沿岸，迁移的朝鲜族农民不断增加。1881年，延边地区朝鲜族农民已达1万余人。1883年，在集安、临江、新宾等县朝鲜族农民，有7000余人。光绪年间，乌苏里江沿岸地区，亦移入了朝鲜族农户。清政府对垦耕之朝鲜族农民，立社编甲，进行管理，加强统治。早在1644年，世祖福临颁布牌甲制度，"悉令州县，编置牌甲"。制定编审户口之法，政府规定州县城乡10户立1牌头，10牌立1甲头，10甲立1保长。户给印牌，书其姓名丁口，出则注其所往，入则稽其所来，其寺观一体颁给，以稽僧道之出入。其客店另立一簿，书寓客姓名、行李、牲口及往来何处，以备浚察。20世纪初，奉天、新民、公太堡、塔湾和北陵等地，成为著名的水田区。

1890年，上自茂山，下至钟城崖子、江滨沃土200余里，悉行丈放，设垦局于和龙峪。江左一带荒地，大都为朝鲜族开垦，"半赖若辈垦熟"。和龙峪抚垦局（越垦局改名）设立镇远堡、宁远堡、安远堡和绥远堡4大堡。堡下设立社，凡39个社，朝鲜族垦民20899人。1907年，延吉厅境内朝鲜族已达5万余户。1890年，图们江北岸钟城崴子（今龙井县光开乡光昭一带），开始栽培水稻。延吉县在1900年前后，于开山屯泉坪一带，和龙井附近海兰江畔的端甸平原，开发水田，并逐渐扩展到延边各地。这是中国朝鲜族农民第二个水田开发区。

自此水稻种植逐渐向北发展，1908年，新民县公太堡、塔湾和北陵等地，种植水稻。另外，黑龙江省东宁县小绥芬河、绥芬河、牤牛河和牡丹江流域近地，东宁、穆棱、海林、宁安等地，开发水田，种植水稻。1867年，一些朝鲜族农民，从俄国沿海州一带，移入黑龙江支流法别拉河、大公河流域，定居开荒种植水稻。1880年，绕河县小佳河，朝鲜族农民开荒种稻，1895年，朝鲜族农民迁入五常县沙河子乡小孤山一带，开垦种稻。1911年，东宁县小绥芬河近地，朝鲜族农民89户，垦耕150垧水田。同一时期，黑龙江的一面坡、海林、穆棱等地，朝鲜族农民开发了大批水田，海林大米当时驰名省内外。这是中国朝鲜族农民的第三个水田开发区。中国朝鲜族在东北鸭绿江、图们江、黑龙江等流域，开发了大面积的水田，并积极尝试种植水稻，为东北地区的农业生产的开发和东北农业经济的发展，做出了重大的贡献。①

朝鲜移民具有善于耕种水田的传统，移入东北后，他们凭借在半岛的水田农作经验，大胆地在一些稍具水利条件的地方，尤其是在一些汉族农民放弃的草甸地、苇塘地和涝洼地上开发出片片稻田。

朝鲜移民在东北试验种稻的历史非常悠久，几乎是和朝鲜移民进入东北的时间同步的。东北最早出现朝鲜移民种稻的地方，是今鸭绿江上游对岸的浑江流域。1845年，朝鲜平安北道楚山郡的80多户越江进入浑江流域伐木的朝鲜农民，发现浑江下游两岸土地肥沃宜耕，于是进入该地私垦。后来在宽甸县下漏河太平哨一带发现了当时开发水田用的铁锹，表明当时这一带曾经种植过水稻。② 尽管该地的水田

---

① 此部分参阅了方衍的《19世纪中叶中国朝鲜族开发边陲之贡献》的相关研究成果，有修改、删减。
② 参见黄今福《浅谈朝鲜族人民在近代东北水稻开发史上的贡献》，《延边大学学生论文选编》，延边大学科研处1984年版，第96页。

没有延续下来,但朝鲜移民沿浑江向北发展,进入桓仁、通化一带开发水田。1875 年,有金姓朝鲜移民在今辽宁省桓仁县下甸子地方试种水稻,获得成功。1883 年,金华友等数名朝鲜移民,从通化小湾沟移居柳河三源浦地方,试种水稻亦获成功,不久之后,三源浦一带成为著名的朝鲜移民聚居区和产稻区。随着朝鲜移民不断向北向西发展,稻作试验区也逐渐向北向西发展。1890 年,柳河、海龙、安图等地的朝鲜移民又移入桦甸开发水田。1903 年,永吉县某些僻静的山沟里出现了种稻的"韩人",他们在山间小河沟边开出小片水田,逐渐试种。到 1905 年,从通化、桦甸等地迁来的朝鲜移民,在永吉县的鳌龙河、五里河、牤牛河、团山子一带,开出水田 300 余垧。到 1910 年以后,永吉县的江密峰、太平乡、新安屯、杨家乡的大裕屯、大岗乡的东响河、西响河、三家子等村屯,皆出现朝鲜移民种植水田。① 与此同时,朝鲜移民沿着松花江、牡丹江和辉发河,移入磐石、蛟河、舒兰等地开发水田,并进而移入德惠、怀德、伊通等地试种水田,从而把水田试种区从东部山区扩展到东北平原的腹心地带。

朝鲜移民水田试验区的另一扩展路线,系由鸭绿江下游的丹东地区向西南方向扩展。1861 年,有朝鲜移民进入丹东三道浪头地方,根据海潮的涨落进行排灌,开辟了一片水田。1890 年在凤城县汤山城有张姓汉族地主招雇朝鲜农民开辟水田。该县沙里寨汉族农民沈某也开始耕种水田。嗣后在岫岩、庄河、复县、熊岳城等地也出现了水田。1897 年,熊岳城马家屯的孙兰阶开始种水稻。1906 年朝鲜平北碧潼郡的金时顺在奉天(今沈阳)经营水田。翌年,安奉线的汤池子、三道浪头、珲水港、梨树等地相继出现水田。1908 年,金州汉族地主赵

---

① 参见马坤《昔日吉林地区朝鲜族概述》,《吉林朝鲜族》,吉林人民出版社 1993 年版,第 63 页。

恩海在新民县公太堡招雇 5 名朝鲜农民开发水田。1910 年,朝鲜平北义州县的宋秉植、金万里等在抚顺鲍家屯等地开发水田。1911 年,新民县设立了水利局。①

东北北部地区也有朝鲜移民进入开发水田。1880 年,饶河县大和镇一带由俄国境内移入一批朝鲜人,在当地建立村庄,开田种稻。附近的小佳河地主苑福堂看到朝鲜农民种稻有利可图,乃从俄境招雇 8 户朝鲜人开发水田。1880 年,朝鲜人安宗浩等迁入东宁县三岔口高安村,开始引小绥芬河水开发稻田。1888 年前后,五常县沙河子乡也出现了水田。1895 年,又有朝鲜农民从舒兰县迁入五常县沙河子乡小孤山一带垦地种稻,稻种有红毛、白毛两种。1897 年前后,有参加甲午战争的朝鲜败兵移入宁安县勃海镇的上官地及三灵一带开垦水田。俄国修筑中东铁路时,曾雇用大批朝鲜劳工,1903 年筑路工程完工后,部分朝鲜劳工定居在绥芬河、磨刀石、一面坡、哈尔滨等铁路沿线地区,其中有不少人从事水田开发。②

延边地区虽然早已有大量朝鲜人移垦,但以开发旱田为主,从事水田开发者并不多见。据载,1890 年左右在图们江沿岸钟城崴子(今龙井市光开乡光昭一带)开始出现水田,1900 年海兰江畔的端甸平原和智新乡大教洞附近也开始试种水稻。1900 年以后,珲春县板石乡南秦泰一带开始试种水田。1905 年,南秦泰、马滴达乡五道沟、密江乡中岗了等地已有 12.6 垧水田。到 1911 年,珲春全县水田面积已达 185 垧。③ 在水田开发过程中朝鲜农民还开出了一条条水渠。1906

---

① 参见满铁调查部《满洲经济研究年报》,东京改造社 1941 年版,第 212 页。
② 参见权宁朝《黑龙江省近代水田开发与朝鲜民族》,《中国东北地区经济史专题国际学术会议文集》,学苑出版社 1989 年版,第 183 页。
③ 参见金东俊《珲春朝鲜族的迁入及其历史作用》,《中国朝鲜民族迁入史论文集》,黑龙江朝鲜民族出版社 1989 年版,第 329 页。

年6月，延吉县智新乡大教洞14名农民共同开掘水渠1308米，引河水灌溉33垧水田，这是延边地区最早的水利灌溉工程。1911年秋，延吉县尚义乡八道沟朝鲜族地主延长沟渠12公里，灌溉面积95公顷，总工费1800圆，翌年竣工。此后龙井的水南村、磐石村，和龙的头道沟、平岗等地的渔民也开掘水渠。继而朝鲜农民在图们江北岸和海兰江两岸的平岗、瑞甸平原以及南北侧的山溪、布尔哈通河下游和嘎呀河下游的广阔地区广开水田，其中平岗平原的守信乡（今和龙县头道沟一带）已成为比较发达的稻区。[①] 总之，在朝鲜移民迁入初期，以不怕艰难的顽强精神和聪明才智，在东北各地试种水稻，为东北地区的水田开发做出了重要贡献。

二　水稻种植

我国东北地区很早就发现了有水稻种植的记录。根据辽宁省阜新县勿欢池考古遗址发掘的实物来看，发现了距今大约3700—3335年，高台山文化中就有人工水渠遗迹，推测当时已有水田。[②] 另外根据1988年出版的《考古学年鉴》记载，大连湾大嘴子遗址发掘出土了炭化粳稻的遗迹，证实距今大约有2400年以上的历史，各种迹象表明这些炭化粳稻极有可能为当地产品，这为东北地区种植水稻的推测提供了考古学依据。另外根据《新唐书》卷二十九《渤海传》中记载，渤海国时期（698—926年）中京显德府所属的"卢州之稻"是该地著名产物，并与国人有交易。学术界因此把"卢州之稻"的"稻"字，解释为水稻，并认为东北地区水稻起源应从渤海国时代开

---

① 参见《朝鲜族简史》，延边人民出版社1986年版，第10页。
② 参见辛岩《阜新勿欢池遗址发掘简报》，《辽海文物学刊》1997年第2期，第28—29页。

始。但是自 926 年辽灭渤海国后,东北东部地区农业遭到严重破坏,此后历经辽、金、明、清初的漫长时期,东北广袤土地上再也找不到大片种植水稻的明确记载。乾隆、嘉庆时期也曾有奉天府尹奏报谷价时谈及称作"辽阳青"的稻米,但在《奉天通志》中则把它归类为陆稻。①民国时期纂成的《开原县志》《铁岭县志》《凤城县志》等很多东北县志上,则明确记载水稻是在民国初年朝鲜移民传入的,当时在东北称陆稻为"粳子",而当朝鲜移民试种水稻成功之后,人们就把从前的陆稻改称"旱粳子",把水稻称"水粳子"加以区分。

根据考证,辽宁省桓仁满族自治县拐磨子朝鲜族镇的上甸子、下甸子(洼泥甸子)是朝鲜族在中国东北最早进行水田开发的地区。在清朝同治年间,生活在上甸子、下甸子的朝鲜族人民,刨草甸,挖水渠,修池梗,引河水,开垦洼地,种植水稻。经过三年的艰苦耕耘,最终在清光绪六年(1875)试种成功,逐渐向周围地区传播、推广,形成一定规模,并且稻米品质优良。此地大米以质优味美著称,尤其京租稻米为朝廷贡米,从清末迄今饮誉京都,扬名全国,勘为一绝。光绪九年(1883),通化县柳河等地,也开始种植水稻。光绪十年(1884),北部地带,铁岭等地,亦开始水稻栽培。以后,水田开发,栽培水稻,不断向北扩展。朝鲜族农民跨过鸭绿江,移居辽宁东南部,习称东边外地。在那里开拓祖国北疆较早的水田区域,可谓朝鲜族的东北第一个水田开发区。吉林省延边朝鲜族自治县珲春地区的朝鲜族垦民,于清光绪三年(1877)开始种植水稻。黑龙江省五常县沙河子乡小孤山一带的朝鲜族农民,于清光绪二十一年(1895)试种水稻成功。辽宁省清原满族自治县土口子乡北大沟朝鲜族农民,于清光

---

① 参见王树楠、吴廷燮纂《奉天通志》卷109,东北文史编辑委员会1982年版,第2421页。

绪二十二年（1896）试种水稻成功。沈阳市于洪区大兴朝鲜族乡王家荒地主王长兴，于清光绪三十一年（1905）招来朝鲜族金时兴等三户开垦荒地为水田，种植水稻。

朝鲜移民为把种稻技术引进东北，付出了艰苦的努力和探索。朝鲜移民进入东北之初，使用的稻种都是从家乡带来的。清宣统元年（1909）刻印的《岫岩州乡土志》中记载："稻，大米。谷分粳、糯二种。糯米性黏，味甘；粳米味甘，性平。岫属所种粳曰水粳，种自朝鲜来。"但是，这种来自朝鲜半岛的稻种，在气候寒冷、无霜期短的东北北部地区却很难生长。据载，从俄国沿海州、吉林、辽宁以及朝鲜等地迁入黑龙江省境内的朝鲜移民，在试种他们自带的水稻品种时，大多没有成功。有的稻种虽然生长起来，但产量很低。后来，有一位来自朝鲜南部名叫申友景的移民，弄到了日本北海道的"赤毛"稻种，在牡丹江地区的磨刀石、海林一带进行试种。几年后，终于培育出适应黑龙江自然条件的耐寒性强、早熟、产量较高的新品种，使水稻种植在黑龙江地区逐渐推广。

朝鲜移民早期开垦水田，多在中小河流两岸，因为当时朝鲜移民数量不大，规模较小，再加上技术条件所限，只能利用中小河流搞一些小型的引水工程，这些工程的主要项目是修筑简易的柳条拦河坝。据五常县朝鲜族老农回忆迁入时拦河修坝的情形，系在每年春节后，农民们割柳条（即柳树的枝条），采运石头，打草帘子和草包，江水刚刚解冻，就开始修拦河坝。人们在冰块漂动的河水里打桩子，铺柳条，然后用石头和装上土的草包把柳条压下去，这样就形成了一条简易的柳条坝。水坝筑成后，河水水位提高，便流进已经掘好的水渠里，把水引进了稻田。这种引水工程比较简易，因积水量少，又易被洪水冲走，因而只适用于小规模的水田种植。但在朝鲜移民迁入初期，因受自然、经济、技术、人力等诸多条件限制，他们能利用当地有限的条件，艰苦地建造这种适用的引水工程，为东北早期的水田开发做出了杰出的贡献。

东北无霜期短、水温低、昼夜温差大，不利于水稻生长。早期的朝鲜移民为了克服这些自然环境方面的困难，经艰苦实践逐渐摸索出了一系列寒地种稻技术。这些技术主要有：(1) 适时早插，为不误农时，朝鲜移民往往不等冰雪开化就修水渠，打池埂子，翻地整地，小满即开始播种，到芒种时已全部播种完毕。(2) 浸泡种子，加温催芽。为延长水稻有效生长期，朝鲜移民先把稻种在室内浸泡，使稻种在室内提前催芽，然后再播种到大田里，这样可以使水稻早熟半个月左右。(3) 调节水位，清除杂草。早期新开荒地，因地多人少，杂草茂盛，耕作粗放，易成"草荒"。朝鲜移民为提高去除杂草效率，普遍采取调节水位的方法，淹死稗草和杂草。①

黑龙江省较大面积水稻种植，应始于宣统三年（1911）。宣统三年，东宁县水田之状况，有如下记载。(1) 记录种植水稻区域，小绥芬河近地；(2) 有朝鲜族农民 89 户；(3) 朝鲜族农民垦耕 150 垧水田。这段文字，比较可信，也符合历史实际。中国朝鲜族农民之社会生活怎样呢？朝鲜族农民开垦地主的荒田，或租种地主的土地。向地主缴纳地租，变成了佃户和雇工。当时地租的形式，一种是活租，又称打租，亦称打作。另一种是定租。活租是随收割随缴租。按交纳季节，又分春租、先租、年租。朝鲜族农民按当年收获量百分之五十（稽棵在内）缴纳。5:5 比例，叫内青；4:6 比例，叫外青。地主可与佃农订分益租田的文契，第一年以 2:8 的比例分益，第二年以 3:7 的

---

① 参见徐基述、徐明勋《黑龙江朝鲜民族》，黑龙江朝鲜民族出版社 1988 年版，第 47—49 页。

比例分益，以后，以 4:6 或 5:5 的比例分益。租佃不分丰歉，一律按租契约向地主缴纳。这是分益租田制度。定租分租粮和租钱两种形式：租粮，在青苗生长时预先估定产量，秋后，不论年成歉收和丰产，一律由佃户按估产数量向地主缴租。地租可缴纳实物，也可折价缴钱，缴钱者多在城郊或平原地区实行。朝鲜族农民还要为地主无偿耕种土地，通常租地 4 公顷，要给地主耕种 1 公顷，或每年为地主无偿劳动 10—20 天。韩国光武二年、日本明治三十一年（1898），北咸镜道观察使赵存禹讲，自茂山越边，长或百里、数十里，广或三十里、五十里、六十里，东北至稳城界六百里之地，朝鲜族移入者，已过数万户，皆受清政府之压制。中国朝鲜族在开拓水田之初期，朝鲜族农民向地主缴纳开水渠河占用的土地费，比原有缴纳的地租要高出 2—3 倍。例如，奉天水利局成立当年，就向朝鲜族垦民征收水利费，每垧缴小洋 8 元，可见税率之大。朝鲜族农民开垦荒地时，地主供应的粮食或开垦费用，均在收获粮食中扣除，谓之"官值"。

在农业制度上，有大农制、小农制及组合制。大农制即大地主雇人自种及贷地于人而收其田租。小农制即小地主自耕自食及佃户借地耕作。组合制即以数人或数十人相聚，而从事垦地耕作者，名曰"帮耕"。组合制较上二者尤多，亦最发达。朝鲜族农业生产中曾广泛建立"品阿西""都列""荒渡""农务契"生产组织。"品阿西"是一种互助换工的劳动生产形式。"都列"是一种小田地区农民为开渠修壕等一家一户无力完成的繁重劳动而建立的共同劳动组织。"荒渡"是一种旱田地区朝鲜族农民互相协助、共同铲地、清除草荒的劳动组织。"农务契"是一种缺劳力又缺役牛的朝鲜族农民，在生产中互相协作。

中国朝鲜族在 19 世纪中叶以后，在祖国东北边陲开拓了大面积的水稻生产。为中国国民经济的发展，做出了巨大的贡献。历史记录着他们前进的足迹。水稻至1945年日本败降前也没有成为东北地区占主导地位的作物，其产量也只占农作物总产量的3.7%左右，① 总体发展还处于初级阶段。但在寒冷的东北地区种植水稻是近代我国农业技术引进与试验成功的一个典范，加快了东北农业的全面开发进程，且因水稻传入过程交织着多种社会力量的互动关系和复杂的政治、社会、民族矛盾和冲突，奠定了我国现代东北耐寒单季粳稻发展的基础，促进了东北地区农业中利用水资源在内的新的生产要素的应用和普及，并为以种水稻为主要生计的朝鲜族的形成奠定了物质基础，其影响是深远的。

第二节 历史记忆特征：中国朝鲜族与中国革命

19世纪中叶后，由于朝鲜半岛自然灾害频繁发生，在生活极端困苦的情况下，朝鲜农民被迫流入中国东北地区。移入早期，他们的生存充满了辛酸和艰难，他们既要忍受官府的歧视和压迫、地主的盘剥，还要承受兵患匪祸之苦。他们没有被这些困境所屈服，为争取自己的生存权益进行了不懈的斗争。中国朝鲜族人民勤劳、勇敢，他们从朝鲜半岛移居中国东北时一无所有，在中国东北生活的早期阶段深受日本殖民者、反动政府和地主的三重压迫和剥削，因而他们的革命性很强。到1921年中国共产党成立以后，朝鲜族人民积极参加了中

---

① 参见东北物资调解委员会研究组《东北经济小丛书·农产（加工篇）》，东北物资调解委员会1948年刊行，第95—96页。

国共产党领导的各个阶段的反帝反封建斗争，为新中国的成立作出了自己应有的贡献。

一 中国朝鲜族与抗联

东北抗日联军是在中国共产党领导下的一支英雄部队。"九一八"事变日本侵占中国东北后，由部分原东北军、农民暴动武装、义勇军等组成的东北抗日联军，在中国共产党的领导下，同日本侵略者进行了长达14年的艰苦斗争，牵制76万日军，消灭侵略的敌人18万，表现了中华民族不畏强暴、英勇不屈的精神，有力地支援了全国的抗日战争和世界反法西斯战争。据黑龙江省抗日战争研究会统计，东北抗日联军对日作战次数10余万次。① 另外，日伪统计机关也对抗联对日作战次数做过较为详细的统计，可以借鉴参考，具体情况如图3-1所示。

对日作战次数

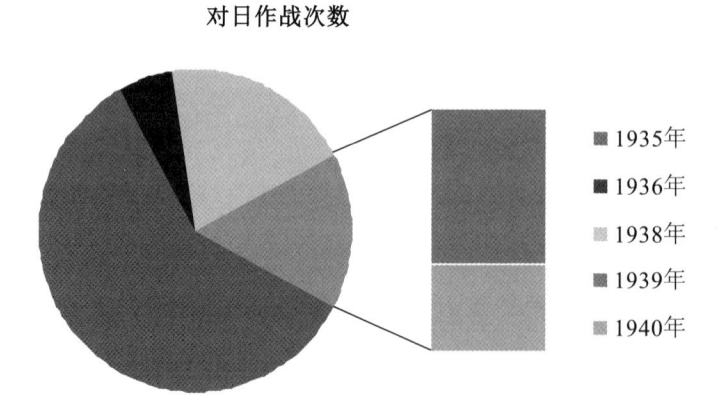

图3-1 1935—1940年抗联对日作战次数的各年份占比

注：此图是根据黑龙江省抗日战争研究会的相关研究资料绘制而成。

---

① 《盘点：从东北抗日联军走出的10位开国将军》，中国共产党新闻网，http://dangshi.people.com.cn/GB/138896/17257862.html。（访问日期：2013年3月6日）

资料统计到 1930 年，全东北朝鲜族人口有 630982 人。他们大都聚居在延边四县、南满的磐石和东边道（通化、长白、辑安等地）地区及北满的宁安、晓河、密山、珠河、汤原等县份。朝鲜族民众在中国共产党领导下，为在东北建党、建立抗日武装、开辟抗日游击根据地，打击日寇，争取抗战的胜利作出了不可磨灭的贡献。

中共中央早就重视东北党组织的建设工作。为了加强对东北地区革命运动的领导，1922 年 2 月，中国共产党北方区党委派马骏到东北进行反帝反封建军阀斗争的宣传，并在哈尔滨革命斗争中成立了"救国唤醒团"，开展反对日本灭亡中国的"二十一条"的斗争。"二七"大罢工之后，党为了加强对东北的领导，中共中央又派陈为人、李震流到哈尔滨建立党团组织。1924 年 6 月，在大连成立团支部。1924 年年底，中央派吴丽石到哈尔滨领导工人运动。1925 年，沈阳团小组成立。同年春，中共哈尔滨特委成立。"五卅"运动以前，在东北活动的党员只有十余名；但是，"五卅"以后，党组织有了迅速的发展，到 1926 年，大连和沈阳相继成立了党的组织。同年年初，哈尔滨就成立了北满地委，共领导 11 个支部，有 50 名党员。1927 年 10 月在哈尔滨召开中国共产党满洲第一次代表大会，成立满洲临时省委，通过了我党在满洲的政纲二十条。到 1930 年夏季以前，东北党的工作重心放在城市，党员主要集中在大连、抚顺、沈阳、台安、辽中、锦州、长春、吉林、安东、哈尔滨、齐齐哈尔等城市，而且党的组织大都集中在工厂工人、学生和知识分子中。由于"左"倾冒险主义路线的指引，中国共产党在东北建立起来的党组织和革命力量遭到严重破坏。

这一时期，中国共产党主要搞城市暴动，活跃在东北广大农村的是朝鲜共产党及其领导下的群众组织，他们主要活动在朝鲜族集居的地方。1925年以后，在这些地方已有朝鲜共产党组织（叫朝鲜共产党满洲总局）。朝鲜共产主义者先是接受马克思主义，并在朝鲜族中宣传马克思主义和苏联十月革命的经验。宣传马克思关于剩余价值学说、阶级斗争、暴力革命的理论，用通俗易懂的语言、典型事例说明和揭露了日本帝国主义侵略朝鲜和中国的罪行及地主资本家压迫和剥削工农的实质，并指出了无产阶级革命的目的就是推翻帝国主义、封建地主阶级的统治，实现社会主义、共产主义。指出朝鲜族人民要取得解放必须以苏联十月革命为榜样，建立工农武装，开展武装斗争。宣传革命只有在无产阶级及其政党领导下才能取得胜利的道理。在提高马列主义水平和阶级觉悟的基础上，组织农民同盟、青年同盟等群众组织开展了反对帝国主义、地主豪绅军阀、二房东、高利贷、民族主义团体的斗争。

朝鲜族加入中国共产党，参加中国革命，是历史发展的必然，有主客观原因。在东北的朝鲜共产党虽然进行了革命斗争，然而，由于朝鲜共产党本身马克思主义理论程度不够，还不够成熟，党有许多派别，如ML、火曜、上海、汉城派等。各派之间不择手段相互攻击，都自称是马克思主义的正统。由于各派之争就难以做到统一领导、团结一攻、共同对敌，朝鲜资产阶级民族主义团体，不采取既联合又斗争的策略，而采取了一概排斥的宗派主义策略。对中国共产党也采取了公然对立的政策。由于采取这样的关门主义策略，朝鲜共产党在斗争中就处于孤立地位，革命斗争的成效甚小。在斗争实践中，朝鲜共产党逐渐认识到不仅在满洲的朝鲜族的工农群众，而且中国的工农群众也同样遭受日帝、地主豪绅、资本家的残酷的压迫和剥削，朝、汉两民族人民的处境和命运是相同的。在这种情况下，在东北的朝鲜族工农大众，只有通过中国的反帝反封建的民主革命取得胜利，才能取得解放。所以，朝鲜族工农群众同中国的工农群众紧密团结起来开展反帝反封建的革命并取得胜利，这是解放朝鲜族人民的唯一途径和路线。由于这些原因，自1929年年底到1930年8月间，朝鲜共产党各派接受了共产国际于1928年提出的"一国一党"的原则，同时，各派先后发表了解散宣言。1930年3月朝鲜共产党（ML派）发表宣言，指出"按着一国一党的原则，同意解散朝鲜共产党组织，把在满朝鲜人的共产主义运动，作为中共党运动的一部分来重新组织"，"应参加中国革命，从中求得本身的解放"。

接着，1930年4月24日，中共满洲省委民族运动委员会做出了《对在满韩国工农群众运动的决议案》，"决定原在满洲的韩国共产主义的一切组织应一律取消，韩国党员应经一定手续加入中国共产党，按中国共产党党章成立支部"。这一决议为改组朝鲜共产党指明了方向。同年八月，朝鲜共产党汉城派宣布解散，朝鲜共产党火曜派领导机关虽然没宣布解散，但下层党员都已加入了中国共产党。

朝鲜族加入中国共产党，参加中国革命，具有重要的意义。首先，朝鲜族中的先进分子已接受马列主义，参加过革命组织，开展过革命斗争，这为在东北农村地区建党，发动群众创建抗日武装，开辟游击根据地准备了干部条件和群众基础。其次，朝鲜族参加中国革命，对朝鲜族本身来说，就能够避免朝鲜族人民孤军奋战的倾向，能够在中国共产党的统一领导下，同其他各民族人民一道，开展反帝反封建的革命斗争，实现中华民族的解放，从中获得自身的解放。

根据上述情况，中共中央为了彻底贯彻一国一党的原则，并加强对南、东、北满地区广大农村的反帝反封建革命运动的领导，自1928年到1930年年底派全光（后来叛变）、朴凤（后来脱离革命）、朴允瑞、崔石泉等朝鲜族中共党员到南满磐石，东满龙井、珲春，北满汤原、饶河一带朝鲜族聚居的农村进行宣传工作和组织工作。宣传朝鲜族人民要取得民族解放只有在中国共产党领导下，朝、汉各族人民团结起来共同进行反帝反封建的革命斗争才能取得解放的道理。并在朝鲜族共产主义者中发展了一批党员，为把朝鲜共产党党员转为中共党员打下了基础。在此基础上，1930年7月到年底，中共满洲省委派巡视员姜三（原名叫陈德森）、廖如愿等到南、东、北满朝鲜族集居的农村进行巡视，并协助地方党的朝鲜族同志建立了中共县委。

1930年7—8月，在姜三的具体领导下，先后召开了磐石、柳河、清原县中国共产党第一次代表大会，按着一国一党原则，原来的朝鲜共产党党员经过审查加入了中国共产党，并正式选举产生了以朴凤、李昌一、安日相为书记的中共磐石、柳河、清原县委和兴京（新宾）特支。三个县委属下设6个特支，26个支部，三县党员共122名（各占40人），党员均为朝鲜族男性农民。1930年8月，在廖如愿的领导下，按照一国一党的原则，召开中共东满延和县第一塘代表大会，选举产生了以金昌一为书记的延和中心县委，下设龙井、平岗、开山屯、三道沟、蛤蟆唐等八个区委，党员有300名。1930年10月，在省委军委书记杨林和廖如愿的指导下成立了东满特委，特委属下于同年10月底，建立了以金奎凤、刘建璋为书记的珲春县委和以金勋为书记的汪清县委。1931年8月将延和县委划分为延吉、和龙县委，延吉县委由金声道任书记，和龙县委由蔡洙恒任书记。东满也和南满一样，县区委的领导和党员的多数是由朝鲜共产党转过来的朝鲜族党员组成。1930年9月，正式建立了以田车满为书记的中共宁安县委，县委属下设四个支部，党员有朝鲜族120名。密山设区委归属宁安县委，以李德山为区委书记。1932年年底改为县委，由朴凤南任书记。勃利设区委归属于密山县委，1934年10月改为县委，由李成林任书记。1930年夏，崔石泉等朝鲜族中共党员在饶河县平安镇一带朝鲜族集居地区做宣传组织工作，建立了以朝鲜族为中心的中共饶河县委。1930年9月，在珠河一带的进步朝鲜族农民中建立了中共珠河县委。1930年，汤原在崔石泉的指导下成立了中共党组织，到1931年，成立了以李春满为书记的中共汤原中心县委。

朝鲜族中的一部分骨干分子，不仅主动接受一国一党原则，带头承认中国共产党的党纲党章，主动接受考验和审查，加入了中国共产党，而且为贯彻一国一党原则，建立和发展中国共产党组织，做出了贡献。因而，在东北广大农村中，较顺利地建立了党的各级组织和它领导下的群团组织。在广大农村中建立党组织具有深远的意义。它是把党的工作中心由敌人的所在中心城市转到敌人的力量薄弱，而又有广大无产阶级同盟军农民的农村，走农村包围城市、最后夺取城市的革命道路。党组织和党所领导的各种群众组织的建立就为组织群众，发动群众，创建抗日武装，开展反满抗日斗争，奠定了组织基础。从此，东北的革命斗争走上了正轨，保证了革命的胜利。

但是，以朝鲜族为主要成员的党和群团组织，不适应日益发展的革命斗争的需要，尤其不适应"九一八"事变以后变化了的新形势。"九一八"事变后的中国东北，阶级关系开始了新的组合，这就是不仅广大的工、农、兵群众，而且连资产阶级除少数汉奸败类之外的军阀、地主甚至土匪，也由于他们遭受日本帝国主义的压迫和打击所造成的矛盾而要求起来抗日。这样，就使原来的反帝反封建军阀的人民革命斗争，变为反对日本帝国主义的斗争。这一不适应形势的党的民族成分的组成，直接影响动员各族各阶层人民参加抗日反满斗争。

为了改变党团组织不适应形势的状况，中共满洲省委和东、南、北满特委适时提出了要改变党团及其他群众组织的成分和领导成员的结构问题。党组织中的李东光、崔石泉等朝鲜族干部，以革命利益为重，认真地贯彻执行了这一指示。一方面，派有政治理论水平和会讲汉语的朝鲜族党员到汉族集居地区，采取各种形式宣传各族人民联合起来共同抗日救国的道路；另一方面，组织化装宣传队（汤原）利用"五一""五卅"纪念日召开大会，宣传中朝各族人民要取得解放，只有在中国共产党领导下，各族人民团结一致，共同进行反满抗日斗争才能取得解放的道理。经过宣传教育提高了各族人民的阶级觉悟，振奋了民族意识。然后，从立场坚定、敢于斗争的先进工人、汉族和妇女中发展了党团员，培养和提拔了各级领导干部。如据1933年10月25日统计，延边五县（延吉、汪清、珲春、和龙、安图）党员共有965名，新发展的359名，其中汉族125人，工人39人，团员2450人，新发展499人，其中汉族71人，工人31人。自1930年10月到1936年年初，东满特委的书记先后由廖如愿、董长荣、王中山、魏拯民等汉族党员担任，一般委员的多数由朝族党员担任。又如，1934年8月，在磐石中心县委管辖的党员发展到378名，其中汉族占75%左右，朝鲜族占25%左右，妇女占10%左右。海龙中心县委属下的党员由1931年的47名到1934年12月，发展到290名。共中汉族党员占80%，朝鲜族党员占20%，妇女占1%。到1934年8月，中共磐石中心县委员共5人，其中汉族3人，朝鲜族2人（李东光书记和一个委员）。各区特支委员27人，共中汉族17人，朝鲜族10人。1934年八月，磐石和海龙中心县委领导下的团员共250人，其中汉族占50%。这一党团组织的发展，党团员和领导干部中民族成分、男女的比例的变化，使党团组织进一步适应了日益发展的抗日斗争的需要，使党组织能够深入各族人民当中，动员和组织各阶层人民参加到反日会、农民协会、妇女会等群众组织以及人民革命军，开展反满抗日斗争。

从1933年开始，虽然党和群团组织的民族成分和领导结构发生很大的改变，但朝鲜族在党和群团中仍占主要的比重，特别在领导机关里占主要的地位。在东满党和群团组织中，朝鲜族占70%以上，在县区委、支部和反日会、团等群众组织的主要负责人全是朝鲜族。在南满，朝鲜族在党和群众组织中占20%—30%，但在各级领导里一半左右是朝鲜族，并担任了主要的领导职务。中共磐石、柳河中心县委，桓仁、长白县委，南满特委的书记都是李东光、崔凤宽（后来叛变）、李明山、权永碧等的朝鲜族。在北满各级党和群众组织的领导机关里，朝鲜族仍占主要的地位。中共密山县委、汤原县委、勃利县委、宁安中心县委的书记就是朴凤南、裴治云、李成林、潘庆由等朝鲜族同志。总之，朝鲜族干部，在党的领导下，带领各族各阶层人民为建立与发展党的组织，作出了重要的贡献。

中共中央和满洲省委在"九一八"事变之后，为了适应新的形势，加强对东北人民抗日斗争的领导，发表了宣言和决议，指出发动群众、武装群众、发展游击战争。1931年9月20日，中共满洲省委和团省委联合发布"为日本帝国主义武力占领满洲朝鲜工人、农民、学生及劳苦群众书"。号召朝鲜工、农、学及劳苦群众起来反对日本帝国主义和国民党的暴行。在共产党领导下与中国工农劳动人民携起手来参加伟大的中国革命。同时，在1931年年底到1932年间，省委陆续派巡视员杨林（省委军委书记，朝鲜族）、杨君武（北满特委军委书记）、冯仲云（省委秘书长）等同志到南、东、北满指导各地党组织建立了武装。朝鲜族干部和群众，积极响应党的号召，为创建抗日武装作出了重要的贡献。

朝鲜族的党员和干部，深入朝、汉各族人民中去揭露日帝侵略的罪行，进行了各族人民要求得解放，必须拿起武器进行抗日武装斗争的必要性、重要性的宣传。还组织朝、汉各族农民举行反日暴动和示威，把农民组织起来了。为了解决武器不足问题，组织群众，冒着生命危险拿着刀、斧子等武器，袭击自卫团、地主武装和警察所，缴获了一部分武器。还派朝鲜族党员到伪军中去组织哗变解决了一些武器。有的地方组织朝鲜族妇女织布纺线，男子打猎，种地筹集资金，购买枪弹支援游击队，就这样创建了游击队。

在南满1931年年底，李红光在中共磐石中心县委领导下，组织了由七位朝鲜族人组成的打狗队（即赤卫队），以赤卫队为基础，李红光同杨君武一道于1932年6月建立了磐石工农游击队，李红光任队长，队员三十多名，绝大多数是朝鲜族。后来，杨靖宇根据省委和磐石中心县委关于建立人民革命军的指示，以磐石工农游击队为基础，联合海龙游击队于1933年正式成立东北人民革命军第一军独立师，李红光任参谋长。在独立师时期，"朝鲜族不过只占队员中的大约四分之一，但是该军的领导力量、骨干力量都是朝鲜族"。"实际支配运动的党员，在红军中约有六十人（是排长级以上干部），在党员中约有五十人，合计一百十人，而其中朝鲜族约占半数。"[①]

在东满，在东满特委和各县委的具体领导下，以朝鲜族为中心建立了抗日武装。1932年春，建立以金哲为队长的汪清游击队，建立以朴吉为队长的延吉游击队，到1933年春改编为延吉县游击大队，由朴东根任队长，朴吉任政委，队伍扩大到一百三十多名。1931年冬，在珲春建立别动队，于1932年9月建立以林青为队长的珲春游击队。1932年春，在和龙县开区、大区、平岗区建立游击队，1933年年初

---

① 《满洲"共匪"之研究》第二编第二章，朝鲜社科院编《朝鲜全史（朝文）》第十七卷，朝鲜社会科学、百科辞书出版社1980年版，第249—250页。

扩编为游击大队,由张承汉任队长,车龙德任政委,队员扩大到八十余名。据 1933 年 9 月统计,"东满四县(延、和、汪、珲)游击队员达 581 人",队员主要由朝鲜族组成。以东满游击队为基础,到 1934 年 3 月,扩编为东北人民革命军第二军独立师,第二军的百分之七十五是由朝鲜族党团员、工人、农民编成的。

在北满,1932 年 5 月,崔石泉、李学福在饶河中心县委的指导下,在饶河朝鲜族集居地区建立了游击队,以此为基础,于 1934 年 7 月,改编为东北抗日联军第四军第二师,李学福任师长。于 1936 年 11 月,将二师扩编为东北抗日联军第七军,由李学福任军长(后阶段)。1933 年 6 月,李福林(朝鲜族)、李启东(朝鲜族)为了建立抗日武装打入义勇军孙朝阳部队。同年 10 月 10 日,以七名同志为基础,在三股流正式成立了珠河反日游击队,李福林任党支部书记。以此游击队为基础,1934 年 6 月,把珠河反日游击队改编为东北抗日反日游击队哈东支队,李福林任党委书记。1935 年 1 月,以哈东支队为基础成立了东北人民革命军第三军。1934 年 2 月,金根、金伯万建立了密山游击队。10 月,密山、饶河游击队和李延禄的抗日同盟军改编为抗日联军第四军。潘庆由和白殿贞等同志,于 1934 年 5 月 20 日,组织了宁安游击队,为建立吉东反日同盟军打下了基础。1933 年为建立扬原游击队,裴治云(汤原中心县委书记)、徐光海等朝鲜族同志作出了重要贡献。在各部队里建立党的各级组织,实行政治委员制度,加强人民军队的宗旨和纪律教育使军队置于党的绝对领导之下,成为人民的军队。

综上可见,游击队在初创时期都是由朝鲜族同志为主要组成的,朝鲜族为创建游击队作出了重要的贡献,为后来建立人民革命军打下了基础。那么,为什么初期游击队以朝鲜族为主要组成成分呢?这与当时的情况分不开的。"九一八"事变以后，在农村中的党组织主要建立在朝鲜族中，并在朝鲜族中进行了宣传组织工作，开展了减租减息、分粮抢粮，反对二房东的斗争，因而在朝鲜族中已形成了能够创建抗日武装的思想基础、群众基础和干部基础。与此相反，汉族集居的农村地区还没有建立党组织，因而党的力量薄弱，也就没有革命的向导。因此，富有反抗精神的汉族、满族、蒙古族、回族等其他各族人民在"九一八"事变以后，好多加入了救国军。

以朝鲜族为主要成分的游击队不适应"九一八"事变后日益发展的抗日武装斗争的需要，不便于动员各族人民参加抗日武装斗争。当时地主豪绅说"高丽要独立了，要造反了"等谣言妄图破坏民族团结。针对这一情况，中共满洲省委及时地派许多有能力的汉族军政干部到游击队中来，协助朝鲜族干部共同建立游击队。经汉、朝族干部的共同努力，使游击队逐渐改变成为以汉族为主要成分的各族人民的抗日武装。

"九一八"事变之后，在东北有许多山林队、救国军等反日部队。这是一些能够联合共同抗日的队伍。当时赤色游击队并没有采取联合的策略，而是采取了关门主义的敌视的策略，往往打击救国军，没收他们的武器作为游击队武装的来源，因而，山林队等反日部队反对和仇视游击队，游击队处于孤立的状态。针对这一情况，1932年2月、10月，中共满洲省委给在东满特委、南满磐石中心县委做了指示，要求争取义勇军、反日军，组织伪军士兵的哗变。1933年1月26日，中共中央发出指示信，指出党在满洲的战斗任务，就是"实行全民族的反帝，是反日的统一战线"，要"保证无产阶级在统一战线中的领导"。"主要是从下面和兵士组织统一战线"，"下层统一战线是我们活动的基础"。南、东、北满的党组织都根据中央和省委的指示精神，为联合反日军,扩大抗日武装力量,争取伪军,采取了积极措施。各地党组织就派优秀的朝、汉族共产党员到山林队、义勇军、救国军中去进行对上层和下层的统一战线工作。由于我党的深入细致的工作和朝、汉指挥员指挥我军英勇抗日的模范行动以及对反日军的真心实意的帮助,使各反日军认识到红军是真正抗日的部队。因此,主动要求联合共同抗日,不少山林队要求我党派政工干部,接受了我党的领导。南满的李红光是联合反日军共同抗日的模范。赵旅、马团(山林队)被敌军包围处于危险关头,李红光率队挽救了他们,从此,他们就主动要求联合共同抗日。后来,李红光联合反日军共同进行了攻打呼兰集场子等许多战斗,打击了敌人。1934年3月,李红光根据一军独立师党委的决定,为了筹建抗日联合指挥部,不辞辛苦,每天鸡叫出屯,夜半归宿,对山林队做了许多工作。经李红光的筹备,于1934年4月1日,在南满正式成立了抗日联军总指挥部,抗日军队伍扩大到4000多名,李红光任参谋长。从此,人民革命军一军的司令部,就成了抗日联合军总指挥部的领导核心。

"九一八"事变之后,东满特委派李成林(朝鲜族)等到王德林抗日救国军总部,担任宣传部部长,帮助该部组建队伍,制订活动计划,拟定抗日作战计划。中共汪清县委派李光等九名朝鲜族党员参加吴义成的救国军,组织别动队,支援救国军的反日武装斗争。1933年5月,中共汤原中心县委裴治云派徐光海(朝鲜族党员)到阎于反日部队做统战工作,进行抗日救国的宣传,帮助改造工作,使它成为一支同情抗日的部队。由于我党的工作,东、北满游击队与反日部队组织反帝攻守同盟,共同进行了反日斗争。这就为建立抗日联军打下了基础。

李红光、李福林等许多朝鲜族军事指挥员,注意了争取伪军的工作。他们经常用传单、喊话等形式向伪军发动政治攻势，提出了"中国人不打中国人"的口号。每当战斗时，善于利用日伪之间的矛盾，专打日军，以争取伪军。由于我军的争取工作，有的伪军在发动围剿时，事先送情报，战斗中打朋友枪（空枪）。由于较好地贯彻执行了联合友军、争取伪军的统一战线的策略，因而进一步扩大了抗日武装力量，更加沉重地打击了敌人。

总之，朝鲜族的党员干部和群众在党组织和汉族干部的指导下，在建立和扩大赤色游击队的过程中起了组织作用和骨干作用，并为建立人民革命军和抗日联军打下了基础。

遵照中共满洲省委关于建立与扩大红色游击区域的指示，随着抗日游击战争的发展，南、东、北满的党组织就在党的力量较强、有群众基础和自然条件较好的朝鲜族聚居地区和各民族杂居地区开辟了抗日游击根据地。朝鲜族人民同其他各族人民一道为开辟抗日游击根据地作出了贡献。

在南满，朝、汉各族人民在党的领导下，从1932年春开始到1933年夏，先后在朝、汉民族杂居地区建立了以磐石玻璃河套、红石砬子为中心方圆一百多里的游击根据地；1933年10月以后，朝鲜族人民同汉族和其他各族人民以及人民革命军独立师指战员一道，开辟了河里（柳河、蒙江、通化的交界处）、那尔轰、老秃顶子（恒仁、本溪、清源的交界处）、老岭等游击根据地。

东满的朝鲜族人民在党的领导下，同游击队一道，自1932年11月到1933年4月间，在朝鲜族集居地区建立了延吉县王隅沟、海兰沟、石人沟、苇子沟，以及龙公的渔浪村、牛腹洞，汪清县小汪清、嘎呀河、腰营沟、珲春县荒沟、烟筒拉子等游击根据地。① 1936 年开始，人民革命军第二军第四、六师（朝鲜族较集中的部队）同长白地区的朝、汉各族人民一起开辟了长白山游击根据地。一、二军中的朝、汉族指战员团结在一起，在桦甸、靖宇、蒙江、长白、宽甸、桓仁等县的深山密林里盖了数十个密营。

在北满，朝、汉各族人民共同开辟了珠河以三股流为中心的游击根据地，汤原县复兴屯、西北沟、格区等游击根据地，饶河地区宝马顶子游击根据地。

党在游击根据地里建立和发展了党的组织，建立了青年团、反日会、农民协会、妇女会、少先队、农民自卫军等群众组织。朝鲜族人民带头加入了这些组织，并不少人担任了领导工作。他们同其他各族人民一道，在党的领分下，开展没收地主走狗的土地和财产，废除苛捐杂税，优抚军人家属，动员参军，支前给游击队（人民革命军）送情报，救伤员，筹粮草等活动，有力地支援了游击战争。

在游击根据地里设有武器修造厂、被服厂和医院等。在这里，工作人员在东满绝大多数是朝鲜族。在南、北满以朝鲜族同志为主，尤其在被服厂工作的几乎全是朝鲜族妇女，保证了人民革命军所需要的武器和衣服，保证了人民革命军伤病员的治疗和疗养。

1933 年夏以前，东、南满朝、汉各族人民在党的领导下，根据地里建立了区、村苏维埃政权或农民委员会，它行使了工农专政的政权职能。1933 年夏，中央的"一、二六指示信"下达后，朝鲜族的干部和群众同其他各族人民一道，积极投入了筹建人民革命政府的斗争。因而，首先在东南满游击根据地里建立了县（南满柳河）、区、

---

① 《满洲"共匪"之研究》第二编第二章，朝鲜社科院编《朝鲜全史》（朝文）第十七卷，朝鲜社会科学、百科辞书出版社 1980 年版，第 249—250 页。

村的人民革命政府，它是统一战线的一种政权形式，是利于团结各族各阶层人民参加抗日游击战。

朝鲜族人民和其他各族人民在党的领导下经过共同奋斗所建立的抗日游击根据地就成了人民革命军（后来是抗日联军）的后方。人民革命军依靠这些后方的支援，不断地粉碎敌人的进攻，打击日寇，使革命军队和人民的革命力量不断发展壮大。

总而言之，"九一八"事变前后，朝鲜族在党的领导下，同各族人民一道，为在东北建党建军开辟抗日游击根据地，把党的工作中心转到农村，开展游击战，打击日寇，争取中华民族的解放，实现共产主义理想，作出了重大的贡献和牺牲。

二 中国朝鲜族与抗日战争

1931年"九一八"事变爆发后，朝鲜族民众积极响应中共中央和中共满洲省委的号召，主动参与抗日救国，与日本侵略者进行了艰苦卓绝的抗争，谱写了一部光辉灿烂的历史篇章。抗日战争是世界反法西斯战争的重要组成部分，早在世界反法西斯战争开始之前，英勇的中国人民就已经开始了反对日本法西斯的战斗，其中朝鲜族在斗争中发挥了积极作用。在抗日战争中，朝鲜族民众与国内其他兄弟民族并肩作战，在打击日本法西斯，争取全国民族解放的过程中付出了巨大的民族牺牲。同时在抗日战争的过程中，朝鲜族与国内其他兄弟民族用鲜血所凝结的民族情谊进一步推动了朝鲜族对中华民族的认同，并自觉加入中华民族这个大家庭。因此探讨中国朝鲜族在抗日战争中的作用要从两个方面入手：一方面，我们要看到朝鲜族在战场和后方对推动中华民族的全民族抗战的积极推动作用；另一方面，我们也必须要认识到抗日战争在推动朝鲜族对中华民族的认同，并逐渐自主融入中华民族中不可替代的作用。

20世纪30年代初期，生活在中国东北的朝鲜族已达100万[①]，其中90%以上是农民，并且当时东北中共党员中大多数是朝鲜族。朝鲜族各村落已普遍建立"反日会""反帝同盟""互济会""农民协会""少先队"等反日群众团体。在东满地区，1930年10月就有5000多名朝鲜族群众参加了各种反日团体；1931年年初，已有上千名朝鲜族先进分子加入了中国共产党或共青团。这为朝鲜族人民带头宣传抗日，建立更加广泛的抗日团体，提供了思想及组织上的保证。"九一八"事变爆发后，东满地区朝鲜族人民以村、屯为单位集会声讨日本法西斯主义，谴责地方当局的卖国行径，举行游行示威，形成了强大的反日社会舆论。延吉、和龙等县朝鲜族人民，召开县农民协会、反帝同盟代表大会，提出反日斗争的具体纲领。许多朝鲜族屯、村建立赤卫队，各县、区都相继建立了突击队、赤卫队、少先队等反日民众武装团体。到1932年11月，东满有1.13万余名朝鲜族群众参加反日团体。1931—1932年间，中共东满特委在延吉、和龙等地组织抗租、减租及清算日本走狗的"秋收斗争"和"春荒斗争"[②]，沉重打击了日本侵略者及反动地主的嚣张气焰，导致日伪的基层政权基本瘫痪。1932年秋，中共珲春县委根据上级党组织的批示，领导大荒沟人民创

---

① 参见《满洲开拓年鉴》，第79页。
② 1931年10月，珲春县委根据东满特委的指示，发动了气势磅礴的秋收斗争，提出了"减租减息"，夺取地主粮食分给农民，展开打倒地主与亲日走狗的斗争。1932年春季，珲春县委组织了上千人，进行了大规模的春荒斗争。1932年2月，首先在大荒沟发起斗争，清水洞、荒沟、东沟、北沟、中沟等村的300多名群众与河洞村的农民汇合成400多人的队伍，涌向骆驼河子（今松树村）亲日走狗元大顺家，夺粮数千斤，分给当地群众。与此同时，头道沟、密江、沙坨子等地的群众也都开展了借粮和夺粮斗争。中国共产党在珲春领导的声势浩大的秋收斗争和春荒斗争，使革命群众经受了锻炼和考验，有力地镇压了一批亲日的地主汉奸，狠狠打击了日本帝国主义在珲春的势力，动摇破坏了伪满政府在珲春的秩序，为我党在珲春的反满抗日斗争奠定了基础。

建了大荒沟抗日游击根据地。根据地建立后，根据地的军民在党的领导下，积极开展抗日游击斗争，不断打击和击溃敌人，巩固和扩大了东满在珲春的抗日游击根据地。

（一）我国朝鲜族参加抗日背景概述

由于朝鲜国内封建地主阶级残酷的阶级压迫，加之后来日本帝国主义的殖民压迫，很多朝鲜人先后移民到中国东北。这一特定历史时期的特点，决定了朝鲜族参加抗日的目的带有双重性质：一方面，与东北其他兄弟民族一起解放东北，保卫边疆；另一方面，还承担着光复朝鲜，抗敌复国的任务。按照"族群边缘"理论的观点，中国朝鲜族在认同问题上存在"集体记忆"与"选择性失忆"的二元悖论，在东北生活的朝鲜人构成成分较为复杂，第一部分有长期定居已经加入中国国籍的朝鲜族，这部分人对中国的认同要高于对母国朝鲜的认同；第二部分也包括近期迁入并入籍取得公民权的朝鲜族，这部分人的内心是纠结的，他们对中国和朝鲜都有认同感，很难分清对中国或对朝鲜的认同孰多孰少；第三部分人尽管定居中国东北的时间较长，但是没有入籍也没有取得公民权的朝鲜人，这部分人对朝鲜的认同是坚定的，由于亡国只能在中国东北从事抗日斗争；第四部分人就是较晚迁入并没有加入中国国籍，这部分人被迫迁入中国，能够平安生存下去就不错了，所以他们根本来不及思考对中国和朝鲜认同的问题。无论构成充分如何复杂，这个群体有着共同的敌人——日本帝国主义，恰恰是由于这个"集体记忆"把这个群体牢牢地团结在一起。因此出现了朝鲜独立军、朝鲜革命军等朝鲜抗日团体与中国东北抗日联军并肩抗日的局面。

从这个研究视角出发，分析朝鲜族参加抗日战争的原因，主要是因为日本吞并朝鲜后对朝鲜实行高压殖民政策，迫使一部分朝鲜人被迫迁入中国东北。日本掠夺朝鲜农民的土地和粮食，致使数以百万计的朝鲜农民破产，因破产而穷困潦倒的朝鲜农民被迫迁入我国东北。在朝鲜，日本以所谓"扰乱治安""破坏安宁秩序""暴行"等，把无辜的朝鲜人民逮捕入狱。据统计，逮捕案逐年增加，1912年为5万人，1918年为14万人。其中不少人被处以笞刑或处死。[1] 日本一方面以武力镇压反日斗争，另一方面日本殖民当局在文化教育方面实行愚民同化政策，以扼杀民族意识、摧毁民族文化。[2] 在政治统治方面，除推行集家并村、保甲连坐、清查户口、收缴武器、强征兵役和劳工等政策与措施外，还制造了许多迫害、欺凌、残杀少数民族的事件，从充任伪官吏的上层人物到一般平民百姓，都难以幸免。例如，驻廷吉县小盘岭的日军守备队，于1932年9月7日，对该县花莲里柳亭村进行包围屠杀，共杀害朝鲜族抗日武装人员和民众53人。[3] 从日本吞并朝鲜到"九一八"事变爆发前后，这一段时间内，朝鲜族参加抗日的主要原因表现在两个方面，一方面为了生存权而与日本帝国主义抗争；另一方面主要是积蓄力量为朝鲜光复做积极准备。抗日战争爆发后，日本加快了侵略中国东北的步伐，激起了中国人民抗日的怒潮，朝鲜族积极参与其中，并作出了重要贡献。

（二）我国朝鲜族在抗日战争中的积极作用

尽管在抗日战争初期已经入籍的朝鲜族占当时生活在中国东北地

---

[1] 参见曹中屏《朝鲜近代史》，东方出版社1993年版，第278页。
[2] 参见曹中屏《朝鲜近代史》，东方出版社1993年版，第281页。
[3] 参见［日］西原征夫《哈尔滨特务机关——日本关东军情报部简史》（中译本），群众出版社1986年版，第144—145页。

区朝鲜人的比重较小①，其中有些人尽管没有入籍，但是对中华民族已经产生事实上的认同感。所以这一时期的朝鲜族不但包括已经入籍的朝鲜族，而且也泛指在国家认同②层面对中华民族认同的朝鲜人，至于入籍时间的先后不是根本性的问题，毕竟后来这部分人也是构成中国朝鲜族的有机组成部分。尽管在分析抗日的具体斗争事迹时，很难把哪些任务是由中国东北抗日联军完成的，哪些又是由朝鲜独立军、朝鲜革命军、抗日光复军完成的，但是他们都是在中国共产党的指引下并肩作战的。同时，有些朝鲜人加入了中国共产党领导下的东北抗日联军，有些朝鲜族也加入了朝鲜独立军、朝鲜革命军、抗日光复军，其实无论他们参加了哪个队伍，他们的目的都是一个，那就是坚定不移地抗击日本侵略者。朝鲜族在抗日战争中的作用主要体现在以下几个方面。

1. 朝鲜族抗日武装是最早与日军作战的武装之一

侵略中国东北，占领中国的满蒙地区是日本帝国主义蓄谋已久的侵华政策——"大陆政策"③的既定目标，日本认为中国的满蒙地区是日本的生命线，并在历史上多次尝试占领满蒙地区。20世纪初，日本从沙皇俄国手中夺得旅顺大连的占有权，并攫取了"南满洲铁道"的经营权，为日本侵略中国东北腹地打开方便之门，但"经过大连和安乐进入满洲则非通过沈阳不可，这就必然惹起中国人的注意，会有莫大的阻力"，而延边位于中、朝、俄三国交界，"是自北咸至吉林之

---

① 迁入中国东北的朝鲜人，当时入籍的，大体占6%到10%，最高到12%，个别地区到21%。详细情况请参阅王承礼《中国朝鲜民族史研究中的若干问题》，韩俊光主编《中国朝鲜民族迁入史论文集》，黑龙江朝鲜民族出版社1989年版，第31页。
② 国家认同主要是指个体对某一国家所持有的感情和认识，其中理性层次的利益考虑构成了认同的主要因素，同时也体现了民族的政治认同与归属。
③ 大陆政策是日本向中国、朝鲜进行武力扩张，梦想称霸亚洲，征服全世界的侵略总方针，这一政策成形于19世纪80年代。

要冲","从延吉道进入（满蒙）就可以避免前项的不利因素",因此,"间岛（延边地区）是获得这一效果的重要立足点之一"。日本于1907年8月,以"间岛归属问题久未解决"和"保护韩民"为借口,公然派出军警入侵延边,设立了"统监府间岛派出所"①。日本吞并朝鲜半岛后,一直想伺机出兵侵略我国东北,与朝鲜半岛一水之隔的延吉等地成为日军不断挑衅和侵扰的对象。居住在这里的朝鲜族人民成为抵抗日军侵略的第一道防线。1920年（农历庚申年）,日军37、38旅团及14、13、11师团,关东军等部2万多人对珲春、汪清、龙井和图们江岸边等4个方面,进行了大规模、野蛮的围剿。② 在朝鲜族人民反日斗争日益高涨和全国人民的强烈抗议下,日军被迫撤出中国东北。在全国各族人民的支持下,朝鲜族人民与东北各族人民一起击退了日本侵略者的武装入侵,保卫了东北边疆。

20世纪20年代初,南满地区的反日团体最先开展团结抗日运动。1921年10月,军备团、兴业团、太极团和大农团等反日团体在长白县联合成立"大韩国民团",1922年2月,西路军政署、大韩独立团、壁吕义勇队、光复军第一营、平北督办府、普合团和光锦团等反日团体的代表聚首于宽甸县的三道沟,召开南满韩族统一会议,成立了统军府。③ 这些抗日武装的建立,从某种程度上而言对推动整个东北地区的早期抗日运动起到了积极配合作用,尽管这一时期的抗日组织以及抗日武装的建立带有"自发"性质,但丝毫不影响他们对日本侵略势力的牵制作用。

---

① 金春善：《试论日本帝国主义对朝鲜族的"统治与利用"政策》,延边大学民族研究所编《朝鲜族研究论丛》（三）,延边人民出版社1991年版,第160页。
② 参见刘巍《不屈不挠的朝鲜族人民》,《中国民族报》2005年7月29日第7版。
③ 参见朴昌昱《中国朝鲜族历史研究》,延边大学出版社1995年版,第353页。

2. 在中国共产党的领导下朝鲜族积极抗日有力地支援了全国抗日战争

按照共产国际"一国一党"原则的要求，进入中国东北的朝鲜早期共产主义团体宣布解散，其成员以个人身份加入中国共产党，扩大了中国共产党在朝鲜族聚居区的影响。"1929 年年底，整个东北的中共党员只有 200 多名，而到了 1930 年 10 月，竟一跃增至 1000 多名"①，"东北中共党员总数的 90% 以上，都是朝鲜族"，而到了"1933 年年末，朝鲜族党团员分别占东北党团员总数的 12/13 和 14/15"。② 在中国共产党的领导下，朝鲜族人民积极投身于土地革命，在东满地区先后掀起了"红五月"斗争③、"五卅"暴动④和"八一"吉敦起义⑤等，还建立了东北地区第一个苏维埃政权——药水洞苏维埃政府。在南满、北满地区，朝鲜族人民也展开了声势浩大的减租减息斗争。这一系列斗争揭开了中华民族抗日战争的序幕。

在中国共产党的领导下，朝鲜族聚集地区抗日情绪高涨，各地纷

---

① 朴昌昱：《中国朝鲜族历史研究》，延边大学出版社 1995 年版，第 268 页。
② 权立：《中国朝鲜族史研究 2》，延边大学出版社 1994 年版，第 69 页。
③ 1930 年 4 月，中共满洲省委和共青团省委下达了《关于"五一"的工作决议》的指示，延边各族人民在中国共产党领导下，以五一节为契机，开展了声势浩大的"红五月斗争"。5 月 1 日，龙井工人进行罢工，中小学学生举行罢课，农民群众纷纷集会，举行反日示威游行。从 5 月 23 日开始，部分农村从示威游行转入起义，开始进行土地革命。5 月 27 日，药水洞苏维埃政府成立。这是东北第一个苏维埃政权。5 月 29 日夜，三道沟农民首先起义，焚烧地主房屋，散发传单，高呼口号，揭开了"五卅"运动的序幕。
④ 1930 年 5 月 30 日，中共延边党组织发动延边的龙井、头道沟、大拉子、南阳坪、湖泉街、开山屯、石建坪、延吉、老头沟等地群众举行了暴动，以图捣毁当地反动机关。一夜间，炸毁龙井发电所，烧毁东洋拓殖会社间岛出版所，袭击日本领事馆，破坏天图铁路的桥梁等，并打死许多日本警察。同时，袭击军阀政府机关和地主宅院，烧毁债契，没收地主粮食，沉重打击了日本帝国主义和反动军阀的统治。
⑤ 1930 年 8 月 1 日，延边地区掀起规模和影响较大的一次武装斗争。1930 年 6 月，中国共产党在延边建立了中共延边特别支部，吸收了一批经过长期斗争锻炼的朝鲜族党员。在党的领导下，以敦化、额穆两县为中心，包括吉敦铁路沿线各县以及宁安等地发起武装起义。

纷组织反日游击队抗击日本侵略者,随着队伍的不断壮大,逐渐成为东北抗日联军最重要的组成部分。正如东北抗日联军主要领导人周保中同志而言:"1932年所建立的坚强的东满游击队和1933年所建立的强大的磐石游击队、珠河游击队、密山游击队、汤原游击队、饶河游击队都是由革命的朝鲜族同志所创建的。后来它们发展成为抗日联军第一、二、三、四、六、七军。第五军里也有不少优秀的朝鲜族同志。"① 在中国东北最初的抗日根据地建立于朝鲜族聚居地区,当地的朝鲜族人民群众不仅全力支援抗日武装,并积极配合抗日力量协同作战,多次粉碎日本的进攻与扫荡。恰恰是因为这种火与血所凝结的友情激发了朝鲜族对中华爱国主义的强烈认同,使得朝鲜族对中国共产党的民族政策以及革命主张高度认可,归附感进一步增强。在中国最早的抗日组织东北抗日联军中,南满游击队整编为第一军第一师,朝鲜族李红光为联军的总参谋长。抗联第四军第四团(后来该团扩编为第二师,后成为抗联第七军),朝鲜族共产党员李学福(又名李葆满)任团长。在抗联第二军中朝鲜族士兵所占比重很大,在第一军和第七军中朝鲜族战士所占比重约为一半。在抗日战争时期,朝鲜族付出了巨大的民族牺牲,仅在延边地区牺牲的革命烈士共有2726名,其中朝鲜族为2560名;这一时期,在吉林省牺牲的革命女烈士有398名,其中朝鲜族女烈士为397名。② 朝鲜族群众为抗日战争的胜利做出了巨大的牺牲和贡献。朝鲜族在中国共产党的领导下积极抗日,对全国的有力支援主要体现在以下几个方面:首先,朝鲜族抗日在这一时期已经由"自发状态"转为"自觉状态",已经由无组织的分散状态发

---

① 中国朝鲜族历史足迹丛书编委会:《胜利》(第五卷 朝文),民族出版社1992年版,第704页。
② 参见朴今海、郑信哲《略论中国朝鲜族的爱国主义情结》,《中央民族大学学报》2000年第4期,第9页。

展到有组织的群体抗争阶段；其次，这一时期的朝鲜族斗争目标已经由最初的为争取生存权的斗争发展到为了实现自身政治权利而斗争的较高级阶段。朝鲜族抗日斗争的意义不仅体现在杀敌报国的宏观层面，而且表现在积累有效抗日经验的微观层面，这些具体做法对后来的全国抗战有启示作用。除了东北抗日战场，朝鲜族在全国其他地区的抗日战场也作出了应有的贡献。

3. 朝鲜族参加抗日战争带有光复朝鲜的任务

《日韩合并条约》签署后，在朝鲜国内，日本的军事力量过大，无法开展独立运动。朝鲜人采取了继续在中国东北地区和俄国继续进行民族独立运动，到决定性的时期再争取民族独立的办法。除了上述因素，朝鲜国内的义兵运动转为中国东北地区民族独立运动的主要原因，是中国东北地区隔鸭绿江、图们江与朝鲜接壤，交通便利，并能尽快观察国内情势，又因为与俄国邻接，所以具有与活跃在俄国的独立运动者们联系方便的有利的地理条件。[①] 朝、中两国的共同命运和反对共同仇敌日本帝国主义的斗争，可以说是朝鲜国内的义兵抗争转为中国东北地区反日民族独立运动的另一个主要原因。[②] 朝鲜人在中国东北地区进行的抗日运动，表面上看是朝鲜国内的反日斗争在中国东北地区的继续，实际在性质上和内容上都与义兵抗争存在很大不同。朝鲜人在中国东北的抗日运动重点不是武装斗争，而是通过在中国东北朝鲜族聚居地建立学校，成立反日团体，宣传抗日思想，团结民众，为光复建国做积极准备。在中国人民进行抗日战争的艰苦年月里，这支由朝鲜人民的优秀儿女组成的抗日武装力量，高度发扬了无

---

① 延边大学民族研究所编：《朝鲜族研究论丛》（三），延边人民出版社1991年版，第40页。
② 延边大学民族研究所编：《朝鲜族研究论丛》（三），第42页。

产阶级国际主义精神,和中国人民的抗日武装力量紧密配合,并肩战斗,共同抗击了日本侵略者,给中国人民的抗日战争以有力的支援。①

中国共产党指明了朝鲜族参加中国反帝反封建的革命,其实质也是在为朝鲜的解放而努力。1933年,中国共产党在发布的文件中指出:"东北的朝鲜民族要同东北的各族人民联合起来,打倒日本帝国主义,为争取中国的独立、统一和安全而斗争,进而为争取朝鲜独立,收复朝鲜国土而斗争。"② 通过中国共产党的教育,朝鲜族早期共产主义者逐步接受了中国共产党的主张。1930年3月20日,朝鲜共产党满洲总局(ML派)在解散宣言中就指出,"在满朝鲜的工人、农民应该同中国工人、农民共同紧密地团结起来","打倒帝国主义,推翻国民党、豪绅、资产阶级政权",这才是"满洲朝鲜工人、农民大众唯一斗争的途径"。③ 中国共产党对朝鲜族"一身兼二任"的使命认识是深刻而全面的,正如朝鲜革命军总司令梁世风在《告在满同胞父老兄弟檄文》中指出:"中国共产党领导的东北抗日联军和朝鲜革命党领导的朝鲜革命军之间,虽然存在思想和信念上的差异,但我们的目标是共同的,没有利害冲突的,要求不分民族,团结一致,克服万难,互相协力,为粉碎日本帝国主义的侵略而增强必胜信念,不怕牺牲,对敌斗争,为实现真正的自由、独立、民主的国家而奋斗。当前,肃清各地方的走狗逆徒,保护人民的利益,一切为了抗日

---

① 参见河北人民出版社编《国际资料·第二辑》,河北人民出版社1972年版,第24页。

② 金元石:《民主革命时期中国共产党对朝鲜移民的基本政策》,《党史纵横》2004年第3期,第41页。

③ 杨昭全、李铁环:《东北地区朝鲜人革命斗争资料汇编》,辽宁民族出版社1992年版,第675页。

救国。"①

1943年,朱德总司令曾在《解放日报》上撰文《纪念朝鲜"三·一"运动二十四周年会上的讲话》指出:"在中国境内,流亡我国的朝鲜人民,直接参加了抗日的武装斗争。'九·一八'以后,千百的朝鲜志士参加了东北抗日义勇军,十一年来与中国同志一道坚持了顽强艰苦的抗日武装斗争。'七·七'以来,朝鲜人民援助我国抗战,许多朝鲜志士已为抗日事业和中国的解放贡献了他们的生命。""在中国的沦陷区有二三十万的朝鲜移民,有全世界反法西斯战争日趋胜利的有利形势,有中国抗战军民对于朝鲜民族的直接的同情援助,这是朝鲜抗日复国的最好时机。我希望朝鲜一切抗日建国的志士,警惕日寇的内奸阴谋,克服自己队伍内部的分裂倾向,脚踏实地,深入朝鲜人民中间,为了建立抗日复国的朝鲜民族统一战线进行艰苦的工作。"② 正是由于中国共产党的正确决策,一方面团结了在东北抗日的朝鲜人,另一方面也使得其中很多人对中国共产党以及对中华民族的认同与日俱增,这为朝鲜族的最终形成奠定了坚实基础。

(三) 抗日战争是我国朝鲜族形成的关键时期

与国内其他少数民族不同,中国朝鲜族的形成时间较晚,其主体成员来自朝鲜半岛,这些朝鲜半岛移民及其后裔在中国长期定居生活,对中华民族的情感不断加深,进而认同了自身的少数民族身份。抗日战争期间,朝鲜族与国内其他兄弟民族并肩抗日,这种用火与血凝结成的友谊是坚定的、厚重的,从某种程度上而言,恰恰是抗日战

---

① 吉林省通化市政协文史委员会编:《朝鲜独立军在中国东北活动史略》,辽宁民族出版社1993年版,第31页。
② 通化市政协文史委员会编:《朝鲜独立军在中国东北活动史略》,辽宁民族出版社1993年版,第386—387页。

争这段特殊的经历，推动了朝鲜族的最终形成。这主要得益于以下几个方面。

1. 中国共产党正确的民族政策，是朝鲜族形成的理论基石

中国共产党实行的民族平等、民族团结政策对朝鲜族具有很大的感召力。1927年10月，中共满洲省委在"政纲"中指出，对于"满洲"的朝鲜人，同国内其他民族一样"同等对待"。在《满洲农民运动决议案》中又提出，由山东、直隶、朝鲜来的难民，一律享有土地所有权。1928年4月，中共满洲省委明确指出："凡朝鲜的农民在满洲与中国农民一律享有土地所有权和居住权，一律享有革命政权。"① 中国共产党早在1928年7月举行的六大通过的《关于民族问题的决议案》指出："中国境内少数民族的问题（北部之蒙古、回族，满洲之高丽人，福建之台湾人，以及南部苗、黎等原始民族，新疆和西藏）对于革命有重大的意义。"② 至少我们可以认为，从这个时候开始中国共产党已经将朝鲜族看作是中国的一个少数民族，并且给予朝鲜族平等的国民待遇。如在制定延边朝鲜族地区的地方性土地分配方案就规定："凡当地无地与少地的农民，不问其为雇农、佃农、贫农、关内劳工，不问其为中国人或高丽人，一律以每户人口的多少为比例，享有平分得土地的权利。"③ 1935年6月，中共满洲省委发布《东北人民革命政府纲要（草案）》，明确规定："东北人民政府根据民族自决的原则，宣布东北各少数民族（蒙古人、高丽人、旗人）与

---

① 金元石：《民主革命时期中国共产党对朝鲜移民的基本政策》，《党史纵横》2004年第3期，第41页。
② 中共中央统战部编：《民族问题文献汇编（一九二一·七——一九四九·九）》，中共中央党校出版社1991年版，第87页。
③ 黑龙江省安宁县参议会1946年1月25日通过的《敌人土地没收分配条件》，《安宁县民族志宁吉塔朝鲜族》，第40页。转引自孙春日《中国朝鲜族社会文化发展》，延边教育出版社2002年版，第50页。

中国其他民族一样享受经济上和文化上的平等权利。"① 朝鲜族以中国少数民族和中国公民的身份在土地改革中分到了土地，并获得了土地所有权，同时也获得了参加各级地方政权机构的政治权利。

中国共产党的"民族平等"的政策对朝鲜族具有十分重要的意义。作为移民到中国境内的朝鲜族在历史上不但没有享受到平等合法的社会政治地位，反而饱受封建地主的剥削压迫。中国共产党对定居在中国东北地区的朝鲜族赋予他们很多权利，承认朝鲜族"在政治上、经济上在满洲都占了非常重要的地位，是满洲少数民族最主要的一部分"②，这与以前的反动统治者对朝鲜族所推行的民族同化、剥削迫害政策相比，无疑是一个巨大进步。一方面有利于在思想上调动朝鲜族人民参加革命的积极性；另一方面也加强了朝鲜族对中国、中华民族的认可。中国共产党制定的正确的民族政策对于推进朝鲜族成为中国少数民族起到了非常重要的作用。

2. 中国共产党对朝鲜革命的认可与支持，是朝鲜族形成的纽带

针对朝鲜族形成的特点，中国共产党充分考虑到朝鲜族特殊的内心感受，认可朝鲜族参加抗日"双重使命"特点，并积极给予扶持和帮助。如中共满洲省委提出："在满韩国一百四十多万的移民已参加中国革命运动，这更是掀起韩国革命的原动力。"③ 周保中同志曾指出，"朝鲜同志在中国有两重性，一方面在中国共产党的领导下执行中国党的路线，担负着祖国解放战争的任务；另一方面他们又在中国

---

① 杨昭全、李铁环：《东北地区朝鲜人革命斗争资料汇编》，辽宁民族出版社1992年版，第741—742页。
② 中共满洲省委关于满洲韩国民族问题决议案（1931年5月26日省委常委会通过），引自中央档案馆和东北三省档案馆联合编纂《东北地区革命历史文件汇集 甲（8）》，内部发行1988年版，第137页。
③ 中央档案馆和东北三省档案馆联合编纂《东北地区革命历史文件汇集 甲（8）》，第97页。

抗日战争中以同盟的方式参加中国革命,锻炼自己,蓄积力量,为解放自己的祖国做准备"①。从上述论述中不难发现,从政策方面而言,中国共产党明确提出了朝鲜族参加抗日"双重身份"的认可,并积极付诸实践。朝鲜共产党代表太洪曾指出:"朝鲜革命运动得到了中国革命运动最广泛、最积极的支持,而对朝鲜民族革命运动的高涨具有特别重大作用的。"② 1926年8月,中国共产党发表《宣言》,援助受难之朝鲜独立运动人士。并印发朝鲜革命后援会的《致中国人民书》,在全国民众中发起援助朝鲜独立的运动。③ 同时,中国共产党在军事上也积极支持朝鲜革命运动,主要表现为通过黄埔军校、中央党校、抗日军政大学、华北朝鲜革命军政学校培养一大批军政干部,以及协助建立朝鲜义勇队及其华北支队和朝鲜义勇军,保护和赞扬朝鲜革命者英勇战斗事迹等诸方面。④ 当然,中国共产党提出一系列支持和支援朝鲜革命的主张和做法,是基于对当时国内外形势的正确分析而做出的选择。这些做法客观上也推动了中国东北地区抗日武装力量的发展以及抗日运动的顺利开展,同时,中国共产党的这一系列做法对朝鲜族民众而言意义是双重的,一方面为生活在东北地区的朝鲜族提供了政治、经济、社会生活的保障;另一方面也从情感上深深感动了生活在东北的朝鲜族民众。这对推动朝鲜族的最终形成起到了非常重要的作用。

---

① 《访问周保中同志谈话记录整理(1959年12月28日—29日)》,引自金成镐《东满抗日革命斗争特殊性研究》(朝鲜文),黑龙江朝鲜民族出版社2006年版,第422页。
② 中国社会科学院近代史研究所翻译室编译:《共产国际有关中国革命的文献资料》第一辑,中国社会科学出版社1981年版,第246页。
③ 参见石源华编《中国共产党援助朝鲜独立运动纪事(1921—1945)》,中国社会科学出版社2000年版,第73页。
④ 参见崔洪彬《浅谈抗日战争时期中国共产党对朝鲜独立运动的援助》,《朝鲜族研究论丛(4)》,延边大学出版社1995年版,第59页。

3. 抗日战争与中国朝鲜族的形成

中华民族这一概念在中国真正深入人心是在抗日战争胜利后才最后完成的，大规模抗战使大多数中国人有了共同的历史命运与集体记忆，"中华民族"一词已成为民族精神、民族情感的凝聚和象征，中华民族是一个可以寄托情感和用来崇拜想象的共同体。正如纳日碧力戈先生指出的："民族的实质在于它的符号性，不同的时空配置赋予它不同的内容，但其形式意义保持相对不变。民族是在家族符号结构和家族符号资本的基础上形成的超族群政治—文化体。"① 可见，在汉语语境下，中华民族的实质恰好在于它的符号性、象征性，而不是要突出它的具体性和独特性。中国朝鲜族从自发到自觉加入中华民族抗日战争的洪流之中，主要是朝鲜族与中国国内其他兄弟民族并肩作战的共同"集体记忆"的感召，促使朝鲜族对中华民族共同体由模糊的概念变为清晰鲜活的情感体验，这恰恰也是朝鲜族能够融入中华民族的关键所在。

当然，朝鲜族能够对中华民族有民族认同感，一方面得益于朝鲜族对中华文化的亲近感与熟悉感；另一方面得益于历史上形成的朝鲜文化与中华文化的同源性特点。这种文化上的认同加上共同抗战的"集体记忆"使得朝鲜族在心理上对中华民族的心理认同感也在不断强化。正如2005年，《中共中央、国务院关于进一步加强民族工作、加快少数民族和民族地区经济和社会发展的决定》指出："民族是在一定的历史发展阶段形成的稳定的人们共同体。一般来说，民族在历史渊源、生产方式、语言、文化、风俗习惯以及心理认同等方面具有

---

① 纳日碧力戈：《民族与民族概念再辨正》，《民族研究》1995年第3期，第9页。

共同的特征。有的民族在形成和发展过程中，宗教起着重要作用。"[①]中国朝鲜族的形成，很大程度上归因于他们对中华民族利益共同体的依赖与认可。由于中朝两国在历史上的文化渊源，以及在价值取向上的相似性，加快了朝鲜移民融入中华民族共同体的步伐，这是朝鲜族最终形成的内因。由于日本帝国主义对朝鲜半岛殖民与奴役这一外力的作用，迫使大量朝鲜移民集中涌入中国东北，这个外因对推动中国朝鲜族的最终形成其作用也是不可忽视的。

三 中国朝鲜族与解放战争

随着抗日战争的全面胜利，朝鲜半岛也获得光复，许多在中国参加反日斗争或居住的朝鲜人陆续返回朝鲜半岛。留在中国东北的朝鲜族在解放战争时期，积极响应中国共产党的号召，组织地方武装，剿灭土匪，进行土地改革，参军参战，支援前线，为建立和巩固东北根据地，朝鲜族民众与国内其他兄弟民族一起并肩战斗，为打倒蒋介石，解放全中国，赢得东北以及全国的解放战争的胜利作出了巨大贡献。整个解放战争时期，朝鲜族民众每17人中就有1人参军，参战的民工达30余万人次，等于每3人中1人参战，动员的牛车达3万余辆次。因此，1985年，中共中央宣传部副部长贺敬之同志来到延边，挥笔书写了在东北朝鲜族聚居区"山山金达莱，村村烈士碑"的题词，高度赞扬朝鲜族在解放战争中的作用。

1945年9月19日，中共中央制定了"向北发展，向南防御"的战略方针，指出实现这一战略方针的关键，就是在东北"让开大路，

---

① 《中共中央、国务院关于进一步加强民族工作、加快少数民族和民族地区经济和社会发展的决定》（2005），《民族工作文献选编（2003—2009）》，中央文献出版社2010年版，第91—92页。

占领两厢",建立巩固革命根据地。① "建立巩固根据地的地方,是距离国民党占领中心较远的城市和广大农村。目前,应当确定这种地区,以便部署力量,引导全党向此目标前进。"② 1945年8月20日,尹泰东成立"间岛省临时政府",维护东满的社会秩序,管理一切行政事务。临时政府网罗伪警察、汉奸、走狗等反动势力,欺压人民群众,成为国民党抢夺东满地区的工具。国民党霍万程、管丹忱等人,根据国民党吉林党部关于"速回延边,组织党部,做好接受准备"的指令,与在延吉的同党一起,拉拢一批反动势力,突击发展了30名国民党员。③ 他们在延吉成立了国民党延吉县党部,并在下面成立了9个区党部,并在各县建立了基层组织,在东满地区建立国民党反动统治机构。国民党拉拢地主豪绅、地痞流氓以及部分日伪残余组成土匪武装大搞地下建军活动,共组建了1200余人的反动武装。这些土匪武装残杀共产党干部和人民群众,抢夺人民的粮食和财产,破坏交通要道。东满地区朝鲜族人民积极响应中国共产党的号召,同兄弟民族一起投入建立巩固东满革命根据地的斗争。经过中共延边委员会的艰苦努力,在延吉、龙井、朝阳川等地秘密发展党员,建立党支部,在各级党组织中,朝鲜族党员占了绝大多数。1945年11月25日,32名八路军第359旅干部队和中南干部队的汉族干部来到东满,加强了党的各项工作。据1948年年底的统计,在延边的各级人民政府机关里,朝鲜族干部占75.5%,其中,在县、区221名区领导干部中,朝鲜族干部占59.3%,783名区级干部中朝鲜族干部占83.9%,4631名

---

① 黄龙国:《朝鲜族革命斗争史》(朝文),辽宁民族出版社1988年版,第531—532页。
② 《毛泽东选集》(合订本),人民出版社1967年版,第1123—1124页。
③ 参见金泰国《试析东北解放战争时期的东满根据地》,《朝鲜族研究论丛》,延边人民出版社1991年版,第187—188页。

村级干部中朝鲜族干部占79.7%。①

到1945年10月,姜信泰、刘建平收编各地自发组织的别动队、自卫队、保安队等群众武装,组织了东北人民自卫军延边警备司令部。11月12日,雍文涛带领33名干部到达延吉。11月23日,根据省军区的决定,以原延边警备司令部和警卫团为基础,加上由华北来的朝鲜义勇军第五支队900余人作为骨干,成立了东北民主联军延吉军分区,重新扩编的军区有6个团,即:警备一、二、三、四、五、六团。司令员姜信泰,政治委员雍文涛,人数已达1.1万余人,其中80%以上的指战员是朝鲜族。② 刘建平在敦化县组建保安总队,分布于敦化、额穆、安图等县,人员达4000多人。

1945年11月,根据朱德总司令的命令,进军到中国东北的朝鲜义勇军在沈阳改编为第一、第三、第五支队。一支队主要驻防在南满,三支队主要驻防在北满,五支队去驻防东满,并以这三支武装为骨干合编当地民众组成新的武装力量。在东满,姜信太以东北抗日联军延吉分遣队为骨干组织延边警备团,后与义勇军五支队扩编为警备旅,拥有兵力1.1万多人;在北满,宾县的吉黑保安总队朝鲜独立大队被改编为第三支队(后为松江军区第八团),当时朱德海任政委。在牡丹江地区,以朝鲜族青年为主建立了人民自卫军,1946年6月改编为牡丹江军区二支队;在南满,一支队在沈辽地区活动,1946年2月改名为"李红光支队"。在朝鲜义勇军五支队进军延边地区途中,留下部分兵力在吉林、桦甸一带吸收朝鲜族青年组建了第七支队。这些武装力量,在建立革命政权、肃匪锄奸、参军参战和支援前线的斗

---

① 崔厚泽:《英明的政策辉煌的历程》,黑龙江朝鲜民族出版社1997年版,第339—340页。
② 崔厚泽:《英明的政策辉煌的历程》,黑龙江朝鲜民族出版社1997年版,第339—340页。

争中作出了突出的贡献。主要体现在以下几个方面。

（一）在东北剿匪、解放东北过程中，朝鲜族是主力军之一

在抗日战争期间，国民党军队完全放弃抵抗，率先撤出东北地区，抗日战争胜利时，国民党在东北的势力是很微弱的。国民党一方面利用和共产党停战议和的有利时机，调动正规军重新布防东北；另一方面，与日伪时期豢养的警察、宪兵、特务、兵痞、地主豪绅、地痞流氓等野心家合作组建反动武装，大力发展土匪武装。以延边地区为例，土匪极盛时期达到12600余名。[①] 国民党利用这些土匪武装在东北扩张自己的势力，排挤中国共产党在东北的影响，并对土匪武装积极收编。根据1947年《东北局关于东北剿匪工作报告》指出，日本投降后"是东北土匪普遍发展的一个时期，地区之广，人数之多，声势浩大，即以胡子闻名的东北来说，也是历史上从来所未有过的。而这些土匪与过去的胡子有本质的差别，就是都与国民党有联系，都是政治土匪"。"此时是顽匪活动的最高峰，全东北顽匪总数当在十万人左右，而地主大批武装尚不在内，北满三分之二以下的县城掌握在顽匪手中。"[②] 匪患猖獗已经成为东北根据地建设的主要障碍。彻底肃清土匪的基本办法就是广泛发动群众，这样土匪就没有藏身之所。因此中国共产党积极组建剿匪武装，以革命的两手对待反革命的两手，在剿匪武装中朝鲜族士兵占有很大比例。以东满剿匪武装为例，"在汪清县收编宋昌录组建的一个汉族连和崔德林组建的一个朝鲜连，以此为基础，经过一段扩军，建立'人民自治军第三支队'……下辖三

[①] 延边历史研究所编：《延边历史研究》（第三辑），吉林省内部报刊准印证第190号，1988年，第34页。

[②] 延边历史研究所编：《延边历史研究》（第三辑），第33—35页。

个汉族营，三个朝鲜营和一个司令部直属警卫连，共计三千人"①。1948年年底，随着吉林全境及全东北的最后解放，延边军分区已经完成了它所担负的建军、肃清土匪、建设根据地、配合主力部队作战的任务，于1948年12月25日奉东北军区命令撤销其建制。延边军分区建立三年来，动员了2万余名青壮年作为主力，肃清土匪4000余人。②

1946年3月16日，吉东警备旅第四团配合警备队镇压和龙县牛道阳岔的土匪，消灭匪徒80余名，缴获40余支武器。③ 1945年年底到1946年7月，中共延边地委和延边军分区配合主力部队，采取"搜剿、穷追、合击、驻剿"等战术，对流窜在延边各地的土匪展开了全面围剿。经过半年的剿匪斗争，我军先后在和龙、延吉、图们、汪清、敦化以及珲春等地剿灭匪徒4000多人，生擒许多土匪头子，缴获了长短枪1431支、各种火炮24门、轻重机枪76挺和大量的军用物资。到1946年7月，延边地区的土匪基本上被消灭，剿匪斗争取得了决定性胜利，有力地巩固了东满根据地。

1945年年末，北满三分之二以上的县城掌握在政治土匪手中。在松江地区有国民党新编二十七军中将军长姜鹏飞，国民党第六路军第三军中将军长崔大刚，国民党第二十军副军长左建堂，中央先遣军第五战区总指挥曹兴武等地下军，共1.2万人以上。牡丹江地区有马喜山、郑云峰、张乐山（即座山雕）等政治土匪共4000多人。④ 1946

---

① 延边历史研究所编：《延边历史研究》（第三辑），吉林省内部报刊准印证第190号，1988年，第47页。
② 参见千青山编《中国朝鲜族历史研究（4）》，延边人民出版社2001年版，第308页。
③ 参见崔厚泽《英明的政策辉煌的历程》，黑龙江朝鲜民族出版社1997年版，第354页。
④ 徐基述、徐明勋：《黑龙江朝鲜民族》，黑龙江朝鲜民族出版社1988年版，第88页。

年5月26日，郭兴典匪帮700名侵入东安市（现密山镇），屠杀朝鲜族居民和汉族老干部，一天杀死几百人。同月，绥滨县下城子至绥阳一段铁路被当地土匪占领，旅客列车多次遭到了土匪的袭击和掠夺。1946年8月28日，哈尔滨市原国民党特务、匪首、一贯道头子、国民党中央执委东北四省军委委员李明信勾结国民党七军军长姜鹏飞纠集3000多名匪徒，在故乡太平和道外各路发动暴乱，企图占领哈市颠覆民主政权。①

在北满地区，朝鲜族人民在各省工作委员会和省军区领导下，建立了许多由朝鲜族指战员组成的武装队伍。1945年11月中旬，牡丹江保安团第二营宣告成立，全部由当地朝鲜族指战员组成。1946年年初，八路军359旅先遣队到达五常，同五常县大队一起打退了土匪的进攻。五常县大队的300余名指战员被编入359旅，组成第五团第三营，由陈凤万任营长，姜日任教导员。② 1946年1月，哈南军区第七团、哈东军分区第一团以及朝鲜义勇军第三支队围剿五常县八家子的土匪，击毙击伤270人，俘虏357人，缴获步枪300余支、轻重机枪20余挺、掷弹筒10余个以及许多军用物品，全歼了国民党先遣军第三军王正午的土匪集团。1946年1月18日，人民自治军驻宁安指挥部警卫团朝鲜族第二营，围剿海林县新安镇的土匪武装，击毙30余人、击伤8人、俘虏83人，全歼这股匪徒。1946年2月，牡丹江人民自卫军向以郑云峰和马喜山为匪首的土匪发动了全面进攻。绥宁军区第一团第二营、牡丹江军区警卫团第二营等朝鲜族部队也陆续参加了这次剿匪战斗。经过17天的大小11次战斗，我军击毙土匪400余

---

① 徐基述、徐明勋：《黑龙江朝鲜民族》，第88—95页。
② 参见崔厚泽《英明的政策辉煌的历程》，黑龙江朝鲜民族出版社1997年版，第352页。

名，俘虏匪首郑云峰、匪徒640余名，缴获了平射炮1门、迫击炮5门、重机枪9挺、轻机枪18挺、掷弹筒23个、各种长短枪1000余支以及部分战马和大量子弹。通过这次战斗，我军解放了32个被土匪占领过的村屯。① 1946年3月18日，牡丹江人民自卫军司令部派第十四团第一、二、三营攻打穆棱县马桥河村的土匪。在这次战斗中，有93名朝鲜族指战员壮烈牺牲。据1947年的统计，在东北国民党统治区被捕的朝鲜族群众多达8468名，被杀害的达2042名。②

剿匪工作的顺利完成，为进一步开展土地改革，推动解放战争在东北乃至全国的胜利奠定了良好基础。抗日战争胜利后，在延边经过一段时间的分配工作，延吉、和龙、汪清、珲春、安图等县的10万多名贫下中农，分得占延边总耕地面积40%的131614公顷"公有地"，成为土地的主人。中共吉林省委、中共吉东分省委和各县县委派出804名土改工作队员奔赴各地农村开展工作，其中有523名朝鲜族干部，占延边土改工作队员的三分之二左右。③ 在工作队的领导下，广大农民开展了"砍大树，挖底产"的斗争。由于雇农贫农真正发动起来，查出了地主隐瞒的许多黑地和黑财产等。仅延吉、和龙、汪清、珲春四个县查出粮食1050多吨、牲口2300多头和部分枪支弹药。安图、敦化、额穆三个县也查出黑地834公顷、牲口2000多头，粮食6050多吨、步枪手枪100支、子弹16.7万余发、金子80.42公斤、银子76.25公斤、各种衣服23780件、手榴弹180颗、牛车378台、布11120米，其总价达旧币90761万余元。④ 到1948年4月，延

---

① 参见崔厚泽《英明的政策辉煌的历程》，黑龙江朝鲜民族出版社1997年版，第358页。
② 黄龙国：《朝鲜族革命斗争史》（朝文），辽宁民族出版社1988年版，第576页。
③ 黄龙国：《朝鲜族革命斗争史》（朝文），第565—566页。
④ 参见金东华《延边青年运动史》，延边人民出版社1988年版，第287页。

边地区基本完成了土地改革。延边5个县116681户的550176名农民分得182064余公顷的土地,使其占总耕地面积的81.7%,彻底实行了"耕者有其田"的政策。① 在北满地区,通过土地改革,原松江省有40548户朝鲜族农民,分得水田53928公顷,平均每户分得1.3公顷,平均每人分得0.29公顷,分得大小牲畜20800头,平均每两户分得1头,牛马车10700多辆,平均每4家分得1辆。② 仅五尚县民乐朝鲜族乡687户朝鲜族农民分得1264公顷土地和126头牛。③ 在南满地区,双河镇永盛村共有160户朝鲜族农民,按照朝鲜族人民的生产特点,给朝鲜族人民每人平均分水田1.2亩和旱田2亩,还分配给永盛村耕牛70头、马30匹和驴5头。④

土地改革激发了广大朝鲜族人民的革命热情和生产积极性,使他们大力开展生产运动,有力地支援了前线。随着土地改革的不断推进,广大朝鲜族青年积极投入解放战争中去。从1946年到1948年,延边地区就有5万多名热血青年参军,占全延边人口的5.88%,其中朝鲜族青年占85%。包括参加地方武装等青壮年在内,延边地区约有12万余人参军。⑤ 朝鲜族青年在战场上英勇杀敌,在为祖国的解放事业作出卓越贡献的同时也付出了巨大牺牲,仅壮烈牺牲的朝鲜族指战员就达3550名,吉林省2662名,松江省521名,辽东省264名。⑥ 北满地区的五常县民乐村有403户朝鲜族,其中就有260名报名参

---

① 参见中国朝鲜族历史足迹丛书编委会《胜利》(第五卷 朝文),民族出版社1992年版,第406页。
② 参见徐基述、徐明勋《黑龙江朝鲜民族》,黑龙江朝鲜民族出版社1988年版,第101页。
③ 参见黄龙国:《朝鲜族革命斗争史》(朝文),辽宁民族出版社1988年版,第576页。
④ 参见黄龙国:《朝鲜族革命斗争史》(朝文),第577页。
⑤ 参见金东和《延边青年运动史》,延边人民出版社1988年版,第293页。
⑥ 参见黄龙国:《朝鲜族革命斗争史》(朝文),辽宁民族出版社1988年版,第618页。

军。宁安县西岸村不到300户的朝鲜族家庭中，有124名朝鲜族人参了军。① 南满地区的永吉县的朝鲜族民众积极地参军、参战，踊跃支援前线。该县不到2万名的朝鲜族人中，就有190多名青壮年踊跃参了军。永吉县双河镇的168户朝鲜族居民中，参军的青年就有170名，平均一户有一人参军。② 在新宾县由170多名朝鲜族青壮年组成的县游击大队三中队，在县大队的统一领导下，在红庙子等地配合人民解放军主力多次与敌人交战，歼灭大量敌人。③ 吉林通化、柳河、海龙、辉南等地的朝鲜族人民也积极参军，大力支援"四保临江"战役，付出了巨大的牺牲。当时，辉南县收到烈士证的家庭就有100多户。④ 磐石、桦甸等地的朝鲜族人民配合人民解放军多次同国民党军展开拉锯战。

(二) 在解放全国过程中的后勤保障作用

解放战争中处于后方的朝鲜族民兵和普通百姓也加入支援前线的行列中，他们在枪林弹雨中救出伤员，运送武器、弹药和粮食，在党的领导下开展土地改革，努力生产，为解放战争的胜利提供了有力保证。在延边，许多青壮年纷纷参加担架队，支援解放战争前线。1948年，延边地区组织1885个担架队和14164名担架队员派到前线，在枪林弹雨中救出了1600余名伤员。⑤ 仅原松江省就有1.2万余名朝鲜族青壮年参加担架队和运输队，跟随部队，穿过枪林弹雨，抢救伤

---

① 《朝鲜族简史》编写组编：《朝鲜族简史》，延边人民出版社1986年版，第187页。
② 《朝鲜族简史》编写组编：《朝鲜族简史》，第187页。
③ 《朝鲜族简史》编写组编：《朝鲜族简史》，第177—178页。
④ 参见中国朝鲜族历史足迹丛书编委会《胜利》（第五卷　朝文），民族出版社1992年版，第288页。
⑤ 参见崔厚泽《英明的政策　辉煌的历程》，黑龙江朝鲜民族出版社1997年版，第375页。

员,运送粮食和弹药。朝鲜族人民还积极组织运输队,动员一切运输工具支援前线战场。解放战争时期,延边地区共动员9200余辆牛车和马车,参加担架队、运输队等前线勤务队的朝鲜族人数为20余万人次。以朝鲜族战士为主的珲春县前线勤务队第三团跟随第四野战军主力,为黑山、大虎山阻击战运送了大量的炮弹和军粮。还参加了平津战役和解放塘沽、天津的战斗。仅1948年,在延边的前线勤务队中,立功者达3427名,其中荣立大功的有511名,荣立小功的有370余名,荣立2次小功的有35名。① 牡丹江市郊四道岭子村朝鲜族农民发现日本关东军投降时秘密埋藏的武器,动员全村人民挖出各种火炮16门、机枪5挺、步枪500余支、弹药100多箱、手榴弹240余箱以及大量军需品交给了部队。他们还同铁岭村农民一起,收集干菜18牛车、朝鲜族辣白菜2000多公斤、打糕和米糖13牛车送到了前线。② 临江保卫战刚开始后,南满地区的长白县先后动员5064人(其中朝鲜族占40%左右),组编了723个担架队,还动员363台小马车,负责前线和后方之间的运输。在长白县7个朝鲜族村的村民,为伤员们捐了近110401元慰问金,送了4719斤大米,1074斤猪肉,2933个鸡蛋和76斤旱烟。③ 为了保证战争的需要,朝鲜族民众积极奔赴前线,从事各种后勤保障工作,有力地支援了解放战争。

延边地区的各类学校还积极开展各种类型的宣传、动员活动,通过写寄慰问信、收集生活必需品等方式,声援解放战争。1947年,东北民主联军发动春季攻势和夏季攻势后,军政大学吉林分校提出"支

---

① 参见玄龙顺、李政文、许龙九《朝鲜族百年史话(3)》,辽宁人民出版社1988年版,第219—220页。
② 参见崔厚泽《英明的政策 辉煌的历程》,黑龙江朝鲜民族出版社1997年版,第378页。
③ 参见中国朝鲜族历史足迹丛书编委会《胜利》(第五卷 朝文),民族出版社1992年版,第288页。

援前线，救护伤兵"的战斗口号，组织120余名学生参加前线救护队，连院长也亲自率领71名队员组成救护队上了前线，还有省立龙井中学102名女学生也自愿组成女护士队上了前线。① 解放战争中，延边五县先后动员参加战勤人员12.1万多人次，动员大车、牛车9200多辆次，担架3720付。其中3700多人在参战中立功受奖。② 战勤人员在前线救护伤员，运送粮食、弹药，修铁路，筑工事。做到了"前线保卫后方多生产，后方支援前线打胜仗"。1946年12月，四保临江战斗开始后，长白县朝鲜族农民紧急行动起来，节衣缩食，要粮送粮，要车出车。全县共缴公粮125公斤，出民夫151727人次，其中朝鲜族民工占40%左右；黑龙江省朝鲜族人民在解放战争中，不仅踊跃参军，在战场上立战功，还积极参加战勤工作。全省动员1.2万名朝鲜族民众参加战勤工作。③ 解放战争时期，延边地区年年超额完成交公粮任务，把最好的粮食送到前方去。广大妇女不仅担负生产任务，还担负做棉衣、草鞋，看护伤员等许多工作。在支援前线的同时，后方人员还积极开展拥军优属工作。1949年，延边五县为军烈属代耕13563户，帮助军烈属打柴680多万捆，送粪7万多车，慰劳当地驻军和军烈属猪肉4.2万斤，大米1.7万多斤，现金3亿多元，为支援人民解放战争，解放全中国，为中华人民共和国的缔造，建立了光辉功绩。④

在解放战争中，朝鲜族积极参军，与其他兄弟民族一起并肩

---

① 参见崔厚泽《英明的政策 辉煌的历程》，黑龙江朝鲜民族出版社1997年版，第376页。
② 参见延边历史研究所编《延边历史研究》（第三辑），吉林省内部报刊准印证第190号，1988年，第216页。
③ 参见延边历史研究所编《延边历史研究》（第三辑），第12页。
④ 参见延边历史研究所编《延边历史研究》（第三辑），吉林省内部报刊准印证第190号，1988年，第218页。

作战,立下了赫赫战功,在中国共产党的领导下,朝鲜族民众在三年解放战争中,为全国的解放作出了卓越贡献。正如第四野战军政治部主任邓子恢指出的那样:"你们是在3年半的解放战争中,艰苦奋斗、英勇作战的模范,是遵守三大纪律八项注意的模范。作为朝鲜族儿女的你们,不仅是朝鲜族的骄傲,也是中华民族的骄傲。"[1]

第三节 现实选择特征:中国朝鲜族与社会主义建设

抗日战争胜利后,东北朝鲜族地区先后得到解放。1949年,朝鲜族人民和全国各族人民一起,迎来了新中国的成立。新中国成立60多年来,朝鲜族人民在中国共产党的领导下,积极建立自治地方,努力开展工农业生产,大力发展各项社会事业,在政治、经济、文化等各方面都发生了深刻的变化,取得了巨大的成绩。

一 中国朝鲜族与东北地方政权建设

随着"九一八"事变的爆发,日本出兵镇压革命运动,党组织遭受很大损失,东满特委领导机构也遭破坏。1931年11月,满洲省委重新组成特委领导机构,并且相继建立和巩固了延吉、和龙、汪清、珲春等县的党的领导机构和各级党组织。在建立领导机构当中,东满特委贯彻民族平等的原则,在东满特委及各县党组织的领导机构里,

---

[1] 中国朝鲜族历史足迹丛书编委会:《胜利》(第五卷 朝文),民族出版社1992年版,第693页。

起用大量的朝鲜人干部担任各种领导职务，尤其是东满特委属下的延吉、和龙、汪清、珲春等县的党委书记、各部部长，基本上都由朝鲜人来担任。这就为贯彻民族自治政策打下了干部基础。中共满洲省委及东满特委还重视抗日游击根据地的政权建设。根据1932年6月"东北会议"上提出的"建立苏维埃和红军，开展土地革命"的号召，从1932年冬天开始，在根据地内着手建立人民政权。先后建立了王隅沟、汪清县嘎呀河、珲春大荒沟和烟筒拉子、汪清县二区小汪清、延吉八道沟等六个区苏维埃政府及其管辖下的二十多个村苏维埃政府，根据地内的百分之九十五为朝鲜人民群众，并由朝鲜族干部担任政府主席。① 苏维埃政府建立后，颁布了政治、经济、文化教育等方面的法令和政策。

1945年8月，日本帝国主义投降后，延边朝鲜人民的革命热情异常高昂，朝鲜人中的先进分子纷纷建立各种群众组织，负责安定地方秩序，并准备建立新的民主政权。延边各地的工人、农民、青年、妇女同盟代表600多名，在延吉召开代表大会，决定成立"延边老农青总同盟（后改为'延边民主大同盟'）"，并制定纲领。延吉、和龙、珲春、汪清、安图等五县先后成立了民主大同盟俱乐部，区和村设支部小组，盟员达14.5万多人，而其中朝鲜族就占13.7万多人。② 1945年11月20日在延吉召开"延边人民代表大会"，解散间道临时政府，选举了延边政务委员会，建立了吉林省延边行政督察专员公署，下设民政、财政、文教、农林、总务等科和公安局等机构，并决

---

① 参见《朝鲜族简史》编写组编《朝鲜族简史》，延边人民出版社1986年版，第109—110页。
② 参见《文史资料选集Ⅰ》，延边人民出版社1982年版，第5页；《延边文物简编》，延边人民出版社1989年版，第272页；韩俊光《解放战争时期的东满根据地》，延边人民出版社1991年版，第461页。

定正式建立延吉、珲春、汪清、和龙县政府,朝鲜族人民当家作主,在中国享受了平等合法的社会政治地位。延边政务委员会为了更好地开展工作,拟定了施政方针,实行了民主政治,保障人权、财产、言论、出版、集会、结社、信仰之自由;复兴农工商业,发展生产,免除苛捐杂税,减轻人民负担;实行新民主文化,废除同化教育;实行民族团结与民族平等,保障朝鲜族政治、经济、文化等一系列政策。1948年,刘俊秀在《关于民族政策中的几个问题(草案)》中承认居住在延边地区的朝鲜人民为中国境内之朝鲜族,并按民族平等原则,承认朝鲜族的地权、人权、财权,而且在朝鲜族的自治问题上强调"为坚决贯彻党的民族政策,有计划、有步骤的从下而上地建立人民的、民主的自治政府,实现民族自治"。为此他提出,"在平等的原则下,保证一切有公民权的中朝人民均有选择权与被选择权"。并且"凡是中朝杂居的区、村应按照中朝公民或居民的比例选举代表"。而且"要将干部政策与党的民族政策结合起来","在党的正确领导之下,充分发挥干部的积极性创造性"。他还具体要求说:"凡全是朝鲜人的区、村的一切工作完全选朝鲜族干部办","凡是中朝人民杂居的区、村,按该区、村中朝人民的比例选举政权与群众团体的主要负责干部,多者选正职,少者选副职"。充分保证了朝鲜族人民的参政权利,为实现朝鲜族民族自治打下了基础。另外,随着解放战争的胜利进行,自1948年到1949年间,南北满各地朝鲜族聚居区,也都相继建立了人民民主政权。

　　1945年11月7日,在沈阳召开的全军(朝鲜义勇军)大会上,武亭司令指出:"根据中共中央的指示,决定派少数干部去朝鲜,而大部分指战员(朝鲜义勇军)将留在中国东北,继续参加东北的民主政权建设,并号召全体指战员,深入东北各地,广泛发动东北朝鲜族，扩编队伍，为中国革命和朝鲜革命积蓄力量。"① 在东北留下来的原"朝鲜独立同盟"成员于 1946 年 11 月 10 日在沈阳成立"朝鲜独立同盟南满工作委员会"。这一组织成立后，成为在中国共产党领导下，为推翻国民党统治，建立中华人民共和国而努力的南满地区 30 万朝鲜族人民的群众团体。②

同时在敌占区国民党军队中被抓壮丁的朝鲜族官兵也纷纷起义。曾任国民党驻东北国防部的上校参谋权国荣，带领 105 名官兵加入南满③李红光支队④。在东满地区，部分久经考验的朝鲜族指挥员被派到基层参加地方政权建设，如姜信泰和金万益被派到延吉、朴洛权被派到龙井、崔时英被派到和龙、崔明锡被派到汪清进行地方党组织的建立工作。⑤ 他们在东满各县广泛开展了建党工作，为在东满地区建立地方政权打下了良好基础。1945 年 10 月，中共延边委员会成立后，积极在延吉、龙井、朝阳川等地秘密发展党员，建立党支部，在局部地区建立区委。延吉、和龙、珲春、汪清等四个县于 1945 年 11 月底都成立了县委，到 1946 年 4 月安图县也成立了县委。中共延边地委发动党的基层组织和民主同盟等群众团体，把广大朝鲜族群众团结在党的周围，自下而上用民主的办法选举代表，成立了各级民主政府。在建立各级党的机关和人民政府的工作中，中国共产党认真贯彻民族

---

① 政协延边朝鲜族自治州文史资料委员会编：《解放初期延边》（延边文史资料第九辑），辽宁民族出版社 1999 年版，第 27 页。
② 参见中国朝鲜族历史足迹丛书编委会《胜利》（第五卷 朝文），民族出版社 1992 年版，第 115 页。
③ 南满、东满、西满与北满基本以沈阳为划分基点。南满指辽东半岛，东满指本溪以东、东南、东北地区范围，西满指辽西走廊，北满指四平以北的广大地区。
④ 李红光支队在解放战争初期就开始在南满朝鲜族聚居地区展开了建立民主政权的基础工作。
⑤ 参见黄龙国《朝鲜族革命斗争史》（朝文），辽宁民族出版社 1988 年版，第 531—532 页。

平等的原则,积极采取措施保障了朝鲜族人民的参政权利。这些扎实的基础工作的顺利展开,对推动地方人民政权的建立起到了积极的、不可或缺的重要作用。据1948年年底的统计,在延边的各级人民政府机关里,朝鲜族干部占75.5%,其中,在县、区221名区领导干部中,朝鲜族干部占59.3%,783名区级干部中朝鲜族干部占83.9%,4631名村级干部中朝鲜族干部占79.7%。① 在北满地区,特别是各级朝鲜族民主组织在中国共产党的领导下,起到了基层政权的作用,具体管理朝鲜族人民的生产、办学、救济、保卫等各项基础工作。1945年10月以后,滨江省政府、牡丹江市政府、合江省政府和绥宁省政府相继宣告成立,许多朝鲜族干部分别担任了科长、副市长、副厅长等重要领导职务。综上所述,不难看出朝鲜族在东北地方政权建设中发挥了积极作用。

二 中国朝鲜族与朝鲜战争

1949年10月1日,中华人民共和国成立,开始实行消除民族压迫、实现各民族一律平等的政策,实现民族区域自治。1952年9月3日,在吉林省成立了延边朝鲜族自治州,紧接着又成立长白朝鲜族自治县,其他朝鲜族聚居地区也普遍建立了朝鲜族乡。1953年(第3次人口普查)时,延边地区的朝鲜族人口达到1765204人。② 这样,逐渐形成了中国朝鲜族共同体。当朝鲜战争爆发时,中国朝鲜族参加"中国人民志愿军",积极参加抗美援朝战争,引起国内外极大的关

---

① 参见崔厚泽《英明的政策 辉煌的历程》,黑龙江朝鲜民族出版社1997年版,第339—340页。

② 参见车哲九《东北亚地区朝鲜族迁移、分布及其特点》,《中国朝鲜族史研究(2)——纪念延边历史研究所成立30周年论文集》,延边大学出版社1994年版,第61页。

注，并产生了深远的影响，中国朝鲜族在整个朝鲜战争中起到了重要而不可替代的作用。抗美援朝战争是中华人民共和国政府应朝鲜民主主义人民共和国的请求，为粉碎以美国为首的"联合国军"对朝鲜民主主义人民共和国的侵犯，保卫中国安全，派出志愿军，于1950年6月至1953年7月赴朝进行的战争。

（一）中国朝鲜族积极参加抗美援朝战争的缘由

朝鲜战争爆发后，1950年9月18日，美国驻联合国代表奥斯汀在联合国安理会宣读麦克阿瑟有关朝鲜战争的报告，指责中国向朝鲜送去"大批原籍朝鲜的久经战斗的军队"。报告说，"所得证据证明，1949—1950年期间，苏联人向北朝鲜提供了军火，而中国共产党人向他们提供了经过训练的士兵"。"在过去的一年里，中国军队把许多此类北朝鲜士兵遣返回国。""从1950年初到1950年2月中旬"，朝鲜族士兵返回朝鲜的行动"急速加剧"了。这份报告在美国舆论中造成了不小影响，使得反共浪潮更为高涨。可见在中国的朝鲜族部队回国问题，在战争爆发后成为西方阵营攻击中国的"依据"。

中国朝鲜族是在朝鲜半岛已形成单一的朝鲜民族之后迁入中国的，是带着朝鲜民族共同的语言、文字、风俗、文学艺术、心理意识等民族属性而迁入的。在这一点上，区别于中国其他的少数民族。另一方面，他们又同中国各兄弟民族共同生活在同一个政治、经济、文化环境之中，吸收其他民族的一些因素，不断丰富其民族要素。在这一点上，有别于朝鲜半岛的朝鲜人。这样，中国朝鲜族从迁入不久开始，具有相互依存、相互渗透的双重民族要素：朝鲜民族固有的民族要素和中华民族的民族要素。①

在朝鲜战争中，中国朝鲜族为什么或编入朝鲜人民军，或以志愿军的形式参战。为了弄清其中原因，我们有必要回顾一下朝鲜族在中国特别是在东北地区的抗日斗争历史和参加朝鲜战争的情况。

中国东北的朝鲜族先进分子在长期的斗争实践中认识到：中国朝鲜族人民之所以遭受双重的压迫和剥削，不仅因为他们是朝鲜族，而且因为他们是殖民地、半殖民地和半封建制度下受苦的农民和工人，这是与中国各民族劳苦大众所遭受的"同一个不幸"。因此，朝鲜族人民要翻身得解放，只以"朝鲜族独立"是不可能的。朝鲜族人民只有与处于同样命运的广大中国人民"紧密地团结在一起"，共同进行斗争，首先完成中国革命，才能解放自己。② 他们认识到，中国革命和朝鲜革命是紧密相连的，朝鲜的革命如果不依靠并团结广大中国人民就难以取得成功。

日帝占据时期，以民族解放为目标进行活动的政治势力主要有如下派别。左翼有：（1）日帝时期在国内活动，新中国成立后在民众中具有相当势力的以朴宪永为核心的朝鲜共产党——南朝鲜劳动党；（2）建国准备委员会以后，以个人的威信为基础努力促进左右合作的朝鲜人民党，还有以金抖奉领导的朝鲜独立同盟为基础的朝鲜新民党；（3）以苏联的支持为后盾掌握朝鲜政权的金日成的北劳动党。右翼有：（1）以金九为核心的临时政府和韩国独立党；（2）以宋振宇、金成秀为核心的韩国民主党；（3）以李承晚为核心的势力。

---

① 参见朴昌昱《略论朝鲜族历史的特点》，《中国朝鲜族史研究（2）——纪念延边历史研究所成立30周年论文集》，延边大学出版社1994年版，第61页。
② 参见中共满洲省委少数民族运动委员会《在满洲韩国工农群众运动的决议（草案）》，1930年4月。转引自杨昭全等编《东北地区朝鲜人革命斗争资料汇编》，辽宁民族出版社1992年版，第702—704页。

国共内战时期大部分朝鲜族认为"朝鲜"就是自己的祖国。即当时的大部分朝鲜族不认为自己是中国的一个少数民族——朝鲜族，而是认为自己是暂住中国的朝鲜侨民。有迹象表明，当时的朝鲜也把居住在东北的朝鲜族当成拥有朝鲜国籍的侨民。这从1947年4月金日成的关于当前形势"送给在满同胞的书信"中，也能取得印证。① 朝鲜族正式成为中国公民，取得中国国籍是在1952年。因此，解放战争时期朝鲜族的位置基本上处于朝鲜国籍的居民，在中国人看来就是处于居留民的地位。

实际上，居住在中国的朝鲜族是中国的少数民族还是朝鲜侨民的问题产生于新中国成立前后。当时，中共中央对于朝鲜族的国籍问题，认为朝鲜是他们的祖国，并且进一步认为，他们是中国的正式公民，即承认朝鲜族的双重国籍，这种看法一直持续到1950年朝鲜战争爆发为止。② 从这个角度看，解放战争时期和朝鲜战争时期进入朝鲜半岛的朝鲜族部队，不是以中国国籍而是以具有朝鲜国籍的朝鲜人的身份回归朝鲜的。处理这一问题的中共干部回忆当时的情况说："虽然现在是中国公民，并享有中国公民的一切权力，而且还参加了中国人民的解放战争，但是在朝鲜遭到外敌入侵时，只要他们愿意，随时可以以朝鲜公民的身份投入朝鲜的反侵略战争。其后发生的事实就是这样。定居在东北并加入中国国籍的朝鲜族将成为中国公民，居留在东北的朝鲜人将成为侨民，赴朝鲜的人将成为朝鲜公民。"③

---

① 参见韩国国史编纂委员会《解放后4年之间的国内外重要日记》，《北韩关系史料集Ⅶ》，1989年刊印，第680页。
② 参见姚作起《解放战争期间的延边朝鲜族人民》，《中国朝鲜族历史研究论丛Ⅱ》，黑龙江朝鲜民族出版社1992年版，第295页。
③ 参见姚作起《解放战争期间的延边朝鲜族人民》，《中国朝鲜族历史研究论丛Ⅱ》，黑龙江朝鲜民族出版社1992年版，第295页。

(二) 中国朝鲜族部队的形成及变迁

中国的朝鲜族部队是在东北的国共内战时期形成和成长的。1945年11月，朝鲜族部队的建立和扩张，由从沈阳扩散到东北各地的朝鲜义勇军和进入延边、牡丹江地区的抗日游击队干部组成。

在东北的国共内战初期，数万名朝鲜族人参加中共系列的部队，使在东北的中共军队数量比国民党军队占有相对的优势，并在掌握农村和中小城市政权方面，起了相当重要的作用。1947年5月30日，驻沈阳美国领事馆向本国的报告指出，朝鲜族部队的帮助，是共产军在东北持续保持数量上优势的原因之一。

当时在中国东北的朝鲜族部队与其说是中共的部队，还不如说是与朝鲜有联系的、帮助中共的具有独自性的"朝鲜部队"，并且部队内民族主义的倾向相当浓厚。实际上，朝鲜义勇军各支队的干部们也都是以"部队是为朝鲜的建国、建军做贡献"的话语来教育士兵的。上述朝鲜义勇军的"朝鲜的性质"，以1946年2月在梅河口召开的朝鲜义勇军各支队主要干部会议为契机，大为褪色。在这次会议上，朝鲜义勇军的领导层决定取消朝鲜义勇军的称号，把现有的朝鲜义勇军编入中共旗下的东北民主联军和东北军区。这次会议成了朝鲜义勇军性质变化的分水岭。最快受到影响的是以南满和东满为舞台的朝鲜义勇军第1支队和第5支队。朝鲜义勇军第1支队改称李红光支队。现中国的文献对于当时名称的变更，记述为"明确了这个部队不是为了朝鲜独立而在中国展开活动，而是在中共领导下的中国朝鲜族的武装队伍"①。

---

① 《在南满地区展开活动时战死的朝鲜人游击队领导者》，见崔海岩《朝鲜义勇军第一支队史》，辽宁民族出版社1992年版，第86页。

朝鲜独立同盟的解体和改编为朝鲜人民民主联盟的事实，除了一部分领导干部的朝鲜之行和领导层的变动，只不过是换名称而已。但是，这种名称的变更对于中国共产党内部的朝鲜族部队和朝鲜族群众的意义是相当大的。名称变更意味着朝鲜部队彻底编入中国共产党的军队。

朝鲜战争爆发后，由原164师改编的人民军第5步兵师沿东海岸南下，占领江陵后遭遇美海军舰炮阻击，损失重大。7月底，进军浦项地区，与第12师协同作战，同韩军3师和首都师展开了1个多月的激战。9月下旬，美国仁川登陆后败退，剩下3000余人编入第4军团。原166师改编的人民军第6步兵师，攻占开城、江华岛、金浦、金浦机场。后沿着西海岸经忠清南道西部占领全罗道的木浦、光州、顺川后，迂回南海岸进军庆尚南道河东、晋州地区。进攻马山时遭遇美军第25师的顽强抵抗，与美军对峙1个多月。撤退时兵力损失近半，后到慈江道整编，以该师为基础组编成第5军团。曾与中国人民志愿军第38、41军联合作战。由独立15师整编成的人民军第12步兵师，一部分参加攻占春川战役，后进攻洪川、元州、忠州、丹阳，越过竹岭进军庆尚北道，7月底攻占安东。但是在这一过程中所受损失重大。原47军辖下朝鲜族官兵组成的人民军第4步兵师第18步兵联队，参加攻打汉城的战斗，并首先从北部攻入汉城的中心地区。3天后，该部渡过汉江经水源南下，在乌山歼灭美军史密斯大队，在朝鲜战场创下首次打败美军的纪录。其后又参加了解放大田的战斗，被人称为所向无敌。联队长张教德提升为师长，但尚未赴任，就牺牲在平泽。后来该部队参加洛东江战役，在战斗中损失惨重，撤退后编入南浦地区第4军团。这些在中国转战南北、具有丰富战斗经验的部队，在朝鲜战争中屡立战功，发挥了举足轻重的作用。7月5日，在占领汉城的战斗中建立卓著功勋的步兵第4步兵师,被金日成命名为"汉城第4师"。

(三) 延边地区朝鲜族的参战与后勤活动

地处国防前线的中国东北,全区农村民兵1951年参加中国人民志愿军的人数就占全区志愿军总数的71%。要求赴朝的各种专业队伍也是成千上万。据统计,战争期间,仅东北地区农民参加过抗美援朝担架队、运输队、民工队的就有60多万人,其中随军入朝者达21万多人。中国铁路员工也报名参加了朝鲜的战地工作,还有近3万人随时准备赴朝。①

1950年10月,毛泽东主席下达了"抗美援朝,保家卫国"的号召。中国人民响应党中央的号召纷纷请愿投身抗美援朝战场,赶赴朝鲜战场的浪潮越加汹涌。在这汹涌的浪潮中,朝鲜族人民的参战热情格外高涨。延吉市各条战线的劳模和群众团体召开了"抗美援朝保家卫国崛起大会",各县暴露并谴责了美帝国主义的各种侵略罪行。延边的朝鲜族青年几乎都在入伍登记簿上签了名,特别是延边大学的500名学生和师范学校的700余名学生也请愿参加抗美援朝。② 据资料记载,当时延边入伍的朝鲜族人达到了5000余名。③

据统计,在抗美援朝战争中有2万余名朝鲜族官兵在不同的战线立了赫赫战功,为了反侵略战争的胜利,许多朝鲜族人民献出了自己宝贵的生命。如指挥1个排消灭敌人100余名并固守阵地而获得朝鲜

---

① 参见国防大学《战士简编》编写组《中国人民志愿军战士简编》,解放军出版社1992年版,第176页。
② 卓政燮、崔载沣等:《抗美援朝后方工作的方方面面》,《中国朝鲜民族历史足迹丛书(六)创业》,民族出版社1994年版,第193页。
③ 卓政燮、崔载沣等:《抗美援朝后方工作的方方面面》,《中国朝鲜民族历史足迹丛书(六)创业》,第194页。

政府颁发的战斗英雄称号的金吉松副排长，单枪匹马击退60余名敌人8次进攻的崔龙德英雄，击落敌人的4架飞机而获得一等功1次、二等功1次的空军某部飞行队长李荣泰，营救陷入敌人包围圈而中断通信联络的1个整师的通信兵参谋金力军，冒着敌人无数次的轰炸指挥运输部队完成军事物资输送的文正日等，正是中国朝鲜族指战员的骄傲。特别是占志愿军总数80%的朝鲜族联络员，在志愿军不懂语言和不熟悉地形地貌的情况下，起到了特殊的作用。①

朝鲜战争爆发后，延边人民日趋高昂地进行着反对美帝对中国台湾、朝鲜侵略的运动。1950年7月26日，延吉市、龙井、图们等3个市与和龙、安图等各地的群众6万多名一起举行了反对美帝侵略中国台湾、朝鲜的群众大会。参加大会的群众同声谴责美帝侵略行为，更加坚定了全中国和全世界人民可以击破美帝等国家任何侵略行为的信心。②

东北各地的朝鲜族人民一直关注朝鲜战争全局的发展。金日成发表"告人民书"谴责美、李集团攻占汉城时，东北各工厂、矿山、农村、学校的朝鲜族人民的支援活动达到了高潮。10月，延边地区的朝鲜族人民给朝鲜送去了东北币7亿余万元和许多慰问品、慰问信等。③据中国人民抗美援朝总会统计，至5月30日为止，全国人民向中朝人民部队和朝鲜难民救济的款项总额达到了人民币118623509915元，向中朝人民军队慰问的慰问队达到774540次，慰问品达到1264302件。④

---

① 参见阜政燮、崔载沣等《抗美援朝保家卫国》，《中国朝鲜民族历史足迹丛书（六）创业》，第77—78页。
② 参见《东北朝鲜人民报》1950年7月28日。
③ 参见《东北朝鲜人民报》1950年11月11日。
④ 参见《东北朝鲜人民报》1951年6月5日。

如上所述，延边各界人民在爱国主义的鼓舞下，把捐献物资与增产节约密切结合，至1950年12月29日捐款达到7260758800元，比预计的673000万元超过7.8个百分点。能取得上述成果，是因为延边人民在抗美援朝运动中普遍接受爱国主义和国际主义的教育，积极参加捐款运动，并且与增产相结合，充分发挥了当地人民的生产积极性。①

（四）战后志愿军的作用

1953年7月27日，停战协定签订后，金日成于1953年11月访问中国，对于中国人民志愿军的参战表示深深谢意，请求中国在朝鲜以后的恢复建设过程中给予帮助。在访问期间，两国签订了《关于中朝经济及文化合作的协定》，并且中国承诺在1953年以前向朝鲜提供无偿援助。另外，还达成了为朝鲜经济的复兴援助8万亿元的协议。② 驻守在朝鲜的中国人民志愿军也积极地加入了支援战后的恢复建设。1954年3月，志愿军总司令部下达了"关于帮助朝鲜人民进行再建活动的指示"，指导全军积极投入战后恢复建设之中。③ 无数的中国人民志愿军士兵投身工场、农村等地的恢复建设工作。据统计，他们改修的公共建筑有881幢、各种民宅45412间，修复和新建桥梁4263座，改筑堤防4096处（430公里），保修水路2295处（1200公里）。

中国政府为了改善朝鲜劳动力不足的状态，1954年允许延边朝鲜族自治州的一部分朝鲜族人加入了战后朝鲜的恢复建设当中。1958

---

① 参见《东北朝鲜人民报》1952年1月1日。
② 参见国防大学《战士简编》编写组《中国人民志愿军战士简编》，解放军出版社1992年版，第201页。
③ 参见李连庆《中国外交演义——新中国时期》，世界知识出版社1995年版，第185页。

年，又经过数次把延边的一部分朝鲜族民众移居到朝鲜国内。

朝鲜战争结束后，中国人民志愿军34个师团以上的军队留守在朝鲜地区，支援停战后处于极度不稳定状态的朝鲜建设。中国人民志愿军于1954—1955年经过3次撤回19个师团，但是其余的部队一直保留到了1958年，对于朝鲜政局的稳定、经济恢复及人民生活的改善作出了巨大的贡献。

总之，在伟大的中国共产党领导下，延边地区的朝鲜族人民积极投入抗美援朝的火热斗争中去；在朝鲜战争中，发挥其民族语言等方面独特的优势，与邻国同胞并肩战斗，为朝鲜战争的最后胜利作出了重大的贡献。同时，在朝鲜战争中，延边地区的朝鲜族把民族的命运同中国的前途紧密联结在一起，在3年多的朝鲜战争中，其爱国主义理念进一步得到了提升，祖国的认同感进一步升华。

近年来，对抗美援朝战争总体评价的不同认识，主要表现为两个问题：一是关于抗美援朝战争必要性问题，二是关于抗美援朝战争得失问题。这两个问题是自20世纪90年代中期以来研究中最大的焦点问题。自20世纪90年代中期以后，有人公开对这两个问题提出质疑。质疑的声音之所以出现，主要由以下原因造成：

第一，不了解出兵抗美援朝，是中国对美国当局干涉中国内政和美国武装干涉朝鲜内战对中国大陆安全造成严重威胁的一种必要反应。在中共中央决策抗美援朝之前，中国政府曾多次抗议美国干涉中国内政的行动，强烈要求美国空军和海军舰队撤出台湾和台湾海峡，抗议美国侵入朝鲜的飞机对中国东北边境城镇乡村的轰炸扫射，要求美国军队撤出朝鲜，但都无明显效果。

第二，不了解"抗美援朝、保家卫国"是一个整体，出兵抗美援朝是为了支援朝鲜，同时也是为了保卫中国的国家利益。朝鲜战争爆发后，美国在大规模入侵朝鲜的同时，还派遣它的军队入侵台湾海峡，侵入我国领土台湾，用军舰炮击我国商船，用飞机侵犯我国东北领空，轰炸扫射我国边境城镇乡村，杀伤我边民。这种赤裸裸的侵略行径，任何人都会明白，这是美国对中国采取的战争行动。这是中国人民为什么进行抗美援朝战争的最基本的缘由。

第三，不了解积贫积弱的新中国居然打败了资本主义世界头号强国，切实提高了中华人民共和国的国际地位。在抗美援朝战争以前，包括当时苏联在内，世界上有哪个国家真正对中国给予正眼看待？而经过这场战争，整个世界都不得不对中国刮目相看，自近代以来，中国人民第一次真正扬眉吐气了，从一定意义上说，中国今天的国际地位也正是奠定于抗美援朝战争。对抗美援朝战争的必要性和积极意义，就连美国一些有影响的政论家、学者和具有官方性质的研究成果都是充分肯定的。关于抗美援朝战争的必要性和积极意义是应该肯定的。

（五）新中国成立初期中国朝鲜族与东北经济建设

解放战争时期，朝鲜族居住的中国东北地区基本属于解放区，故以解决土地问题为中心的土地改革运动开展得比较早。在土地改革运动中，困扰着朝鲜族农民的国籍问题基本得到解决，朝鲜族农民分得了土地，人民政府发放了土地执照，土地所有权属于朝鲜族农民自己。黑龙江地区的原松江省有 40548 户朝鲜族农民，土地改革时分得水田 53928 垧，每户平均 1.33 垧，得到大小牲畜 20800 多头（只），牛马车 10700 辆；土改前延寿县 2275 户共耕种 59120 亩，其中属于朝鲜族农民所有的只有 4500 亩，土改后全县朝鲜族农民 1956 户分得土地 71570 亩。①

朝鲜族民众积极响应中国共产党的号召，不仅主动参军参战，而且为弥补后方劳力不足、牲畜缺乏的状况，纷纷组织互助组，促进生产发展，支援前线。因此，互助组、初级农业生产合作社在朝鲜族农村相继出现，朝鲜族农民开始走农业合作化道路。以吉林省延边朝鲜族自治州延吉县智新乡明东村为例，互助合作化运动分三个阶段：1949—1953 年，互助组阶段；1954—1955 年，初级社阶段；1956—1958 年，高级社阶段。具体情况见表 3-1。

表 3-1　　　　　　明东村互助合作运动发展情况

合作化阶段	年份	名称	数目	参加户数		耕地面积（垧）			
				户数	占总户数的百分比	旱田	水田	合计	占总耕地面积的百分比
第一阶段：1949—1953	1949	换工组	4	34	20.6	68.26	1.30	69.46	19.38
	1950	季节互助组	5	46	28	145	2.40	147.4	42.4
	1951	季节互助组	6	74	45.7	183.6	3.30	186.9	54
	1952	季节互助组 常年互助组	6 1	92 5	61	212.4	7.62	220.05	63.77
	1953	季节互助组 常年互助组	11 1	104 20	76 1	254.4	7.30	261.7	76.48
第二阶段：1954—1955	1954	常年互助组 初级社	9 2	88 47	56.3 29.8	237.5	8.04	295.54	85.9
	1955	常年互助组 初级社	5 4	57 76	37.2 49.6	319.5	8.04	327.54	97.0

---

① 参见徐基述主编《黑龙江朝鲜民族》，黑龙江朝鲜民族出版社 1988 年版，第 101 页。

续 表

合作化阶段	年份	名称	数目	参加户数		耕地面积（垧）			占总耕地面积的百分比
				户数	占总户数的百分比	旱田	水田	合计	
第三阶段：1956—1958	1956	高级社	1	158	100	317.13	24.54	341.67	100
	1958	高级社	1	158	100	313.38	24.53	341.67	100

资料来源：吉林省民族研究所《中国少数民族社会历史调查资料丛刊》修订编辑委员会：《吉林朝鲜族社会历史调查》，民族出版社2009年版，第17页。

到1950年，组织起14065个各种形式的互助组，参加的农户占总户数的51.68%，人口占农业人口总数的46.5%，耕地占总面积的48%。随着互助合作运动的不断开展，朝鲜族聚集区的农业生产得以恢复和发展。在高级社建立以后，大兴农田基本水利工程建设，1956年以来，明东村在200垧山坡地上开垦梯田，同时植树造林25垧，同时还兴建其他农田水利基本建设工程，明显提高了农作物的产量。具体数据见表3-2。

表3-2　新中国成立后明东村几种主要农作物产量比较　　单位：斤/垧

作物 年份	谷子	苞米	水稻	黄烟	大豆
新中国成立前	700—800	1150	2100	1000	1800
1953	3000	1800	4500	3500	2500
1954	3500	4000	8000	3300	2700
1956	3000	2700	5400	8500	2700

续 表

作物 年份	谷子	苞米	水稻	黄烟	大豆
1968	3529	5272	8410	3600	2800

资料来源：吉林省民族研究所《中国少数民族社会历史调查资料丛刊》修订编辑委员会：《吉林朝鲜族社会历史调查》，民族出版社2009年版，第25页。

延边的粮豆产量，1949年为224337吨，1950年提高到364579吨，增长62.5%。到1952年年底，全州初级社发展到74个，互助组发展到15586个，参加初级社和互助组的农户占全州农户总数的77.7%，耕地面积占79%。与此同时，全州的农业生产得到了持续发展。到1952年年底，全州农业总产值（按1980年不变价计算）达到1.8亿元，比1949年增长47%，年平均增长13.7%。粮豆产量达到379917吨，比1949年增长69.4%，平均每年增长19.2%。其中，水稻产量112412吨，比1949年增长近1倍；大豆产量80255吨，比1949年增长1.9倍。① 到1954年年末，延边地区初级社总数达2439个，参加初级社的农户达总农户的49.7%。② 在长白县，1951年朝鲜族农民金钟玄试办了全县第一个初级合作社，到1955年全县初级合作社发展到126个，入社农户3200户，占全县总农户的60.7%。③ 1955年，在毛主席《关于农业合作化问题》报告的号召下，农业合作化掀起高潮，并出现跨越式发展，各地纷纷建立高级社。在延边地

---

① 参见权立《中国朝鲜族史研究3》，延边大学出版社1996年版，第21页。
② 参见中国朝鲜族历史足迹丛书编委会《中国朝鲜民族足迹丛书（六）创业》，民族出版社1994年版，第251页。
③ 参见《长白朝鲜族自治县概况》编写组《长白朝鲜族自治县概况》，延边人民出版社1985年版，第41页。

区，在短短一个月就建立了617个高级社。① 黑龙江省的三江平原地区出现了由36户组成的全国第一个集体农庄——桦川县星火集体农庄，成为全国农业合作化的榜样。1953年，在延边地区也出现了第一个高级农业生产合作社——黎明集体农庄，这是在初级社基础上发展而来，并效仿苏联集体农庄的模式建立起来的，受到党和国家领导人的高度表彰。在毛主席发出"人民公社好"的指示以后，在延边地区，1958年8月29日建立自治州第一个人民公社——东盛人民公社，9月延边地区实现了人民公社化，把921个高级社合并为78个人民公社。②

新中国成立初期，在顺利实现"三大改造"的同时，延边朝鲜族自治州掀起了经济建设热潮。第一个五年计划期间，全州共投资11308万元，改造了龙井发电厂等13家企业，建设了教化林业局及和龙煤矿等骨干项目，并取得了较好的经济效益。工农业生产稳定发展。到1957年，全州工农业总产值（按当年价格计算）完成37768万元，比1952年增长34.45%，年均增长6.1%。其中，农业总产值9476万元，增长3.23%；工业总产值28292万元，比1952年增长62.9%，年均增长10.25%。主要工业产品产量大幅度增长。与1952年相比，发电量增长1.86倍，原煤产量增长31.7%，木材产量增长22.5%，棉布产量增长7倍，食用植物油增长94.8%。③ 随着经济建设的发展，人民群众的生活也有明显改善。1957年，全州职工总数达到90743人，比1952年增加22.1%，职工年平均货币工资712元，

---

① 参见中国朝鲜族历史足迹丛书编委会《中国朝鲜民族足迹丛书（六）创业》，民族出版社1994年版，第253页。

② 参见《延边朝鲜族自治州概况》编写组《延边朝鲜族自治州概况》，延边人民出版社1984年版，第96页。

③ 权立：《中国朝鲜族史研究3》，延边大学出版社1996年版，第24页。

比 1952 年增加 49.9%；城镇居民储蓄存款余额 539 万元，比 1952 年增长 13.5 倍。

第一个五年计划时期的经济建设，经济增长速度较快，农、轻、重的比例关系发生了很大变化。农业在工农业总产值中所占的比重，由 1949 年的 46.6%、1952 年的 32.1% 下降到 25.2%（1957 年），而工业所占比例，则由 1949 年的 53.4% 和 1952 年的 67.9% 上升为 74.9%。1957 年，轻工业和重工业的比例，由 1949 年的 35.8∶17.6 变为 40.6∶34.3。① 由于错误经济发展思想的指导，导致农、轻、重比例关系严重失调，生产急剧下降，商品严重匮乏，人民生活明显下降，延边经济陷于困境。"二五"期间与"一五"期间相比，全州固定资产投资总额由 11308 万元增加到 22217 万元，增长近一倍，但全州社会总产值年增长率却由 7.5% 下降到 0.88%，工农业总产值年增加率由 6.1% 下降为 1.07%，其中工业总产值年均增加率由 10.25% 下降为 1.1%，国民收入年均增加率由 5.68% 下降为 -0.15%，地方财政收入年均增长率由 61.48% 下降为 9.1%；职工年平均货币工资平均增长率由 8.43% 下降为 -1.12%。1962 年同 1957 年相比，工业全员劳动生产率下降 40%，每百元固定资产提供的利税下降 55.1%。1965 年，经过调整，国民经济出现了协调发展的好势头。延边社会总产值（按当年价格计算）达到 75444 万元，比 1962 年增长 50.2%，年平均增长 14.5%，工农业总产值为 53401 万元，比 1962 年增长 35.2%，年平均增长 10.56%；国民收入年平均增长 9.81%，地方财政收入年平均增长 12.6%，职工平均货币工资年平均增长 5.48%（以上均按 1957 年的价格）。②

---

① 权立：《中国朝鲜族史研究3》，第 25 页。
② 权立：《中国朝鲜族史研究3》，延边大学出版社 1996 年版，第 26—27 页。

第三个"五年计划"期间，延边社会总产值增长仅4.09%，平均每年增长0.8%；工农业总产值增长20.85%，年均增长3.86%；国民收入增长17.8%，年均增长3.37%，地方财政收入增长30.31%，平均增长5.44%；社会商品零售总额增长28.2%，平均增长5.09%；职工平均货币工资下降6.5%，"四五"时期，全州经济有所好转，社会总产值增长46.5%，年平均增长7.94%。工农业总产值增长41%，平均每年增长9.54%；农业总产值增长14.98%，年均增长2.83%，工业总产值增长57.7%，年均增长9.54%；国民收入增长29.1%，年均增长5.24%，地方财政收入增长61.17%，年均增长10.09%；社会商品零售总额增长35.18%，年均增长6.21%，城乡居民储蓄存款余额增长99.2%，年均增长14.78%，职工平均货币工资增长8.3%。随着经济状况的逐步好转，"四五"时期全州固定资产投资由"三五"时期的2.1亿元增加到4.2亿元，增长1倍。10年间固定资产投资为6.3亿元，固定资产交付使用率为76.2%。①

改革开放以来，特别是从1982年开始，延边州的国民生产总值一直保持了快速增长。例如，1984年延边州的国民生产总值同比增长25057万元，增长率达18.8%；人均国民生产总值达到885元，同比增长了17.53%。1987年，是延边州改革开放以来增长速度最快的一年，当年延边州的国民生产总值达到294552万元，同比增长了37.6%；延边州的人均国民生产总值达到1488元，同比增长了36.26%。1988年，延边州的国民生产总值同比增长了23.0%，1991年是图们江开发的前一年，当年延边州的国民生产总值达456909万元，人均生产总值达2186元，这分别是1978年的5.6倍和1980年的4倍。

---

① 权立：《中国朝鲜族史研究3》，第29页。

第四节 鲜明的时代特色：中国朝鲜族与改革开放

改革开放以来，朝鲜族经济社会得到更加迅速的发展。随着城乡体制改革的深化和对外交流的扩大，朝鲜族社会、经济、文化等各方面发生重大发展和变化。尤其是，随着市场经济意识的增强，朝鲜族改变了过去单一的水稻耕作，民族经济日渐多元化，其人口从乡村流入城镇，由小城镇流入大中城市，由东北聚居地区流向关内发达地区，进而流向国外，其经济发展成就令人瞩目。

一 中国朝鲜族与中韩建交

中国是与朝鲜半岛的渊源关系十分密切的国家，这为中韩两国的关系奠定了良好的基础。在中韩交流中，中国的朝鲜族可以发挥独特的、积极的作用，但必须基于这样的基础：正确认识民族意识与国民意识的关系。这个问题不仅是朝鲜族需要面对的问题，也是中国其他跨境民族和已经加入外籍的汉族需要面对的问题。民族意识分广义和狭义两种，广义的民族意识是没有政治属性的，它是民族学概念，是一个民族的成员对本民族历史、民族发展过程和传统文化的认同意识。因而民族意识是人类的一种正常的意识活动，将伴随民族存在而存在。国民意识是法律约束的带有政治属性的意识，它要求对入籍的国家承担义务，同时也拥有公民权利。但是不同国家的同一民族成员之间既没有法定的义务，也不具有法定的权利。因此，跨国界的广义的民族意识受到国民意识的制约，并要求服从国民意识的内涵。在此基础上，民族意识是一种正常的意识活动，并受到宪法的认可。在这样的基础上，中国朝鲜族在中韩交流中可以起到积极的作用。

中国朝鲜族可以利用亲缘条件，推动韩资进入中国市场，并广泛宣传中国；利用共同语言的优势为在华韩资企业提供服务；利用族缘优势化解中韩经济、文化争端；利用中国朝鲜族了解中韩民族历史、文化的优势，在中韩交流中起媒介和平台的作用。他们在传递两国的信息，促进延边与韩国的交流等方面发挥了积极作用。

1974年9月，中韩建立了邮电通信联系，从1975年开始，韩国允许中国朝鲜族居民到韩国探亲访友。于是，中国也允许持有官方护照的韩国人来华参加各种国际会议，也可以从事各种培训等活动。[①] 20世纪80年代初，中国政府允许朝鲜族凭韩国法务部"入境同意书"短期访问韩国。1980年，中国朝鲜族赴韩短期探亲者为2人，永久定居的有6人；[②] 1981年，短期探亲者20人，永久性定居者23人。[③] 1992年，延边州外派的劳务人员只有2500人，中韩建交后的1994年一跃增至6364人。他们先是通过韩国的KBS广播寻找在韩国的亲戚，然后由在韩国的亲戚发邀请函，经由香港进入韩国。起初，朝鲜族为了筹备礼物，同时也解决自己在韩国的日常花销，带去了强心剂、健肾丸、牛黄清心丸等中药材，没想到这些中药材在韩国市场能翻两倍甚至几倍出售，很多人靠此发了财。除了以探亲名义去韩国，大批朝鲜族人开始以考察、研修、劳务输出、婚姻甚至偷渡等途径去韩国。所谓"考察"，就是一些公司组团去韩国考察，其成员少

---

① 参见陈峰君、王传剑《亚太大国与朝鲜半岛》，北京大学出版社2002年版，第309页。
② 参见管延江《延边对韩劳务研究》，延边人民出版社2010年版，第105页。
③ 参见全信子《中国朝鲜族女性涉外婚姻研究》，博士学位论文，中央民族大学，2006年，第37页。

则四五人，多则七八人，每人收取两万元左右的费用。考察团结束归国时，团长或副团长之外的其余成员则非法滞留在韩国打工。为了推进韩中关系，韩国政府制定实现同中国关系正常化的三个阶段计划，明确规定扩大体育交流，增加经贸往来，建立外交关系①，中韩关系逐渐升温。

从1988年开始，中韩关系开始走向正常化阶段。1988年2月25日，韩国新任总统卢泰愚在就职演说中表示："我们将扩大同那些和我们没有交往的大陆国家实行国际合作的渠道"，"要推行生气勃勃的北方外交"，"推进同那些具有与我们不同的意识形态、不同社会制度的国家之间的关系"，这将"有助于东亚的稳定、和平与共同繁荣"，是"通向"朝鲜半岛统一的"大门"。② 1988年5月，韩国金融部长应邀参加了在北京举行的亚洲开发银行会议。1988年8月，第24届奥运会在韩国汉城举行，中国派出由400多名运动员组成的体育代表团参加汉城奥运会，受到了韩国政府和民众的热烈欢迎。之后，我国政府正式邀请韩国代表团参加广州贸易交流会，促进了两国人民的相互了解和友谊。中韩两国的频繁交流，进一步促进了双方改善关系的步伐。1990年9月22日，韩国派出由700人组成的庞大代表团到北京参加了第11届亚运会。同年10月，我国国际商会和韩国贸易振兴会社签署了在北京和汉城互设代表处的协定。从此，韩国开始增加了对中国的投资。1989年，延边州首次引进了外资，实际利用外资达101.1万美元，其中大部分是韩国资金。

随着韩国经济的发展，劳动力供需市场发生重大变化，尤其是20

---

① 参见陈峰君、王传剑《亚太大国与朝鲜半岛》，北京大学出版社2002年版，第310页。
② [韩]《东亚日报》1988年2月25日。

世纪80年代中期以后韩国国内劳工运动空前高涨,工资水平急剧上涨,众多韩国企业纷纷向国外转移,国内的中小企业出现了劳动力短缺现象。同时,随着经济发展和生活水平的提高,韩国人的就业意识发生变化,国内出现了回避3D(Dirty、Dangerous、Difficult)行业的现象,从而造成3D行业劳动力急剧减少,这个空缺开始由国外打工者弥补。随着中韩建交和两国经济文化交流的快速发展,朝鲜族抓住机遇,利用语言等优势积极参与两国的经济交流,在延边形成了大规模的人口外流热潮。这些人员交往,积极推动了中韩建交。

二 中国朝鲜族与朝韩贸易

延边朝鲜族自治州成立以后,与朝鲜北部边境一带的郡、市之间的往来一直很频繁。每逢两国的国庆节、元旦和中国人民志愿军赴朝参战纪念日,位于图们江、鸭绿江两岸的县、市之间互派党政代表团进行友好访问,并互拍电报予以祝贺或纪念。此外,还经常互派党政群团系统的考察团,进行交流和学习。朝鲜驻中国的大使馆、沈阳的领事馆,也经常派人到延边和长白自治县通报情况,办理侨务事项。改革开放初期,中国朝鲜族借其亲缘、地缘之有利条件首先进出朝鲜民主主义人民共和国。他们利用探亲机会,带去一些日用品以物易物,换回朝鲜的海产品以批发或零售提供给市场。从20世纪80年代开始,朝鲜引进外资创办了合资合营企业,1991年12月朝鲜将罗津、先锋地区确定为自由经济贸易区,1992年颁布合资合营企业法,为图们江开发做好了必要的准备。两国领导人的频繁互访,加强了双方友好关系的发展,推动了经济合作与对外贸易的扩大。中国改革开放前的1976年,中国的对朝贸易总额只有4.95亿美元,但到1980年达6.7亿美元,1992年,图们江区域合作开发进入论证阶段时,中朝贸易总额达到 6.96 亿美元，这是中国改革开放前 1976 年的 1.4 倍。①延边与朝鲜北部地区以图们江为界相连，同属于图们江合作开放开发小三角和大三角地区。1992 年 4 月底，UNDP 图们江区域开发考察小组指出，连接朝鲜罗津市、中国珲春市以及俄罗斯哈桑的约 1 万平方千米的小三角地区和包括朝鲜清津市、中国延吉市和俄罗斯符拉迪沃斯托克的约 1 万平方千米的大三角地区，其战略地位很高，有巨大的开发潜力，给区域各国提供了资源和劳动力的互补性，还具有在转口贸易和区域工业发展中发挥潜力的优势。因此，可以考虑在图们江小三角地区建立多国经济特区，也可以考虑在图们江大三角地区建立多国经济特区。

1981 年夏，我国政府重新批准了自 1971 年至 1980 年期间停止 10 余年的中朝边境贸易。1982 年 9 月，延边州成立联合对外贸易公司，开始对朝鲜清津市进行边境贸易，揭开了"文化大革命"后重新与朝鲜进行对外贸易的序幕。1984 年 12 月 15 日，我国对外经济贸易部颁布《边境小额贸易暂行管理办法》，规定可以按照自找货源、自找销路、自行谈判、自行平衡、自负盈亏的"五自原则"进行边境贸易，并允许边境以外的内地企业也可以通过以向延边州边贸企业"挂靠"的方式开展边境贸易，还取消了过去对小额贸易的品种、限额等方面的限制，为延边州扩大与朝鲜的边境贸易和边境地方贸易，促进经济发展和社会进步创造了有利条件。1985 年，延边州与朝鲜的边境贸易和边境地方贸易呈现新的气象，安图、和龙、龙井、图们、珲春等图们江沿岸的县市也开始对朝鲜各郡进行了边境贸易，促使延边州经济得到了新的发展。延边州与朝鲜恢复边境贸易后，双方的贸易额以惊

---

① 参见李春虎《战后朝鲜东北亚外交战略的变化及趋向》，《亚洲研究》2001 年第 40 期，第 250 页。

人的速度递增。1982年,双方边境贸易额只有108.62万元,但到第二年一跃超过了1000万元,同比增长了849.28%。1984年的双方贸易总额同比翻了四番,1985年同比翻了两番多。1986年,双方边境贸易额大幅下降,其主要原因是1986年7月5日,我国国务院决定将人民币对各国货币的汇价下调15.8%,加上年底韩美举行"协作精神"军事演习,造成南北关系和东北亚的紧张局势,从而直接影响了朝鲜与周边国家的贸易。从1987年开始,双方加强合作,使边境贸易额重新恢复到了1985年的水平,1988年突破1亿元大关,比1982年增长了101倍。①

表3-3　　　　1982—1988年延边州与朝鲜边境贸易　　单位:万元,%

年　份	对朝进出口总额	增长率	进　口	增长率	出　口	增长率
1982	108.62	—	54.06	—	54.56	—
1983	1031.11	849.28	477.22	782.75	553.89	915.19
1984	4094.02	297.05	2127.65	345.84	1966.37	255.01
1985	9311.16	127.43	4464.67	109.84	4896.69	149.02
1986	6614.48	-28.96	3289.05	-26.33	3325.43	-32.09
1987	9382.07	41.84	434.42	-86.79	3039.91	-8.58
1988	10975.00	169.80	5491.00	1163.98	5484.00	80.40

资料来源:延边朝鲜族自治州地方志编纂委员会编:《延边朝鲜族自治州地方志》,中华书局1996年版,第1322页。

---

① 参见延边朝鲜族自治州地方志编纂委员会编《延边朝鲜族自治州地方志》,中华书局1996年版,第1322页。

经济方面的来往，开始时也只限于同朝鲜的经贸关系，后来逐步发展到同韩国及美国、加拿大、日本、独联体等海外朝鲜族聚居地区。同朝鲜的经贸往来，始于20世纪50年代，主要有两种形式：一是进行边境易货贸易。延边州内的5个边境县（市）及长白自治县，从20世纪50年代初期同朝鲜北部边境郡（县）进行易货贸易。"文化大革命"期间中断几年，20世纪70年代后期重新恢复，且贸易额逐年增加。以延边州为例，1990年的边贸总额为2704万美元，1991年增加到11193万美元，1992年又达到26621万美元，三年增加近10倍，比1950年到1968年的累计2.456万元多出60倍。贸易品种，朝方主要提供各种海产品、钢材和木材，我方主要提供粮豆、各种轻纺工业品和能源。由1990年的80种增加到现在的200多种。二是互派经贸代表团进行考察和洽谈生意。[①]

中国的朝鲜族同境外朝鲜民族之间的交往，不仅历史悠久，而且是全方位的，包括政治、经济、文化等方面。政治交往，在过去很长一段时间里，仅限于延边朝鲜族自治州、长白朝鲜族自治县同朝鲜民主主义人民共和国之间。中韩建交以后，进一步扩大到韩国。以延边州为例，延边州的对外进出口贸易是从1982年正式开始的。一开始，对外贸易的对象主要是朝鲜、日本、俄罗斯等周边国家。尽管延边州的进出口贸易起步比较晚，但是在改革开放的推动下，对外贸易对象国逐年增加。

---

① 参见权立《中国朝鲜族史研究》，延边大学出版社1993年版，第21页。

表 3-4　　　　1978—1991 年延边州的对外贸易情况　　　单位：万元，%

年 份	进出口总额	增长率	出口总额	增长率	进口总额	增长率
1982	54	—	27	—	27	—
1983	495	816.67	266	885.18	229	748.15
1984	1672	237.78	803	201.87	869	279.47
1985	3028	81.10	1584	97.26	1444	66.16
1986	1820	-39.89	915	-42.23	905	-37.32
1987	2395	31.59	1286	40.54	1109	22.54
1988	6222	159.79	4821	274.88	1401	26.33
1989	9400	51.07	7192	49.18	2208	57.60
1990	6390	-32.02	5158	-28.28	1232	-44.20
1991	14548	127.66	8832	71.22	5716	363.96

资料来源：1982—1990 年数据来自沈万根《图们江地区开发中延边利用外资研究》，民族出版社 2006 年版，第 117 页。1991 年数据引自延边州统计局编《延边统计年鉴 2010》，中国国际图书出版社 2011 年版，第 251 页。

随着中朝友好关系的发展，中国增加了对朝鲜的援助物资。1995 年和 1996 年，在朝鲜发生特大水灾，严重破坏了粮食生产。中国政府及时伸出援手，向朝鲜提供了救灾物资。1996 年 12 月，中国政府向朝鲜提供了 12 万吨粮食，1997 年无偿支援 33 万吨粮食，并一直提供了焦炭、原油、化肥等援助物质。据我国有关部门统计，从 1995 年朝鲜发生特大水灾到 1999 年 10 月期间，一共向朝鲜无偿提供了 3000 万元人民币、紧急救灾物资和 52 万吨粮食，还提供了 8 万吨重油、2万吨化肥和40万吨焦炭。① 延边州在朝鲜稳城郡南阳工业区建立木兰合营株式会社等合营企业，于1993年5月6日正式投入生产。图们市油漆厂投资12.2万美元，朝鲜方面投资10.4万美元，共同成立株式会社，主要从事涂料生产和物品交易。②

1996年，延边州派往朝鲜的劳务人员只有116人，但从2001年开始派往朝鲜的劳务人员每年超过了1000人，到2005年达到了1117人。③

1992年8月，中韩正式建交，为中国的朝鲜族同韩国之间的正式来往提供了有利条件。在这之前，早在20世纪80年代中期开始，根据中韩两国之间所达成的谅解，允许中国朝鲜族去韩进行探亲之后，探亲人员有逐年增加的趋势。从开始的几十人、几百人到最近几年的上万人，发展迅猛。到目前为止，中国朝鲜族去韩探亲的人员，已达10万多人次。中韩建交以后，于1992年年底延边州组成以州委书记、州长为正副团长的正式代表团到韩国进行访问考察，后来又有州委副书记、人大常委会主任为团长的代表团去韩考察。韩国方面，也有一批政界、商界和文化界的要员前来延边州进行访问、考察，相互间的正式来往日趋频繁。④

自20世纪90年代初，中韩两国建交以来，双方直接贸易迅猛发展。1990年，我国对韩进出口贸易总额不到30亿美元，1992年达到64亿美元，1994年突破了100亿美元，1997年突破了200亿美元，2000年双方贸易额突破了300亿美元。2012年，尽管欧债危机的影

---

① 参见［韩］李钟奭《北韩—中国关系（1945—2000年）》，图书出版中心2000年版，第279页。
② 参见《延边日报》（朝鲜文）1993年6月17日。
③ 参见沈万根《图们江地区开发中延边州利用外资研究》，民族出版社2006年版，第131—134页。
④ 参见权立《中国朝鲜族史研究》，延边大学出版社1993年版，第20页。

响，中韩双边贸易额有所下降，但仍然达到2151亿美元。

改革开放以后，中国朝鲜族地区同境外朝鲜民族群众聚居地区之间的经济交往十分活跃，呈现出全方位推进的趋势。主要表现在：

第一，"三资企业"从无到有，迅速增加。延边朝鲜族自治州，于1986年建立首家合资企业，是韩国在美公司同延边州合办的。到1990年，州内"三资企业"发展到40家，1991年发展到65家，1992年又发展到212家，外资总额达26532万美元。其中，韩国的有72家，朝鲜的有10家，美国、日本、加拿大的朝鲜人企业投资的有49家，共计131家。在"三资"企业中，从事房地产开发的有5个，经商的1个，从事饮食业、服务业的29个，从事第一产业的有32个。2006年，延边朝鲜自治州外商投资企业新签协议117件，合同额15499万美元。2016年，新接外资企业32家，外商实际出资18472万美元。

第二，旅游事业发展迅速，经济效益可观。1990年，到延边朝鲜族自治州境内旅游的海外朝鲜民族群众共有9820人次，旅游总收入达1032万元。1991年，延边州共接待海外朝鲜民族旅游者13226人次，其中韩国游客11748人次，朝鲜游客478人次，旅游收入达1673万元，1992年，延边州共接待海外朝鲜民族游客1.8万人次，其中韩国游客15413人次，朝鲜游客92人次，旅游收入达1642万元。在这三年期间，长白朝鲜族自治县及吉林省的吉林市、通化市，黑龙江省的牡丹江市，辽宁省的丹东市等朝鲜族聚居地，也先后接待万名海外朝鲜民族游客。2013年全年实现旅游收入172.82亿元，2014年，216.20亿元，2015年，268.43亿元，2013—2015年，年均保持25%增速。

第三，全方位开展劳务输出，前景可观。延边州的劳务输出始于

1987年，主要面向韩国、美国、日本和独联体等国家的朝鲜族聚居地区，从事劳务的人员90%以上是朝鲜族。按年度划分，输出劳务的人员情况是，1987年20人，1989年278人，1990年977人，1991年1337人，1992年1821人，总计4503人，总营业额900万美元。从事的职业有服装、印染、建筑、农业、林业、航海业等。若按每人的劳务收入以3000美元计算，年收入亦是相当可观的。由于血缘关系，加之语言文字和生活习惯等方面的共同性，中国朝鲜族到境外朝鲜族聚居地从事劳动的条件比其他民族更具优势。2009年1月止，延边州输出293172人次，其中境外人数为113461人次，2012年止，劳务输出年均20万，年均收入8亿美元。因此，中国朝鲜族的劳务输出前景令人鼓舞。

第四，外经贸突飞猛进，成为中国朝鲜族聚居区的支柱产业。"七五"期间，延边州和长白自治县的外经贸发展迅猛，每年的增幅为28%；到1992年，延边州的外贸收购总值达2.1亿元，比上年增长22.8%，边贸进出口总额达2.6亿美元，比上年增长96.6%。汇兑贸易出口创汇额达1500万美元，比上年增长66.6%。2011年外贸额达18亿美元，2017年1—3月，外贸进出口值达5.3亿美元，成为延边州的一个支柱产业。

表3-5　　　　　　　　1992—2005年中韩贸易状况　　　　　单位：亿美元

年　份	中韩贸易额	中方出口额	中方进口额	贸易差额
1992	64.0	14.3	22.7	-8.3
1993	82.2	28.6	53.1	-24.9
1994	117.2	44.0	73.2	-29.2

续 表

年 份	中韩贸易额	中方出口额	中方进口额	贸易差额
1995	169.8	66.9	102.9	-36.0
1996	199.9	75.1	124.8	-49.7
1997	240.0	91.2	149.3	-58.1
1998	212.6	62.7	145.0	-87.3
1999	250.4	78.1	172.3	-94.2
2000	345.0	112.9	232.1	-119.1
2001	359.1	125.2	233.9	-108.7
2002	440.7	154.9	285.7	-130.8
2003	632.3	200.9	431.3	-230.4
2004	900.7	278.2	622.5	-344.4
2005	1119.3	351.1	768.2	-417.0

资料来源：根据中国驻韩大使馆商务处内部资料整理而成。

中国朝鲜族同境外朝鲜族在文化方面的交往历史悠久，源远流长。随着改革开放的深入和中国打入国际市场，这种交往日趋频繁。中国朝鲜族的对外文化交往已有80多年的历史。在文化交流中，出版物的交流占首位，后来涉及文学、美术、摄影、音乐舞蹈、电影、广播、体育、文物、语言学、历史学等各个领域。中国朝鲜族同境外朝鲜族所进行的文化交流，其渠道和方式是多种多样的，范围不仅包括朝鲜半岛，还包括日本和欧美等国家。境内外朝鲜民族之间的交往，对中国朝鲜族带来了多方面的深远影响。

从经济方面看，一是开阔了眼界，促进了思想的解放，从而加快了对外开放的步伐。多层次、全方位的经济文化交流，有力地冲击了境内朝鲜族长期以来形成的封闭式思维方式，使他们悟出了一个新的道理：一个国家和地区的经济要发展，必须实行开放。尤其是地处边远的少数民族地区，要想尽快摆脱经济落后的状况，更应当利用地缘和人缘优势，勇敢地跻身于国际竞争的大潮之中。中国最大的朝鲜族聚居区延边州，在这方面带了头。从1985年起，这个州就把发展外向型经济作为振兴民族地区经济的战略任务来抓，并逐步形成了对外开放、发展外向型经济的基本思路。这就是：以珲春为龙头，以延吉为依托，带动"三线"（边境线、旅游线、铁路线），形成全方位开放的势态，以贸易旅游为重点，国营、集体、个体一起上，走出去，请进来，大力发展外向型经济。他们的口号是：南联北拓，东出西进，面向东北亚。南联，是指广泛联系朝鲜半岛南北方，特别是要大胆发展同韩国的经济技术合作；北拓，是积极拓宽与北方各国的经济贸易关系；东出，是打通图们江通道，进入日本海；西进，就是力争使经济合作进入蒙古、东欧；面向东北亚，就是积极参与联合国开发计划署制定的东北亚地区经济合作，并在其中充当重要角色。在这种指导思考下，10多年来延边州的进出口总额增长了22.5倍，年均增速为29.6%，比全国高16.7个百分点，比吉林省高16.9个百分点。二是学习和借鉴外国的先进经验，提高了企业素质和人员素质。通过探亲访友、劳务输出、兴办"三资"企业等途径，境内朝鲜族人员学到了外国，特别是韩国、日本、美国等发达国家的先进技术和企业管理经验，对振兴我国少数民族地区的经济起到了推动作用。"七五"期间，延边州和长白自治县的国民经济增长速度，均超过全国、全省的平均水平，出现了一批"明星企业"和"明星企业家"，企业素质普遍提高。三是开拓了国际市场，提高了经济效益。延边州提出这样的口号：是英雄，是好汉，挣外国人的钱比比看。自治州的外贸部门和劳务部门，积极为企业牵线搭桥，对外开展承包工程，有计划、有组织地开展劳务输出。目前，在国外承包七项工程，从事建筑业、种植业的人员达1230人，鼓励和支持全民、集体、乡镇、个体企业实行跨国经营，到国外举办各类企业，当"老外"，发"洋财"。目前，自治州在国外兴办的企业已达17家。自治州还积极鼓励州内朝鲜族公民到朝鲜、韩国、独联体国家和美、日等国探亲，借机开展民间贸易，使有条件的群众先富起来。近几年，仅延边地区的朝鲜族，出国探亲的每年超一万人，按每人挣回2000美元计算，年收入可达2000万美元。目前，延边州个人外汇储蓄额超1000万美元，成为吉林省外汇储蓄存款最多的地区之一。

文学家们首先冲出"禁区"，捷足先登，开辟了对外文艺交流的渠道。延边大学副校长、教授郑判龙，于20世纪80年代初就出访德国、瑞典等国家，介绍中国朝鲜族文学，在西欧树立了中国朝鲜族文学的形象。朝鲜族著名诗人金哲，于1989年出访韩国，应邀在建国大学、汉城大学等多所大学讲学，先后做了30多次演讲，宣传中国的社会制度、民族政策和文艺方针，帮助韩国文人弄清了对中国朝鲜族的许多疑惑。1991年，金哲主动建议，并经中央有关领导批准，以中国少数民族文学家学会和韩国文人协会的名义，在北京举行有9个国家的250名成员参加的"关于发展民族文学的国际研讨会"，吸收国内80多位朝鲜族文学界人士参加，促进了中国朝鲜族文学的对外交流。文学教授权哲，作家李根全，诗人金成辉、南永前，评论家赵成日等人，也先后出访汉城、平壤，出版自己的论著，扩大中国朝鲜族文艺的知名度。①

广泛而日益频繁的文化交流,加深了境内外的相互了解,密切了关系,从而为进一步扩大经济交流起到了良好的促进作用。同时,给文化事业的各个领域,也带来了一些新的变化。1992年举办的首届朝鲜族民俗节,"文艺搭台,经贸唱戏",结果引来境外500多名朝鲜族客商,经过洽谈,达成合作协议的项目有40多项,总金额达3000多万元。通过各个方面的交流,中国朝鲜族在文化、教育、体育、语言等方面,从境外吸收了许多新鲜东西。音乐艺术,从朝鲜吸收了"连体发声法",使民族音乐的发声更符合朝鲜族声态,使其更美、更准,提高了音乐艺术的审美价值;从韩国吸收了"南道盘索里",同时进入音乐教学之中,进一步完善了传统音乐教学的内容。教育领域,吸收朝鲜统一的规范化文法,使朝鲜族的语言文字向着更高层次演变和发展。引进韩国资金和教学人才在延吉创建了一所科技大学和一所文学院,旨在培养朝鲜族科技、文学人才。在体育方面,吸收了柔道、拳击、棒球、垒球等新项目,扩展了朝鲜族向国际体坛进军的领域。②

---

① 参见权立《中国朝鲜族史研究》,延边大学出版社1993年版,第23页。
② 参见权立《中国朝鲜族史研究》,延边大学出版社1993年版,第26—28页。

第四章

中国跨界民族朝鲜族与东北亚地缘环境

　　自 20 世纪 80 年代末以来，东北亚区域经济合作逐渐提上日程。区域经济合作也促进了地缘政治关系的不断改善，地缘经济的地位迅速上升。尽管影响地缘政治的因素是多方面的，但其中许多因素都与跨界民族问题直接或间接地联系在一起。从地缘政治的视角来看，目前东北亚地区仍然存在一定程度的"安全隐患"，其表现之一就是朝鲜族跨界问题的出现。跨界民族问题是影响地缘政治的大问题，可能诱发对国家的离心力，危及国家的领土主权，应当引起高度重视。随着朝核危机、朝鲜半岛南北局势紧张等一系列问题的凸显，跨界民族问题对东北亚地缘政治产生越来越深刻的影响。东北亚地区敏感的地缘政治关系，有可能会影响到该地区各国朝鲜族之间的关系；反过来说，朝鲜族跨界民族问题也有可能加剧该地区的地缘政治紧张形势。尤其是在经济全球化日益深入的背景下，非传统安全威胁日益突出，生活在边境地区的跨界民族很有可能成为各种犯罪分子利用的目标。有鉴于此，我们认为有必要对中国朝鲜族跨界民族的相关问题进行认真细致的考察，尤其从东北亚地缘政治与朝鲜族跨界民族的互动关系，对我国朝鲜族的形成与发展轨迹，朝鲜跨界民族与我国领土完整、主权安全的关系等，进行深入研究，借以探索促进中国边疆稳定、民族团结和社会发展的有效途径。

第一节 东北亚地缘环境概述

东北亚处在太平洋西北部，欧亚大陆东部边沿地带。就政治地理范围来看，该地区主要包括俄罗斯、中国、日本、韩国、朝鲜以及蒙古。根据我国学者更为具体的描述，东北亚包括"环日本海经济圈"和"环黄海经济圈"，其区域范围除包括日本、朝鲜半岛、俄罗斯的西伯利亚和远东地区、蒙古及中国东北三省外，还应该包括河北省、山东省、内蒙古自治区、天津市和北京市。[①]尽管学术界对东北亚地区的界定存在一定的分歧，但基本都认定中国东北地区处在东北亚的范围之内。中国东北地区与朝鲜半岛仅一江之隔，所以实际上处在东北亚地区的核心地带。因此，东北地区不仅在中国的政治地图上占有重要的战略地位，而且在整个东北亚地缘政治中充当重要角色。

由于东北亚地区处在海洋和大陆相接处，在历史上就是大国反复争夺的焦点地区。西方地缘政治学家曾经指出，大陆国家与海洋国家反复不断地出现冲突，"大陆国家与海洋国家的性质差距一般不能通过竞争或其他方式互动。某一大陆强国走上舞台，就要争取出海口，以扩大均势的范围，并使其功能适于以大陆为核心的体系向海外扩展；而主导海洋的强国则要抵制和否决大陆强国的扩张。此时，大陆

[①] 参见郭力《俄罗斯东北亚战略》，社会科学文献出版社2006年版，第11页。

国家与海洋国家的冲突就会明显地表现出来"①。这种描述较为真实地概括了近代以来东北亚地缘争夺的历史，反映了近代东北亚地区地缘政治的剧烈变动情况。自19世纪中期以来，俄日两国就在该地区展开争夺活动。这种争夺首先在朝鲜半岛开始，并很快波及中国东北地区。随着日俄矛盾的日益尖锐，终于爆发了1904—1905年的日俄战争。甚至在第二次世界大战结束前夕，斯大林在雅尔塔会议上还试图将日俄战争期间沙俄失去的"利益"再夺回来。第二次世界大战结束后，随着东西方冷战的全面展开，东北亚地区成为东西方冷战对峙的前沿地带，朝鲜半岛更成为美苏争夺的焦点。因此，朝鲜战争不仅是朝鲜半岛上两种势力之间的一次较量，更是东西方冷战升级所导致的热战。

朝鲜战争在很大程度上加剧了朝鲜半岛的分裂和对峙局面，并对战后东亚国际关系产生了深刻的影响。正如赵全胜所言："朝鲜战争也对亚太地区的国际关系产生了极其深刻的影响。最重要的后果之一，它使朝鲜半岛长期处于分立状态，并成为冷战期间东西方在亚太地区的前沿分界线。"② 冷战结束后，国际格局发生了极大的变化。在这种变化了的国际格局中，东北亚地区交汇了中国、俄罗斯、日本、朝鲜、韩国和美国等六个国家的政治、经济和战略利益。尤其是中、俄、美、日四大国，不仅是该地区的地缘重要大国，而且是拥有国际影响力的地区大国和世界大国，因此对塑造该地区的地缘政治格局具有决定性的影响。东北亚是亚太地区的中心区域，而朝鲜半岛又是东北亚地区的核心地带，因此地缘政治地位非常重要。"朝鲜半岛是中、

---

① George Liska, *Quest for Equilibrium: America and the Balance of Power on Land and Sea*, Baltimore and Landon: Johns Hopkins University Press, 1977, p.4.
② 赵全胜：《大国政治与外交——美国、日本、中国与大国关系管理》，世界知识出版社2009年版，第227页。

美、日、俄等世界大国的战略利益交汇点,是世界第二大敏感区。从地缘政治的角度来看,是远东地区的重要交叉点和东北亚地区的战略要地。"具体来说,"日本人把朝鲜半岛作为进入'亚洲大陆的跳板',同时又视为'瞄准日本心脏部位的短刀'"①。我国东北的朝鲜族主要居住在我国东北的吉林省延边朝鲜自治州。就此而言,该地与朝鲜半岛仅一江之隔,而朝鲜半岛又是当今国际利益最为复杂的地区之一,因而也是国际政治格局中最为敏感的地区。由于南北分立局面仍旧存在,朝鲜半岛也就成为冷战的最后遗产。

苏联解体以后,俄罗斯的实力大为下降。但作为欧亚大陆板块中心的国家,俄罗斯一方面拥有非常丰富的资源和能源,具有巨大的经济潜力,还继承了苏联的许多遗产,其军事实力仍不可小觑;从另一方面来看,俄罗斯又是一个亚洲国家,尤其是在东北亚地缘政治中是一支不可忽视的重要力量。俄国历来就非常重视在远东地区拥有一座不冻港,而朝鲜半岛正对着俄罗斯在太平洋的重要出口——海参崴海军基地。所以,俄罗斯非常重视与朝鲜半岛的关系。近些年来,由于俄罗斯实施"新东方政策",加大东部地区的开发力度,以便利用地缘经济加快俄罗斯的经济复兴。所以,1990年苏联就与韩国建立了外交关系。

中国自20世纪70年代末开始实行改革开放政策,经历了三十多年的发展,经济实力迅速增长,已经成为世界经济中的一支重要力量。进入21世纪后,随着全球化进程的不断加快,区域化发展也异常迅猛。同时,中国于2001年加入世界贸易组织(WTO),更加积极地参与到这场经济全球化、区域化的进程中,尤其在推动东亚经济一

---

① 沈定昌:《韩国外交与美国》,社会科学文献出版社2008年版,第29页。

体化方面，发挥着越来越突出的作用。2008年世界性经济危机发生后，中国经济也受到很大冲击，但与西方发达国家相比，受到的影响较小。相比之下，这次经济危机更加凸显了中国经济在带动世界经济复苏中的重要作用，亚洲经济成为世界经济复苏的发动机。

作为世界经济大国，日本是东北亚地缘政治中一支不可忽视的力量。冷战时期，日本成为美国亚太战略中的一个重要角色，是美国实施亚太战略的重要助手，也是实施东北亚地缘战略的重要支柱。日本利用美国援助以及朝鲜战争期间的特需订货，很快摆脱战后的困境，并逐步实现了经济上的迅速发展。随后，日本在经济上更加融入西方，并借用第三次科技革命，成为资本主义世界经济上"三足鼎立"中的重要一极。随着日本经济实力的日益增强，尤其是在1987年超过苏联，成为世界第二大经济大国以后，追求"正常国家"的目标也越来越明显。也就是说，日本极力想成为与其经济实力相当的政治大国。日本要成为政治大国，首先要在东北亚地区发挥主导作用。

作为地跨大西洋和太平洋两大洋的国家，美国战后实际上执行的是一种全球霸权战略。冷战结束后，由于苏联解体，美国成为唯一的超级大国，更是在世界推行霸权主义外交。东北亚地区曾是东西方冷战的最前沿，在美国的全球霸权战略中一直占有非常重要的地位。美国不仅与日、韩两国保持军事同盟关系，而且在这两国驻有大量军队。从而使美国在东北亚地区拥有重要战略利益，成为东北亚地缘政治中的重要国家，冷战结束后更成为该地区的主导力量。因此，美国可以通过其盟国对东北亚地缘政治发挥重要作用。

第二次世界大战结束后，国际体系是由美苏两大国主导的两极格局。随着冷战爆发，东北亚地缘政治的重要性更加凸显。对于苏联来说，在该地区拥有一个暖水港，进而向太平洋地区扩展势力，这是它长期以来的愿望。对美国而言，在美军占领日本的情况下，朝鲜半岛则成为遏制苏联向东亚地区扩张的重要前沿阵地。基于这种地缘政治战略上的考虑，东北亚地区也成为美苏对抗的重要战场，朝鲜半岛更是东西方冷战对峙的最前沿。冷战不仅造成朝鲜半岛的分裂，而且最终导致朝鲜战争的爆发。① 朝鲜战争结束后，东北亚地区的地缘政治形势依然非常严峻，东西方对峙的局面一直持续着。朝鲜半岛上的三八线成为朝韩两国的边界线。在这条军事分界线的两侧，朝鲜军队与韩美军队一直剑拔弩张。这种对峙局面持续了半个多世纪，至今仍没有缓和的迹象。"冷战时期，两个超级大国的全球竞争国际战略格局决定了东北亚地区国际关系的以美苏争夺为主轴，美、苏、中三大国在东北安全战略上进行激烈的三角博弈。"② 为了避免意外，经双方协议，各自从军事分界线后撤2千米，形成一条宽4千米、长248千米的非军事区。这个非军事区两侧是目前世界上敌对双方兵力和武器部署最密集的地方。由于朝鲜半岛的特殊地理位置，朝鲜半岛常常是大国利益的交汇点，朝鲜半岛问题一直是影响东北亚地区稳定的一个热点问题。③

冷战结束后，由于苏联解体，美国成为唯一的超级大国，有意在未来的国际事务中行使其世界霸权。但世界多极化和经济全球化的趋势都在不断加强，中国经济实现了跨越式的发展，国际地位迅速提高。日本绝不会满足于经济大国的角色，不仅力争成为政治大国，而且为此确定了21世纪最重要的对外战略目标，即进入联合国安理会，成为常任理事国。俄罗斯一直致力于复兴事业，在外交上逐渐由向西

---

① 参见沈定昌《韩国外交与美国》，社会科学文献出版社2008年版，第5页。
② 刘清才、高科：《东北亚地缘政治与中国的地缘战略》，天津人民出版社2007年版，第79页。
③ 参见孟庆义等《朝鲜半岛：问题与出路》，人民出版社2006年版，第95页。

方"一边倒"政策,转向欧亚并重的"双头鹰"战略。在21世纪,俄罗斯在外交上和经济贸易发展战略上都非常重视亚太地区。面对欧盟东扩,尤其是美国主导的北约东扩和导弹防御系统的建立,俄罗斯更加需要从亚洲方向寻找出路和平衡点。因此,"东北亚地处亚欧大陆政治板块与太平洋板块交汇处,占据亚太地区的中枢位置,世界五大力量中心中的四个于此处交汇。这一地区是美、俄、中、日四大国战略利益交汇与碰撞的地带,是诸多结构性矛盾相互作用的地区。这种特殊的地缘政治背景使得东北亚地区形成了复杂而独特的安全环境"[①]。

但在经济全球化的推动下,亚太地区的经济合作不断加强,在一定程度上缓解了该地区各国的矛盾和利益冲突。当今世界的地缘战略形势已经发生了一系列重要变化,经济全球化、政治多极化和技术信息化三大趋势并行发展,从多方面推动国际地缘政治格局发生重大变化。随着世界各大国把追求经济利益和经济地位作为战略目标,传统地缘政治的争夺也向其他领域扩展,"海权与陆权、'大陆心脏地带'与'边缘地带'之间的争夺不再仅限于军事安全方面,而是扩展到经济、能源、文明、民族和社会的各个领域"[②]。早在数年前,亚洲经济的迅猛发展就曾引起了西方学者的关注。"在经历一个半世纪左右——从19世纪的工业革命到20世纪后1/3时间——的落后状态和边缘化后,中国和印度作为主要经济体在世界舞台上的崛起确实改变了地缘政治的形势,可能会比19世纪德国和20世纪初美国的崛起带

---

① 刘清才、高科:《东北亚地缘政治与中国的地缘战略》,天津人民出版社2007年版,第49页。
② 李义虎:《地缘政治学:二分论及其超越》,北京大学出版社2007年版,第229页。

来更加有意义的结果。"①

2008年全球金融危机爆发后,亚洲经济与西方世界的经济衰退表现出很大不同,尤其是发展中国家与"金砖四国"仍保持着经济快速增长的势头。在"金砖国家"中,中、俄两国都在东北亚地区拥有战略利益。中国经济发展最为突出,中国和俄国的强势崛起,势必会改变东北亚地缘政治的形势,使得欧亚大陆东部可能形成与欧美平起平坐的世界一极,从而使得欧亚大陆的地缘重心开始由欧洲转向亚洲。

就目前东北亚地缘政治的特点,美国作为世界头号大国,仍是东北亚地缘政治中的最大战略力量,因此也是中国东北亚地缘政治的最主要域外因素。在后金融危机时代,美国将会极力阻止东北亚地缘政治的变动。美国不仅是"中国威胁论"的积极鼓吹者,而且自20世纪90年代就开始把中国看作其世界霸权的最大潜在威胁。"从约瑟夫·奈到亨利·基辛格,大多数美国外交政策的分析家一致认为,美国军事优势在未来几十年里不会受到任何竞争者的挑战。只有中国,或者独自或者与华盛顿其他对手特别是伊朗或俄罗斯联合,从长期看可能是一个对手。"② 在这次危机中,更加凸显了中国在经济上的崛起,美国高层会越来越感觉到这种"威胁"。所以在后危机时代,美国会加大对中国的遏制,中国的发展会面临来自美国等西方国家的更大压力。

早在20世纪90年代,美国著名国际问题专家塞缪尔·亨廷顿就对亚洲经济的强劲势头表现出复杂心态,他认为亚洲经济的发展和亚

---

① [法] 罗朗·柯恩—达努奇:《世界是不确定的:全球化时代的地缘政治》,吴波龙译,社会科学文献出版社2009年版,第15页。
② [法] 罗朗·柯恩—达努奇:《世界是不确定的:全球化时代的地缘政治》,吴波龙译,第86页。

洲社会日益增长的信心,会对国际政治产生多方面的影响。"中国这个亚洲最大的国家的经济增长会扩大其在该地区的影响,以及恢复其在东亚传统霸权的可能性,迫使其他国家要么'搭车'和适应这一发展,要么'用均势来平衡'和试图遏制中国的影响。"① 进入21世纪后,随着中国经济实力迅速增强,其海洋意识也不断提高,军事实力不断增强。美国学者认为:"中国在黄海、东海和南海势力的增长,对日本以及美国在过去半个世纪的西太平洋战略都是严重的挑战。"② 小布什时期,美国高层就有人表示出对中国崛起的日益担忧,认为美国将"反恐战争"作为首要战略目标将给中国侵蚀美国势力范围以可乘之机。③ 可见,美国对于这个最大的"潜在威胁者"格外担忧。

随着美国"反恐战争"的结束,它必然会把其全球战略重点从中东转向东亚地区,特别是对其具有核心战略意义的东北亚地区。2012年年初,奥巴马公布了一份名为《维持美国的全球领导地位:21世纪国防的优先任务》的新军事战略报告,认为大部分欧洲国家已由"安全的消费国"成为"安全的生产国",从而减轻了美国在欧洲安全方面的负担,使其有可能调整欧洲的军事部署。新战略暗示美国将缩减陆军规模,并减少在欧洲的军事存在,转而加强在亚太地区的军事存在,以维护亚太的"安全与繁荣"④。近期,美国国防部长帕内塔宣布2013年度国防预算时表明了美军战略调整的意图。帕内塔说,

---

① [美]塞缪尔·亨廷顿:《文明的冲突与世界秩序的重建》,周琪等译,新华出版社2010年版,第190页。
② [美]索尔·科恩:《政治学:国际关系的地理学》,严春松译,上海社会科学院出版社2011年版,第274页。
③ 参见阮建平《经济与安全"再平衡"下的美国对华政策调整》,《东北亚论坛》2011年第1期。
④ 《奥巴马公布美国新安全战略,军事重心转向亚太地区》,新浪网,http://www.sina.com.cn。(访问时间:2012年1月27日)

2013年度美国军费预算为5250亿美元,另外884亿美元用于海外意外军事行动,其中主要用于在阿富汗的军事行动。而在2012财政年度,上述两个数字分别为5310亿美元和1150亿美元。其中最为引人注目的是,美国在削减军费开支、减少常规部队的情况下,却高调增兵亚太地区。其根本的目的在于:遏制中国的崛起,给中国造成压力,最终迫使中国与美国合作,服从美国在该地区的战略利益。

其次,西方大国仍会借机炒作"中国威胁论",挑拨中国与周边国家的关系,自然会对中国的东北亚地缘战略产生不利影响。一方面,美国出于遏制中国的战略需要,会继续在中国周边国家宣扬"中国威胁论",借助这些国家制衡中国;另一方面,尽管中国一再宣扬"和平崛起"和睦邻政策,但中国的迅速崛起有可能在周边国家中产生心理反应。2005年12月22日,鹰派的日本外相麻生太郎说:"中国正成为威胁。"这是小泉历届内阁首次有阁僚在公开场合提出"中国威胁论"。再加上,近年来朝鲜半岛局势极不稳定,加剧了美国对东北亚地缘形势的担忧。天安舰事件为美国向亚太转移战略力量找到借口。

近来美国加强与日本、韩国等传统盟友的安全合作,不断举行大规模的军事演习,意在巩固和加强军事同盟关系,威慑现实的和潜在的挑战者。近来有媒体披露,美国正在积极推动美日同盟与美韩同盟的合并。在不久的将来,一个由美国主导的美、日、韩军事同盟将会形成,这将会加强美国在东北亚地缘战略格局中的力量,制约中、俄等国的发展,加剧该地区的地缘政治局势。

综上所述,在东北亚地缘政治中,各国不同的地缘环境在某种程度上塑造了该地区国家间的关系,也成为域外大国介入该地区事务的重要因素。

第二节　中国朝鲜族人口的地理分布

由于历史的原因，朝鲜民族现在分别居住在朝鲜半岛上的朝鲜、韩国、中国、俄罗斯、蒙古等国，朝鲜民族因此成为典型的跨界民族。"由于跨界民族本身的特殊性，即它是居住于两国以上主权国家中的同一个民族共同体，为此，跨界民族和跨界民族问题与地缘政治存在不可割舍的联系。从某种意义上可以说，跨界民族问题往往构成地缘政治中的重要内容。"① 中国朝鲜族是居住在东北地区的一个跨界民族，不仅与朝鲜半岛仅一江之隔，而且与俄国的远东地区接壤。我国东北地区处在东北亚的腹地，该地区敏感的地缘政治也必然对我国东北地区产生直接的影响。

根据2000年我国第五次人口普查的统计资料，中国境内的朝鲜族人口为192万多人，其人口总数在全国55个少数民族中居第13位，而东北三省的朝鲜族占中国朝鲜族人口的92.27%。② 实际上，朝鲜族人分布在全国各地，除东三省以外的几乎每一个省份都有。其具体的分布情况如表4–1、图4–1所示。

---

① 葛公尚：《当代国际政治与跨界民族研究》，民族出版社2006年版，第37页。
② 参见金炳镐、肖锐《中国民族政策与朝鲜族》，中央民族大学出版社2011年版，第155—156页。

表4-1　　　　　　　各省、区、市朝鲜族人口

各省、区、市	人数	各省、区、市	人数
北京市	37380	湖北省	1960
天津市	18247	湖南省	1180
河北省	11296	广东省	17615
山西省	663	广西壮族自治区	2701
内蒙古自治区	18464	海南省	973
辽宁省	239537	重庆市	637
吉林省	1040167	四川省	1548
黑龙江省	327806	贵州省	664
上海市	22257	云南省	1343
江苏省	9525	西藏自治区	26
浙江省	6496	陕西省	1129
安徽省	1200	甘肃省	559
福建省	2157	青海省	312
江西省	543	宁夏回族自治区	403
山东省	61556	新疆维吾尔自治区	1128
河南省	1457	总计	1830929

根据2010年第六次全国人口普查的结果，中国朝鲜族的人口为

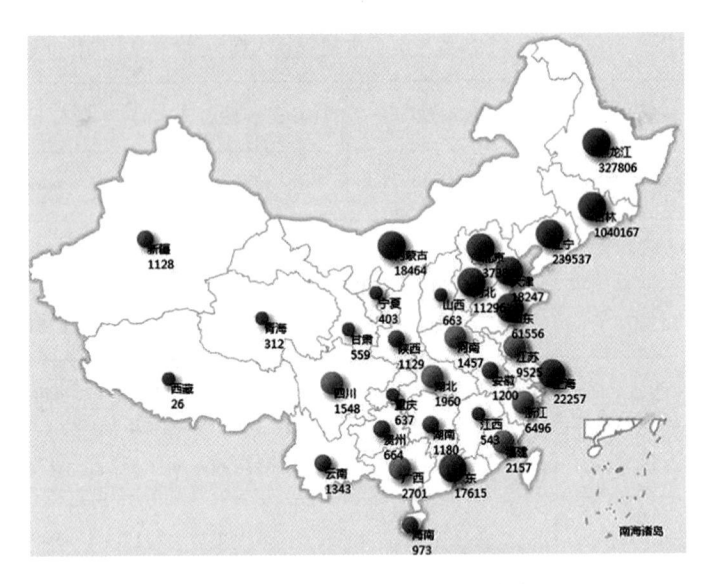

图 4-1　各省区市朝鲜族人口分布

1830929 人。① 此次人口普查的数字表明，朝鲜族人口比 10 年前人口减少 9 万多，东北三省的朝鲜族人口比重也下降到约 87.8%。如果考虑到内蒙古自治区内的朝鲜族人口，东北地区仍然是我国朝鲜族人口的聚集区。目前，中国有一个朝鲜族民族自治州和一个朝鲜族民族自治县，即吉林省的延边朝鲜族自治州和长白朝鲜族自治县，它们都位于中朝边境上。

从朝鲜族的跨界民族身份来看，朝鲜民族的人口分布遍及东北亚各国。其中，韩国 4672 万人，朝鲜 2295 万人，中国 192 万人，日本 69.7 万人，俄罗斯远东地区和库页岛 5.6 万人，蒙古国 130 人。东北亚地区各国的朝鲜民族人口占世界朝鲜民族总人口的 96.4%。② 因此，中国朝鲜族是典型的跨界民族。

---

① 根据国家统计局公布的第六次全国人口普查数据，国家统计局网站，http://www.stats.gov.cn/tjgb/rkpcgb/。
② 参见葛公尚《当代国际政治与跨界民族研究》，民族出版社 2006 年版，第 305 页。

无论是中国的朝鲜族,还是日本、俄罗斯和蒙古国的朝鲜人,他们的族源均为朝鲜半岛。这样,朝鲜族在东北亚地区形成了以朝鲜半岛为核心,以民族关系为纽带,向四周辐射的形势。而民族关系的这种纽带与各国的边界形成某种纵横交割的关系。而边界作为国家主权的一种象征,是一个国家的固有权力,稳固的边界是国家领土主权完整的标志,是国家之间和平共处的重要依据。自近代以来,由威斯特伐利亚体系所确立的民族国家独立自主、领土完整的理念已经成为国际关系的基本准则。在当今世界,"国家主权高于一切"的理念已经深入国际社会,成为各国遵守的基本准则之一。领土完整是国家主权最深厚的物质基础,更是不容他国侵犯和破坏。中国朝鲜族主要居住在中国东北,他们与朝鲜半岛上的朝鲜人、韩国人,以及俄罗斯远东地区的朝鲜人、日本的朝鲜人等都有相同的血缘认同和起源认同,都与朝鲜半岛上的朝鲜民族保持着千丝万缕的联系,他们在生活方式、文化传统、风俗习惯等方面都有着许多共同特征。特别是20世纪90年代以后,经济全球化的趋势不断加快,再加上中韩、俄韩建交,朝鲜半岛南北关系也逐步得到缓和,这一切都使中国朝鲜族的流动性加快。许多中国朝鲜族人或者到韩国打工,或者随韩国企业来到沿海开放城市或国内大城市,或在韩资企业里从事事务性工作,或从事与韩国人有关的服务性工作。随着新形势下中国朝鲜族流动性的不断加快,不仅使他们与其他国家的朝鲜民族交往日益密切,而且他们的跨界民族特征也在发生微妙的变化。

但是,从民族的基本特征来看,任何民族都有不同于其他民族的本质特征,其中包括历史、文化、心理等方面的特征。除此以外,民族还有政治属性。"民族的政治属性是一个基本事实,而且这个事实还不是绝对的、孤立的存在——民族的政治属性是民族其他各构成要素或特征的总结和集中。"① 以民族为单位，或者以民族为基础的国家政治过程，是民族政治性最为明确、最为集中和最大限度的表现，因此民族国家是民族的最高政治形式。在单一民族形成的国家中，民族利益与国家利益结合在一起。但在多民族国家中，民族利益必须首先服从于国家利益。跨界民族属于后一种情况，因为跨界民族大都生活在多民族国家中。中国是一个多民族国家，中国朝鲜族是其中一员，既是中国境内的一个少数民族，也是中国的一个跨界民族。

中国朝鲜族之所以成为跨界民族，主要是近代朝鲜人从朝鲜半岛移居中国东北的结果。这期间，还有许多朝鲜人移居到日本、俄罗斯远东地区以及欧美国家。由于新中国采取民族区域自治政策，使朝鲜族在很大程度上保持了其本民族的传统，截至目前已经到了第三、四代人，他们绝大多数仍能熟练地掌握本民族的语言、文字，仍保留固有的风俗习惯，并与朝鲜半岛上的朝鲜民族保持着各种联系。在冷战时期，中国朝鲜族主要与朝鲜国民发生联系；中韩建交后，中国朝鲜族与韩国人的联系不仅得到恢复，而且日益密切起来。

改革开放后，党中央更加关心朝鲜族的开放事业和经济发展。党和国家领导人曾多次赴延边视察，先后有周恩来、朱德、贺龙、董必武、胡耀邦、赵紫阳、万里、彭真、叶剑英、邓小平、江泽民等同志到延边视察工作。1983年，邓小平同志视察延边时就强调朝鲜族的发展问题。江泽民在1991年和1995年两次视察延边，并在第二次视察时题词："开发图们江，为东北地区的经济文化交流做贡献。"

随着改革开放的不断深入，党和国家的工作重心转移到经济建设上来。发展少数民族地区的经济，实现各民族的共同繁荣，成为党的

---

① 马曼丽、张树青：《跨国民族理论问题综论》，民族出版社2009年版，第27页。

民族工作的重点。为此，政府加大对少数民族的政策扶持和资金支持，使少数民族的生活有了很大改善。随着经济全球化时代的到来，尤其是中韩建交以后，中国东北地区的开放程度也进一步加大，朝鲜族在发展中韩经济贸易的过程中起到重要作用。1992年，国务院先后开放十几个边境城市（城镇），其中就包括延边的珲春市。随着中韩经济文化交流的日益频繁，朝鲜族也从中获得了发展的机遇。他们利用族缘、亲缘、语言等方面的有利条件，积极投入涉外经济领域里。有的在国内的韩资独资、合资企业里打工，或在贸易、旅游等行业中担任韩方代理人；有的直接与韩国进行经营活动。另有一些朝鲜族在国家政策的鼓励下，利用地缘和人缘上的便利走出国门，到韩国打工或经商。这些朝鲜族人在国外或韩资企业里不仅学到了先进的技术和企业管理经验，而且开阔了视野，也改变了他们的思想理念。他们回国后又影响更多的朝鲜族人进入韩资企业，或到韩国打工经商。从而推动朝鲜族改变保守观念，形成现代市场经济意识，从而加速了民族自身的现代化进程。

为了促进东北亚经济贸易的合作，2009年8月，国务院正式批准《以长吉图为开发开放先导区的中国图们江区域合作开发规划纲要》，把图们江区域的合作开发确定为国家战略。这一开发战略必将会进一步推动东北地区的经济发展，朝鲜族也将会在其中发挥重要作用，并获得进一步发展的机遇。

由于中国朝鲜族主要居住在东北地区，尤其靠近边境地区。据统计，有一半以上的朝鲜族人口居住在边境或靠近边境的县市中。从国内视角来看，中国境内的跨界民族属于国内的少数民族。但从国际层面来看，由于跨界民族大都居住在两个或两个以上的国家，而且通常这些国家都是邻国，因此跨界民族又与国际因素密切相连。由于跨界民族的敏感身份地位，决定了跨界民族问题容易引起国际纠纷或争端。从另一方面来看，跨界民族不一定就必然产生跨界民族问题。但是，相邻国家之间的关系状态，或者一国国内局势的稳定程度，这些也会影响到跨界民族，有可能引发跨界民族问题。再进一步说，如果某些别有用心的人有意挑起跨界民族问题，制造国际事端，也会引起跨界民族问题。总之，跨界民族与地缘政治存在必然的联系。由于朝鲜族主要居住在东北亚地区，中国朝鲜族的稳定和发展问题，不仅与中国国内的政治状况有关，而且与东北亚地区的地缘政治也有密切的联系。

第三节　面向未来的中国朝鲜族

一　东北亚地缘政治与中国朝鲜族跨界民族的互动关系

地缘政治是国际行为体之间基于地理环境进行的竞争，这种竞争既有其动态的一面，也有其静态的特征。这种竞争既是一种相互关系的态势，又随着国家实力的不断变化而显示出竞争的过程性。总之，地缘政治是在地理环境中进行的竞争，其核心内容就是竞争。也就是说，地缘政治就是在一定区域内相邻国家或相关国家之间的关系。由于跨界民族跨国界而居的特性，使其与地缘政治存在必然的联系，跨界民族问题往往成为地缘政治的重要内容。反过来，地缘政治的变动往往会引起某些民族的跨国界迁移，从而产生跨界民族现象。

按照传统地缘政治学的观点，大陆国家与海洋国家反复不断地出现冲突,"大陆国家与海洋国家的性质差距一般不能通过竞争或其他方式互动。某一大陆强国走上舞台,就要争取出海口,以扩大均势的范围,并使其功能适于以大陆为核心的体系向海外扩展;而主导海洋的强国则要抵制和否决大陆强国的扩张。此时,大陆国家与海洋国家的冲突就会明显地表现出来"[1]。东北亚地区位于欧亚大陆的东北部,东接太平洋,具有海陆复合型的地缘特点。由于特殊的历史背景,东北亚地缘政治在近代以前主要表现为,中国与周边国家之间长期形成的"朝贡"体系。由于中国与朝鲜唇齿相依的地缘关系,历代统治者均视朝鲜半岛为东北边疆安全的重要屏障。这种"朝贡"体系与近代西方的殖民体系有所不同,美国学者马士这样描述:"几世纪以来朝鲜一直是中国的藩属;双方朝廷完全承认相互间的义务,一方给以抵御外侮、弭平内乱的保护,另一方则输纳贡物,并为每一个统治者请求承认和册封。"[2]但到近代,由于东亚"朝贡"体系遭受西方殖民体系的冲击,中国的地缘政治受到挑战。尤其在东北亚地区,沙俄和日本几乎同时在该地区扩展势力,中国东北边疆受到来自陆上和海上两个方向的地缘威胁。

朝鲜半岛是欧亚大陆与海洋的连接点,一直是大陆势力与海上势力争夺的焦点,因此在东北亚地缘政治中处于核心地位。近代以来,朝鲜半岛就成为日俄争夺的重要目标。明治初年,日本政府制定了向亚洲大陆扩张的"大陆政策",狂妄叫嚣"征韩论",认为朝鲜是"保全皇国的基础,将来经略进攻之基本"[3]。明治天皇公开宣称:

---

[1] George Liska, *Quest for Equilibrium*: *America and the Balance of Power on Land and Sea*, Baltimore and Landon: Johns Hopkins University Press, 1977, p. 4.
[2] [美]马士、宓亨利:《远东国际关系》,姚曾廙等译,上海书店出版社1998年版,第364页。
[3] 吴廷璆:《日本史》,南开大学出版社1993年版,第564页。

"日本是万国之本的国家",他决心"开拓万里波涛,宣布国威于四方"。可见,日本首先把征服朝鲜作为其"大陆政策"重要一步,接下来就是中国东北和蒙古,然后占领整个中国,进而攻占东南亚,乃至称霸世界。

1868年和1870年,日本曾两度向朝鲜派遣使者,企图打开朝鲜的大门,但遭到朝鲜的拒绝。1876年,日本以"江华岛"事件为由,胁迫朝鲜签订不平等条约。通过《江华条约》,日本取得了在朝通商、测量海岸、设使馆和享受领事裁判等特权,并否认中国的宗主地位。从此,日本在朝鲜的扩张活动愈演愈烈。19世纪80年代,日本继续在朝鲜排挤清朝的影响力。清政府曾试图对抗日本在朝鲜半岛的扩张,继续维持宗藩体系。1882年,清政府与朝鲜签订《中国朝鲜商民水陆贸易章程》,规定:"朝鲜久列藩属,典礼所关一切,均有定制。"次年又签订《奉天与朝鲜边民交易章程》,规定:"边界陆路交易原系天朝优待属国,专为便民而设。"《吉林朝鲜商民贸易地方章程》规定:"朝鲜久列藩封,勤修职贡。"[①] 日本的步步进逼也必然与清朝发生冲突,1884年的"甲申政变"就是中、日在朝鲜半岛的一次较量。1885年,日本通过《天津条约》取得了出兵朝鲜的权利,中、日两国在朝鲜半岛基本上形成均势。但清政府不甘心让日本在朝鲜半岛占据优势,于1885年11月委任袁世凯为驻韩总理交涉通商事宜大臣[②],一方面强调朝鲜与中国的藩属关系,另一方面借以加强对朝鲜事务的干预。

19世纪90年代初,随着日本陷入经济危机,"不仅政府方面,就

---

① 杨昭全、孙玉梅:《中朝边界沿革及界务交涉史料汇编》,吉林文史出版社1994年版,第1241—1249页。
② 参见王绍坊《中国外交史:鸦片战争至辛亥革命时期(1840—1911)》,河南人民出版社1988年版,第205页。

是在政党和民间政论家中，也在叫喊'东洋危机'，鼓吹'东方政略'"。1891年，沙俄公布西伯利亚铁路计划，并很快在海参崴开工修建。俄国的行动进一步刺激了日本，"副岛种臣、近卫文磨、陆羯南等国权主义者成立'东方协会'，开始宣传'东方政策'"①。随着中、日在朝鲜的对抗不断升级，终于导致甲午战争的爆发。《马关条约》使朝鲜获得"独立"，"中国认明朝鲜确为完全无缺之独立自主，故凡有不亏损独立自主体制，即如该国向中国所修贡献典礼等，嗣后全行废绝"②。中国不仅结束与朝鲜的"朝贡"关系，而且在东北失去了重要屏障。从此，日本开始在东北亚地缘政治中占据优势地位。

作为东北亚地缘政治中的另一个大国，沙俄也参与了近代东北亚地缘政治的争夺。沙俄是一个具有极大扩张野心的国家，16世纪中期以前还只是地处东欧的内陆小国，但从1581年开始越过乌拉尔山的广大地区进行扩张。经过近两个世纪的征服活动，终于占领了整个西伯利亚，并试图蚕食中国土地，但1689年的《中俄尼布楚条约》在一定程度上阻止了沙俄的行动。但是，中国在1840年鸦片战争中的失败，使其历史进入了屈辱的近代时期。沙俄侵占中国领土的野心也再次被唤起，特别是克里米亚战争失败后，俄国在西部方向上的扩张活动受阻，被迫将扩张重心转向东方。而当时中国北方的广大土地都成为沙俄觊觎的对象，东北地区的地缘重要性，自然也成为俄国侵略者要兼并的目标。19世纪50年代，俄国军队就渗透到黑龙江下游地区，吞并大片中国领土。第二次鸦片战争期间，沙俄又通过《瑷珲条约》《北京条约》，割占中国东北更多的领土。在俄罗斯南下太平洋的

---

① ［日］井上清：《日本历史》，天津市历史研究所译校，天津人民出版社1972年版，第672页。
② 王绍坊：《中国外交史：鸦片战争至辛亥革命时期（1840—1911）》，河南人民出版社1988年版，第233页。

通道上，朝鲜半岛因与太平洋的重要出口海参崴相对，堪称是锁钥之地。所以，朝鲜半岛也一直受到沙俄军队的觊觎。"自古以来。俄罗斯始终认为，要获得太平洋更南部的不冻港，必须搞好与朝鲜半岛的关系。"① 早在1885年英国占领朝鲜南海的巨文岛时，沙俄就积极介入此事。对于日本在朝鲜的扩张活动，沙俄政府更是极力抵制。

在19世纪中后期的东北亚地缘争夺中，中国清王朝已是大厦将倾，无力与日、俄争锋，日、俄却一直处于进攻态势。这中间伴随着日、俄之间的矛盾和争夺。甲午战争后，俄国充当"三国干涉还辽"的急先锋，意在抑制日本在东北亚地区的过度膨胀，扩大其在该地区的利益。由于日本无法抗拒三国的联合干预，只好接受俄国的安排。但日、俄矛盾并未因此减缓，双方终于在1904年爆发了战争。日俄战争后，两国在中国东北基本上形成均势状态，但朝鲜半岛基本被日本独控。从地缘政治的观点分析，这场战争是海岛国家对大陆国家的一次胜利。正如美国历史学家斯塔夫里阿诺斯所言，日俄战争是"远东历史乃至世界历史的一个重要转折点"，"确立了日本的强国地位，改变了远东地区的力量对比"②，而且这是第一次一个亚洲国家战胜一个欧洲国家而成为里程碑事件。随着日本于1910年吞并朝鲜，它在该地区的优势更加明显，从而改变东北亚的地缘政治。

清政府的一些有识之士毕竟清醒地意识到严重的地缘危机，尤其是俄、日对朝鲜半岛和中国东北的觊觎。为了应对东北边疆的危机，清政府一方面采取"以夷制夷"的对外政策，利用列强之间的矛盾加以分化，使其相互制约；另一方面主动采取一系列措施，加强东北边

---

① 沈定昌：《韩国外交与美国》，社会科学文献出版社2008年版，第30页。
② ［美］斯塔夫里阿诺斯：《全球通史——1500年以后的世界》，上海社会科学院出版社1999年版，第491页。

防。由于清政府的长期封禁，东北地区兵力、人力均显空虚。为了充实边疆，清政府开始取消对东北的封禁。1875年，清政府废除了奉天省的封禁令，实行移民拓边政策。清政府不仅从关内招募农民，而且准许朝鲜垦荒农民自由进入东北边疆。① 这在一定程度上，也为大批朝鲜边民进入中国境内打开了方便之门。1881年，清吉林将军铭安奉命巡查边疆时，发现朝鲜流民越江垦殖，随致书韩鲜政府，令朝鲜流民一概撤回本国境内。但这些人因久居延边，生活基本稳定下来，不愿返回本国。后经过铭安与边务督办吴大澂奏请朝廷，清政府在珲春、敦化两县设立越垦局（后改为荒务局），专门负责对这些朝鲜流民的管理。后又设立龙峪、光霁峪、西步江等通商局卡，兼办边境开垦事务。1883年，清政府与朝鲜政府签订了《吉林朝鲜商民贸易地方章程》《奉天与朝鲜边民交易章程》，借以废除边禁，"改互市旧例为随时交易"。这也为大量朝鲜边民迁入中国东北创造了条件。1885年，清政府又在图们江以北专门划出一块长约七百里、宽四五十里的区域，以便收纳朝鲜移民。这一措施促使更多的朝鲜人迁入中国。

从这个阶段朝鲜族迁入我国东北的情况来看，1906年以前朝鲜族主要限于西到安东、兴京、柳河至敦化一线以南地区，西北至辉发河，东北至宁古塔和穆棱河一线。但到1907年，朝鲜移民逐渐移居东北内地，以延边为中心，越过老爷岭，移居到牡丹江沿岸和三姓地方。根据相关研究成果，甲午战争爆发时，迁入我国东北的朝鲜移民已有7.8万人。② 延边是朝鲜人聚集最多的地方，1904年已有朝鲜移

---

① 参见车相勋《朝鲜族迁入安图县实录》，金泽主编《吉林朝鲜族》，吉林人民出版社1993年版，第28页。
② 参见车哲九《东北亚地区朝鲜族迁移、分布及其特点》，权立主编《中国朝鲜族史研究（2）》，延边大学出版社1994年版，第57—64页。

民 5 万人，到 1905 年猛增到 184867 人。①

这表明，日本对朝鲜半岛的吞并政策迫使许多朝鲜人背井离乡，而清政府的"实边"政策则便利了朝鲜人移居中国东北。在某种意义上，清政府在东北地区采取"实边"政策，是对日本吞并朝鲜的一种应对措施，目的在于防止日本势力进入东北地区。从另一方面来看，它反映了东北亚的地缘争夺已经非常激烈。可见，东北亚地缘争夺的加剧，在一定程度上促进了朝鲜人向我国东北地区移民。

日本占领朝鲜半岛后，不断加强对朝鲜的殖民统治；同时还出于地缘政治上的考虑，进一步把侵略目标转向中国东北地区。这样，东北亚地缘争夺的重心也从朝鲜半岛转向中国大陆。而此时的朝鲜人已成为"帝国臣民"，自然也成为日本侵略中国的工具。早在吞并朝鲜之前，日本就已经借口保护朝鲜移民，侵入我国东北的延边地区，制造了"间岛事件"。这时，中、俄两国都经历着剧烈的变革。辛亥革命推翻了清王朝，结束了封建专制，但却陷入军阀混战中，张作霖乘机占据东北。俄国在一战中遭受严重削弱，国内矛盾不断激化，引发了二月革命和十月革命。苏维埃政府宣布退出帝国主义战争，推行和平外交方针。这使得日本在东北亚地缘政治格局中占据极大的优势。

日本把朝鲜变为殖民地后，获得了在大陆的立足点，成为向大陆进一步扩张的跳板。② 早在 1907 年 8 月，日本帝国主义就迫不及待地闯入延边龙井村，借口保护东北的朝鲜移民，制造了"间岛事件"。次年，日本宪兵又在延边设立 14 个派出所，以及相应的行政管理机构。日本吞并朝鲜以后，其大陆扩张的野心也随之膨胀。尤其是第一

---

① 参见朝鲜族简史编写组《朝鲜族简史》，延边人民出版社 1986 年版，第 4—8 页。
② 参见［日］幸雄《战前日本国家主义运动史》，高士华译校，社会科学文献出版社 2010 年版，第 31 页。

次世界大战爆发后,日本利用欧洲列强忙于战争的机会,在东北亚地区大肆扩张。1915年,日本通过《二十一条》迫使袁世凯承认日本人在南满和内蒙古东部的居住、往来、经营工商业及开矿等项特权;日本租界旅顺、大连的期限,以及管理南满、安奉铁路的期限,均延长到99年。袁世凯死后,日本便极力拉拢乘机割据东北的张作霖,以保持并扩大日本在东北的权益。日本还乘苏俄国内爆发革命之机,借口保护日侨,出兵苏俄远东地区和西伯利亚。1918年年初,日本军舰闯进海参崴港口,后迫于国际舆论的压力被迫从苏俄远东地区撤军。

第一次世界大战结束后,由于华盛顿体系的确立,一方面使日本的海军扩张受到限制;另一方面由于美英也对日本作出了让步,答应不在太平洋西部新建或扩建海军基地。这使美日在太平洋上的矛盾有所缓和,日本开始积极实施"大陆政策",向中国东北扩张。自明治时期以来,日本独占中国,称霸亚洲乃至世界的图谋越来越明显,而征服"满蒙"则是实现这一总战略的"第一大关键"。日本的历届内阁正是依照明治天皇之"遗训",把确保在"满蒙"的"特殊利益"作为其对外政策的基本目标。在1927年,日本首相田中在向天皇的奏折中对此做了更具体的描述:"欲征服中国,必先征服满、蒙,如征服世界,必先征服中国。倘中国完全可以被我国征服,其他如小中亚细亚及印度、南洋等异服之民族,必敬我畏我而降于我。使世界知东亚为我国之东亚,永不敢向我侵犯,此乃明治大帝之遗策,是亦我日本帝国之存立上必要之事也。"[①] 从田中的分析中不难看出,日本觊觎满蒙地区,在某种程度上是考虑到朝鲜半岛与满蒙的地缘关系,尤

---

① 王绳祖主编:《国际关系史资料选编》上册第二分册,武汉大学出版社1983年版,第577页。

其是满蒙在东北亚地缘政治中的重要地位。

一方面，由于华盛顿体系之《九国公约》对日本在远东地区的扩张活动形成很大限制；另一方面，中国政府为巩固东北边防而鼓励内地居民向东北地区移民。日本担心在东北的既得利益受到损失，遂采取向该地区移民的办法进行渗透。日本的移民计划既包括日本人，也包括朝鲜人。作为向中国大陆侵略扩张的先锋，日本黑龙会不仅鼓动满蒙独立，而且还曾利用朝鲜的亲日组织一进会，让一部分会员先移居延边地区。只是由于日本政府无法提供足够的资金，该计划最终流产。

日本把朝鲜变成自己的殖民地后，在朝鲜推行残忍的法西斯统治和掠夺政策，客观上导致大量朝鲜人逃到中国东北。"朝鲜从1910年到1945年处在日本异常严厉的统治之下，所受到的野蛮剥削大概比世界上任何殖民地国家为甚。……朝鲜人被强迫取日本名字，他们的语言不允许在公共场合使用和在学校讲授。多数朝鲜人甚至被剥夺了接受小学教育的可能，大多数非卑微工作岗位，包括火车司机，全由日本人占据，朝鲜人则几乎像奴隶般劳动。""日本人把朝鲜人视为二等日本人，总之是低人一等，因而是理应受到剥削的从属臣民。"[①] 因此，日本的殖民统治客观上导致朝鲜人移民中国东北。

另一方面，日本政府出于政治上的需要，还在朝鲜推行换位移民政策，即把"日本移民"迁入朝鲜，再引导朝鲜人向中国东北移民。其目的在于占领朝鲜的土地，控制朝鲜的经济命脉，并进一步为侵略中国奠定基础。为了把中国东北变成自己的殖民地，日本政府在吞并朝鲜后就逐渐改变了鼓励朝鲜人向日本移民的政策，转而抑制朝鲜人

---

① ［美］罗兹·墨菲：《亚洲史》，黄磷译，海南出版社2004年版，第591—592页。

移居日本，鼓励朝鲜人移民中国东北。为此，日本一方面限制朝鲜人移民日本；另一方面在中国东北朝鲜人居住区设置各种保护机关。由于朝鲜总督的鼓励和引诱政策，在一定程度上推动了朝鲜人向中国东北移民的活动。

从日本的主观意图来看，更多考虑的是中国东北的地缘价值。为了推动"换位移民"，日本总督还利用东洋拓殖株式会社大量收购朝鲜人的土地，致使许多朝鲜农民失去土地，或变为佃农，或迁往东北亚各国，尤其是中国东北地区。到20世纪20年代，竟然出现了朝鲜族农民迁居东北的高潮。这些朝鲜移民不仅遍布于吉林各地，而且扩展到东北大部分地区。在吉林的41个县中，有朝鲜移民的达37个县。尤其是吉林的延边地区，对朝鲜人有很大吸引力。1910年，延边的朝鲜移民有16.3万人；到1930年，该地的朝鲜人就达到39.58万人，即在这20年间的年均增长为一万多人。[1] 其中，延吉、珲春、和龙、汪清四县占最多。根据一份调查资料，1931年上述四县居住的朝鲜人分别为：154035人、49952人、100344人和38074人。[2] 1910年至1920年，迁入鸭绿江以北的朝鲜族有98657人，迁入图们江以北的朝鲜族有93883人。"三一"运动后，日本加强了对朝鲜的法西斯殖民统治。许多反日爱国志士、独立军以及抗日群众进入中国东北。据统计，当年在中国东北的朝鲜移民大约43万多人。[3] 日本的殖民统治也迫使更多的朝鲜人迁入中国东北，到1925年，在东北的朝鲜人

---

[1] 黄今福：《浅谈近代延边地区的水田开发》，延边历史研究所编《延边历史研究(1)》，1986年，第195—208页。
[2] 千寿山：《吉林省朝鲜族的迁入》，金泽主编《吉林朝鲜族》，吉林人民出版社1993年版，第6页。
[3] 参见崔厚泽《英明的政策　辉煌的历史》，延边人民出版社1997年版，第7页。

增加到53万多人。① 到1930年，居住在中国东北的朝鲜移民进一步达到607119人。②

但就日本的"大陆政策"而言，侵占中国东北是其中的重要环节。日本从地缘政治方面考虑，也必然加紧向中国东北的渗透。当时中国国民政府出于充实边疆的需要，也一度采取鼓励移民的政策，鼓励关内的汉族移民东北。这在某种程度上又刺激了日本的侵略活动。在无法对东北实施军事占领情况下，日本通过"换位移民"政策使大量朝鲜人移居中国东北，以便为下一步占领东北创造条件。正如田中在评价华盛顿体系时所言："益以华盛顿会议成立九国公约，我之满、蒙特权及利益，概被限制，不能自由行动；我国之存立随亦感受动摇。此种难关，如不极力打开，则我国之存立即不能巩固，国力自无由发展矣。矧满、蒙之利源，悉集于北满地方，我国如无自由进出机会，则满、蒙富源，无由取为我有，自无待论；即日、俄战争所得之南满利源，亦因九国公约而大受限制。因而我国人民不能源源而进，支那人民反如洪水流入，每年移往东三省者，势如万马奔腾，数约百万人左右。甚至威迫我满、蒙之既得权，使我国每年剩余之八十万民，无处安身。"③ 因此，我们不难理解，日本在吞并朝鲜后，就开始迫不及待地制订并实施向东北移民渗透的计划。换言之，日本是想通过朝鲜移民与中国展开地缘争夺，毕竟这时的朝鲜人已经成为日本的"帝国臣民"。

总之，日本积极推行"大陆政策"，加强在朝鲜半岛的殖民统治，

---

① 参见［韩］李承律《东北亚时代的朝鲜族社会》，崔厚泽译，世界知识出版社2008年版，第62页。
② 参见许玉秀《历来朝鲜族人口浅析》，权立主编《中国朝鲜族史研究》，延边大学出版社1994年版，第275—290页。
③ 王绳祖主编：《国际关系史资料选编》上册第二分册，武汉大学出版社1983年版，第576页。

在客观上迫使朝鲜边境地区的居民移居中国东北。同时日本出于地缘政治方面的考虑，也积极通过"换位移民"促使朝鲜人移居中国东北，以便为下一步扩大对中国的侵略创造条件。

"九一八"事变后，日本很快占领了整个东北，并扶持清废帝溥仪建立伪"满洲国"。从地缘上来看，伪"满洲国"东连朝鲜半岛，西接蒙古地区，北临苏俄的西伯利亚和远东地区。因此，日本占领中国东北，建立伪"满洲国"，在很大程度上是出于地缘政治方面的考虑，同时也符合日本的"大陆政策"。日本借此把其本土与朝鲜半岛和中国东北连在一起，为下一步的"满蒙"计划创造条件。接着，日本就可以通过伪"满洲国"，向南进攻中国腹地，向北进攻苏联的西伯利亚和远东地区。正是出于这种地缘战略上的考虑，日本关东军在中苏、中蒙边境线上先后修建了东宁、虎头、海拉尔等十几个要塞。虎头要塞位于伯力和海参崴的中心点，是扼制苏联远东乌苏里铁路的咽喉，同时它又是远东苏军进入东北腹地的捷径通道。因此，日本关东军修建要塞的目的在于，以此作为进攻苏联的战略基地，也可以作为防御苏军南下的堡垒。正是由于中国东北地区的重要地缘战略位置，日本的"大陆政策"非常重视满蒙地区，甚至把它看作维系日本生存的重要地区。

"七七"事变后，中国的全面抗战爆发。伪"满洲国"的稳定不仅直接关系到日本在华的整个战局，而且在经济上可以成为日本在华战争的物资供应基地。早在1936年，日本就炮制出一个针对伪"满洲国"的《治安肃清三年计划》。为配合治安肃清计划，日本实施大规模向东北移民的计划，移民包括日本人和朝鲜"开拓民"。根据该计划，日伪军分三个阶段围剿抗日联军，重点在北满三江、东边道和间岛地区。而这三个地区到后来成了日本移民、朝鲜开拓民入殖的重点地区。攻占南京后，日本的侵略野心迅速膨胀。这时日本政府内出现了"北进"和"南进"战略的争论。1938年11月，日本正式提出"东亚新秩序"战略，目的是以"日满支"为主体，进一步以中国大陆为基础向东南亚甚至南亚地区扩张，进而确立日本在东亚地区的霸权。同时，日本在1938年和1939年先后挑起"张鼓峰事件"和"诺门坎事件"，试探性地进行"北进"。只是由于这两次进攻的失败，才使得日本暂时放弃了"北进"计划。同时由于苏联的强大军事力量，也使日本不得不对苏军的南下进攻战略有所防备。

德国吞并西欧以后，也在很大程度上刺激了日本更大的侵略野心。1940年7月，日本又进一步提出"大东亚共荣圈"计划。当时的日本外相松岗洋右称之为"以日满华集团为其中一个环节的大东亚共荣圈"①。无论是日本的"北进"计划，还是"南进"战略，都不能不考虑伪"满洲国"在东北亚地缘政治中的重要战略位置。如果实施"北进"计划，"满洲"可以作为进攻苏联的桥头堡；如果实施"南进"计划，满洲不仅作为进攻的后方基地，还可以作为防御苏联南下的防御屏障。因此，日本在地缘上非常重视伪"满洲国"的战略位置。同时，由于日本是一个岛国，资源贫乏，难以支撑长期的大规模战争。它只能步步为营，"以战养战"。日本为加强对伪"满洲国"的控制，不仅需要大量的军事部署和牢固的防御工事，更需要"帝国臣民"来这里开拓疆土，开发农业，以便为日本的军事战略提供物资保障。为此，日本继续向满洲实施农业移民计划，同时还继续推动朝鲜"开拓民"计划。该计划不仅从经济上可以为开发"满洲"提供廉价劳动力，还可以为日本开拓民提供更多的佃农。

---

① 雷国山：《日本侵华决策史研究：1937—1945》，学林出版社2006年版，第37页。

1932年，日本就开始在"满洲"推行农业移民政策。而移民方案主要针对日本人，当时日本关东军对朝鲜人移民东北采取听之任之的政策。但朝鲜总督积极推动朝鲜人移民，借以缓和朝鲜的国内矛盾。再加上日本政府限制朝鲜人移民日本，客观上促使朝鲜人移民中国东北。后来，关东军出于稳定伪"满洲国"统治秩序的目的，支持朝鲜人移民东北。随后，日本在华的其他机构，如满铁、东亚劝业社等，也都制订了朝鲜移民计划。为了执行所谓"满洲农业，日本工业"产业战略，日本于1936年制订了20年内向中国东北移民100万户的计划。由于在日本国内执行这一计划时遇到挫折，日本政府转而在殖民地朝鲜执行该计划。日本殖民当局通过欺骗、高压等多种手段，强迫朝鲜"开拓民"迁入中国东北。不可否认，这个时期仍有一部分朝鲜移民是自由迁入的。但考虑到当时东北地区处在日本法西斯铁蹄之下，绝大部分朝鲜移民都是通过日本殖民机构进入东北的。表4-2是1934—1942年移居吉林延边地区各县的朝鲜移民人数。

表4-2　1934年至1942年伪"间岛省"各县朝鲜族人口统计[1]

单位：人

年份 地区	1934	1935	1936	1937	1938	1939	1940	1941	1942
伪"间岛省"	438297	452246	479609	473526	521117	548717	582427	619208	622227
延吉县	239507	—	260171	234149	249230	256786	—	308188	307492

---

[1] 崔昌来、朱成华、金维民主编：《延边人口研究》，延边大学出版社1992年版，第5页。

续表

年份地区	1934	1935	1936	1937	1938	1939	1940	1941	1942
和龙县	104713	—	113712	116817	115508	121345	—	116496	112359
汪清县	39907	—	40241	52227	78437	85793	—	114089	118965
珲春县	51112	—	62615	62969	64728	65264	—	62898	64724
安图县	3058	—	2870	7364	13214	19531	—	17537	18687

"七七"事变后,为了把"满洲"变成扩大战争的后方基地和粮食供应地,日本将朝鲜移民区从23个县扩大到39个县;并通过"集团移民""集合移民""分散移民"等多种形式,将更多的朝鲜移民驱赶到东北。1939年,日本决定把整个东北作为朝鲜移民区。1939年12月,日本内阁会议发布满洲移民政策的最高"法典"《满洲开拓政策基本纲要》,规定日本开拓民的使命,"不仅仅局限于经济方面,还要成为帝国建设东亚新秩序的基石"[1]。

从1941年6月,日本正式将朝鲜移民改称为朝鲜"开拓民"。日本不仅借此加强对朝鲜移民的控制,而且进一步扩大移民数量,以满足其进一步扩大战争的需要。根据日本人高崎宗1996年出版的《中国朝鲜民族移民历史、生活、文化、民族教育》的统计,1937年东北有朝鲜移民931620人,1942年有1511570人,1945年有2163115人。[2] 如果照此计算,从太平洋战争爆发到抗日战争结束,大概有65万朝鲜人移居中国东北地区。尽管各种资料对朝鲜族移民中国东北的

---

[1] 孙春日:《中国朝鲜族移民史》,中华书局2009年版,第507—508页。
[2] 参见孙春日《满洲国时期朝鲜开拓民研究》,延边大学出版社2003年版,第298页。

统计有很大差异，但考虑到当时伪"满洲国"处在日本的控制下之下，日本学者统计的这些数字应该是较为可靠的。

抗日战争结束后，大约有100万朝鲜人回到朝鲜半岛上。但仍有近130万朝鲜移民留在了中国。① 新中国成立前夕，第一届中国人民政治协商会议正式承认了当时居住在东北的朝鲜人从开拓民、侨民转变为主人。从此"朝鲜人"变成了"朝鲜族"，正式拥有了中国合法公民的身份。为充分体现中国共产党一贯倡导的民族平等政策，1952年在朝鲜族聚居地区成立了延边朝鲜族自治州。中国朝鲜族和朝鲜的朝鲜人，以及韩国的韩国人，都有着血缘关系，在语言、文化、民族意识和民族认同方面具有同源性。因此，朝鲜族也成为我国东北地区的一个跨界民族。

从中国朝鲜族跨界民族的形成与发展过程来看，它主要是近代以来朝鲜人向中国东北大规模移民的结果。从19世纪中期开始流向中国东北地区的朝鲜移民浪潮，一直持续到抗日战争结束。这期间形成三个移民高潮：从1860年至1910年，是朝鲜人自由迁入东北的第一个阶段；从1910年至1930年，是朝鲜人迁入东北的第二阶段；从1931年至1945年，是朝鲜人迁入东北的第三阶段。② 无论朝鲜人是在清政府的"实边"政策下自由迁入，还是在日本吞并朝鲜后被动迁入，抑或是在日本执行"大陆政策"过程中被裹挟着迁入，都与这个时期东北亚地缘政治的急剧变动有很大的联系。因此，近代东北亚地缘政治的变迁对中国朝鲜族跨界民族的形成过程产生了重要影响。

---

① 参见林婷姬《中国朝鲜族与在日朝鲜人社会比较研究》，延边大学出版社2010年版，第120页。
② 参见［韩］李承律《东北亚时代的朝鲜族社会》，崔厚泽译，世界知识出版社2008年版，第61—65页。

二 冷战时期中国朝鲜族与朝韩的交往

第二次世界大战结束后，美苏战时同盟关系很快破裂。在战争中壮大起来的两个大国很快展开全球性的地缘争夺。在东亚地区，美苏两国争夺最为激烈的地方之一就是东北亚地区，尤其是东北亚的核心地带朝鲜半岛。中国地处东亚地区，处在亚洲大陆与太平洋交汇之处，与朝鲜半岛紧密相连。由于历史的原因，特别是自古以来形成的以中国为中心的东亚朝贡体制，使中国与朝鲜之间形成唇齿相依的关系。因此，在新的国际格局下，"鉴于中国独特的地缘战略地位和中国革命的性质，中国不可能像印度一样置身于冷战的旋涡之外，而只能成为美苏争夺的'中间地带'。在美苏冷战的激烈较量中建立起来的'一穷二白'的新中国，当时尚没有完全奉行独立自主对外政策的实力基础，依其意识形态属性，中国对外战略的选择只能实行'一边倒'，即倒向苏联，倒向社会主义阵营，参与集团对抗，站在东西方两大阵营对垒的前沿阵地"[①]。新中国成立后，在外交上采取"一边倒"的政策，加入以苏联为首的社会主义阵营，并与苏联签订《中苏友好互助同盟条约》。不久，东西方之间的"冷战"对峙状态不断加剧，"冷战"最终演变成为一场"热战"，朝鲜半岛成为这场热战的主要战场。朝鲜战争结束后，朝鲜半岛成为亚洲"冷战"对峙的最前沿，东北亚地缘政治也因此而发生改变。在冷战格局下，朝鲜半岛分裂为两个相对立的政权，其背后是东西方两大集团。以至于"遏制之父"乔治·凯南认为，"在我们的世界政治地图上，朝鲜是两个最有

---

① 朱听昌：《中国地缘战略地位的变迁》，时事出版社2010年版，第135页。

爆炸性和最危险的地带之一,另一个地带则是中东"①。为加强美国为首的西方在亚洲的战略遏制力量,美国主导1951年的对日媾和活动,随后美日又签订《美日安全保障条约》,1954年两国又签订了共同防御协定。同时,美国先后与中国台湾地区和韩国建立军事同盟关系。杜鲁门政府的东北亚政策给朝鲜、中国、苏联造成很大威胁,促使三国之间加强合作。1950年,中国与苏联、朝鲜与苏联、朝鲜与中国之间分别签订了互助条约。"东北亚两极格局的冷战局面最终形成,东北亚成为世界上最不稳定的地区之一。"②

随着东北亚冷战格局的形成,朝鲜半岛南北分裂的局面最终确立。这使中国的朝鲜族产生了思想认识上的某种混乱。从理论上讲,在新中国成立以后,不仅确立了民族自治政策,使朝鲜族的身份得到新政府的承认,从而使他们成为中国公民,而且还在他们的聚集区成立了民族自治州和民族自治县。"一定的民族特征产生、存在于一定的社会实践。但是由于民族历史的发展的内在不平衡,即在自然环境、族际关系以及民族内部结构等多种变量的制约下,同一民族其内部各部分之间的演化速率、发展取向以及民族及其文化对不同生存环境所做出的生态适应性与选择往往不尽相同。"③ 中国朝鲜族作为一个跨界民族,在其移民中国的最初阶段就已经成为一个现代民族。他们在继承民族传统文化的基础上,在新的环境下积极吸收中国文化,形成了一种新的民族文化。在党的民族区域自治政策的保护下,朝鲜族积极发展民族教育和文化,使传统文化得以继承和发展。正是由于对

---

① [美]乔治·F.凯南:《当前美国对外政策的现实——危险的阴云》,商务印书馆1980年版,第109页。
② 孟庆义等:《朝鲜半岛:问题与出路》,人民出版社2006年版,第35页。
③ 马曼丽、张树清:《跨国民族理论问题综述》,民族出版社2009年版,第29—30页。

传统文化的继承，使得他们始终保持与朝鲜半岛的联系。朝鲜战争结束后，朝鲜半岛确立了南北分裂的局面。在冷战局势下，韩国成为美国在亚洲实施遏制战略的重要基地，中韩关系几乎断绝，中朝关系却非常密切。在这种地缘政治的影响下，中国朝鲜族对外交流的范围主要限于北部的朝鲜民主主义人民共和国。"即使出身于朝鲜南部的朝鲜族，在政治立场上也不认同韩国，也不能同韩国的亲属保持任何联系。"①

从地缘政治的视角来看，冷战实际上就是美苏两个超级大国在全世界展开的地缘争夺。不仅欧亚大陆的心脏地带成为它们争夺的重点，甚至欧亚大陆东部的边缘地带也成为争夺的重要目标。中国东部和东南沿海地区一直受到美国在海洋上的封锁，海上地缘形势非常不利。而到20世纪50年代末，由于苏联对其他社会主义国家采取大国沙文主义的做法，甚至推行霸权主义并对中国提出一些无理要求。1958年4月，苏联国防部部长马利诺夫斯基写信给中国国防部部长彭德怀，提出在中国南部合资建设一座新的大功率长波电台，苏方出资百分之七十，中方出资百分之三十，建成后由双方共同使用。中国方面认为，中苏两国都需要这样的长波电台，但不能搞合资的形式，可由苏联提供技术和设备，所需资金完全由中国支付，建成后所有权归中国，苏联可与中国协商使用。最后，苏联同意了中国的要求并签署了有关技术协定。就在这一年的6月，周恩来同志给赫鲁晓夫写信，希望苏联在海军技术方面向中国提供援助。7月，苏联政府在认真研究了中国的请求后，提出了建议：由于苏联自然条件限制，不利于潜艇部队作用的充分发挥，最好由苏联和中国建立一个共同的潜艇舰

---

① 朴婷姬：《中国朝鲜族与在日朝鲜人社会比较研究》，延边大学出版社2010年版，第148页。

队。该建议遭到毛泽东愤怒拒绝后,赫鲁晓夫到中国来专程向毛泽东解释,并收回了自己的提议。但是中苏两党的分歧却在一些具体问题上越来越大,并逐步导致两国关系出现裂痕。

在东部海洋地缘环境和北部陆上地缘环境都非常不利的情况下,20世纪60年代的中国又陷入内部极度困难之中。狂风暴雨般的"大跃进"和人民公社化运动席卷全国,连续三年的大规模自然灾害造成中国经济的严重衰退。而恰在此时,苏联又单方面撕毁合同,撤走在中国的全部专家,并同时要求中国归还在朝鲜战争期间欠他们的债务。对深陷困难中的中国来说,苏联背信弃义的做法无异于雪上加霜。就在这种不利的国内国际环境下,1961年春季,中国东北不断发生大量朝鲜族边民非法越境进入朝鲜的事件。而此时朝鲜政府对非法越界的朝鲜族采取纵容的态度,不仅在中朝边境地区设立许多的接待处,还积极地为越界的朝鲜族人安排工作。为了维护中朝两国的良好政治关系,共同对付苏联的大国主义和霸权主义,中国政府明知朝鲜的做法违背了两国已经达成的相关协议,还是采取了不予追究的容忍态度。因为当时中国西南边陲也正在面临一场边界危机,那就是中印边界冲突。

中印边界冲突在很大程度上牵制了中国在西南地区的力量。蒋介石国民党政府不断在东南叫嚣"反攻大陆",给我国东部造成很大的安全威胁。而就在这个时期,朝鲜向中国提出了协商解决边界划分的问题。本来中国领导人认为,中朝两国有着深厚的革命友谊,两国之间如同兄弟一般,两国边界的划分也不是什么大问题。正如当时接见朝鲜驻华大使韩益洙的中共中央总书记邓小平所言:"我们兄弟国家之间,本来不应该办外交,应该是内交。……我们是同志关系,办内交，不办外交，完全是同志关系。"① 在周边地缘政治环境极为不利的形势下，中国在边界问题上向朝鲜作出一些让步，也是在所难免。

中苏之间的分歧越来越大，终于引发两国的边界冲突——珍宝岛战役。至此，中苏关系完全破裂，苏联在中苏边境上陈兵百万，并联合印度、越南等国共同压制中国。同时，由于苏共领导人勃列日涅夫上台后积极改善与朝鲜的关系，以便使朝鲜改变原来在中苏之间偏向中国的立场，以此争取朝鲜来对付中国。② 在苏联的积极推动下，苏朝关系迅速升温。1965年2月，苏联部长会议主席柯西金访问朝鲜，双方重申与强调《苏朝友好互助条约》和苏朝友谊的重要性。朝鲜派代表团随后出席了苏共二十三大。5月，苏联与朝鲜签署了一项军事援助协定，莫斯科恢复对朝鲜的军事援助。1966年2月，朝苏签订《1966—1970年经济与技术合作协定》。1967年，苏联又同朝鲜签署了有关提供军事和经济、技术援助的协定。

苏朝关系的发展很快影响到中朝关系。从1965年开始，中朝就在边界问题上多次发生争端。再加上随后中国开始了"文化大革命"，不仅对中国的社会政治生活和经济建设都是一场灾难，而且严重影响了中国的对外政策和外交关系。1968年，中国方面曾一度关闭中朝边界的中方通道。1965—1969年，中朝两国没有签订新的文化与经济合作协定，也没有高层领导人的互访，朝方甚至召回了其驻华大使。中朝关系的不断恶化，使中国东北方向的地缘政治环境更加不利。

应该说，"文化大革命"不仅是中国内部的异常动乱，它还深刻

---

① 邓小平接见韩益洙谈话记录，1962年4月30日，外交部档案（106 - 01380 - 18），第61—66页。转引自沈志华、董洁《中朝边界争议的解决》，《二十一世纪》2011年4月号，第34—51页。

② 参见刘金质等《中国与朝鲜半岛国家关系文件资料汇编（1991—2006）（上）》，世界知识出版社2006年版，第9页。

影响了当时中国的对外政策。夏立平这样评论"文化大革命"对我国对外政策的影响,"1966年中国开始'文化大革命'后,其对外政策转为反帝、反修、反对各国反对派,除了认为阿尔巴尼亚、越南等少数几个国家是友好国家外,对外几乎采取反对一切的态度。这使中国在外交上和地缘政治上都非常孤立和被动"①。在极为不利的周边地缘环境下,中国的民族政策也因受到"左"倾思想的严重影响而大打折扣。中国朝鲜族与朝鲜民主主义人民共和国的联系也被迫中断,只能生活在相对封闭的环境中。

从1969年年底到1970年年初,由于美国实力地位下降,有意利用发展对华关系改变在对苏关系中的不利局面。1972年2月,美国总统尼克松访华,标志着中美苏大三角关系形成。中国对外关系和地缘政治中的被动局面有了很大改善,中朝关系也很快恢复正常。但由于中苏关系在珍宝岛战役后极度恶化,朝鲜在中、苏之间采取"等距离"外交。"应该说从60年代末70年代初开始,朝鲜在处理同中国和苏联关系时采取了更为明显的自主中立的政策,努力同时与苏联和中国保持正常的良好关系。"② 在中美关系正常化的影响下,中韩关系也得到一定的改善。1973年6月23日,韩国总统朴正熙发表了《有关和平统一外交政策的特别声明》,其中强调韩国要在"平等互惠"的原则下向一切国家实行门户开放政策,包括苏联和中国在内,不论其意识形态和社会制度是否存在差异。③ 尽管当时中国政府对韩国方面种种改善关系的信号并未能作出积极的回应,但这个时期的中韩之间在发展非政治关系方面还是取得了一些进展。1974年9月,中韩两

---

① 夏立平:《中国国家安全与地缘政治》,中国社会科学出版社2013年版,第22页。
② 刘金质、张敏秋、张小明:《当代中韩关系》,中国社会科学出版社1998年版,第46页。
③ 刘金质、张敏秋、张小明:《当代中韩关系》,第73页。

国建立了邮电通信联系。在周边地缘环境得到改善的基础上，中国朝鲜族不仅逐渐与朝鲜民主主义人民共和国恢复了联系，而且从1975年开始，居住在中国的韩国侨民或朝鲜族居民可以到韩国探亲访友，持有韩国官方护照的人也可以到中国参加各种国际会议或从事各种训练等。[①] 中韩民间关系的改善，为以后中韩建交奠定了坚实的基础，也为后来韩国企业大量投资中国创造了条件。

三 中国朝鲜族的流动

自20世纪八九十年代以来，经济全球化席卷世界各地。在新的国际环境下，地缘因素在国际关系中的作用形式也发生变化。也就是说，地缘政治的地位相对下降，地缘经济的地位上升。在地缘政治时代，以军事为主要手段，以争夺地缘政治空间优势为目标的时代。而在地缘经济时代，以科技为先导，以经济为主要手段实现国家利益。地缘经济的主要表现是，以经济实力和科技实力为基础的综合国力的竞争与较量。其中包括战略资源、资本投资、国际贸易、金融服务、信息技术、跨国公司、世界市场、高科技等主要内容，并以国家利益、经济安全、经济主导权为主要目标。[②] "区域集团化和区域经济一体化趋势为地缘经济的兴起与发展奠定政府决策行为基础。"[③] 为了应对经济全球化所产生的负面影响，提高国际的经济竞争力，许多国家都致力于区域经济一体化。即使在冷战遗留问题最多的东北亚地区，各国也开始致力于区域经济一体化。尤其是中、日、韩三国，在各自

---

① 参见杨军、王秋彬《中国与朝鲜半岛关系史论》，社会科学文献出版社2006年版，第247页。
② 参见韩银安《地缘经济学与中国地缘经济战略》，世界知识出版社2011年版，第46页。
③ 张丽君：《地缘经济时代》，中央民族大学出版社2006年版，第52页。

与东盟的合作中获得了进一步加强三方合作的动力和压力。从全球地缘经济的视角来看，经济全球化也在一定程度上加剧了国家之间的经济竞争。中、日、韩三国均与欧洲、美国有着广泛的贸易往来，西方贸易保护主义的不断加强，也使得处于东北亚的三国有必要加强地缘经济合作，推动了区域经济集团化趋势的发展。

早在20世纪90年代初，东北亚各国就开始致力于地缘经济的合作。随着冷战的结束，东北亚的地缘政治关系得到很大改善。俄中两国先后与韩国正式建交，同时朝日建交谈判也在艰难中摸索前行，这些都在一定程度上使东北亚国际关系趋向缓和。在金大中政府的积极努力下，韩国推行"阳光政策"，推动朝韩民族和解，大大地缓和了朝鲜半岛的紧张局势。同时，在经济全球化的推动下，各国把发展经济作为主要的利益价值目标，以追求综合国力的增长作为国家的长期战略目标。这也在很大程度上改善了东北亚的地缘关系。各国先后提出过地方性和次区域性经济合作设想，其中包括"环日本海经济圈""环黄海经济圈""图们江国际合作开发"等经济发展构想。在这同时世界地缘经济的重心也开始发生转移，从欧洲转向亚洲。进入21世纪以后，亚洲经济的发展愈加显示出迅猛的势头。以东盟为核心的自由贸易区建设取得重大进展，中国—东盟自由贸易区已经启动，日本、韩国与东盟的自由贸易区谈判也在进行之中。2012年3月，美韩自由贸易协定正式生效。同时，中韩贸易区谈判也在有条不紊地进行。在这种大背景下，甚至一向坚持"锁国政策"的朝鲜民主主义共和国也将其罗津和先锋地区划为经济特区，以适应东北亚地区多边合作发展的需要。[①]

[①] 参见刘清才、高科《东北亚地缘政治与中国地缘战略》，天津人民出版社2006年版，第26页。

在中国实施改革开放政策之初，就把增强本国综合国力和谋取经济利益摆在国家战略的最优先位置，利用自身的地缘优势发展对外经济关系。进入21世纪，中国开始实施"走出去"战略，对外开放已经形成四面开花之势。在东北方向上，中国政府在2003年开始实施"振兴东北老工业基地"战略。在促进东北地区加速发展的同时，扩大该地区的对外开放。并结合长吉图地区开发开放，推动中国东北地区与俄罗斯远东地区的合作，把沿海沿边开放和境外资源开发、区域经济合作、承接国内外产业转移结合起来，支持符合条件的地区建设边境贸易中心、经济合作区、出口加工区、进口资源加工区。利用境外港口开展内贸货物跨境运输合作，推进黑龙江、吉林江海陆海联运通道常态化运营。积极探索海关特殊监管区域管理制度创新，加快推动以大连大窑湾保税港区为核心的大连东北亚国际航运中心建设，抓紧建设好绥芬河综合保税区和沈阳保税物流中心，促进东北地区保税物流和保税加工业的发展。

在中国的地缘经济战略中，积极发展与东南亚和东北亚国家的合作仍是对外经贸合作的重心。在东北亚地区，中国积极利用以东盟为平台的"10＋3"框架，促进东北亚各国加快经贸合作。自2002年中、日、韩领导人首次提出建立三国自由贸易区设想后，经各方政府、企业界、学术界的努力，终于在2012年正式启动中、日、韩自由贸易区谈判。在此之前，中、韩自由贸易区谈判也已经开始启动。到目前为止，中国的地缘战略经济已经形成三个层次的基本框架：在全球层面上，美国和欧盟是中国的主要贸易伙伴；在亚洲层面上，韩国、日本、东盟是中国在亚洲层次上的主要地缘经济空间；中国台湾、香港、澳门则是在自然经济区域层次上的主要地缘经济空间。①中国的经济总量已位居世界第二,但是要真正成为世界经济强国,除了拓展全球地缘经济空间外,更要积极整合亚洲地缘经济空间,把中国的经济腾飞与亚洲的经济复兴融合在一起。2010年1月1日,中国—东盟自由贸易区正式全面启动。该自贸区涵盖11个国家,19亿人口,GDP达6万亿美元,占到世界贸易的13%,是目前世界人口最多的自贸区,也是发展中国家间最大的自贸区。中国下一步的周边地缘战略选择仍应借助东盟这个舞台,通过完善"10+3"机制,积极推动东北亚中、日、韩自由贸易区谈判,在亚洲地区拓展更大的地缘经济空间。

随着冷战的结束,东北亚的地缘政治关系得到很大改善,不仅俄韩之间、中韩之间都正式建交,朝日之间开始建交谈判,而且朝鲜半岛南北关系也逐渐得到缓和。同时,经济全球化的趋势也在日益发展中,各国转向以追求综合国力为主的竞争轨道上来,发展经济成为各国追求的重要目标,这也在很大程度上改善了东北亚地缘关系。甚至有学者认为,在全球化的推动下,地缘政治开始让位于地缘经济。虽然这种观点还有待于观察,有待于实践的验证,但却在某种程度上反映了当今国际关系中的一种现实。在东北亚地区,各国都致力于经济的发展,尤其是进入21世纪以后,东北亚地区的经济不仅呈现迅速增长的势头,而且区域经济贸易合作也在稳步推进中。以东盟为核心的自由贸易区建设取得重大进展,中国—东盟自由贸易区已经启动,日本、韩国各自与东盟的自由贸易区谈判也在进行之中。美韩自由贸易区也在2012年年初启动,中韩贸易区谈判也在有条不紊地进行。

---

① 参见潘忠岐、黄仁伟《中国的地缘经济战略》,《清华大学学报》(哲学社会科学版)2008年第5期。

只是由于中、日、韩三国间的种种矛盾问题,使得自由贸易区谈判进展缓慢。

虽然如此,中韩、中日、日韩之间都是重要的贸易伙伴,尤其是中韩经贸关系发展迅速。经历了 20 世纪末的亚洲金融危机后,中韩经贸往来迅速上升。到 2004 年,中国就已经超过美国,成为韩国的第一大贸易伙伴,韩国也成为中国的第三大贸易伙伴。[①] 2007 年,中韩双边贸易额达到 1450 亿美元。2008 年,虽然遇到全球金融危机的冲击,但由于中韩两国建立战略合作伙伴关系,双方的贸易仍继续稳步增长,全年贸易额达到 1861 亿美元。比上年增长 16%。2010 年,中韩双边贸易额达到 2072 亿美元,同比增长 32.6%;2011 年中韩双边贸易额达到 2206.31 亿美元,同比增长 17.1%。中韩两国在经济上有很大互补性,又有相近的地缘关系。所以随着双方经贸关系的日益密切,其人员交流、旅游、留学等人文交流也不断扩大。2011 年 4 月,韩国总理金滉植访问中国时表示,希望两国进一步深化经贸领域里的交流与合作,使双边贸易额在 2015 年达到 3000 亿美元。[②]

俗话说,近水楼台先得月。在经济全球化的背景下,跨界民族还充分利用地缘和人缘优势,或者出国谋生,获得发财致富的机会,或者跟随外资企业,到国内的大城市或沿边沿海的开放城市,从事翻译、服务、家政等工作,更多的是到外资企业中打工。在这方面,中国朝鲜族起到了非常突出的作用。朝鲜族主要居住在我国东北地区,随着中韩建交,中韩经贸关系迅速发展起来。朝鲜族抓住历史机遇,充分利用地处中朝边境地区的有利条件,自 20 世纪 90 年代中期开始

---

① 参见崔志鹰、朴昌根《当代韩国经济》,同济大学出版社 2010 年版,第 274 页。
② 参见《韩国总理:期待韩中贸易额在 2015 年达到 3000 亿美元》,新华网,http://news.xinhuanet.com/。

到韩国经商、打工，在推动中韩贸易往来的过程中起到独特的积极作用。同时，更有许多朝鲜族人随韩国企业到国内的北京、上海、广州等大城市，或者到辽东半岛、山东半岛的韩国企业中打工，或者在韩国人生活的地区从事各种生活服务，为韩国人提供生活便利。根据金炳镐的研究结果，随着韩国对华投资和贸易日益增多，朝鲜族利用其同一民族、语言相近等优势，积极参与了与韩国的经贸交流，充当了中韩交流的使者。他们从事的职业主要有：翻译、导游、国内贸易和旅游及外事领域，联系对韩业务，担任韩方企业代理或在韩资企业当职员。还有一些人经营以韩国人为对象的餐饮娱乐业等。①

中国实行改革开放政策，在韩国企业进入中国之初，对华投资的企业数量较少，他们依靠中国的朝鲜族亲戚，或者经过亲戚的介绍进入朝鲜族聚集区。在韩国企业探索者进军中国市场的过程中，由于中韩文化的差异，韩国企业不敢进入中国内地。随着中韩关系的不断发展，韩国企业把具备中韩双重文化性质的朝鲜族当作中介，开始进入中国内地。在韩国企业进入内地的过程中，中国朝鲜族起到了重要的中介作用。② 中韩建交后，大量朝鲜族人也跟随韩国企业进入内地，继续充当中介的角色。同时，大量朝鲜族人利用与韩国人的血缘、亲缘关系，以及语言相通、文化相近等有利条件，在中韩交往中架起了一道重要桥梁。他们积极开展对外交流与合作，发展特色经济，不仅挣来了大量外汇，而且开阔了视野，冲破了半封闭的状态，生活水平和生存环境都有了很大改善。中俄关系恢复正常化以后，朝鲜族利用地理上靠近俄国远东地区的便利条件，以及与俄罗斯远东地区的朝鲜

---

① 参见金炳镐、肖锐《中国民族政策与朝鲜族》，中央民族大学出版社2011年版，第168页。

② 参见［韩］李承律《东北亚时代的朝鲜族社会》，崔泽厚译，世界知识出版社2008年版，第205页。

人的血缘关系，积极参与对俄经贸活动，进出俄罗斯，对于加强东北地区与俄罗斯远东地区的贸易起到了重要作用。根据延边朝鲜族自治州外事处的统计，1991—1994年间，该州有近3万人次去过俄罗斯。① 到20世纪90年代中期，在朝鲜族中掀起了一股外出打工经商的高潮。他们的目的地是韩国，或者国内韩资企业集中的沿海城市或大城市。据估计，到1996年9月，到过韩国打工的朝鲜族不下20万人次，其中在韩国做过劳务的人至少有10万多人次。②

进入21世纪，随着中国加入世界贸易组织（WTO），对外开放的程度进一步扩大，中韩之间的地缘经济关系也更加密切。中国朝鲜族也因此获得了更大的发展机遇。不仅有更多的朝鲜族人口到韩国打工或经营，而且随着韩资企业大量落户辽东半岛和山东半岛，以及京津塘地区，大量朝鲜族青年学生纷纷聚集在这些地方。2000年以后，大量韩国企业投资山东半岛，青岛、威海、烟台等地出现大量韩资企业。青岛的韩资企业现在有1000多家，威海和烟台也都有数百家韩资独资、合资企业。据统计，在青岛、烟台、威海等地区为中心落脚的韩国人有12万多人，而就职于韩国企业的朝鲜族人约有3万多人。约有5000多朝鲜族大学毕业生在韩国企业中从事事务性工作。③ 在大批走出国门的朝鲜族人中，有的随韩资企业去俄罗斯、日本甚至欧美国家，但更多的去了韩国。他们在海外挣得的工资远高于国内，从国外挣得大量外汇。据统计，1995年延边州的外汇储存总额达8600万

---

① 参见林今淑《对中国朝鲜族"出国热"的思考》，金东河主编《中国朝鲜族文化现状研究》（朝鲜文），黑龙江朝鲜民族出版社1995年版，第139页。
② 参见《黑龙江新闻》（朝鲜文），1996年9月14日。转引自金炳镐、肖锐《中国民族政策与朝鲜族》，中央民族大学出版社2011年版，第163页。
③ 参见［韩］李承律《东北亚时代的朝鲜族社会》，崔厚泽译，世界知识出版社2008年版，第207页。

美元。改革开放二十年，延边地区派往海外的劳务人员达到4.1万余人。[①] 进入21世纪以后，更多的朝鲜族人到韩国打工经商。根据2006年6月韩国行政自治部的统计，在韩国居住90天以上的外国人有53万人，其中朝鲜族17万人，占全部外国人的31.7%。[②] 由于朝鲜族具有中国文化和朝鲜族文化双重文化功能，也便利了他们随韩国企业来到世界各地从事第三产业。据估计，到2005年年底，流向国外的朝鲜族人口为25万以上。而2004年延边州12.5万名从事海外劳务的朝鲜族人，通过银行从国外汇回的外汇金额达7.4亿美元。[③] 而同期辽宁省也有约10万朝鲜族人生活在国外。[④]

总之，在经济全球化的局势下，由于地缘因素的作用，尤其是中韩建交，给中国朝鲜族带来发展的机遇。根据调查，2005年延边州的人均储蓄额1.5万元，比同期全国人均1.16万元的储蓄高出了3400元。但是，朝鲜族的海外劳务活动给他们带来的不仅是丰厚的金钱收入，而且还有精神上的收获。正如金炳镐所言，朝鲜族的人口流动是全民族性的，其目的不完全是摆脱贫困，而是追求更高的生存和生活质量，基本上属于"发展型外出"[⑤]。在地缘因素的作用下，全民族性的外出流动，改善了朝鲜族的生活水平和生活环境。他们不仅获得了较高的经济收入，而且精神面貌也大为改观，视野比以前开阔了，思想也比原来开放了，包括就业在内的各种观念也发生了很大改变。

---

① 参见朴承宪《改革开放与延边经济》，延边教育出版社2000年版，第65—72页。
② 参见《居住在韩国的外国人达53万名》，黑龙江新闻网，http://www.hljnews.cn/。
（访问时间：2006年6月11日）
③ 参见《金镇吉州长的报告》，《延边日报》2005年2月18日。
④ 参见[韩]李承律《东北亚时代的朝鲜族社会》，崔厚泽译，世界知识出版社2008年版，第164页。
⑤ 金炳镐、肖锐：《中国民族政策与朝鲜族》，中央民族大学出版社2011年版，第167页。

但是，经济全球化是一把双刃剑。作为经济全球化的集中表现，区域经济一体化同样对于跨界民族的影响也是多方面的。在东北亚地缘经济的发展中，朝鲜族既获得了发展的机遇，也面临许多严峻的挑战。其中最突出的是，由于朝鲜族在发展地缘经济中表现出过度的流动性，以及由此产生的许多社会问题，都会给朝鲜族民族共同体的稳定与发展带来严重的冲击。

首先，由于中国东北朝鲜族在改革开放中所表现出来的强大流动性，尤其是大量中青年男女大都外出打工、留学、经商，致使朝鲜族聚集区（尤其是延边朝鲜族自治州）人口大量减少。以至于有韩国学者认为，改革开放后的近30年间，朝鲜族社会发生的最大变化就是人口的大流动。[①] 从朝鲜族人口流动的方向来看，主要流向三个方面：第一，从农村流向本地区的城市；第二，从本地流向国内的沿海城市和其他大城市；第三，流向韩国以及其他国家。大量的人口流动直接造成朝鲜族原居住区的人口锐减，且留下的以老人和小孩为主。甚至出现举家迁移、户口空挂的现象。照此形势发展下去，不仅会影响到朝鲜族民族共同体的稳定，而且会直接影响地区经济的进一步发展。

其次，大量的人口流动，也给朝鲜族带来许多社会问题。在流向韩国的朝鲜族人口中，大都是中青年男女。其中有许多女性试图通过婚姻改变生活状况，选择嫁给韩国人。自中韩建交，就开始有一些朝鲜族女性嫁给韩国人，此后呈现逐年上升的趋势。据统计，1993年，嫁到韩国的朝鲜族女性为1463人；1994年为1995人；1995年为2693人；1996年达到1万人左右。到2000年年底，嫁到韩国的朝鲜

---

① 参见［韩］李承律《东北亚时代的朝鲜族社会》，崔厚泽译，世界知识出版社2008年版，第160页。

族女性总数达 6 万多人。① 进入 21 世纪，随着中韩经贸文化等各种民间交流的日益频繁，又有更多的朝鲜族女性嫁到韩国。仅 2005 年，与韩国男子结婚的朝鲜族女性达 20635 人。② 除此以外，还有许多农村女青年到城市里打工，有的甚至长期在城市里生活下来。

大量涉外婚姻的出现和大量女性青年外出，给朝鲜族聚集区的家庭、社会稳定带来很大冲击。有研究表明，由于涉外婚姻的大量出现，使 1/4 的朝鲜族育龄妇女走出国门，另有 1/4 的朝鲜族育龄妇女在家乡的中小城市就业。③ 这种现象所造成的社会后果是多方面的，首先是农村男青年的婚姻成了一大问题。在朝鲜族聚集区的农村，由于年轻女性大量外出，几乎见不到年轻姑娘的影子，男青年找对象难的问题十分突出。另外，由于婚姻问题直接导致了人口出生率低，影响了朝鲜族人口的正常增长。到 20 世纪 90 年代中后期，人口增长率就出现了负增长。根据《1995 年延边统计年鉴》，从 1982 年到 1990 年第四次全国人口普查的 8 年间，延边朝鲜族自治州的人口从 1871508 人增加到 2079902 人，净增长 208394 人，年均增长 1.18%。1990 年以后，延边州的朝鲜族人口增长开始放缓。1991 年朝鲜族人口的自然增长率为 4.92‰，1994 年下降为 0.74‰，1996 年则为 -1.09‰。在延边历史上第一次出现人口自然增长率为负数的情况。④ 另据韩国汉城大学权泰焕教授等人的研究成果，1990 年以后的十年

---

① 参见金炳镐、柳春旭《中国朝鲜族人口问题及其对策》，民族出版社 2007 年版，第 139 页。
② 《韩国与中国人的国际婚姻急增》，黑龙江新闻网，http://www.hljnews.cn/。（访问时间：2006 年 6 月 17 日）
③ 参见黄有福《中国朝鲜族社会研究》，辽宁民族出版社 2002 年版，第 16 页。
④ 参见［韩］姜栽植《中国朝鲜族社会研究——对延边地区基层民众的实地调查》，民族出版社 2007 年版，第 67 页。

间，由于朝鲜族妇女的跨国婚姻，减少了大约20%的出生人口。① 总之，大量朝鲜族中青年女性的外出流动，本身就造成人口的减少，从长期来看还降低了出生率。这些都是导致朝鲜族人口剧减的原因。

大量涉外婚姻的出现和大量女青年外出，所造成的另一个直接后果就是，朝鲜族聚居区适龄入学儿童减少，影响了学校的生源，农村学校也随之迅速减少。由于生源不足，许多朝鲜族农村学校被关闭或者合并。这也同时造成一些中学生甚至小学生中途辍学现象；接着就是教师队伍不稳定，教学质量下降。在经济大潮的冲击下，有的教师"下海"，流入大城市从事经商活动，也有的中青年教师受"出国热"的影响，出国打工、经商去了。这些都造成教师流失现象。据统计，2002年，延边朝鲜族自治州的朝鲜乡村小学教师中，有172人离职，比1995年离职人数59人增加了近2倍。②

综上所述，在东北亚地缘经济的作用和影响下，中国朝鲜族出现了民族性的人口大流动。这种流动性不仅给韩国社会和家庭造成一定的影响，更给中国朝鲜族聚集区社会带了许多不利影响，其中比较突出的是婚姻和家庭问题、人口问题、民族教育问题等。而这些问题又会引发其他社会问题，诸如许多农村大量青年找不到对象，往往思想苦闷，借酒消愁，或在街上闲逛，滋事生非，形成一种社会不稳定因素。这不仅影响了朝鲜族民族共同体的稳定，也影响了民族文化的发展。

纵观改革开放以来，特别是20世纪90年代以来，中国朝鲜族发

---

① 参见权泰焕、朴光星《家族的分散与解体》，汉城大学社会发展研究所《中国朝鲜族社会的变化——1990年以后为中心》，2003年，第53页。转引自金炳镐、肖锐《中国民族政策与朝鲜族》，中央民族大学出版社2011年版，第173—174页。
② 参见许明哲等《延边朝鲜族教育现状调查与对策研究》，辽宁民族出版社2003年版，第38页。

生的巨大变化，我们不难看出中国改革开放政策以及中韩建交所起到的作用。从宏观的角度来看，中国改革开放是国家工作重心转向经济建设的需要，在另一方面也是为了适应世界经济全球化的趋势。中韩建交的背后也有经济方面的考虑，即致力于发展地缘经济。对于韩国而言，它曾是东西方对抗最前沿的国家之一。在冷战格局下，韩国最重要的国家利益是生存。但在冷战结束后，韩国的国家利益发生重大变化。根据《大韩民国宪法》的规定，韩国的国家利益将其在冷战后的国家利益归纳为"保障国家安全、伸张正义和人权、增进经济发展与福利，实现半岛统一以及为世界和平与人类共荣做贡献"[1]。可见，冷战结束后，发展经济已经成为韩国国家利益的重要内容。对于严重依赖国际贸易的韩国而言，发展与中国的关系不仅有政治方面的考虑，而且也有地缘经济方面的动机。

由于奥巴马在2012年年初提出"再平衡"战略，这是他执政以来推出的重大对外战略举措之一。尽管美国政府不断变换提法，从"重返亚太"，到"战略东移"，再到"战略再平衡"，但其核心内容始终未变，即在国际力量格局发生深刻变化，美国遭受"两场战争"和"一场危机"重创而被迫进行战略收缩，将其有限的力量资源集中在对美国未来发展至关重要的亚太地区，以维持美国在该地区的主导权，分享该地区经济高速增长的收益，应对以中国为代表的新兴大国群体性崛起。奥巴马得以连任美国总统，使美国的对外政策保持了一定的连续性。

作为美国这次战略转移的主要目标，亚太地区的国际局势正处在剧烈的变动中。而作为亚太地区的核心地带，东北亚在美国的全球战

---

[1] 韩国国防部：《国防白皮书（2004—2005年度）》，第44页。转引自魏志江《"冷战"后中韩关系研究》，中山大学出版社2009年版，第77页。

略中一直处于非常突出的地位。长期以来，美国作为地区乃至全球的战略"平衡手"，一直惯于通过"均势"战略主导东北亚事务。由于历史积怨、冷战遗留、领土领海争端、地区主导权之争、朝核危机以及意识形态等因素的制约，东北亚地缘政治一直处于亚稳定状态。美国这次"重返亚太"，一方面加强并扩大在该地区的同盟关系，另一方面高调增兵，加大军事上的"前沿威慑"。但后危机时代的美国也必然考虑经济因素，因为东北亚的中、日、韩三国都是美国的重要贸易伙伴，是美国商品出口的重要市场。从这个意义上讲，美国并不希望东北亚地区出现大的动荡。因此，美国战略东移势必给东北亚的安全稳定带来许多不确定因素。

四 东北亚地缘政治的新变化及其对朝鲜族跨界民族的影响

就目前形势来看，朝鲜民族是东北亚地区最大的跨界民族，几乎东北亚各国都有朝鲜族人或者他们的后裔。就跨界民族与地缘政治的关系而言，东北亚地缘政治不仅影响了朝鲜民族的过去，而且在未来仍会成为影响朝鲜民族发展的重要因素。由于美国在东北亚地缘政治中的独特而重要的位置，在可以预见的将来，它仍是影响东北亚地缘政治的最重要因素。随着"反恐"战争的结束，美国先后提出了"重返亚太"、亚太战略"再平衡"等概念，更加突出其亚太战略。因此，我们有必要就美国"再平衡"战略对东北亚地缘政治将会产生的影响进行探讨。

战后，美国一直把称霸全球作为最重要的战略目标。作为地跨两大洋的国家，美国始终既关注大西洋一边的欧洲，又关注太平洋一边的亚洲。在冷战时期，美国把苏联看作最重要的战略对手，其战略重点放在欧洲。冷战结束后，由于东欧剧变和苏联解体，俄罗斯采取向西方"一边倒"的战略。特别是随着欧盟和北约的不断东扩,俄罗斯的地缘战略空间受到很大的压缩,已不再成为美国全球霸权的威胁,美国开始实施战略东移。其实,美国自冷战爆发后就开始在亚洲构建"遏制"苏联扩展的"铁幕"。朝鲜半岛成为东西方冷战的一个前沿,双方还曾将这里的"冷战"推向"热战"。朝鲜战争后,"三八线"成为远东地区的"柏林墙"。冷战结束前,美国一直在东北亚驻扎军队,但兵力远不如驻欧洲的美军兵力。尽管美国在亚洲建立了东北亚防务体系和东南亚防务集团,但比北约要相对松散得多,重要性也不如北约突出。尽管如此,战后美国始终没有离开过亚洲。只是由于东西方冷战的中心在欧洲大陆,美国的亚洲战略处在其全球战略相对次要的位置上。

冷战结束后,欧洲局势得到了缓和。一方面,随着欧盟和北约的东扩,美国已经逐步向俄罗斯的西部邻国部署兵力,俄罗斯不再是美国世界霸权的挑战者;另一方面,在经济全球化的推动下,中国、印度等发展中国家改革开放,调整发展战略,顺应世界潮流,不断在经济上取得较大发展。随着中、印等国经济发展速度不断加快,亚洲在新世纪开始显现出超越欧洲的发展势头。这本来是美国战略东移的大好时机。在2012年的香格里拉会议期间,美国防长帕内塔坦承,苏联解体后美国政府就曾要求将其战略重点转向太平洋地区。[1] 但是,海湾战争使美国的战略重心转向中东。克林顿上台后,美国致力于在欧洲的"参与扩展"战略,力争使东欧国家的转轨纳入美国的全球战略中。美国为此先是介入波黑冲突,后来发动了对南联盟的战争。直到科索沃战争结束后,美国才得以再次实施战略东移。美国当时计划

---

[1] Jim Garamone, "Paetta Describes U. S. shift in Asia – Pacific", *Washington File*, June5, 2012, p. 3.

将其60%以上的核潜艇和航母群等战略力量派往太平洋，并调整驻日、驻韩美军，加强从关岛到马六甲海峡的美军基地配备系统等。[①]但是，该计划还没有来得及实施就爆发了"9·11"事件。美国再次将战略重心转向中东，打击国际恐怖主义势力。奥巴马上台时，美国正深陷中东的两个反恐战场，难以自拔。而更令奥巴马政府感到雪上加霜的是，金融危机已经从美国向世界各地蔓延。全球性金融危机使美国的经济和金融实力大大受损，奥巴马政府被迫改弦更张，结束反恐战争，以全力应对经济危机。

在美国进行"反恐"战争的这十年间，中国加入世贸组织，进一步扩大对外开放，并在"睦邻、安邻、富邻"的外交思想指导下，积极实施"走出去"战略。2010年，中国—东盟自由贸易区正式启动。2011年，中国与东盟的贸易额达到3623亿美元，超过了同期的中日贸易，东盟已成为中国的第3大贸易伙伴。在经济全球化日益深入的国际背景下，中国经济虽也受到全球金融危机的冲击，但与西方国家相比，相对经济增速更加突出。在东北亚地区，中日经济体量占据主导地位，中、日、韩贸易额占据主导地位。根据《中日韩合作（1999—2012）》白皮书，1999年中、日、韩之间的贸易额为1300多亿美元，到2011年增长到6900亿美元，增长了4倍多。中国已经连续多年成为日、韩的最大贸易伙伴。日本、韩国还是中国重要的外资来源。同时，印度经济也在持续上升，成为亚洲乃至世界经济发展的另一个亮点。以中、印为代表的新兴发展中国家，成为带动经济复苏的重要引擎。尽管亚洲国家也经历了经济危机，但与深陷债务危机的欧洲相比，亚洲国家仍保持经济快速增长的态势。亚太地区在经济上

---

① 参见林利民《以攻为守：美国"战略东移"的战略本质评析》，《当代世界》2012年第9期。

的重要性越来越明显，日益成为与北美和欧美并重的世界第三大经济中心。全球地缘政治格局也开始出现大调整，世界政治中心也加速从欧洲转向亚太地区。

在美国大搞单边主义的同时，中、印等亚洲发展中国家的经济得到迅猛发展。有美国学者把新世纪的头十年看作是美国"失去的十年"，这或许很大程度上是亚洲经济的迅猛发展令美国感到意外和震惊。美国最担心其在亚太的战略地位受到挑战，尤其在东北亚地缘政治中的战略地位受到挑战。俄罗斯一直以恢复大国地位作为外交战略的重要目标，近年来积极推行亚太战略；中国自20世纪90年代就开始被美国看作"潜在对手"，其在新世纪的经济迅猛发展或许更令美国感到，这个潜在对手越来越具有现实竞争性。尤其是中俄两国相互支持，加强战略协调，对美国在东北亚的主导地位形成巨大挑战。

奥巴马上台后不久，就急切地宣布了美国从伊拉克和阿富汗撤军的具体计划，并明确表示要把战略重心转向亚太地区，以重振美国经济，适应世界形势的新变化。虽然中东不断发生动乱，并从中东边缘蔓延到腹地，但仍未阻止美国战略东移的脚步。纵观近年来美国政府的各种言行，以及美军的战略部署，其战略东移已经开始全面实施。我国学者蔡鸿鹏将美国的战略东移概括为三个主要方面，即"加强安全和稳定，扩大经济机会，促进民主和人权"[①]。

在政治上，美国极力在亚太地区拉拢日、韩、澳、菲、泰等盟国，加强同盟关系。同时还尽力把同盟关系推向印度、越南、新加坡等国。其目的在于对中国形成战略"包围"之势，维护美国在该地区的霸权。在外交和安全领域里，近年来美国积极参与东亚峰会，奥巴

---

① 蔡鸿鹏：《中国地缘政治环境变化及其影响》，《国际观察》2011年第1期。

马政府的高官们频频访问亚太国家。同时美国一再宣称是"太平洋国家""21世纪是太平洋世纪"。2011年10月,国务卿希拉里在《外交政策》上发表"美国的太平洋世纪"。奥巴马也在随后的APEC峰会上强调了这些观点。① 在2012年东亚峰会期间,连任后的奥巴马总统首先访问了泰国、缅甸和柬埔寨3国。其目的是要给亚太地区留下这样的印象:不管亚洲国家是否欢迎,现在美国腾出手到亚洲来了。

在军事上,近年来美国始终保持对亚太地区的战略关注和投入,不断强化军事同盟。奥巴马刚上台,就宣布中东撤军计划,以减少军费开支。根据美国国会预算办公室的数据,2009年联邦预算赤字占国内生产总值的比重接近10%,而债务比重增加到国内生产总值的60%。自第二次世界大战结束以来,华盛顿从未面对过如此高的赤字。② 为此,美国于2012年年初公布了一个十年裁减军费4870亿美元的计划,并削减常备力量。但在同时,美国又高调宣布增兵亚太,国防部长帕内塔多次出访亚太国家。这表明,美国已迫不及待地实施全球战略重心东移。

与这种大战略相配合的是具体的军事部署以及新的应对战术。美国在实施这些具体部署时往往要寻找一些借口,也常常能找到这类的借口,以便师出有名。美国在东亚最常用的借口就是"中国威胁论",近年来又借机提出"南海航行安全"。国务卿希拉里更是搬出《美、日安保条约》适用于钓鱼岛,利用日本挑起的钓鱼岛争端向东亚派出航母、核潜艇等战略力量。早在2010年美国军方就提出"空海一体战"概念,并于次年8月正式组建办公室,其主要目标是为了应对西

---

① Staff Writer, "Obama to Emphasize U. S. Role Across the Pacific Rim", *Washington File*, October 27, 2011, p. 3.
② 参见 [美] 阿伦·弗里德伯格《中美亚洲大博弈》,洪曼、张琳、王宇丹译,新华出版社2012年版,第193—194页。

太平洋战区大国日益增强的"反介入/区域拒止"能力。美国按照这一作战理念实施军事部署,目的就是确保在西太平洋地区的战略优势,抢占未来军事竞争的战略制高点。到目前为止,美已把60%的攻击型核潜艇集中在亚太,还有6艘航母部署在以关岛为中心的亚太地区。

美国除了在政治、安全、军事等方面大力彰显其在亚洲的影响力外,还在亚洲积极开展经济外交,极力争夺亚太经济一体化的主导权。其主要表现就是美国抛出的跨太平洋战略经济伙伴关系(TPP),美国计划把亚太经合组织的21个成员国都纳入其中,建立美主导的亚太经贸合作体系。美国重视TPP机制,在很大程度上受到东亚经济迅猛发展和东亚经济一体化建设的刺激。随着亚太地区日益表现出来的经济快速增长势头,也越来越吸引着国际资本,从而成为吸引国际投资最具竞争力的地区。从地区经济及结构看,亚太地区的经济互补性和分工日益增强。即使受到全球金融危机的冲击,仍表现出强大的经济发展潜力和强劲的发展动力。2010年,中国—东盟自由贸易区正式启动,使中国与周边国家的经贸合作上升到一个新台阶。同时,中国与日、韩的贸易量迅速上升,在一定程度上刺激着中、日、韩自由贸易区建设的进程。奥巴马第一任期的后期就已经将增加出口、增加就业,以应对金融危机作为重返亚太战略的重要目标。由于美国对东亚经济的积极介入,有学者甚至把东亚峰会看作是"东亚一体化出现亚太趋势"①。这表明,在世界"权力转移"的进程中,首要的和必不可少的条件是经济力量中心的变迁。面对世界经济重心的转移,为了防止被崛起的中国等发展中大国挤出亚洲,美国"不能错过亚太崛

---

① 陆建人:《东亚一体化出现亚太趋势》,新华网,http://news.xinhuanet.com。(访问时间:2012年11月29日)

起这班车"①。美国作为当今世界最大的经济、贸易大国，也因此加紧了从大西洋向太平洋的"转身"。

总之，美国作为世界头号经济和军事强国，国际政治影响力最大的超级大国，开始"转身"成为一个"太平洋国家"。这必将会给亚太地区，尤其是东北亚的地缘政治带来极大影响。由于地缘政治的变化必然会影响到地区内的国际关系，而跨界民族问题往往与国际关系存在内在的联系性。所以美国战略重心转移到东亚地区，也势必会影响到该地区跨界民族关系的正常发展。尤其是对于遍布东北亚各国的朝鲜民族而言，更容易受东北亚地缘政治的直接影响。东北亚地区的冷战历史事实已经清楚地表明了这一切。

东北亚位于太平洋西北部、亚洲大陆的东北部。该地区的地缘特点之一就是海陆复合型，它背靠欧亚大陆，面向太平洋。从地理范围上，东北亚包括中、俄、朝、韩、蒙、日六国。美国作为该地区的域外国家，战后一直通过美日、美韩同盟深深介入东北亚事务，并成为东北亚的主导力量。② 因此，美国也是东北亚地缘政治中的重要力量。这样，在东北亚地缘政治中，既有当今世界唯一超级大国，又有领土面积最大国家；既有海岛国家，又有半岛国家；既有海陆复合型国家，还有内陆国家；既有最大的经济体，又有当今世界经济发展最迅速的国家；既有拥有资金技术优势的发达国家，又有经济相对落后的封闭国家。该地区既有丰富的资源和能源，又有数量可观的人力资源。总之，东北亚地区既有多种利益的交织，又具有经济和产业上的互补性。同时由于历史积怨太深，领土、领海争端普遍存在，意识形

---

① Joseph S. Nye. Jr., "The Future of American Power", *Foreign Affairs*, November/December, 2011, p. 3.
② 参见何剑主编《东北亚安全合作机制研究》，东北财经大学出版社2008年版，第25页。

态对立仍然非常明显，冷战阴影尚未完全消散，致使东北亚成为全球地缘政治最为复杂的地区之一。

美国建国伊始就与东北亚发生了联系，先是商人、传教士，随后的是炮舰。中国、日本、朝鲜都曾是美国炮舰政策的目标。但美国是一个后起国家，当它还没有足够的实力向东亚大规模扩张时，这里已经形成由英法等欧洲列强主导的体系。美国试图通过门罗主义打破原有格局，提出了"门户开放政策"。但直到第二次世界大战结束后，欧洲列强普遍遭到重创，美苏两极格局取代"欧洲中心"格局。在两极格局下，美国积极追求世界霸权，并为此与苏联展开激烈的争夺。由于美苏冷战愈演愈烈，使得一向被美国决策者视为"边缘地区"的东亚也被纳入冷战体系。从此，基本上确立了战后初期美国对东亚政策的基调，东北亚也因此成为亚洲冷战对峙的最前沿。在朝鲜半岛上，甚至冷战升级为热战；朝鲜战争后，半岛南北分裂局面形成，"三八线成了世界上最难以逾越的界线之一，无论是从意识形态上讲，还是从政治、军事或经济意义上讲"①。美国利用驻韩、日的军队和在两国的军事基地，以及中国台湾与大陆的分立，对中国实施围堵战略，在20世纪50年代的两次台海危机背后都可以看到美国的身影。美国还介入印支地区，最终深陷越南战争。纵观冷战的几十年，东北亚一直是美国亚洲战略的重点之一。美国利用其与日本、韩国、菲律宾等国的军事同盟关系及在这些国家的驻军，在东亚、东北亚地区一直保持军事上的优势，形成战略上的"遏制"态势。越战结束后，美国取消在泰国的军事基地。冷战结束后，美国又取消在菲律宾的军事基地。美国在日、韩的军事基地和驻军更显得重要，东北亚在美国亚

---

① ［美］亨利·基辛格：《美国的全球战略》，胡利平、凌建平译，海南出版社2009年版，第95页。

太战略中的地位更加突出。

冷战结束后,由于两极格局瓦解,世界政治力量重新分化组合,东北亚地缘政治格局的外部环境发生巨变。中、美、俄、日等大国关系无论在全球意义上,还是在东北亚区域关系上都经历了战略调整。美国追求"单极"霸权的努力在东北亚地缘政治关系上也表现得非常明显,极力"遏制"俄罗斯和中国的发展,加大对朝鲜的军事威慑。为此,美国不仅加强和改善了与日本的同盟关系,促动日本扩大所谓周边事态的范围,并通过战区导弹防御系统计划将东北亚纳入战略战区范围。同时,美国还通过保持在韩国的驻军和美韩同盟关系主导朝鲜半岛问题,借以制约中俄,并起到限制日、韩的作用,同时对朝鲜形成战略威慑。朝鲜半岛问题是美国在东北亚地区发挥主导作用的关键,因为"朝鲜半岛问题是东北亚国际关系网的'纲',掌此纲而牵诸国,谁在朝鲜问题上居主导地位,谁就会在东北亚区域多边关系中居主导地位"①。可见,冷战结束后,美国的东北亚战略中仍带有冷战思维。但是,冷战结束后的时代主题发生转换,国际关系的价值取向和价值动机都发生了变化。与冷战前相比,国家更多地受到经济利益的驱动,商业利益成为国家利益的核心,安全利益成为国家生存的保障。国家的政治地位成为国家利益的根本保护,大小国家都在追求以经济为主的实力增长。美国不仅与日本、韩国都是重要的贸易伙伴,而且也需要中国的广大市场。美国与中、日、韩三国在经济上的相互依存度越来越大,美国也需要中国的合作。在由美国发起的朝鲜问题四方会谈中,美国积极要求中国参加,是因为中国对朝鲜具有一定的影响力,以期利用中国对朝鲜施加影响。但在 20 世纪 90 年代中期以

---

① 刘清才、高科:《东北亚地缘政治与中国地缘战略》,天津人民出版社 2007 年版,第 29 页。

后,由于美国继续向台湾出售先进武器,并允许李登辉以私人身份访问美国,变相支持"台独"势力。这就导致中国军队在台湾海峡多次举行军事演习,并向台湾附近海域发射数枚导弹;美国则向台湾海峡地区派去两支航母编队。中美关系因台海危机而陷入1989年以后的又一个低谷。①

进入21世纪,一场突如其来的"9·11"事件彻底改变了美国的战略自信、传统安全观、战略心理、决策氛围以及行为模式。美国的东北亚地缘战略也深受影响。美改变对俄战略,不再把它看作最大的潜在战略威胁,在"反恐"问题上需要俄罗斯的合作,双方的关系迅速升温。美中关系也有了很大的缓和,在中美贸易关系日益增长的形势下,为解决双方的争端和贸易摩擦,中美战略对话机制开始形成,并逐步向机制化方向发展。但对中国日益增强的实力还是有所防范,并愈加借助日本制衡中国。

美国深陷"反恐战争"的旋涡,战略重点自然在中东,东北亚则处于相对稳定的态势。尽管发生第二次朝核危机,美国政府把朝鲜列为"无赖国家",期间还不断进行外交讹诈和军事威慑。但在中国的积极斡旋下,中、美、俄、日四国共同致力于解决朝鲜半岛核危机。从2003年8月到2007年9月,共进行了六轮"六方会谈"。这些会谈虽未取得实质性成果,但通过这种框架机制避免了危机的进一步升级,使东北亚地区保持了相对稳定。这也为该地区经济的迅速发展创造了良好的区域环境。2008年全球金融危机首先爆发于美国,随后蔓延到世界各地。金融危机使整个西方经济都开始呈现衰退趋势,相比之下,亚洲经济却表现非凡。在东北亚地区,中国经济增长最快,甚

---

① 参见张小明《美国与东亚关系导论》,北京大学出版社2011年版,第156页。

至在整个世界都非常突出。同时，中国近年来把经济外交渗透到对外经济关系的各个方面，从而使经济外交成为促进国家利益的重要手段，成为加强中国与周边国家和大国关系的基础。中国在带动东亚经济乃至世界经济复苏的作用非常明显。

以中国、印度为代表的亚洲经济的迅速发展，使亚洲日益成为世界经济的中心，其重要性越来越超过欧洲。相应之下，世界政治中心也从欧洲向亚洲转移。新加坡著名学者、外交家马凯硕认为，中国崛起带动整个亚洲地区经济上的迅速繁荣，"重构世界秩序的时刻已经到来"①。无论如何，亚洲经济的崛起已经是一个不争的事实。随之而来的是，亚洲地缘政治日益突出。中国的崛起首先是在东亚地区崛起，但其道路不会一帆风顺，也不会在短期内完成。而中国在崛起之后要取得东北亚乃至东亚的主导地位，需要应对的两个主要竞争对手是日本和美国。② 同时，苏联解体以后，俄罗斯的地理中心已经东移。俄罗斯已经失去东欧这个战略安全缓冲地带，从而失去了传统的安全屏障。欧盟东扩，尤其是北约东扩，给俄罗斯带来战略上的安全威胁。"由于地缘政治的变化，俄罗斯正在失去欧亚地缘政治中心的地位和作用。"③ 进入21世纪，俄罗斯对亚太地区的倚重更加突出。俄罗斯还利用丰富的自然资源和能源优势，大力实施能源外交。对于经济发展迅速、能源需求日益突出的中、韩、日等国来说，俄罗斯丰富的石油天然气资源具有很大的吸引力，能源外交能够在东北亚地区最大限度地发挥作用。普京上台后致力于俄罗斯大国复兴战略，他必须

---

① [新加坡] 马凯硕：《亚洲半球：势不可当的全球权力转移》，刘春波、丁兆国译，当代中国出版社2010年版，第215页。

② 参见 [英] 马丁·雅克《当中国统治世界——中国的崛起和西方世界的衰落》，张莉、刘曲译，中信出版社2010年版，第212页。

③ 刘清才：《俄罗斯东北亚政策研究——地缘政治与国家关系》，吉林人民出版社2006年版，第13页。

依靠西伯利亚和远东地区的丰富自然资源；而开发这些地区还需要中、日、韩等国的合作，以便利用这些国家的资金、技术、人力以及市场等方面的优势。所以，21世纪的俄罗斯对外战略中，欧亚平衡外交是其全球战略的地缘政治基础。

早在亚洲金融危机中，西方世界的表现令东盟国家感到心寒。"美国在伸出援手前犹豫不决。日本也拥有刺激经济复苏的资源，却没有像中国那样慷慨相助。"[①] 即使国际货币基金组织，也因在这次金融危机中表现欠佳而在东盟国家中的可信度大打折扣。相比之下，中国在亚洲金融危机中坚持人民币不贬值的政策，获得了东南亚国家的普遍认可。中国与东盟的自由贸易区建设在经历10年的谈判后，终于在2010年正式启动。同时，中国还主动参与地区安全合作，积极推动成立上海合作组织。中国在东南亚和中亚地区的影响力不断提高，以及东北亚地区各国经贸往来的日益频繁，这些都使美国深感其在亚洲的主导权受到挑战，其战略东移的步伐也随之加快。为了实施"重返亚太"战略，美国还不断在中国周边散布"中国威胁论"，借以挑拨中国与周边国家之间的关系，伺机在中国周边寻找机会和立足点。在美国看来，该地区经济的迅猛发展造成区域内的力量失衡，必须通过增加美国的力量存在而达到该地区力量的"再平衡"。其实，美国的根本目的在于，继续维护自己在亚太地区的主导地位。

总之，战略东移是奥巴马执政以来实施的重大对外战略举措之一，无论"重返亚太"，还是"战略东移"，抑或"战略再平衡"，都是美国在国际局势变化和自身实力下降背景下实施战略重心转变的表象。其实质在于，美国被迫将相对有限的资源集中投放到对美国未来

---

① ［新加坡］马凯硕：《亚洲半球：势不可当的全球权力转移》，刘春波、丁兆国译，当代中国出版社2010年版，第208页。

发展至关重要的亚太地区,维持美国在该地区的主导权,分享这里因经济高速增长带来的红利,应对以中国为代表的新兴大国群体性崛起。① 如果说美国的亚太战略是美国全球战略的重要组成部分,那么其东北亚战略是整个亚太战略的缩影。② 因此,美国的战略东移势必将会给东北亚地缘政治带来许多不确定因素。在东北亚地缘政治格局中,朝鲜半岛处在核心位置。就目前形势来看,美国的战略力量,如航母以及核潜艇,频访日本、韩国,已经给朝鲜半岛的稳定带来不利影响。朝韩关系几度出现紧张,也正好说明美国战略东移带来的负面影响。

随着美国全球战略转向亚太地区,东北亚在美国亚太战略中的地位更加突出。长期以来,美国在东北亚战略中充分利用该地区各国间根深蒂固的矛盾对立,广泛实施"均势"战略,以充当该地区的"平衡手"。"均势"理论起源于欧洲,但美国的政治家在运用"均势"外交方面比欧洲人毫不逊色。亨利·基辛格曾直言不讳地说:"美国必须保持它在亚洲的存在,它的地缘政治目标必须继续是阻止亚洲结成一个不友好的集团(若是亚洲受到其中一个亚洲大国的影响,以上情形最有可能发生)。美国与亚洲的关系因此像是过去 400 年里英国与欧洲大陆的关系。"③ 在东北亚,美国利用各国之间的矛盾对立,借助一方制约另一方,使双方之间形成相互制衡关系。如中日关系,美国一方面需要利用日本来制衡中国,通过在日本的政治和军事存在"遏制"中国;另一方面,美国不仅在许多重大国际问题上需要中国

---

① 参见倪峰《美国亚太战略新看点》,人民网,http://www.people.com.cn/。(访问时间:2013 年 1 月 18 日)
② 参见何剑主编《东北亚安全合作机制研究》,东北财经大学出版社 2008 年版,第 42 页。
③ [美] 亨利·基辛格:《美国的全球战略》,胡利平、凌建平译,海南出版社 2009 年版,第 93 页。

的合作，而且还需要利用中国制约日本，阻止日本大力发展军事力量，从而使美国在日驻军长期化。再如韩日关系，虽然韩、日同为美国的重要盟友，但两国因历史积怨、领土争端，以及日本在教科书和靖国神社问题上的强硬立场，时常引起韩国人对日本的反感。韩日矛盾也被美国所利用，正如布热津斯基所言，美日同盟是美国最重要的双边关系，因为日本是世界上最大的经济强国，有潜力发挥一流的政治影响。而韩美作为远东地缘政治的支轴国家，对美国同样重要。"因为它同美国的密切联系能够不在日本本土过多驻军而保护日本，从而使日本不会成为一个独立和重要的军事大国"①。可见，美国一直善于充当地区力量的平衡手，这或许就是摩根索所说的均势"维持者"②。

由于美国的这次战略转移是全方位的，从政治、经济、军事等多方面展开，因此对东北亚地缘政治带来的影响也将是多方面的，并会充满很大的不确定性。

首先，美国在政治上要加强对东北亚的影响力，势必会加剧东北亚地缘政治的紧张局势。美国必然会进一步加强与韩、日等国的同盟关系，从而使中美、俄美、朝美、中日、朝鲜半岛南北关系等多种关系趋向紧张，最终导致地区紧张局势加剧。

冷战结束后，美国的东北亚战略中仍带有浓厚的冷战思维。它既未取消与韩、日的同盟关系，也未撤出在两国的驻军，这首先会使朝鲜半岛局势更加紧张，进一步加深朝韩、朝美之间的对立关系。同时，美韩、美日同盟关系的不断加强，也引起东北亚地缘政治中竞争

---

① [美]兹比格纽·布热津斯基：《大棋局：美国的首要地位及其地缘战略》，中国国际问题研究所译，上海人民出版社2007年版，第40页。
② [美]汉斯·摩根索：《国家间政治——寻求权力与和平的斗争》，徐昕等译，中国人民公安大学出版社1990年版，第255页。

关系的加剧。朝鲜半岛的分裂在很大程度上是冷战的产物,美国作为冷战的主要角色,不仅是分裂的制造者,还是南北分裂的维护者。在朝鲜看来,美国在朝鲜半岛的驻军,以及美日、美韩同盟,都是对朝鲜安全的巨大威胁,甚至是最大威胁。为了与美韩抗衡,朝鲜甚至在经济异常困难的形势下仍保持一支强大的军队。虽然半岛南北双方实力悬殊,但朝鲜仍奉行了优先发展核武器、生化武器和中远程导弹等威慑性政策,以便与美、韩、日进行对抗。在战略东移势的形势下,美国必然进一步加强与韩、日的同盟关系,从而对朝鲜形成强大的政治压力,引起朝鲜的过度反应。朝鲜半岛紧张局势的加剧又势必会引起相关大国之间的政治竞争,从而使东北亚地缘政治关系更趋紧张。

由于美国长期对中国采取"接触+遏制"的战略,自20世纪90年代,当中国改革开放取得初步成果时,美国就开始把中国看作"潜在对手"。但是,随着中国日益崛起,美国在一些重大国际问题上越来越需要中国合作。美中首脑会晤频繁,协商合作领域不断拓展。在全球气候变化、防止核扩散、打击国际恐怖主义等方面,以及在朝核危机问题上,美国都需要中国的配合。中美高级别战略对话已经形成机制。进入21世纪,随着中国经济实力的迅速增长,美国更加认为这种"潜在性"越来越具有"现实性","21世纪的最大挑战,就是要找到一种增强而不是削弱国际体系凝聚力的稳妥方式,将一个崛起的中国纳入全球国家联合体中来"[①]。所以美国不希望崛起的中国挑战自己的世界霸权,挑战其主导的国际体系。美国对中国的"遏制"战略中,尤其突出运用地缘关系,制约中国的发展。在东北亚地区,美国主要通过朝鲜半岛和中国台湾问题制衡中国。美国近年来除继续保

---

① [美]兹比格涅夫·布热津斯基、布兰特·斯考克罗夫特:《大博弈——全球政治觉醒对美国的挑战》,姚芸竹译,新华出版社2012年版,第92页。

持和加强与韩、日的同盟关系外,还保持与中国台湾地区的"准军事同盟",不断地向台湾出售大量先进武器,以维持两岸的力量平衡。随着大陆与台湾的经济贸易关系日益密切,特别是中国经济上的迅速发展,美国也加强在台湾问题上制约中国。美国不仅支持李登辉、陈水扁等人的"台独"活动,而且把美日同盟关系扩大到中国台湾地区。1997年日美签署新《防卫合作指导方针》,提出"周边事态"概念,规定当日本周边发生"重大事态"时,日本要向美军提供基地、后勤等援助。尽管日本政府表示"周边不是一个地理概念",以敷衍视听,但仍有很多日本政治权威表示,"周边"包括中国台湾地区。2005年2月,美日安全会议后发表的共同声明首次明确,将台海问题列入美日在亚太地区的"共同战略目标"。在美国政府看来,"中国如何对待台湾,不仅成为衡量中国在它崛起时如何处理各种争议的一个重要尺度,而且将成为衡量美国——乃至世界——将如何应对中国崛起所带来的挑战的一个重要尺度"[①]。可见,美国始终把中国台湾地区作为制衡中国的重要手段。随着美国战略东移,台湾地区的地位将会更加突出,台湾问题仍将是美国制衡中国崛起,维护其地区霸权的重要手段。这不仅可能会造成两岸关系的紧张,而且会造成中美之间遏制与反遏制关系的加剧。

可以肯定,美国的战略东移也有俄罗斯因素。冷战结束后,俄罗斯的向西方"一边倒"政策并没有获得好的回报。相反,美国一直采取弱俄压俄的对俄政策。在欧盟东扩和北约东扩的双重压力下,俄罗斯在欧洲的地缘战略空间受到很大限制。作为地跨欧亚大陆的国家,俄罗斯近年来寻求在亚洲方向找到一种平衡战略,同时又能借助亚洲

---

① [美]战略与国际研究中心、彼得森国际经济研究所:《美国智库眼中的中国崛起》,曹洪祥译,中国发展出版社2012年版,第217页。

经济发展的快车道，增强俄罗斯的经济实力。普京上台后，俄罗斯加大与东北亚国家的经济合作，利用丰富的自然资源和能源优势，大力实施能源外交，借以在东北亚地缘政治中发挥重要作用。近年来，中俄两国的战略合作关系不断上升，对于美国在东北亚的主导权形成一种抗衡。美国则通过加强美日同盟关系，缓冲因中俄靠近对美国形成的战略对抗。因此，美国"重返亚太"势必会引起俄罗斯的某种反应，甚至有可能推动中俄战略合作关系向深度发展，共同对抗美国在东北亚乃至全球的霸权战略。

美国的战略东移有可能加大日本与中、朝、韩等国的对立，甚至使某些矛盾激化。美日同盟关系作为冷战的产物，在冷战结束后曾一度处于"漂移"状态。但随着1995—1996年的台海危机、"中国威胁论"的蔓延以及朝鲜半岛局势的发展，美日同盟关系开始得到加强，美日关系走向更加平等。这说明，冷战虽然结束了，但美国冷战时期在东亚所构筑的双边军事同盟体系，尤其是美日同盟体系，仍然是美国对东亚政策之"锚"。[1] 随着美国的战略东移，日本很可能乘机加快走向"正常国家"的步伐，尤其是扩大军事行动的范围。这势必会给日中、日朝、日韩关系带来严重的负面影响。日本不仅与周边国家普遍存在领土争端，而且在历史问题上一直缺乏坦诚的态度。日本是"中国威胁论"的始作俑者，近来蓄意挑起钓鱼岛争端，引起东亚地区的紧张局势。日本在钓鱼岛问题上采取强硬立场，不能不说与美国长期的对华"遏制"战略有密切联系。日本右翼势力蓄意制造中日间的紧张关系，不仅符合美国的对华"遏制"战略，而且可乘机加大其走向"正常国家"的步伐。同时，日本可以借此检验美国对日本的军

---

[1] Morton Abramowitz and Stephen Bosworth, *Chasing the Sun: Rethinking East Asian Policy*, New York: A Century Foundation Press, 2006, p. 84.

事保护，还可以通过对华强硬适应国内民族主义不断上升的需要。冷战结束后，日本的民族主义逐渐抬头，其核心纲领之一就是使日本成为"普通国家"。日本的民族主义不仅在其国内有着深厚的认同基础，而且国际局势的变化也为其提供了空间。就美国而言，美、日同盟其亚太战略的最重要基石，是"遏制"中俄的前沿阵地，是美国精心设计的"弧形岛链"的重要环节。因此"对于日本国内的政治变化尤其是日渐高涨的民族主义呼声，美国不能不予以认真考虑。与对韩国民族主义满腹抱怨不同，美国对日本的民族主义可以说是连开绿灯"①。日本小泉内阁利用美国的"反恐战争"，实现了海外派兵。安倍第一届内阁将日本的防卫厅改为防卫省，这一升格绝不仅仅是名称的变化，它将进一步扩大日本的海外派兵范围。甚至当时有日本议员担心它使日本自卫队海外派遣成为"基本任务"②。钓鱼岛争端爆发后，日本前防卫相石破茂、自民党总裁安倍晋三都曾表示要将日本自卫队改为"国防军"。日本国内在右翼化道路上越陷越深，其右翼势力试图通过增强军事力量达到"政治大国"目的，扩大其在亚洲乃至世界的话语权，其结果只会加重东北亚的紧张局势。随着美国的战略东移，日本会更进一步通过与美国的合作而加大走向"正常国家"的步伐。日本与邻国间早已存在的矛盾，尤其是中日矛盾、朝日矛盾以及韩日矛盾，都会进一步加剧。这将不利于东北亚地区的和平与稳定，不利于地区内的经济合作和安全合作。

其次，美国战略东移非常突出军事因素。军事"前沿威慑"的不

---

① 赵立新：《东北亚区域合作的深层障碍——中韩日民族主义诉求及其影响》，《东北亚论坛》2011年第3期。
② 《日本防卫厅下月成省，将导致自卫队性质变化》，人民网，http://www.people.com.cn/。
（访问时间：2006年12月15日）

断加大将会加剧东北亚地区的军备竞赛，成为影响东北亚地缘政治中的极大隐患。

美国一直在东北亚保持着强大的军事力量。为了维持朝韩之间的军事力量平衡，美国一直在韩国驻军。冷战结束后，美国并没有撤出在韩国的驻军。如果再加上美国在日本的驻军，共占美国在东亚驻军的75%以上的兵力。朝核危机爆发后，日本开始参与美国的战区导弹防御系统研制工作。小布什政府宣布推出《反导条约》后，美国开始在东北亚布置地区导弹防御系统（TMD）。美日还计划把TMD扩展到中国台湾，甚至推动韩国参与TMD。目前，美国正在东北亚地区积极推进TMD的部署和完善。随着TMD的最终建成，美国将会在东北亚地区形成军事战略上的高压态势。这不仅会给朝鲜半岛造成紧张局势，而且会造成整个东北亚地区紧张的军事对抗。

近年来，美国除了继续保持在韩、日的大量军事基地和驻军外，还有意将驻韩美军基地向南迁移，强化驻日美军的控制与指挥能力，在澳大利亚驻军，强化关岛海空兵力。此外，为了制约中国的发展，美国还加强与中国台湾地区的"准军事同盟"，向台湾地区出售大量先进武器。天安舰事件以后，美国频繁与韩国举行军事演习。2012年10月下旬，美国利用中日钓鱼岛争端把火力最强的攻击型核潜艇俄亥俄号停靠韩国釜山港，两个航母编队出现在东海海域，有意威慑中国和朝鲜。对于至今仍缺乏一种多边安全机制的东北亚地区而言，地区紧张局势会进一步加剧该地区内各国的"安全困境"，促使他们加强军备，从而引起地区军备竞赛升级，陷入更大的安全"困境"。

2012年6月，美国国防部长帕内塔表示，美国将在2020年前向亚太地区转移一批海军战舰，届时将有60%的美国战舰部署在太平洋。这就会改变目前在太平洋与大西洋分别部署50%战舰的格局，变为太平洋60%对大西洋40%。① 帕内塔还表示，美国削减国防预算不会妨碍美国增加在亚太地区存在的战略部署。近来，美国还利用黄岩岛事件，与菲律宾大搞军事演习，大有重返菲律宾之势。美国还试图加强与越南的合作，使美军进驻金兰湾。中日钓鱼岛争端发生后，美国派两艘航母到达东海海域，进一步激化了日趋紧张的中日关系。不久，美国又把火力最强的核潜艇俄亥俄号停靠韩国釜山。可以预见，当美国2020年完成在亚太地区的军事战略部署，必然会对东北亚地区形成更加严重的"前沿威慑"，不仅会迫使中、朝、俄等国加强合作，而且将会促使这三国加强军备，应对美国的军事威慑。日本则会借机再次鼓噪"中国威胁论"，借机发展军备。

可见，随着美国战略东移，美军在东北亚的军事存在会进一步得到加强。同时，美国还可以借机向东北亚某些国家出售先进武器。这些都会加重东北亚地区的"安全困境"，加剧地区内各国间的军备竞赛。

最后，美国的这次战略东移也包含经济因素，从近期来看，后金融危机时代的美国需要加强与东北亚各国，尤其是中、日、韩等国的合作，扩大双方的贸易关系。从这个意义上讲，美国的战略东移有其"求稳"的一面。但从长远来看，美国仍然要争夺亚太地区经济的主导权。这将会对东亚、东北亚的经济合作，尤其是对该地区的经济一体化进程带来不确定因素。

美国战略东移的目的在于防止该地区力量失衡，危及美国在该地区的主导权。因此，美国战略东移在主观上有"求稳"的一面。而且对美国而言，近年来亚洲经济的迅猛发展，在安全上提出了挑战，但

---

① 参见《美国防长称将在2020年前把60%战舰部署到太平洋》，中国新闻网，http://www.chinanews.com/。（访问时间：2012年6月2日）

在经济上则提供了机会。后危机时代的美国不仅要关注其在亚洲的主导权,而且必须考虑自身经济的复苏与发展。从经贸关系来看,中、日、韩都是美国的重要贸易伙伴,中日两国还是美国国债的最大持有者。美国要摆脱金融危机的阴影,重塑美元的地位,还需要借助中、日、韩等东北亚国家的合作,需要东北亚地区广大的市场。目前,亚太地区成为世界经济最富活力的地区,APEC 成员国经济总量占世界的 54%,全球贸易量的 40%,拥有 27 亿消费者。在东北亚地区,日本是发达的经济大国,拥有雄厚的经济实力和先进技术;韩国在 20 世纪八九十年代就进入发达国家行列,现代工业的基础已经形成,美韩自由贸易区于 2012 年年初正式启动。中国经济自进入 21 世纪后更是展现出迅猛的发展势头,美国是中国最大的贸易伙伴国。因此,中、日、韩三国都是美国在亚太地区的重要出口市场。

美国的经济战略重心转向亚太,也必然突出东北亚的重要地位。随着经济全球化和区域一体化趋势不断加强,地缘经济因素在东北亚乃至东亚经济合作中的作用非常明显。在东北亚政治和安全合作受阻的形势下,该地区各国正尝试通过地缘经济合作推动地缘政治和安全合作。美国与东北亚国家有广泛的经贸关系,但由于担心其地区主导权受到挑战,所以对于没有美国参加的经济合作都往往会采取干预措施或者予以抵制。中国与东盟自由贸易区启动,日、韩与东盟的自由贸易区建设也在积极推进中。同时,中、日、韩自由贸易区谈判也在艰难前行。尽管中、日、韩自由贸易区建设具有经济、政治战略意义,但难度比较大。三国经济特征相似、竞争性大。例如中国农产品出口可能对日、韩的市场形成冲击,日韩钢铁、汽车等制造业的对华出口也可能对中国相关产业发展造成影响。因此,三国对建立自贸区均存在顾虑。而日美、韩美同盟将成为更大的干扰,日韩的自贸区战略必然受到美国因素的制约。近年来,美国拉拢东亚国家加入将中国排除在外的"跨太平洋战略经济伙伴关系协议"(TPP),意在阻碍东亚合作的深入发展。美国战略重心的东移加剧了东亚区域合作的复杂化,中、日、韩自贸区进程面临更多不明朗因素。在国际金融危机之下,贸易保护主义的"幽灵"重现,在2009年的APEC会议上,反对贸易保护主义再次成为焦点话题,各成员国和地区对建立亚太自由贸易区(FTAAP)的长远目标达成共识,着手推动APEC逐步向FTA-AP过渡。[①] 但华盛顿的智囊机构长期奉行双边主义,对FTAAP不会有太大的兴趣。总之,美国经济战略东移也将会给东亚、东北亚的经济合作带来许多不确定因素。

对于美国的战略东移,我们应该具体问题具体分析。由于这次战略转移是全方位的,包括政治、经济、军事等诸多方面,对东北亚地缘政治产生的影响也不尽一致。在政治和军事方面,可能会给东北亚地缘政治带来不利影响。尽管美国战略东移的主要目的是为了维护其地区主导权,主观上有"求稳"的一面,但在客观上可能会引起东北亚地区各种复杂矛盾的激化,从而给东北亚地缘政治带来更多的竞争因素。在经济上,美国一方面仍然需要东亚、东北亚的广阔市场,需要加强与东北亚各国的经贸合作。从这个意义上讲,美国不希望该地区出现因动乱而引起经济大倒退,因为这对于美国经济的复苏是非常不利的。另一方面,在前一阶段的战略东移中,经济战略是其中的短板,美国势必会在今后突出经济战略的转移,有可能加紧争夺亚太经济一体化的主导权。这些不仅会给东北亚经济一体化带来不确定因素,而且会影响东北亚地缘政治和安全的合作,有可能加剧地缘政治

[①] 参见马涛《大力推进亚太自由贸易区的建设》,《中国改革报》2009年12月2日。

的竞争。

总之，随着美国战略东移，其全球战略重心逐渐转向亚太地区，这对于战后一直处于亚稳定状态的东北亚地区而言，无疑会加剧地缘政治的竞争。特别是地处东北亚核心地带的朝鲜半岛，会受到更大的冲击。天安舰事件以后，美国不断加强与韩国的军事同盟关系，两国经常进行海陆空军事演习，美国的战略力量也不断光顾韩国。2011年9月，美国"乔治·华盛顿"号航母停靠韩国釜山港。2012年10月，美国最强火力的核潜艇"俄亥俄"号停靠韩国釜山港。这在很大程度上对朝鲜形成巨大的军事威慑，从而引发朝鲜半岛南北关系的高度紧张。2013年2月12日，由于朝鲜进行第三次核试验，联合国安理会通过有关对朝制裁的决议。美国加紧实施制裁措施，朝鲜半岛再次出现极度紧张的局面。4月8日，朝鲜方面宣布，由于美、韩的反朝敌对行为，朝鲜半岛处于"严峻的战时状态"。同时，朝鲜宣布关闭开城工业园区，以避免美国"寻找侵朝战争挑衅借口"。这使得朝、韩两国国民的交往受到极大限制。

第四节　建设和谐民族关系路径的探索与思考

一　非传统安全问题与跨界民族

安全是民族国家的核心利益之一，也是国家全力追求的重要目标。国家安全强调其国民的整体安全，其中的任何个体和单元都不能以损害国家利益，尤其是安全利益而谋求自己的利益。从国家安全的具体内容来看，包括政治安全、经济安全、文化安全、领土安全、军事安全。

在经济全球化的大背景下，世界各国以追求经济利益为主的综合国力的增长为主要目标，和平与发展相应地也成为时代的主旋律。但在新形势下，传统的安全威胁有所下降；同时，非传统安全威胁日益上升，如经济安全、金融安全、生态环境安全、信息安全、资源安全、恐怖主义、武器扩散、疾病蔓延、跨国犯罪、走私贩毒、非法移民等。值得注意的是，非传统安全威胁往往与国家的边境联系在一起。而生活在边境地区的跨界民族也常常成为非传统安全威胁产生的温床。中国的跨界民族大多生活在边境地区，或者靠近边界地区，这种特殊的身份使他们成为敏感问题所在，自然与国家安全有着密切的联系。

朝鲜族大都居住在我国东北地区，那里靠近中韩、中俄边界，属于我国的边境地区。这种特殊的居住环境使他们与国家的边境安全密切相关。由于国家疆界对跨界民族的分隔，有可能造成民族与国家不重合，甚至也有可能导致民族向心力与国家向心力失衡，从而导致认同危机和分离主义问题。跨界民族问题涉及国家与民族的关系问题，由此决定了跨界民族与国家安全存在着密切关联性。

在跨界民族与国家安全的关系问题上，我国有成功的治理经验，也有过深刻的教训。从某种意义上，这是两个相互联系的问题，一个涉及国家的民族政策和民族关系问题；另一个则涉及国家的边疆治理问题。从另一方面来看，两个问题都集中在国家的边疆地区，因此我们也可以把它们看作一个问题的两个方面。

自新中国成立以来，中央政府就非常重视边疆安全。在新中国刚刚成立时期，党中央就采取巩固边防的措施，把大批军队派遣到边疆地区，并设立了新疆建设兵团和黑龙江建设兵团，实行亦兵亦农的政策。这样既达到了巩固边防的目的，又解决了边防军的物资保障问题。这些措施在保护边疆少数民族的生命安全以及社会稳定方面都起到了至关重要的作用。但在国际形势复杂多变的形势下，尤其是中国一直坚持社会主义道路，成为西方国家实施"和平演变"的重要对象。国外敌对势力是无孔不入，地处边境地区的跨界民族也成为他们利用的目标。尤其是冷战结束以后，由于苏联和东欧国家均发生体制上的变化，日益发展的中国更加成为西方国家要颠覆的重要目标。我国西部和西北边疆地区的跨界民族问题也随之突出起来，这些民族问题关系到我国的边疆安全，需要我们认真对待，这就是新疆"东突"恐怖主义问题和西藏达赖集团的"藏独"问题。[①] 尤其是东突势力，近年来在国外敌对势力和恐怖组织的支持下，极力从事分裂我国新疆的活动，十分猖狂，甚至在2009年夏天制造了"7·5"打砸抢暴力犯罪事件。"东突"分裂主义活动不仅极大地影响了新疆地区的社会稳定，而且对我国西北边疆的安全和领土完整造成严重威胁。这说明，作为一个多民族的大国，中国边疆的安全绝不仅仅是一个边防问题，还是事关几十个居住在边境地区的少数民族，甚至所有少数民族利益的民族问题。换言之，中国的跨界民族与国家安全和领土完整密切相关。跨界民族的稳定是我国边疆地区稳定的重要标志，是我国边疆安全的重要保障。

改革开放以来，我国的跨界民族问题越来越显得突出。这一方面与我国逐步打开国门，日益融入经济全球化的大潮有关；另一方面与冷战结束后世界民族主义思潮泛滥有一定联系。经历了30多年的改

---

① 参见徐祇朋《当代民族主义与边疆安全》，民族出版社2009年版，第205页。

革开放，21世纪的中国跨界民族问题与国家安全的关系更加突出。或许吴楚克的分析更深刻，"中国跨界民族自身发展达到了能够对跨界民族主体或者外在部分施加影响的程度；客观原因是跨界民族所处边疆的地域特点，引起试图干涉和破坏中国国家安全的某些别有用心的国家的注意，特别是极端宗教势力和恐怖主义分子的注意；主要原因是由于苏联解体的结局，使一些敌对社会主义国家的势力试图借助跨界民族问题继续干涉中国内政，引起中国国内动乱，乘机分裂中国或者滞后中国的发展步伐"[1]。

总之，随着中国不断扩大对外开放，顺应经济全球化的潮流，尤其中国近年来积极发展周边经济外交，地处边疆地区的少数民族，特别是靠近边境地区的跨界民族会成为外部势力向中国渗透，继续实施"和平演变"的一个"突破口"。因此，跨界民族与国家安全的联系将会更加密切。

朝鲜族是我国东北地区的一个典型的跨界民族，东北地区东与朝鲜半岛相连，北与俄罗斯的远东地区毗邻。而朝鲜半岛又是东北亚地区的核心，地缘政治非常敏感。所以中国朝鲜族作为一个跨界民族而与国家安全密切相关。从安全观的角度分析，东北地区既存在传统安全问题，也存在非传统安全问题。传统安全观认为，军事威胁是国家安全最主要的威胁，它主要包括军备竞赛、军事威胁和战争。由于东北亚地区特殊的地理位置，使其地缘政治非常敏感，战后一直是大国争夺的重要地区之一。冷战时期，作为东北亚地缘政治的核心地带，朝鲜半岛不仅爆发了一场"热战"，而且在此后的几十年中一直是军事对抗的最前沿。

---

[1] 吴楚克：《从地缘安全角度理解中国的民族与跨界民族》，《广西民族研究》2009年第3期，第12—16页。

朝鲜半岛的分裂在很大程度上是东西方冷战的产物，它不仅使半岛南北两个政权之间长期剑拔弩张，而且其背后的两大阵营之间也存在尖锐的对峙，"三八线"成了亚洲的"柏林墙"。这种尖锐的军事对峙不仅造成地区局势的高度紧张，而且对我国的国家安全，尤其是东北地区的边境安全，形成严重的威胁。新中国自成立后就一直处在美国的政治孤立、经济封锁和军事围堵等多重包围之中。美国利用其在日本和韩国军事基地和驻军，对我国东北边疆形成巨大的军事威胁。直到中美关系实现正常化，这种局面才有所缓解。由于边境地区的长期紧张局势，使得居住在该地区的少数民族，尤其是跨界民族的生存环境处在非常不利的地位，民族地区的经济发展受到严重障碍。对于中国朝鲜族而言，这种局面还严重影响了他们与朝鲜半岛上的朝鲜人和韩国人之间的联系，尤其是影响到他们与韩国的各种联系。

随着改革开放政策的实施，我国逐步融入经济全球化的浪潮之中。和平与发展成为时代的主题，各国都致力于经济发展，追求国力的提升。在这种新形势下，传统安全威胁有所下降，但非传统安全威胁却有所上升。尤其是冷战结束后，经济全球化的趋势进一步加强。但同时，由于东欧剧变和苏联解体所激化起来的民族主义思潮，也在世界各地不断涌动。这些都在一定程度上使非传统安全威胁呈上升趋势，甚至有学者认为，民族主义将是 21 世纪最重要的政治思潮。[①] 这些不稳定因素已经严重影响了我国的国家安全，暴力恐怖主义、宗教极端势力、民族分裂势力等三种势力已经给我国西北边境地区造成安全威胁。随着我国不断扩大对外开放，对外交往也会日益频繁。在新的国际环境下，除上述三种势力等非传统安全威胁外，也会产生许多

---

① 参见吴楚克《中国边疆政治学》，中央民族大学出版社 2005 年版，第 254 页。

新的非传统安全威胁，如走私贩毒、跨国犯罪、非法移民、洗钱、海盗活动。在这些非传统安全威胁当中，许多威胁都是通过边境地区才能得以实现，很有可能与边境地区的跨界民族产生某种联系。长期以来，我国边疆的跨界民族与邻国的同一民族之间，基于相同的语言、共同的习俗等便利条件，往来密切，交流广泛。他们之间的边境贸易、文化交流、边民互市等往来形式，已成为我国与周边国家经济文化交流的重要渠道。特别是改革开放以来，我国的许多跨界民族聚集区既是维护祖国安全的屏障和前沿，又是沟通我国与世界交往的桥梁。从总体上看，我国的许多跨界民族聚集区经济发展、社会稳定，我国边疆的安全形势是好的，可以说正处于历史上周边安全最好的时期。但也存在一些不稳定的因素，特别是在冷战结束后，传统安全问题和非传统安全问题相互交织、相互渗透、相互影响，已经成为我国边疆安全形势的新特点。

朝鲜族作为我国东北地区的一个跨界民族，在中国与朝鲜、韩国、俄罗斯以及日本等国的经济文化交流中都曾起到过积极的作用。尤其是中韩建交以后，在促进中韩贸易，推动韩国企业家到中国投资方面起到了非常突出的作用。进入21世纪，中国开始积极参与东北亚经济合作，尤其是图们江开发战略的实施，使朝鲜族有了更多参与国际交往的渠道。同时也更便利了外国人，尤其是韩国、日本商人、游客、企业家到中国东北地区从事商贸、旅游、投资活动。但这不免也给许多不法分子带来一定的便利，尤其是吉林延边朝鲜族自治州、长白朝鲜族自治县，以及辽宁省丹东市等朝鲜族聚集区，成为境外犯罪分子从事犯罪活动的重要地区。由于中朝边境两边的居民同属于朝鲜民族，在语言、文化、习俗等方面相同或相近，给犯罪分子从事跨国犯罪行为提供了方便。

自20世纪90年代以来，朝鲜连续发生自然灾害，造成严重的经济困难。在靠近中国边境地区，偶尔有朝鲜边民越界进入中国境内，进行抢劫活动。2001年12月29日，朝鲜警备队员非法越境后，盗伐图们市凉水镇的林木。在2002年6月16日凌晨，和龙市南坪镇柳洞林场家属房内发生了一起特大入室抢劫杀人案，造成三名中国边民死亡。后经我国公安机关调查，确定案件系由朝鲜非法越境人员所为。另据香港《大公报》记者郑旭荣报道，2003年1月29日至2月28日，在离吉林省延边朝鲜自治州州政府延吉市约七十公里的龙井市三合镇的草坪村、大苏村，接连发生朝鲜人越境抢劫杀人案件，共造成中国边民四人死亡。这一系列越境抢劫案件引起了延边州公安边防支队的高度重视。2003年1月6日，和龙市崇善镇古城村又发生朝鲜人非法越境事件，越境人员在当地盗窃耕牛。三合镇属于一个边境小镇，与朝鲜有27公里长边界线。2013年1月29日，该镇草坪村二队发生一起朝鲜非法越境人员抢劫、杀人的恶性案件，致中国边民二人死亡。2月19日，该镇大苏村发生一起朝鲜非法越境人员抢劫、杀人的恶性案件，同样造成两名中国边民死亡。2003年1月27日晚，延边州下辖的珲春公安边防大队敬信边防派出所根据群众举报，在敬信镇二道村抓获一名非法越入中国境内的朝鲜警备队员，当场缴获朝鲜六八式自动步枪1支、弹夹4个、实弹15发、空爆弹3发、枪刺1把和弹夹袋1个。同年1月23日晚，珲春市板石镇边疆发生了一起恶性事件，朝鲜警备队员违反两国协议持枪越境，在中国境内公然鸣枪，并用枪刺刺伤中国边民。2003年1月30日晚，延边州公安边防机关在龙井市朝阳川镇山城一队抓获五名朝鲜非法越境人员。经审查，该五人自2002年10月起在延吉市、龙井市等地连续盗窃、缯窃作案21起，涉案总金额达5000余元。① 朝鲜非法越境滋事事件以及由朝鲜人引发的越境盗窃、抢劫、杀人等恶性案件等非法越境问题严重影响了延边州的治安秩序，严重扰乱了边民群众正常的生产生活秩序，给边民群众的生命、财产安全带来了极大隐患。

以上这些事例均为延边州公安边防支队记录下来的近年来该州边境地区发生的境外人员越境滋事和朝方人员非法越境后在中国实施的盗窃、抢劫、杀人等犯罪活动的典型。中朝两国拥有长达约1400千米的边境线，中国一侧发生多少类似的事件，没有具体统计数据。此外，在中俄边境线上，严峻的边境形势严重制约着延边州经济的发展，整顿边境秩序，净化治安环境刻不容缓。因此，边境地区的广大军警民众，要牢固树立起国界意识，自觉遵守边境法规和政策，防止类似破坏国家安全的事件再次发生。

但是，犯罪分子总是无孔不入。2006年4月间，延边朝鲜族自治州公安边防支队经缜密侦查，成功破获一起境内外人员组织实施的重大偷渡案，抓获涉案人员39人，缴获偷渡契约书14份，捣毁偷渡窝点7处。3月29日，境外人员金某以获利为目的，与延吉市人李某、崔某相互勾结，在延边州联系8名非法入境人员，准备将其运送到中蒙边境后偷渡到第三国。4月7日，该8名非法越境人员在中蒙边境被内蒙古边防部门抓获。4月11日，侥幸逃脱的金某等三人不甘罢休，又先后在延吉市组织了10名偷渡人员，准备转道中越边境偷渡国外。4月16日，崔某带领10名偷渡人员搭乘交通工具准备离开延吉，中途被延边公安边防支队抓获。随后，案犯李某、金某及10名

---

① 《延边发生多起朝警备队员越境抢劫、杀人等事件》，中国网，http://military.china.com。（访问时间：2003年3月9日）

非法越境人员相继在延吉、汪清等地落网。代号为"4·16"的重大偷渡案至此成功告破。① 2007年10月，吉林边防总队破获该年度以来的第16起重特大走私贩毒案件。在这16起重特大走私贩毒案件中，他们共抓获涉案人员80人，捣毁犯罪团伙5个，缴获毒品12.5公斤。据报道，由于吉林省边境线长1300多公里，毗邻朝鲜、俄罗斯。在此前的两年中，延边、白山地区边境走私贩毒呈现境内外贩毒人员相互勾结、通道日趋网络化、种类日趋精品化的趋势。针对日益严重的态势，吉林公安边防总队加大警力、物力和财力上的投入，进一步强化侦查专业队伍建设，强化多警种间的相互配合、协同作战，形成打击犯罪的合力，在案件侦破方面取得突破性进展，有效地遏制了境外毒品向境内渗透的上升势头。②

但是，贩毒活动的巨大利润使许多犯罪分子不惜以身试法，铤而走险。近年来，不仅跨界走私贩毒活动仍然很难根除，而且时有增多的趋势，贩毒活动集团化日趋明显，边境口岸往往成为他们渗透的主要目标。在2010年"6·26"国际禁毒日前夕，新华网记者通过对吉林、辽宁、云南、广东等边境地区调查发现，中国禁毒形势严峻。③吉林省延边朝鲜族自治州由于特殊的地理位置和人文环境，已成为毒品主要走私通道、中转站、集散地和消费地。大多数情况下，毒品走私在边境线上进行。境外毒贩在中国边境村屯都有固定的联系人，通过他们运输毒品和毒资。参与毒品走私的中方人员，大多是土生土长的老边民，对边境情况很熟悉。辽宁省公安边防总队丹东边防支队负

---

① 参见《延边公安边防成功破获一起重大偷渡案》，新浪网，http://www.sina.com.cn。（访问时间：2006年4月27日）
② 参见《吉林边防侦破16起特大走私贩毒案》，人民网，http://society.people.com.cn。（访问时间：2007年10月12日）
③ 参见《中国禁毒形势严峻 贩毒集团对口岸渗透加剧》，中国新闻网，http//www.chinanews.com。（访问时间：2010年6月25日）

责人告诉记者:"由于丹东市的特殊地理位置,境外毒品'侵入'除了陆路通道与吉林省类似外,他们还利用江海通道。"吉林和辽宁的警方都表示,近几年,除了抓获中国毒贩外,已破获多起外国毒贩在中国境内贩运毒品案件。贩运方式也呈多样化特点,包括航空、邮寄、航运、公路等。中国国家禁毒委员会3月中旬公布的《2010中国禁毒报告》显示,2009年,全年共破获毒品犯罪案件7.7万起,抓获毒品犯罪嫌疑人9.1万名,缴获海洛因5.8吨、鸦片1.3吨、冰毒6.6吨、氯胺酮5.3吨、摇头丸106.2万粒、大麻8.7吨。

随着科技进步以及网络的日益发达,跨国犯罪活动也呈现出多样化的趋势。电信诈骗也成为跨国犯罪贩子使用的新作案手段,这类犯罪案件也不断出现在延边朝鲜自治州的边境地区。根据延边公安局2012年7月13日发布的信息,延边警方在上半年侦破了5起跨国电信诈骗案相关情况。案件涉案金额达5000多万元人民币,68名涉案人员中57人已被警方刑拘。其中的一宗重点案件系李华诈骗犯罪团伙,是此次警方打击的一个重点对象。警方共抓获25名犯罪嫌疑人。据办案民警介绍,该诈骗犯罪团伙组织者李华30岁,延吉市人,从2011年10月到2012年6月11日期间,在延吉市河南街公路小区,伙同其丈夫崔红哲用12万余元人民币,从犯罪嫌疑人金光手中购买了约8万条韩国人信息。他把信息交给手下的金香花、李松青等20余名雇员,并组织这些雇员利用网络电话冒充韩国小额贷款公司职员进行联系,骗取受害者的身份证复印件及韩国银行卡和密码。在骗取银行卡信息后,犯罪嫌疑人李华利用网络与国内从事诈骗韩国人活动的"工作室"联系,并反复多次转移诈骗赃款,最终分层将赃款分掉。据了解,2011年10月到2012年6月11日期间,李华非法所得约80万元人民币。目前,此案扣押、冻结的赃款达120余万元人民币，收缴轿车1辆，台式电脑29台，笔记本电脑6台，手机25部，网络IP电话50部等一批作案工具。

随着改革开放的日益深入，特别是中韩建交后，非法移民也成为朝鲜族聚集区所面临的一大问题。20世纪90年代中期，在中国朝鲜族中兴起了一股"出国热"，其中有一部分人为达到这一目的而不择手段，尤其是那些急于出国而又找不到正常渠道的人，或者高价购买假护照，办假签证，或者以婚姻（或假结婚）方式，或者以偷渡方式。还有的人长期滞留韩国，造成家庭分裂。这些非法活动不仅影响了朝鲜族民族地区的社会稳定，而且给我国东北地区的边疆和海疆安全都带来严重危害。相比之下，所谓的"脱北者"问题是更加棘手的国际问题，不仅威胁到我国的边疆安全，而且会引起中韩、中朝关系的不利局面，甚至给正面边疆地区和中苏、中蒙边界都带来严重影响。① 所谓的"脱北者"实际上大多是中朝边境地区的朝鲜边民，因为连续不断的经济困难，朝鲜农业连年遭受自然灾害的歉收，许多朝鲜边民偷偷越过边界，偷渡到中国境内。根据韩国方面的统计，在1993年之前每年离开朝鲜进入韩国的"脱北者"只有10人左右，但以金日成去世的1994年为转折点，人数迅速增加，2002年猛增到1111人。2000年前后开始，一些人开始先逃到越南、泰国等东南亚国家，然后再进入韩国。2002年，一家"脱北者"带着两岁孩子闯入日本驻沈阳领事馆寻求庇护时，曾被外国记者现场拍到，引发全球关注。偷渡进入中国的这些朝鲜人或者隐藏在我国的朝鲜族中，与当地人结婚，或者辗转到中国内地，寻找机会进入韩国领事馆，通过这种方式移居韩国。中国政府对这些"脱北者"的态度是，一旦发现，

---

① 参见吴楚克《中国边疆政治学》，中央民族大学出版社2005年版，第205页。

就通过外交途径遣返到朝鲜。但近年来却引起韩国的媒体和部分政客开始从"静默外交"转向"正面进攻",对中国按照国际法和中朝两国间的相关协议处理此事的方式横加指责,甚至以"人权"问题为借口向中国施压。

辽宁社会科学院朝鲜—韩国研究中心主任吕超认为,朝鲜非法入境中国的人员目的有几种:打工挣钱,借道中国进入韩国、美国。至于其中的原因,其实并不是韩国所称的在朝鲜受到政治迫害,主要还是经济问题引起的。中国政府如何处理"脱北者",这是中国主权范围内的事情,无可厚非。而且中国除了根据中朝两国之间的约定和国际法规,也考虑到了人道主义因素。复旦大学韩国研究中心主任石源华的观点是,韩国认为"脱北者"问题是人权和政治避难问题,但对中国和朝鲜来说,这是边界和边境管理问题,中国和朝鲜之间签订了引渡条约。从朝鲜到中国的非法入境者到底是政治避难,还是出于经济窘迫原因出来谋生,情况错综复杂,不能简单认为中国遣返非法入境者就是践踏人权。[①] "脱北者"问题并不是韩国某些人所说的难民事件,这事关中、韩、朝三国之间的关系问题。如果处理不好,不仅会影响到中国的边境安全,而且会给东北亚地缘政治造成不良影响。

虽然非传统安全威胁的破坏性不像传统的军事安全威胁那样严重,但在经济全球化的国际背景下,非传统安全威胁的范围不断扩大,其危害性不容忽视。对于我国而言,非传统安全威胁往往出现在边境地区,而且通常与那些地区的跨界民族有这样或那样的关系。因此,非传统安全威胁已经引起党和政府的高度重视,一方面政府不断加强对边境地区的防范工作;另一方面还有针对性地加强与有关国家

[①] 参见《中国遣返"脱北者"不能被认为践踏人权》,环球网,http//www.huanqiu.com。(访问时间:2012年2月21日)

在非传统安全领域里的合作。

2011年4—5月,辽宁省政府和省武警总队展开了为期1个月的"春雨"统一清查行动,集中整治边境地区治安秩序,严厉打击边防海防辖区各类违法犯罪活动,实施边境专项整治行动进程。[①] 丹东市公安边防支队制订了详细的行动方案,明确了工作重点,并专门派出机动队警力30人、警犬6条随支队机关3个行动小组分赴辖区开展清查工作,最大限度将警力部署到了边境、沿海一线,重点对边境专项整治确定的非法以物易物,非法越境,渔船、贸易船只出入港秩序,摩托艇及旅游船舶管理等8项内容进行了清查、整治。在行动中,全体参战官兵密切协同,紧密配合,发扬了攻坚克难、持续作战的作风,取得了较好的效果。期间,共查获违边案件12起,治安案件2起,扣押走私黄铜4297千克、紫铜590千克、铝441千克、铁3680千克,收缴赌博机1台、仿真枪1支。

吉林省政府也十分重视延边等地边境地区的边防事务,尤其重视防毒禁毒工作的治理。2002年,公安部将3类6种案件侦办权交由公安边防部队管辖,吉林省延边朝鲜族自治州公安边防支队把打击毒品犯罪作为维护少数民族地区边境稳定的重中之重,在警力、物力和财力上加大投入,警地联手,协同作战,"打团伙、摧网络、抓毒枭、端毒窝、缴毒资、断毒道",形成了打击毒品案件的合力。为有效遏制毒品在少数民族地区入境和内流,该支队在边境前沿确定了30处重点部位和9个要道口,派驻24小时执勤警力,建立了站、队、所联动的快速反应机制和一线堵、二线控、三线查的"三道防线"查缉

---

① 参见《丹东市公安边防支队开展"春雨"统一清查行动》,丹东打私网,dsw. dandong. gov. cn。(访问时间:2011年6月21日)

网络，利用点、线、面立体布控，对出入边境管理区人员和车辆实施24小时双向检查，最大限度把毒品堵在境外、查获在边境地区。

为打赢这场禁毒战争，边防支队充分发动和依靠人民群众，使他们成为禁毒的生力军。针对重点部位多、边境线长、公安边防警力不足等实际情况，延边朝鲜族自治州公安边防支队广泛发动各民族群众，在167个少数民族村屯成立了200多支由村干部和民兵组成的"禁毒联防队"，组建了1200余名汉族、朝鲜族、满族等多民族禁毒信息联络员，延伸禁毒触角，扩大战斗力，形成了"乡镇作堡垒、村村有哨所、人人是哨兵"的民族团结合力禁毒局面。自2002年以来，延边朝鲜族自治州公安边防支队先后破获毒品案件107起，打掉贩毒团伙49个、窝点67处，抓获犯罪嫌疑人315人，缴获各类毒品51148.5克。①

针对中韩建交后双方经贸文化等各种交流日益密切的现状，中韩两国近几年加强了在非传统安全领域里的合作。在两国领导人的共同努力下，在2008年5月韩国总统李明博访华期间，双方领导人一致同意将中韩"全面合作伙伴关系"提升为"战略合作伙伴关系"。在发表《共同声明》时，双方对于开展并加强在非传统安全领域的合作达成共识：首先加强在通信、能源等重点领域的互利合作，积极研究和推进中韩自由贸易区建设进程；其次进一步加强在维持东北亚和平稳定以及联合国改革、应对气候变化等重大问题上的合作；最后明确两国将在打击跨国犯罪、预防禽流感、治理沙尘暴、食品安全、能源安全、网络安全、海上搜救等非传统安全领域里的信息交流与合作。随着经济全球化的发展，金融国际化日益成为世界经济的显著特征。

---

① 参见《延边边防二百余禁毒联防队驻村屯》，法制网，http://www.legaldaily.com.cn/。（访问时间：2012年5月17日）

但金融国际化也是一把双刃剑，它一方面给各国金融资源寻找最佳投资场所提供了便利，以实现自由的最优配置；另一方面也使得国家金融安全在开放体系的冲击下面临巨大风险。中韩两国也在区域合作的框架下实现了金融安全的合作。同时，中韩在生态环境安全领域里的合作不断扩展，包括大气污染与酸雨防治，防止沙尘暴与土地沙化，海洋保护与开发，以及灾难应急响应合作，防止传染疾病蔓延，反洗钱和反恐等。总之，中韩双方已经在21世纪的头十年间达成了诸多涉及上述非传统安全领域里的合作协议或备忘录等。①

但是，由于东北亚地区十分敏感的地缘政治，尤其是受冷战体制遗留下来的影响，政府间就环境等非传统安全领域里的合作方面受到很大限制，有的合作甚至很难取得实质性成果。因此，在这种情况下，非官方的民间组织在这方面可能会起到更大作用，这有可能避开政府官方对话的艰难选择。在这方面，朝鲜族的跨界民族身份很适合充当两国民间交流合作的桥梁。因此，跨界民族将会在推动两国间在非传统领域里的合作发挥重要作用。

二 构建和谐民族关系的探索与思考

在世界形势复杂多变的背景下，我国的社会主义建设事业取得了令世人瞩目的成就。这不仅说明了中国特色的社会主义道路是非常正确的，而且也是对国际上各种诋毁社会主义的敌对势力的有力回击。但是，国际上的敌对势力不会就此罢休，他们仍会通过各种手段，对我们的社会主义事业实施破坏。随着中国整体实力的进一步增强，他

---

① 参见魏志江《"冷战"后中韩关系研究》，中山大学出版社2009年版，第154—168页。

们会倾向于采用"和平演变"方式向中国渗透，从内部对中国实施破坏活动。而我国是一个多民族国家，国内的55个少数民族中有30多个生活在边疆地区，且大多属于跨界民族。由于跨界民族的特殊身份，以及他们主要聚集在我国边境地区的现实状况，这使他们很容易成为国外敌对势力实施"和平演变"的一个突破口。国际敌对势力也最容易借助民族问题，尤其是跨界民族问题，给中国制造混乱局面。因此，跨界民族问题绝不单单是国内民族问题的范畴，它与地缘政治、领土争端、边疆安全等比较敏感的国际问题联系在一起。要处理好朝鲜族的跨界民族问题，也必须从国内、国际两个层面进行认真研究，正确对待。

跨界民族问题在本质上仍属于国内的民族问题，国内因素在处理跨界民族问题上至关重要。从国内层面来看，尤其需要做好以下几方面的工作。

第一，切实认真落实好党的民族政策。坚持民族平等，推动民族团结，实行民族区域自治政策是我国一贯坚持的民族政策的重要内容，也是我国今后处理朝鲜族跨界民族问题的基本原则。

事实证明，我国政府长期执行的这一民族政策是非常正确的。早在革命和战争年代，中国共产党就注意民族工作。在1922年的中国共产党第二次全国代表大会上，大会宣言中就提出了"民族平等""民族自决""民族自治"等概念。[①] 在中共第六次全国代表大会决议案中提出了"统一中国，承认民族自决权"的口号，而且专门提出了"关于民族问题的决议案"，认为"中国境内少数民族的问题对于中国革命有重大的意义，特委托中央委员会于第七次大会之前，准备中国

---

① 中共中央统战部：《民族问题文献汇编》，中共中央党校出版社1991年版，第15—17页。

少数民族问题的资料,以便第七次大会列入议事日程并加入党纲"①。1945年4月20日,在党的第七次全国代表大会上,毛泽东做了《论联合政府》的报告,其中的第九部分是关于"少数民族问题"的内容。毛泽东不仅肯定了孙中山先生提倡的民族平等、民族自决原则,而且进一步阐述了这一思想,"中国共产党完全同意上述孙先生的民族政策。共产党人必须积极地帮助各少数民族的广大人民群众为实现这个政策而奋斗;必须帮助各少数民族的广大人民群众,包括一切联系群众的领袖人物在内,争取他们在政治上、经济上、文化上的解放和发展,并成立维护人民群众利益的少数民族自己的军队。他们的语言、文字、风俗、习惯和宗教信仰,应被尊重"②。

作为新中国成立初期的施政纲领,1949年4月制定的《中国人民政治协商会议共同纲领》再次表明中国共产党一贯提倡的民族政策,并成为当时我国政府处理民族问题的重要依据。在《共同纲领》的第六章"民族政策"部分,不仅重申了民族平等、民族团结的原则,而且确立了民族区域自治的政策和民族发展政策,强调各少数民族的政治权利和发展权利。其中规定:"各少数民族聚居的地区,应实行民族的区域自治,按照民族聚居的人口多少,分别建立各种民族自治机关";"各少数民族均有发展其语言文字、保留或改革其风俗习惯及宗教信仰的自由。人民政府应该帮助各少数民族的人民大众发展其政治、经济、文化、教育的建设事业"③。1954年,中共中央制定《中华人民共和国宪法》时,对少数民族的有关条文作出了说明。其中,有关民族问题的内容比《共同纲领》更加详细。总之,"民族平等是

---

① 中共中央统战部:《民族问题文献汇编》,第87页。
② 中共中央统战部:《民族问题文献汇编》,第743页。
③ 中共中央统战部:《民族问题文献汇编》,中共中央党校出版社1991年版,第1290页。

中国共产党和毛泽东同志的一贯主张，是毛泽东思想民族理论的主要内容，是中国共产党民族政策的基本出发点和最终归宿"①。

在对待中国朝鲜族的问题上，中国共产党一贯根据民族平等原则，尊重朝鲜族人民的民族利益。早在 1927 年，中共六大通过的《关于民族问题的决议》中就把中国的朝鲜民族移民写为"高丽人"或"朝鲜人"，也就是说把他们认定为中国的少数民族。抗日战争胜利后，"居住在东北的绝大多数朝鲜民族同中国其他民族一样，在政治、经济、文化等方面都得到了平等待遇"②。新中国成立后，中国朝鲜族正式获得中华人民共和国公民身份。1952 年 8 月，经中央人民政府批准，毛泽东主席亲自签署了《中华人民共和国民族区域自治实施纲要》，决定正式在少数民族聚居区实行民族区域自治。9 月初，延吉市召开延边朝鲜民族自治区成立大会。1955 年，根据我国第一部《宪法》关于民族自治地方行政区划的相关规定，经国务院批准，决定把延边朝鲜民族自治区改为延边朝鲜族自治州。1958 年，根据国务院决定，将长白县改为长白朝鲜族自治县。随着朝鲜民族自治地方机构的成立，朝鲜族开始拥有了属于自己的自治区域，行使当家做主的权利。③

中国朝鲜族在中国革命和战争年代就在中国共产党的民族政策下，平等地享有了中国少数民族人民享有的一切权利，包括地权、人权、财权，以及参加各种革命和斗争活动的权利，参与民主政权管理的权利，选举权和被选举权，而且在新中国成立后成为中国各民族中

---

① 金炳镐：《中国共产党民族工作理论与实践》，中央民族大学出版社 2007 年版，第 19 页。
② ［韩］李承律：《东北亚时代的朝鲜族社会》，崔泽厚译，世界知识出版社 2008 年版，第 96 页。
③ 参见太平武《中国朝鲜族》，宁夏人民出版社 2012 年版，第 20 页。

的平等一员，平等地参与国家事务的管理，尤其是获得了民族自治权。

在今后的民族工作中，我们要继续认真执行党的民族政策，使民族平等、民族团结、民族自治政策进一步落实到位，促进中国朝鲜族的民族发展和进步。在民族工作中要充分发扬社会主义民主，同时加强民族工作的法制建设，切实提高朝鲜族民众的社会最低位，保障他们的民族权利。

第二，邓小平同志曾经说过，发展才是硬道理。这不仅适合中国内陆地区，同时也适合中国边疆地区的少数民族地区。积极推动东北地区少数民族经济的发展，是解决民族问题的最根本、最现实的方式。中国的跨界民族大多生活居住在边疆地区，生活环境比较差，经济发展水平普遍不高。在改革开放以后，国家把经济发展的重点首先放在东部沿海地区，从而造成经济发展水平的地区差异。区域经济发展不平衡，往往成为这些边疆少数民族不满的直接原因。

冷战结束后，世界政治多极化的趋势进一步加强，同时经济全球化现象也席卷世界各地。在新的国内国际环境下，我国逐步确立社会主义市场经济体制，沿海、沿江、沿边地区的对外开放局面也逐步展开。中韩两国正式建交后，中国朝鲜族社会逐渐从"政治"前沿、"国防"前沿转变为对外开放的前沿。[①] 在这种背景下，中国朝鲜族获得了发展的重大机遇。改革开放三十多年来，中国朝鲜族充分发挥跨界民族的自身优势，积极投身到国家的对外经济、文化交流活动中，不仅增加了经济收入，而且经济意识得到增强，价值观念也发生了深刻的变化。随着我国进一步实施对外开放战略，将会给朝鲜族带

---

① 参见许明哲《当代延边朝鲜族社会发展对策分析》，辽宁民族出版社2001年版，第1页。

来更大的发展机遇。

第三，军民联防，共同维护东北地区的社会稳定与边疆安全。无论是在战争年代，还是在社会主义建设时期，中国共产党都始终坚持群众路线。在解决边疆地区的跨界民族问题上，以及与跨界民族有关的问题上，同样需要坚持群众路线。军队是保卫国家安全和稳固边疆的重要支柱，但人民群众的作用不可忽视。所以必须通过军民联防的形式，充分发挥人民群众在促进社会稳定、保卫边疆安全中的重要作用。

跨界民族大多生活在我国的边境地区，这里大都地理环境复杂，资源相对来说不是非常丰富，人口密度相对小。所以，要把跨界民族的治理与边境治理相结合，充分发挥当地少数民族人民群众的积极性。在当前市场经济和对外开放的背景下，原有的军民共防机制面临新的困难，经济利益的制动作用越来越明显。① 所以，必须研究制定新形势下军民共防机制的创新形式，以便适应我国不断扩大的对外开放的需要。

第四，必须坚持国家领土主权和国家安全至上的原则，防止民族分离主义和分裂国家的行为，更要反对某些别有用心的人借跨界民族制造事端，挑拨跨界民族与所在国之间的关系，借以从中渔利，或者故意制造跨界民族问题，影响我国的经济建设和社会稳定。

在国家与民族的关系问题上，我们首先要维护国家的领土完整和主权安全。在此前提下，尊重各个少数民族的政治、经济、文化和宗教信仰的权利。在各民族的关系问题上，我们既反对大汉族主义，也反对各种极端民族主义。

---

① 参见吴楚克《中国边疆政治学》，中央民族大学出版社 2005 年版，第 287 页。

新中国成立以来几十年的社会实践表明，我国的跨界民族在国家认同的前提下与境外同族和平跨居，相互之间有千丝万缕的联系，跨界民族成为国际合作的桥梁，推动中国与周边国家的联系与交流。边民互市、边境贸易、文化交流、开发合作等形式的交流加强了各国间的友好往来。但是，中国跨界民族与国外同一民族间的交往在开启一道和平友好大门的同时，也渗透进了一些不容忽视的问题。这些问题带有国际性、长期性、复杂性的特点，对我国及邻国的国际关系、民族关系、经济发展和社会稳定都产生重要影响。[①] 跨界民族不同于我国内地的其他非跨界的少数民族，跨界民族的身份认同深受地缘政治的影响。我国是当今世界上拥有邻国最多的国家，周边地缘政治形势非常复杂。尽管跨界民族的认同并不必然与国家安全联系在一起，而且从历史的经验来看，跨界民族分裂国家的行为往往是在中国国力衰弱、内忧外患的背景下才有可能给国家安全造成巨大威胁。但是一个不容忽视的事实是，地缘政治格局加剧了跨界民族问题的复杂性；反过来，跨界民族也使得地缘政治格局变得更加变幻莫测。历史事实表明，民族问题一直是西方制约、分化中国的主要武器之一。[②] 因此，如果我们不能很好地处理国内少数民族问题，尤其是跨界民族问题，就有可能影响到我国的国家安全。

国际环境也是处理跨界民族问题的重要因素，其重要性有时会超过国内因素。究其原因，是由于跨界民族的特殊地位和身份。就朝鲜民族而言，它主要分布在朝、韩、中、俄、日、蒙等国，几乎遍及东北亚的每个国家。东北亚地区敏感的地缘政治，使该地区在战后一直

---

① 参见金炳镐《跨界民族与民族问题》，中央民族大学出版社2010年版，第287页。
② 参见吴楚克、徐芳、朱金春《中国蒙古族朝鲜族民族发展与认同研究》，中央民族大学出版社2012年版，第214页。

处于亚稳定状态，地区安全和稳定存在一定的隐患。再加上朝鲜半岛处于南北分裂状态，朝、韩两国长期对峙，且时常因国际形势的变化而使南北矛盾激化。朝鲜半岛特殊的地理位置牵动周边大国的神经，半岛局势影响到整个东北亚地区，乃至亚太地区的稳定。中国朝鲜族主要分布在东北边疆地区，与朝鲜半岛和俄罗斯远东地区仅一江之隔。由于中国朝鲜族是近代朝鲜移民的后裔，与朝鲜人和韩国人不仅有血缘关系，而且在民族认同、语言和文化方面相近。所以，中国朝鲜族与东北亚地区其他国家的朝鲜民族之间有着较为密切的联系。要处理好朝鲜族跨界民族问题，必须处理好与东北亚各国的地缘政治关系，尤其是中朝关系和中韩关系。

首先，中朝两国具有传统的友谊关系，这不仅有历史的因素，还有中朝两国在抗美战争中用血凝聚而成的友谊。长期以来，中朝两国相互支持，相互援助，在反对霸权主义，维护国家独立的斗争中站在一起。在这个过程中，两国人民结下了深厚的友谊。虽然在"文化大革命"-期间，以及中韩建交以后，中朝关系一度降温，但唇齿相依的地缘关系，仍是发展中朝传统友谊的坚实基础。在近二十年间，中国积极参与、推动朝核问题"四方会谈"和"六方会谈"，使中朝关系有了很大的发展。随着朝鲜的经济改革，中朝贸易关系逐渐步入正轨，中朝经贸合作不断得到加强。朝鲜开放港口，实施图们江开发战略，进一步推动双方的经贸关系，进而促进双方在政治、安全、军事、文化等领域的合作。由于朝鲜经济仍处于进一步的调整中，针对前一阶段中朝边境出现的各类跨境犯罪问题，应加强两国在非传统安全领域的合作，这不仅有利于两国关系的平稳发展，而且能给边境线两边的朝鲜族人民带来一个稳定的生活环境。

其次，中韩关系对两国都非常重要。这是基于多种因素的考虑，包括政治、经济、文化、安全、区域合作以及地缘因素等。虽然中韩两国建交比较晚，但是双方的经贸关系发展非常迅速。中国朝鲜族利用其跨界民族的特殊地位和身份，在其中发挥了重要作用。早在两国建交之前，就有韩国企业家开始到延边地区投资经商。随着中韩两国正式建交，韩国企业家把投资转向中国沿海开放城市和一些大城市，尤其是辽东半岛和山东半岛的沿海城市。双方的经贸往来带动两国的人员交流，包括学术文化交流、留学，以及旅游业的发展。尤其是中国对韩国的劳务输出，曾经在朝鲜族聚集区出现不小的热潮，朝鲜族民众通过亲缘、血缘关系，及其他各种渠道，去韩国打工或经商。随着韩国企业在中国的迅速增加，大量韩国人到中国居住。在山东半岛的青岛、烟台、威海等城市，都生活着大量的韩国人，同时还有大量的中国朝鲜族在这里打工、经商或从事其他经济活动。

随着两国交往的日益频繁，双方的关系也日益密切。除了加强政治合作和经贸往来以外，两国在新世纪还尝试加强在军事和安全领域里的合作。尤其是在非传统领域里的安全合作已经全面展开，两国在这一领域里已经签署了一系列相关协议。但两国在军事领域里的合作，以及政治外交关系的深入发展，却受到很大制约。这在很大程度上与该地区冷战遗留问题较多有关。美国不仅在该地区驻有大量军队，设有大量军事基地，而且美国作为世界最强大的国家，仍在很大程度上对该地区的事务拥有主导权。美韩军事同盟关系在很大程度上限制了中韩两国在军事和安全领域里的合作。此外，中韩两国在领土领海问题上存在一定的争议，如苏岩礁问题、黄海海域的领海争端等。近年来，朝鲜和韩国在高句丽遗址问题上提出了一些无端的争议，混淆历史和现实，把学术问题当作现实依据，对中国提出了无理的领土要求。在韩国民族主义思潮不断高涨的形势下，部分韩国人甚至无中生有地提出所谓"间岛"问题。在 2007 年的长春冬季亚运会上,一些韩国运动员在领奖台上居然联手打出"长白山是我们的领土"的韩文标语。作为代表一个国家的运动员,在体育赛场上有如此举动,其嚣张程度令人惊讶。而对热情招待他们的中国人民,则造成了相当大的伤害。事件发生之后,中国外交部立即提出抗议,韩国官方最终都未公开道歉。这些问题的存在,也在一定程度上影响了中韩关系的正常发展。一旦这些问题被外部势力所利用,很有可能成为他们干预中国内政的借口。因此,妥善处理两国间存在的争端,在平等互利的基础上通过谈判解决有争议问题,是发展中韩关系的基本出发点,也是稳定两国关系、巩固现有成果的重要途径。

再次,由于中国与朝鲜半岛唇齿相依的地缘关系,朝鲜半岛局势稳定与否,事关中国的重要战略利益。因此,针对朝鲜半岛南北分裂的事实,中国应该从自身的全局战略考虑,在韩朝之间执行一种平衡外交。在南北关系中不偏向任何一方,避免因与一方关系过度密切而影响与另一方的关系。这既符合中国长期坚持的外交原则,也符合朝鲜半岛南北的现实利益。自从改革开放以来,中国一直坚持经济建设为中心的发展道路。在可以预见的将来,中国仍然会坚持这个中心任务。这就需要有一个和平稳定的国际环境,尤其是周边环境。因此,中国坚持以和平手段解决国际争端,希望朝鲜半岛保持稳定局面,支持朝鲜半岛南北双方通过和平谈判实现统一。中国的立场原则不仅会促进东北亚地区的稳定与发展,而且对于促进我国朝鲜族地区的繁荣昌盛也具有积极的作用。

最后,处理好东北亚地缘政治关系和地缘经济关系,积极发展地缘经济,超越地缘政治的羁绊,推动东北亚地缘经济合作。同时,防止极端民族主义和权力政治干预经济一体化的合作进程。

由于东北亚地区的地缘政治关系复杂，严重制约了该地区政治和安全合作机制的形成，从而成为制约地区局势稳定的重要因素。再加上域外大国的严重干预，对该地区各国间建立互信关系产生严重影响。尽管该地区内各国的政治家、外交家和学者们为推动东北亚区域合作做出了许多努力，但是成果仍然不是非常突出。再加上，东北亚地区一直存在领土领海争端，如中日钓鱼岛争端、韩日独岛争端、日俄南千岛群岛争端等，都在很大程度上影响了中日关系、韩日关系和俄日关系的进一步发展，中、日、韩自由贸易区谈判也难以取得实质性进展。因此，目前该地区的国际合作仍以双边合作关系为主，缺乏一种有效的多边安全合作机制。这不仅影响了该地区的政治合作，而且在一定程度上也阻碍了区域经济一体化的发展。

随着经济全球化的日益深入，国际范围内的经济竞争日趋激烈，东北亚地区各国不得不面对严峻的国际经济竞争局势。在东北亚地区，中、日、韩三国之间的贸易量巨大，且三国均与东盟有着非常广泛的经贸合作关系。2010年1月1日，中国—东盟自由贸易区正式启动，极大地促进了东亚地区的经济贸易合作。同时，日本与东盟、韩国与东盟的自由贸易区计划也都在积极推进。但是，即便是有了东盟这个合作平台，中、日、韩三国的自由贸易区计划仍然进展缓慢。令人欣慰的是，自2012年12月，中、日、韩自由贸易区谈判正式启动，使东北亚区域经济合作呈现一定的好势头。目前，中韩自由贸易区谈判已经取得某些实质性进展。从另一方面来看，在东北亚国际关系中，"政冷经热"的现象仍非常突出。在东北亚地区，日本和韩国属于经济发达国家，中国是最大、最具潜力的发展中国家，也是最大的新兴市场经济体，21世纪以来俄罗斯也积极推行亚太战略。因此，东北亚地区的地缘经济关系仍十分活跃。在这种形势之下，中国应积极推进东北亚经贸合作，推动中、日、韩自由贸易区建设，以地缘经济推动地缘政治关系的发展，促进东北亚地区的和平与稳定。维持并进一步发展东北亚地区的稳定局势，不仅为我国东北地区的经济发展创造良好的外部环境，而且为该地区朝鲜族聚集区的经济发展提供了必要条件，朝鲜族能够继续在区域经济合作中发挥桥梁作用。

当然，东北亚经济合作也存在一些问题。由于该地区各国经济结构有一定的相似性，各国在经济技术方面又存在差距，在经济合作中可能存在某些具体的行业竞争，甚至存在行业保护现象。比如，在中韩贸易中，中国的农产品出口在对韩出口贸易中一直占有很大的比例，而农业在韩国属于弱势行业，因此也是韩国政府重点保护的领域。早在2000年，就曾爆发中韩之间的大蒜贸易战。2005年12月，即香港世界贸易组织部长会议期间，韩国发生了农民反对开放农产品市场的抗议活动。所以，在经济全球化日益加剧的时代，要正确处理不同国家间的产业竞争关系，必须认识到，健康的竞争关系有利于促进各国间的经济发展和技术进步。如果在国家间的经济贸易竞争关系中掺杂进民族主义或权力政治，很有可能把正常的市场竞争引向歧途，危及国家间的正常关系发展。[1]

总而言之，对于我们这样一个多民族国家而言，在中国的发展历程中，各民族共同开发了祖国的锦绣河山、广袤疆域，共同创造了悠久的历史、灿烂的文化。我国历史演进的特点造就了各民族在分布上的交错杂居、文化上的兼收并蓄、经济上的相互依存、情感上的相互亲近，形成了你中有我、我中有你，彼此相连的多元一体格局。"中华民族和各民族的关系，是一个大家庭和家庭成员的关系，各民族的

---

[1] 参见何剑主编《东北亚合作机制研究》，东北财经大学出版社2008年版，第306页。

关系，是一个大家庭里不同成员的关系。处理好民族问题、做好民族工作，是关系祖国统一和边疆巩固的大事，是关系民族团结和社会稳定的大事，是关系国家长治久安和中华民族繁荣昌盛的大事。"[①] 在民族工作方面，要坚定不移走中国特色解决民族问题的正确道路，开拓创新，从实际出发，让各族人民增强对伟大祖国的认同、对中华民族的认同、对中华文化的认同、对中国特色社会主义道路的认同。民族区域自治制度是我国的一项基本政治制度，是中国特色解决民族问题的正确道路的重要内容。要坚持统一和自治相结合、民族因素和区域因素相结合，把宪法和民族区域自治法的规定落实好。而其中的关键就是，帮助民族自治地方发展经济、改善民生。

随着经济全球化的日益深入，区域经济一体化现象更加突出。跨界民族处在地缘经济合作的前沿，具备促进国家和民族经济发展的便利条件，同时又拥有自身发家致富的有利因素。但是，地缘政治并未退出历史舞台，国际政治中还存在霸权主义。也就是说，发展地缘经济并不能完全摆脱地缘政治关系的羁绊。同时，经济全球化使得国际领域里的安全问题，尤其是非传统安全问题日益突出。虽然跨界民族并不是非传统问题出现的原因，但非传统安全问题容易出现在跨界民族聚集的边境地区。这或许与跨界民族的特殊身份，以及聚集在边境地区的生活环境都有很大关系。诸如偷渡、走私贩毒、跨国犯罪等非传统安全问题，往往会出现在跨界民族聚集的边境地区。犯罪分子甚至有可能利用跨界民族关系，在边境地区从事危害他国安全的犯罪活动。因此，在处理跨界民族问题上，既要从内部加强对边境地区少数民族的治理，又要搞好与周边国家间的关系。在周边外交工作上，秉

---

① 《习近平在中央民族工作会议上的讲话》，《人民日报》2014年9月30日第1版。

持"亲、诚、惠、容"的周边外交新理念,坚持与邻为善、以邻为伴,坚持睦邻、安邻、富邻,深化同周边国家的互利合作和互联互通,打造周边命运共同体。在此基础上,推动各国在经济、政治、文化以及安全问题等方面的合作与交流,促进我国边疆地区跨界民族的稳定与发展。

结　　语

　　朝鲜族跨界民族关系与地缘政治二者的关系问题和朝鲜族对中国社会发展的影响在学界鲜有研究，本成果主要侧重从全方位、宏观的、科学的角度进行逻辑分析和理论论证朝鲜族跨界民族关系史的发展历程和对中国社会发展和其对东北亚地缘政治乃至世界的影响，为研究者提供一本专门论述跨界民族（朝鲜族）与地缘政治方面的著作，以期在理论上和体系上都有新的突破。从理论层面而言，我国是一个多跨界民族国家，研究此问题，特别是朝鲜族跨界问题，不仅关系到我国周边的稳定和繁荣，也关系到同朝韩等国发展友好关系的大局。从实际意义层面而言，充分发挥哲学社会科学认识世界、传承文明、创新理论、咨政育人、服务社会的重要作用，为推动"一带一路"建设，为政府提供政策咨询和决策参考；同时也将弥补跨界民族（朝鲜族）与地缘政治研究方面的不足，进而推动该研究领域的进一步发展。

　　本成果研究的主要内容包括四个方面：

　　首先，对跨界民族与跨界民族关系等理论问题进行梳理。

　　指出跨界民族的存在不一定必然导致跨界民族问题的出现。一般来说跨界民族演变为跨界民族问题既有历史原因，更为主要的是现实中的政治原因。尽管中国存在区域经济发展差异的现实，但中国的民族区域自治政策是目前解决民族问题最好的方法之一，朝鲜族跨界民族问题的出现主要是外因引起的。主要从概念辨析、学术史研究综述以及跨界民族与地缘政治关系等方面进行理论概述，为本成果的进一步研究奠定了理论基础。

其次，对朝鲜族成为中国少数民族跨界民族形成的发展历程进行全方位、多角度进行系统研究。

从19世纪中叶到1945年8月，居住在中国东北的朝鲜民族人口达160余万人，逐渐融入到中国的主流社会，并成为中国55个少数民族之一，在不同时期为对中国社会发展产生了深远影响，具体涉及政治、经济、文化等方方面面，本部分研究的突出特点是以历史学研究为基础，并结合民族学、文学、艺术学、建筑学等多学科多语言的研究方法对朝鲜族形成进行了重新梳理，并在理论上提出了较为独特的观点，特别是对延边朝鲜族跨界民族共同体的建构从中国共产党民族政策的引领、政治认同、文化认同和民族认同几个方面进行较为深入的分析。

第三，主要论述中国朝鲜族跨界民族关系的特征及贡献。

这部分内容主要从以下四个方面进行论述：首先，自然地理特征方面，主要论述19世纪中后期，中国朝鲜族与东北边疆开发；其次，历史记忆特征方面，主要论述20世纪上半叶，中国朝鲜族与中国革命；第三，现实选择特征方面，主要论述20世纪中后期，中国朝鲜族与社会主义建设；最后，鲜明的时代特色方面，主要论述中国朝鲜族与改革开放。指出在不同历史时期，中国朝鲜族积极参与中国社会主义建设和改革开放，并做出了巨大贡献。

最后，主要探讨了跨界民族——朝鲜族与东北亚地缘环境问题。

这部分内容主要从以下四个方面进行论述：首先，对东北亚地缘环境进行概述；其次论述了中国朝鲜族人口的地理分布；第三，探讨面向未来的中国朝鲜族；最后主要对建设和谐民族关系的路径进行探索与思考，从而为中国特色社会主义的建设与发展营造一个"睦邻、安邻、富邻"的周边环境，打造周边命运共同体。

后　　记

本书是在国家社科基金项目"朝鲜族跨界民族关系与地缘政治研究"（结题证书号：20151315）结题成果的基础上并修改成稿。

本书由烟台大学马克思主义学院孟庆义教授牵头并设计撰写大纲，刘会清、侯典芹、蒲利民等人参与撰写，系课题组成员集体智慧的结晶。本书作者均来自烟台大学，具体分工如下：绪言、第二章第一节，第二节的一、二部分；第三章，结语由孟庆义、刘会清执笔；第一章由蒲利民执笔；第四章由侯典芹执笔；第二章第二节的三、四部分由李文哲执笔；第二章第二节的五部分由王锐执笔。尽管经过课题组再三斟酌修改，呈现在大家面前的这部作品难免会存在诸多不尽如人意之处，恳请读者谅解。同时，文中所引用的引文资料除标注以外，难免还有一些遗留之处，在此一一表示感谢。

在本书写作过程中，得到了内蒙古民族大学姜桂石先生、山东师范大学李爱华先生、山东大学刘昌明教授、中央民族大学黄有福教授等提出了一些有益的建议，使本书增色颇多；同时中国社会科学出版社宋燕鹏编审对本书的出版付出了诸多辛劳。此书的问世，必须对上述诸位的鼎力支持表示真挚的谢意；同时还要感谢为本书出版付出辛劳的其他相关各位。